IoT 기반의 임베디드시스템

AVR ATmega128+라즈베리파이3

고수복 · 한익섭 · 황선기 · 고일한 공저

光文閣
www.kwangmoonkag.co.kr

4차 산업혁명은 다양한 분야에 영향을 끼치고 있으며, 전통적인 임베디드 시스템 분야에서 사물인터넷의 핵심이 되고 있다. 기존 단독 시스템으로 동작 방식에서 네트워크와 통신으로 확장되면서 산업 현장에서 지능형으로 업그레이드 및 시스템 영역이 확장되고 기능이 변화되고 있다. 이를 기반으로 구성한 교재의 특징을 살펴보면 다음과 같다.

1편의 1장은 임베디드 시스템의 기본적인 구조와 특징, 2장은 마이크로프로세서의 일반적인 구조와 기능을 살펴보고 본 교재에서 사용할 하드웨어와 입출력 모듈과 실습 환경을 구축하는 절차를 소개하였다. 3장은 본 교재에서 사용한 AVR ATmega128의 구조와 기능을 서술하였으며, 4장은 AVR ATmega128의 입출력 포트에 대한 이해를 통해 입출력 모드를 이용하여 프로젝트 과제를 수행할 수 있도록 구성되어 있다. 5장은 인터럽트의 개념을 이해하고 기본적인 프로젝트 과제를 수행해 볼 수 있도록 하였으며, 6장은 타이머카운터에 대한 개념과 각 모드별 특성을 이해한 후 응용해 볼 수 있는 프로젝트 과제를 수록 하였다. 7장은 디지털 정보를 표시하는 LCD 일반적인 특징과 기능을 이해하고 제어할 수 있는 프로젝트 과제를 수행해 볼 수 있는 과제를 할수록 하였으며, 8장은 통신의 기본인 시리얼 통신을 기반으로 WIFI와 Bluetooth 등 관련 통신 모듈을 활용하여 회로 구성 및 관련 응용 프로그램을 실습 중심으로 구성되어 있기 때문에 이를 활용한 사물인터넷 관련 프로젝트에 필요한 기본서가 될 수 있다. 9장은 아날로 신호와 디지털 신호를 상호 변환하는 A/D 변환의 구성과 특징을 이해하고 실제 적용해 볼 수 있는 다양한 프로젝트 과제를 수록하여 실습해 볼 수 있도록 구성되어 있다.

2편 10장은 Windows 10 IoT Core 임베디드의 기본 개요와 특징, 11장은 Windows 10 IoT Core 환경 구축에 대한 OS 설치 및 Visual Studio 개발 툴 설치하

여 실습 환경을 소개하였다. 12장은 C# 언어를 처음 접하는 초보자도 예제를 통해 쉽게 Windows 10 IoT 환경을 학습할 수 있으며, 기존의 임베디드 시스템에서 화면 개발에 어려움이 있는 반면에 Visual Studio 환경에서는 쉽게 화면 디자인에서 기능 구현까지 교재를 통해 이해할 수 있도록 구성되어 있다. 13장에서는 C#언어를 통하여 라즈베리파이의 GPIO 기반의 제어함으로 LED와 온/습도 등의 다양한 센서를 실습할 수 있도록 구성되어 있다. 사물인터넷에서 활용할 수 있는 시리얼 통신과 WIFI 통신 기능을 실습이 가능하며 해당 실습 예제를 이용하여 프로젝트 과제에 활용할 수 있도록 구성되어 있다.

마지막으로 이 책이 AVR ATmega128와 라즈베리파이의 Windows 10 IoT Core 관련 응용 회로와 센서 제어 프로그램을 공부하고자 하는 학생들에게 도움이 되어 좋은 결과를 얻을 수 있기 바라며, 저자가 노력하였으나 다소 미진한 부분에 대해서는 독자 여러분들의 기탄없는 조언을 부탁드리는 바이다.

이 책이 출판되기까지 애써주신 ㈜와우시스템 임직원과 광문각 출판사 박정태 대표님과 임직원 여러분께 깊이 감사드린다.

Embedded System

1편

마이크로프로세서 (AVR ATmega128)

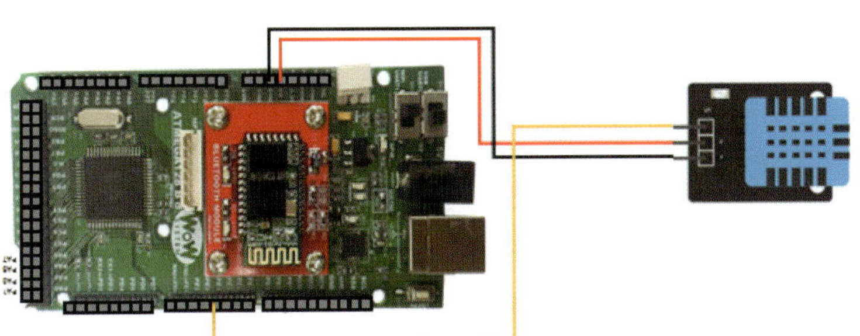

Embedded System

CHAPTER 1

임베디드 시스템 개론

CHAPTER 01

Embedded System

임베디드 시스템 개론

1.1 임베디드 시스템 개요

최근의 컴퓨터 관련 산업 기술은 하루가 다르게 발전하고 일상생활의 모든 분야에 폭넓게 이용되고 있으며, 컴퓨터의 하드웨어와 소프트웨어가 조합되어 특정한 목적을 수행하는 시스템을 임베디드 시스템이라 한다.

즉 단순 회로만으로 구성된 장치가 아닌 마이크로프로세서가 내장되어 있고 이러한 마이크로프로세서를 운용하여 원하는 작업을 수행 및 관리하는 프로그램이 포함된 시스템을 의미한다.

임베디드 시스템은 자동차, 우주, 항공, 군사, 의료장비와 공정 제어 등 산업용으로 시작하여 가전제품, 휴대용 전화기 등까지 영역을 확대하여 우리 생활에 밀접하게 관련되어 있어 소프트웨어와 하드웨어 양쪽 측면에서 점점 많은 고기능을 요구하는 점을 감안하면 시스템의 성장 속도는 더 급격히 증가될 것이다.

임베디드 시스템은 제반 응용 프로그램의 전반적 고성능 실행을 목적으로 하는 범용 컴퓨터 시스템과 달리 특정한 목적을 수행하기 위해 설계되고, 그 특정한 목적을 수행하기 위한 최적의 하드웨어와 소프트웨어로서 원하는 기능의 요구 조건을 만족시켜야 한다는 점에서 범용 시스템의 설계와 크게 다르다고 할 수 있다.

임베디드 시스템의 특징은 너무나 다양해서 일일이 언급하는 것은 매우 어려운 일이지만, 몇 가지 특징을 살펴보면 다음과 같다.

- 용도가 특정(Application-specific)되어 있다.
- 실시간(Real-time) 처리가 많다.
- 대량 생산을 목적으로 한다.
- 거친 환경에 강한 내구성을 가져야 한다.

위와 같은 특징이 있기 때문에 많은 분야에서 활용되고 있으며, 특히 산업 분야의 FA(Factrry Automation)은 생산 공정의 제어에 필요한 시스템으로서 이전에는 PLC(Programmable Logic Controller) 모듈을 이용하여 구현해 왔다. 그러나 고성능의 필요한 경우, 즉 실시간으로 공정이 제어되어야 하거나 또는 매우 정밀한 값이 처리되어야 하는 공정에서는 실시간 운영체제를 갖춘 고성능의 임베디드 시스템을 사용해야 한다.

1.2 임베디드 시스템 하드웨어

임베디드 시스템 하드웨어는 인텔에서 처음으로 마이크로프로세서를 개발하면서 시작된 이후로 매우 빠른 속도로 기능 발전을 이어 왔다. 다양한 벤더들에서 매우 다양한 고성능 마이크로프로세서들과 더불어 임베디드 시스템에 적합한 각종 마이크로 컨트롤러와 SoC(System-On-Chip)들이 대거 출시되고 있다. 이에 따라 소형화 고성능화를 이루어 가고 있다.

임베디드 시스템의 하드웨어는 그림 1-1과 같이 마이크로프로세서와 메모리, 주변장치로 이루어진다.

- 마이크로프로세서는 두뇌 역할을 담당하며, 내장된 소프트웨어에 의해서 시스템에서 해야 할 일을 순차적으로 행하게 된다.
- 메모리는 그 내장 소프트웨어와 시스템이 사용하는 데이터를 저장하는 역할을 한다.
- 주변장치는 시스템의 용도에 따라 그 장치에서 필요로 하는 특별한 기능을 수행하는 장치이다.

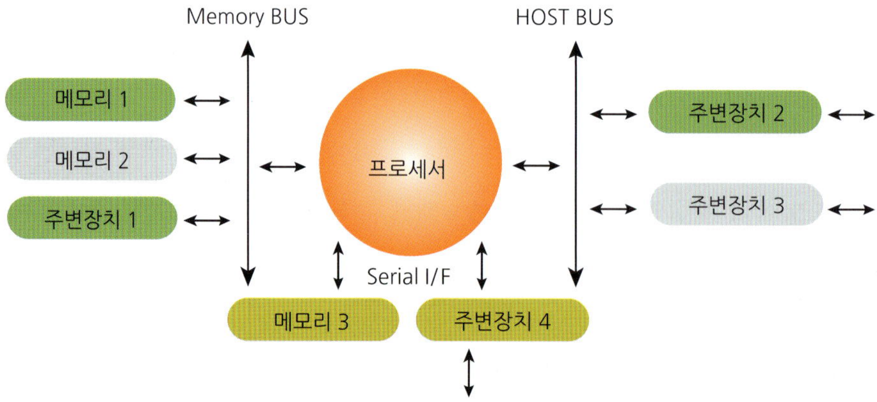

[그림 1-1] 임베디드 시스템 하드웨어 구성

1.3 임베디드 시스템 소프트웨어

개인용 컴퓨터(PC) 이외의 전자 기기의 임베디드 시스템에 내장(embedded)되어 제품에 요구되는 특정한 기능을 수행할 수 있도록 하는 소프트웨어로서 일상에서 쉽게 접하는 휴대폰, 텔레비전, 세탁기, 엘리베이터, 로봇 등의 제품 안에 내장된 시스템에서 하드웨어를 제외한 나머지 부분을 말한다.

임베디드 소프트웨어에는 임베디드 운영체제(OS), 미들웨어, 응용 프로그램, 소프트웨어 개발 도구 등이 포함되며, 임베디드 OS로는 팜 운영체계(Palm OS), 마이크로소프트 사의 WinCE, 공개 소스 기반의 임베디드 리눅스 등이 있다.

Embedded System

CHAPTER 2

마이크로프로세서 구조와 기능

CHAPTER 02

Embedded System

마이크로프로세서 구조와 기능

2.1 마이크로프로세서 개요

컴퓨터 기술의 발전은 핵심 부품인 마이크로프로세서의 개발로 이루어지고 있으며, 또한, 마이크로프로세서는 범용 컴퓨터를 구성하는데 사용될 뿐만 아니라 가정에서의 텔레비전, 냉장고, 세탁기 등의 자동 제어 및 공장에서의 산업기기, 로봇 등의 제어에도 사용되고 있다.

마이크로프로세서 중에는 제어용으로 사용하기 편리하게 여러 가지 장치를 한 개의 칩 속에 구성한 원 칩 마이크로프로세서가 있으며, 현재 8비트와 16비트 원 칩 마이크로프로세서를 많이 이용하고 있다.

마이크로프로세서(Micro Processor)는 한 개의 IC칩으로 된 CPU를 가리키며, CPU는 레지스터, ALU, 멀티플렉서, 디코더 등 여러 가지 디지털 기능을 수행하는 소자들을 조합해서 설계할 수가 있다. 이러한 설계 방식은 어떤 특수한 용도에 맞게 설계할 수 있는 장점이 있다. 그렇지만 CPU는 컴퓨터의 부품 중에서 광범위하게 사용되는 소자이므로 표준화된 하나의 집적회로로 설계하는 것이 유용할 수가 있다.

저렴한 가격과 작은 크기로 인해 마이크로프로세서가 이전에는 경제성이 없던 구조를 설계 가능하게 해줌으로써 컴퓨터 설계 기법에 있어 변혁을 가져오게 했다.

2.2 마이크로컨트롤러의 특징

보통 마이크로컴퓨터라는 말은 CPU를 의미하거나 원 보드 마이크로컴퓨터를 의미하는 것으로 CPU와 함께 RAM과 ROM을 갖춘 시스템을 칭하는 것이었다. 이것이

점점 축소되어 이들 모두를 단일 칩에 집적한 원 칩 마이크로컴퓨터가 등장하게 되었다. 하지만 이러한 원 칩 마이크로컴퓨터는 그 특성상 여러 가지 응용 제품에 사용되기 위해 개발된 것들로 우리가 사용하는 PC처럼 사용할 목적으로 개발된 것이 아니다.

따라서 여러 가지 부가적인 장치들이 단일 칩 내부에 집적되었는데 모터를 구동시키는 데 사용하기 위해 마이크로컴퓨터에 PWM 제어기를 내장한다든지, 통신을 위한 UART를 내장한다든지 아니면 LCD를 구동하기 위해 LCD 제어부를 내장한 것도 있다. 이러한 것들은 모두 어떠한 것을 제어할 목적으로 마이크로컴퓨터에 부가되는 것이다. 따라서 이러한 부가 장비를 내부에 갖추면서 CPU와 각종 메모리부 역시 단일 칩에 내장한 것을 마이크로 컨트롤러라 한다.

마이크로 컨트롤러는 어떠한 것을 제어하기 위한 목적으로 만들어졌다는 것을 염두에 두면 몇 가지 공통적인 특징들을 발견할 수 있다. 다음과 같은 특징은 마이크로 컨트롤러에 거의 반드시 존재한다.

■ 비트 단위 입 · 출력

- 입 · 출력이 비트 단위로 자유롭게 이루어진다. 이는 각 비트에 대한 제어를 통해 임의의 제어 대상을 제어할 수 있도록 하는 것이다.
- PC와 같은 범용 컴퓨터 시스템의 경우는 1바이트 단위로 제어할 수밖에 없으므로 8비트 입력이거나 8비트 출력 중 하나로 고정한다.
- 0번 비트의 출력을 위해서는 1바이트인 "B00000001"를 출력해야 한다.
- 마이크로 컨트롤러는 8비트 입 · 출력 포트의 각 비트별 입 · 출력을 마음대로 결정할 수 있다. 0번 비트의 출력을 위해서는 그 비트만 1로 설정하면 된다.

■ 인터럽트 처리

- 인터럽트 처리 기능이 강조된다.
- 마이크로 컨트롤러는 작업을 수행하는 것과 별개로 하드웨어적으로 외부/내부의 상태 변화를 인지할 수 있다. 이를 통해 동시에 여러 가지 일을 하는 것처럼 사용할 수 있다.

- 내부적인 변화로는 타이머 오버플로 등이 있고, 외부적인 변화로는 핀의 상태 변화들이 있다.

■ 특별한 장치 내장

- 제어를 위한 특별한 장치를 내장한다.
- 제어가 목적인 마이크로 컴퓨터이기 때문에 대부분의 핀들은 입 · 출력과 동시에 특별한 기능을 가질 수 있다.
- A/D 컨버터나 카운터, LCD 제어기, PWM 발생기, 직렬 통신기, 버스 제어기 등의 기능을 내장하여 이들을 특수 기능으로 사용하거나 입 · 출력으로 사용할 수 있다.
- 즉 내부적인 제어로 한 개의 핀을 입 · 출력 핀으로 설정하거나 특별한 기능을 위한 핀으로 설정할 수 있다.

■ 타이머 내장

- 타이머를 내장한다.
- 타이머를 통해서 다른 작업과 무관하게 정확한 시간을 알 수 있다.
- 각종 제어에 있어서 시간은 중요한 요소이다.
- 독립적으로 동작하여 인터럽트와 연계되어 타이머가 특정할 수 있는 한계 시간이 지났다면 타이머 오버플로를 발생시켜 마이크로 컨트롤러는 이를 인지할 수 있도록 한다.

■ 저전력

- 전력 소모가 작다.
- 마이크로 컨트롤러는 그 특성상 휴대용기기에 많이 응용되기 때문에 전력 소모가 작으며 전력 소모를 억제하는 모드를 가지는 경우가 많다
- 보통 수 [mA]의 동작 전류와 수 [uA]의 대기 모드를 지원한다.

2.3 마이크로컴퓨터의 구성

마이크로프로세서와 기억장치, 입 · 출력장치가 모여서 마이크로컴퓨터가 된다. 마이크로(Micro)란 말은 각 부품들의 물리적인 크기가 작음을 뜻한다. 또한, 프로세서(Processor)란 말은 '처리기' 혹은 중앙처리장치(Central Processor Unit)를 줄인 말이다. 마이크로컴퓨터는 그림 2-1과 같이 다음의 세 가지 기본 Unit로 이루어진다.

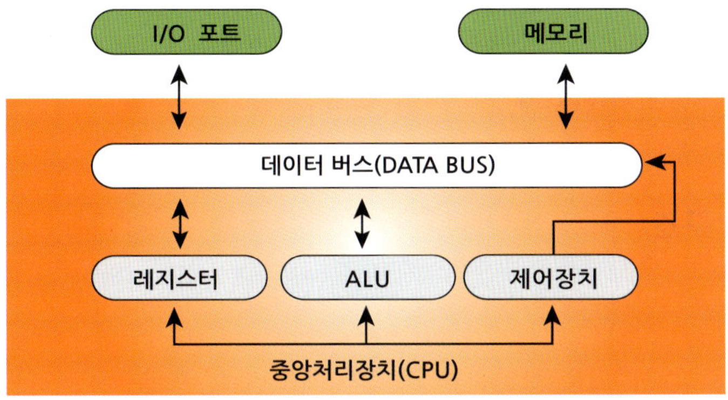

[그림 2-1] 마이크로컴퓨터 구성

■ **중앙처리장치(CPU : Central Processing Unit)**

- 컴퓨터 시스템 전체의 데이터 흐름을 제어한다.
- 즉 메모리로부터 프로그램의 각 명령을 판독해 그것을 해석하고 어느 데이터에 어떤 처리를 해야 하는가 판단해서 그것을 실행하고, 다음에 실행해야 할 명령을 결정한다.
- 그림 2-1의 하단부에 표시하는 바와 같이 CPU는 3가지 주요 부분으로 구성된다.
- 그것들은 서로 접속되어 있기도 하고, I/O 포트와 메모리에도 데이터 버스에 의해서 접속되어 있다.

■ 메모리(Memory)

- 프로그램과 프로그램으로 처리하는 데이터를 보관한다.
- 이것은 영구적인 프로그램을 넣는 프로그램 가능 판독 전용 메모리(PROM)와, 데이터 및 변경 가능한 프로그램용인 읽고, 쓰기 랜덤 엑세스 메모리(RAM : Random Access Memory)로 분류된다.

■ I/O(입 · 출력) 포트

- 인터페이스 장치(Interface Unit)로 마이크로프로세서와 외부의 입 · 출력장치 간의 정보 교환을 하는 역할을 한다.
- 마이크로프로세서는 입·출력장치로부터의 정보와 입·출력장치의 상태를 받기도 하고 제어신호나 정보를 주기도 한다.

2.4 CPU의 구조

■ 레지스터(Register)

- 데이터를 일시적으로 보관하는 조그만 메모리로, 프로그램의 실행 중에 사용되며 고속 엑세스를 할 수 있다.
- CPU 내에는 여러 종류의 레지스터가 있으며, 이들 중 연산된 결과를 저장하는 레지스터를 누산기 또는 어큐뮬레이터(Accumulator)라 한다.

■ ALU(Arithmetic Logic Unit)

- 산술-논리 연산장치로, 덧셈, 뺄셈, 곱셈, 나눗셈 등의 산술연산과 AND, OR, 보수(complement) 같은 논리연산을 행한다.

■ 제어 유니트(Control Unit)

- 명령을 해석하고 그것을 실행하는데 필요한 컴퓨터 내부의 각 유니트 사이의 데이터의 흐름을 제어한다.

■ 기억장치

- 기억장치는 마이크로컴퓨터를 구성하는 중요한 한 부분으로 데이터와 프로그

램을 저장하는 장치이며, 주 기억장치와 보조 기억장치가 있다.

- 주 기억장치는 주로 반도체 소자로 기억된 내용을 임의로 읽어 내거나 새로운 내용을 기억시킬 수 있는 램과, 기억된 내용을 읽기는 가능하나 임의로 기억시킬 수 없는 롬으로 구성된다.
- 보조 기억장치는 마이크로컴퓨터 외부에 부착하는 대용량 기억장치로 하드 디스크, 플로피 디스크 등이 많이 사용되고 있다.
- CPU에 따라 1회의 조작으로 전송할 수 있는 데이터의 비트 수가 있다. 이 폭은 일반적으로 레지스터에 기억되고 연산장치(ALU) 조작으로 처리되는 비트 수와 같다. 마이크로컴퓨터에 있어서, 이 폭은 4, 8, 16, 32비트 등이 있다.

2.5 하드웨어 구성

2.5.1 MCU 보드

AVR ATmega128를 이용하여 실습할 경우 다양한 실습용 보드가 있지만 교재에서는 그림 2-2의 보드를 이용하도록 한다. 다음은 보드의 일반적인 특징과 사용 시 주의해야 할 사항이다.

1) AVR ATmega128+Bluetooth　　　2) ATmega128+WiFI

[그림 2-2] AVR ATmega128 보드

- PORT PE0, PE1, PB1은 내장된 ISP 포트와 연결되어 있으므로 포트 사용 시 주의하여야 한다. ISP로 다운로드할 경우 연결된 하드웨어를 제거하고 다운로드 한 후 연결해야 프로그램이 정상적으로 다운로드 된다.

- ISP(In System Programmer)는 MCU 프로그램을 다운로드하는 기능이다.
- ISP 포트와 USB To Serial 전환 포트를 이용하여 프로그램 다운로드와 PC 또는 라즈베리파이 보드의 USB 포트를 이용하여 데이터를 전송하고 받을 수 있다.
- 코어 보드에 Bluetooth 모듈과 WiFi 모듈을 각각 탑재하여 사용하여도 무관하지만, 일반 실습인 경우에는 Bluetooth 모듈을 탑재하고 실험 실습할 수 있도록 한다.

2.5.2 입 · 출력 모듈

입 · 출력 모듈은 아두이노 키트에서 제공하는 모듈을 같이 사용할 수 있으며, 그 이외에 필요한 실습 자재는 단원별 과제 수행 시 제시하여 수행하도록 하였다.

• 능동형 부저 전원을 인가하여 On/Off 방식으로 제어한다.

• 수동형 부저(Piezo) 주파수를 변경하여 부저음 높이를 변경시킬 수 있다.

• 7 Color LED R/G/B를 On/Off 하여 7가지 색을 만들 수 있다.

• 릴레이 접점을 On/Off 제어하여 제어한다.

- 레이저 발광

전원을 인가하여 적색 레이저 빛을 발생한다(레이저 포인트).

- 푸시버튼

버튼을 누르면 스위치가 On, 버튼을 누르지 않으면 스위치가 Off 된다.

- 기울기 센서

센서 내부의 쇠구슬의 위치에 따라 내부 스위치가 On/Off 된다.

- 수은 기울기 센서

유리 내부의 수운의 기울기에 따라 내부 스위치가 On/Off 된다.

- 서미스터 온도 센서

온도에 따라 저항값이 변하는 센서이다.

- 홀 센서

자기장의 세기에 따라 전압이 변하는 센서이다.

• 리드 센서 　　자석을 가까이 되면 On, 멀리 하면 Off 되는 센서이다.

• 라인트레이서 센서 　　적외선을 발사하여 근접한 곳에 물체가 있는지 없는지 확인한다.

• 적외선 거리 센서 　　적외선을 발사하여 근접한 곳에 물체가 있는지 없는지 확인하는 센서이다.

• 충격 센서 　　내부에 쇠구슬이 들어 있어서 터치나 충격, 흔들림을 감지하는 센서이다.

• 노크 센서 　　충격이나 진동을 감지할 수 있는 센서이다.

• 포토 인터럽트 　　적외선 송/수신 소자가 U자형으로 마주 보고 있으며 그 사이로 물체가 감지되면 수신부에 빛이 차단되어 물체가 감지된 것으로 인식한다.

- 로터리 엔코더 — 스위치 레버를 좌우로 돌렸을 경우 신호가 출력되는 패턴과 펄스를 확인하여 어느 방형으로 몇 스텝 이동했는지 알 수 있다.

- 디지털 온/습도 센서 — 온/습도를 측정하는 센서이다.

- 디지털 온도 센서 — 온도에 따라 아날로그 신호를 출력한다.

- 적외선 송신 모듈 — 적외선 신호를 보낼 수 있는 LED이다.

- 적외선 수신 모듈 — 적외선 신호를 수신할 수 있는 센서이다.

- 2Color LED 모듈(3mm) — 2컬러 LED이다.

- 2Color LED 모듈(5m) — 2컬러 LED이다.

- RGB LED(SMD)　3컬러 LED이다.

- 심박 센서　적외선을 신체에 투과하여 심장 박동을 측정하는 센서이다.

- 리니어홀 센서　자기장의 세기에 따라 전압이 변하는 센서이다.

- 아날로그 홀 센서　자기장의 세기에 따라 전압이 변하는 센서이다.

- 아날로그 리드 스위치　자석을 가까이하면 스위치가 On 되고 멀어지면 Off 된다.

- 불꽃 감지 센서　빛의 파장을 감지하여 불꽃을 감지하는 센서이다.

• 터치 센서 금속 형태의 물체가 센서를 터치하면 반응을 보이는 센서이다.

• CDS 조도 센서 빛의 밝기에 따라 저항값이 바뀌는 조도 센서이다.

• 사운드 센서(大) 주변의 소리를 마이크로 감지하는 센서이다.

• 사운드 센서(小) 변의 소리를 마이크로 감지하는 센서이다.

• 아날로그 온도 센서 주변의 온도에 따라 저항값이 바뀌는 서미스터 온도 센서이다.

• 조이스틱 모듈 X,Y 좌표 검출과 푸시버튼 기능이 내장된 조이스틱이다. X-Y는 가변저항 두 개가 스위치 내부에 내장되어 있다.

- 매직 라이트 컵 모듈　　기울기 센서와 LED로 구성되었다.

- LED　　브레이드 보드를 이용하여 LED On/Off 실험한다.

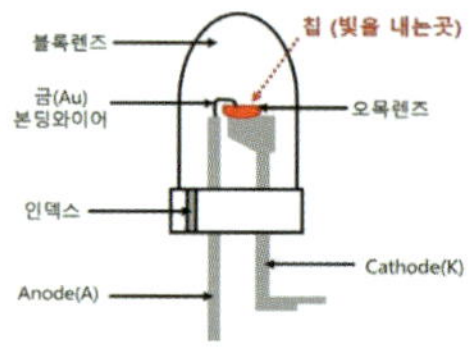

- 7-Segment　　0~9 숫자를 표시하고 사용자 임의로 문자 패턴을 만들 수 있다.

- Text LCD　　문자를 표시해 준다.

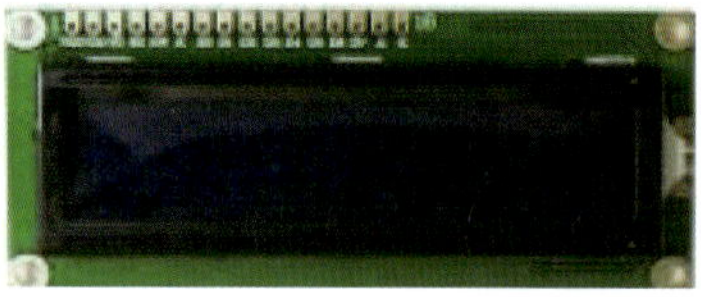

- DC Motor 및 드라이버　　DC 모터 드라이버를 이용하여 DC 모터의 회전 방향 및 속도를 제어할 수 있다.

- Servo Moto　　주어진 신호에 의해서 일정한 방향으로 회전 및 일정한 각을 유지할 수 있는 모터이다. PWM 신호를 이용하여 모터 제어한다.

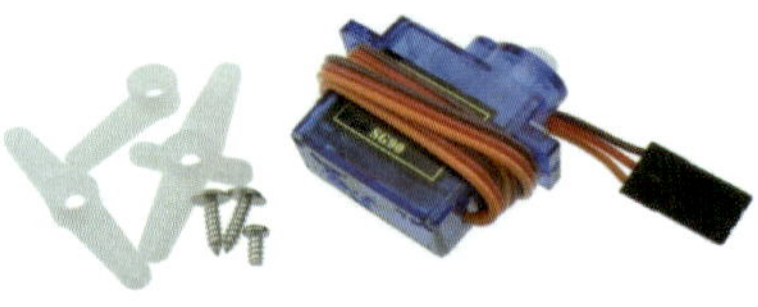

• USB To TTL23　　PC 또는 다른 장치와 마이크로프로세서 간 통신할 수 있는 통신 모듈이다. 현재 PC 및 노트북에 RS232 포트가 사라지고 있어서 USB 포트를 이용하여 가상으로 시리얼 통신을 할 수 있다.

• 블루투스 모듈　　블루투스 통신을 이용하여 하드웨어를 제어할 수 있도록 하는 무선통신 모듈이다.

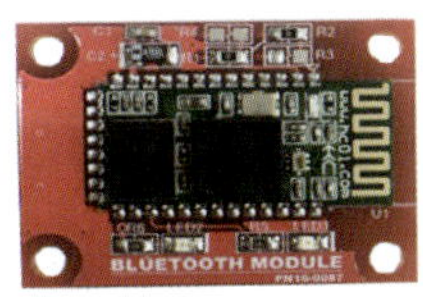

• 와이파이모듈　　와이파이 통신을 이용하여 하드웨어를 제어할 수 있도록 하는 무선 통신 모듈이다.

• 브레드 보드 및 연결 케이블　　7-Segment, LCD, LED 제어회로 등 사용자가 임의로 회로를 구성하여 프로그램 실습을 할 수 있는 회로 구성 시 사용한다.

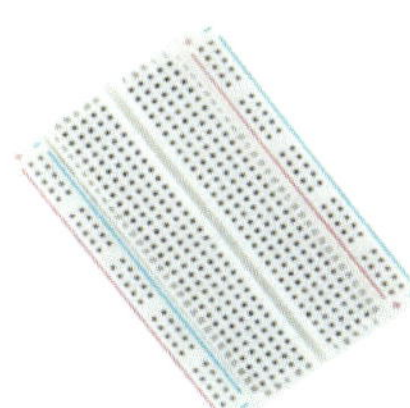 

2.6 소프트웨어 구성

2.6.1 실습 환경 구축(Atmel Studio 7.0 설치)

- 컴퓨터 OS는 윈도우 10, 64비트
- https://microchip.com/mplab/avr-support/atmel-studio-7

  위 링크에 들어가서 atmel studio-7를 다운로드 받은 첨부파일 실행한다.

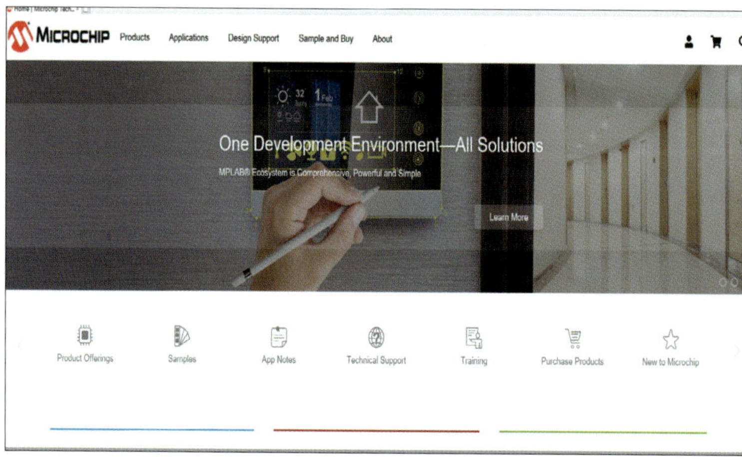

① 프로그램 저장 위치를 확인하고 사용할 MCU 모듈을 선택한다.

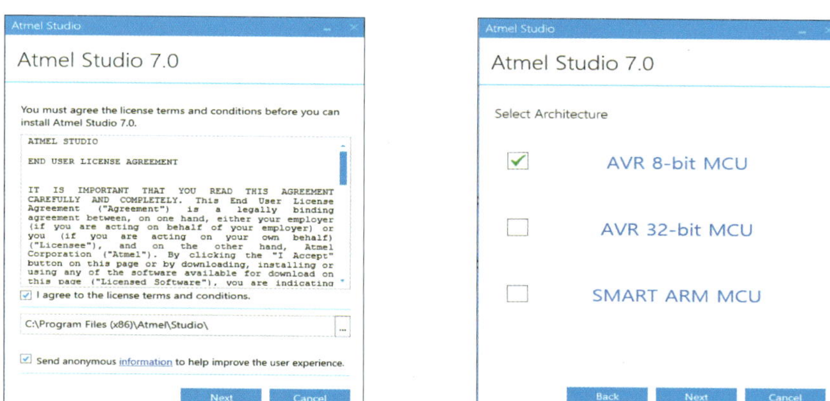

② 프레임 워크 및 예제 프로젝트를 확대하도록 체크하고 확인 절차를 받는다.

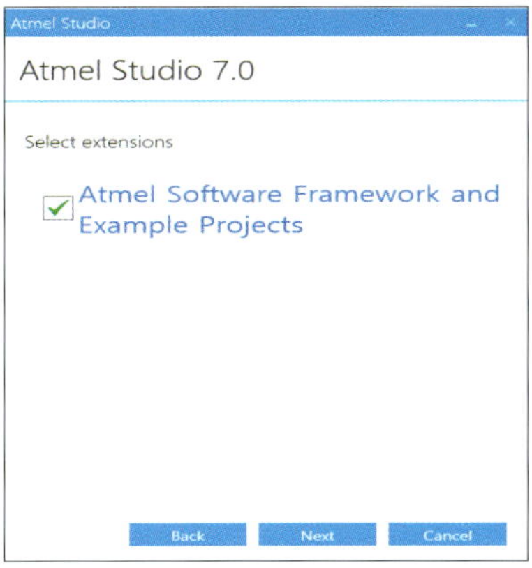

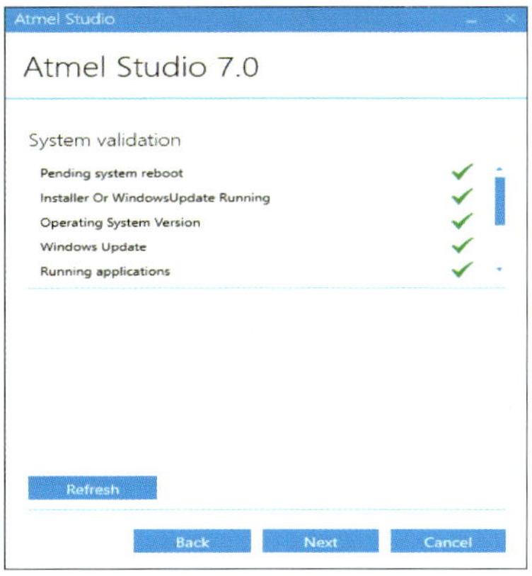

③ Install(실행시키고 설치한다.)

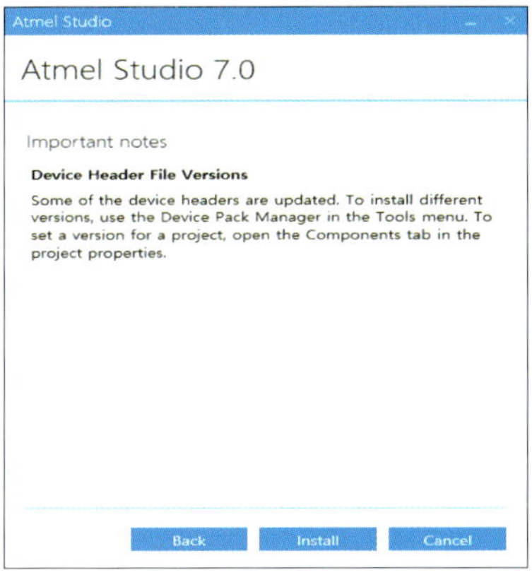

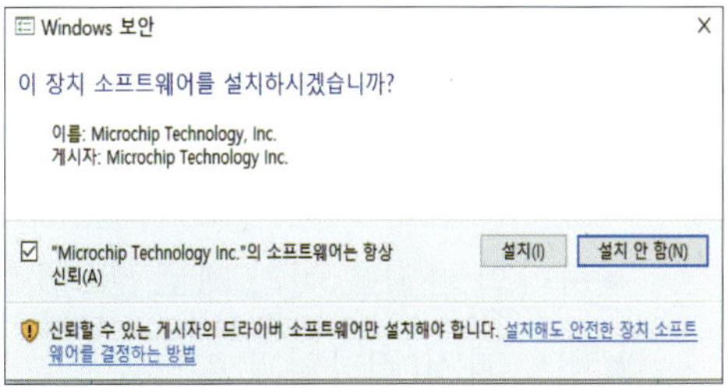

④ 설치를 완료하고 실행한 ATmel Studio 7.0 화면이다.

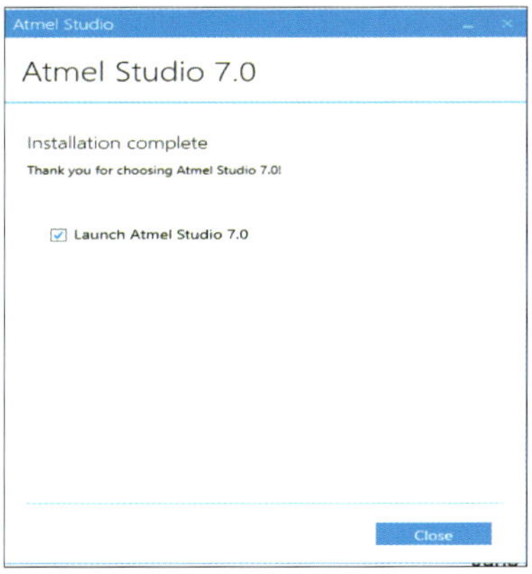

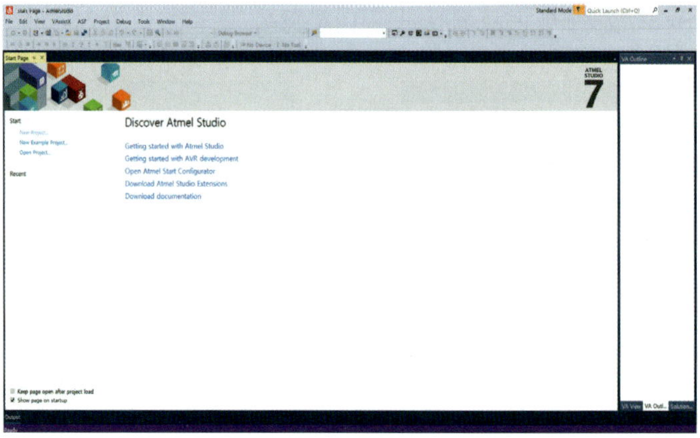

⑤ ATmel Studio 7.0 사용 방법은 다음과 같은 단계를 거쳐 수행하는데 자세한 내용은 실습 수행 시 자세하게 설명하도록 한다.

- 프로젝트 생성 과정
- 타킷 보드에 사용할 디바이스 선택
- 라이브러리 함수 파일 만들기
  - 실행 파일(main.c)
  - 디렉토리 파일
  - 헤더 파일 등
- 하나의 파일을 여러 개로 분리하는 방법
- 빌드 과정(컴파일과 링크)
- 프로그램 다운로드 과정 및 실행 과정 등

Embedded System

CHAPTER 3

AVR ATmega128의 구조와 기능

CHAPTER 03

Embedded System

AVR ATmega128의 구조와 기능

3.1 AVR의 특징

ATmega128은 AVR 계열의 RICS 타입의 고속 8비트 마이크로프로세서로서 기본적으로 갖추고 있는 자원이 풍부하며 사용의 편리성 때문에 다양한 분야(통신기기, 산업용 제어기 등)에서 많이 활용되고 있다.

다음 표는 종류별 AVR의 특징을 요약한 것으로 주요 특징을 살펴보고 사용할 시스템에 적용하여 선택하여 사용한다

패밀리	장점	응용 분야	주요 특징
32비트 AVR UC3	32비트 고성능 마이크로컨트롤러	범용	16~512[Kbyte]의 플래시 프로그램 메모리 48~144핀 66[MHz]까지 CPU 클록 사용 1[MHz]당 최대 1.5[MIPS] 연산 속도 부동소수점 연산장치 포함
8/16비트 AVR XMEGA	우수한 성능의 8비트 마이크로컨트롤러	범용	16~384[Kbyte]의 플래시 프로그램 메모리 44~100핀 32[MHz]까지 CPU 클록 사용 1[MHz]당 최대 1[MIPS] 연산 속도
8비트 megaAVR	풍부한 주변장치가 포함된 마이크로컨트롤러	범용, 조명, LCD	4~256[Kbyte]의 플래시 프로그램 메모리 28~100핀 20[MHz]까지 CPU 클록 사용 1[MHz]당 최대 1[MIPS] 연산 속도
8비트 tinyAVR	소형 마이크로컨트롤러	범용 소형 제어장치	0.5~8[Kbyte]의 플래시 프로그램 메모리 6~32핀 20[MHz]까지 CPU 클록 사용 1[MHz]당 최대 1[MIPS] 연산 속도

배터리 관리형 AVR	Li-Ion 배터리 관리형 마이크로컨트롤러	가스 측정, 인증, 회로 보호	1.8~25[V]에서 동작 8~40[Kbyte]의 플래시 프로그램 메모리 28~48핀 8[MHz]까지 CPU 클록 사용 1[MHz]당 최대 1[MIPS] 연산 속도
자동차형 AVR	지능형 제어	자동차	자동차 환경에 적합하도록 견고하게 설계

소자명	Flash [KB]	ISP	EEP ROM [Byte]	SRAM [Byte]	8비트 타이머	16비트 타이머	PWM	SPI	TWI	USART	CAN	10비트 A/D	10비트 D/A	인터럽트+리셋벡터	외부인터럽트	MIPS	Vcc [V]	최대 I/O 핀
ATmega8	8	Yes	512	1K	2	1	3	1	1	1	0	8	0	19	2	16	2.7~5.5	23
ATmega128	128	Yes	4K	4K	2	2	7	1	1	2	0	8	0	35	8	16	2.7~5.5	53
AT90CAN128	128	Yes	4K	4K	2	2	7	1	1	2	1	8	0	37	8	16	2.7~5.5	53
AT90PWM38	8	Yes	512	512	1	1	12	1	0	1	0	11	1	29	4	16	2.7~5.5	27

구체적으로 주요 특징을 살펴보면 다음과 같다.

■ ISP(In System Programming)

ISP 기능이 있어 칩을 기판에 장착한 상태에서 칩 내부의 FLASH 롬과 EEPROM에 여러 번 프로그래밍할 수 있다.

■ C언어에 적합하다

- CPU 설계 단계에서 레지스터/메모리/명령어 등이 C언어에 적합하도록 설계되어 있다.
- 어셈블러보다 프로그래밍에 편리한 C언어를 사용하여 개발 기간 단축 및 유지보수에 유리하다.

■ RISC 구조

- RISC 구조로서 고속 처리가 가능하다.
- 동일한 클럭으로 작동할 경우 PIC보다 4배 정도 빠르고 8051보다는 10배 이상 빠르다.
- 1[MHz]에 1MIPS()의 처리 능력이 있어 10[MHz]로 동작하는 경우 10[MIPS]의 처리 능력을 발휘한다.

■ 다양한 제품군

다양한 AVR 제품군이 있어 용도에 적합한 CPU를 선정하여 사용할 수 있으므로 양산 제품에 적용 시 원가 절감도 기대할 수 있다.

■ 편리한 개발 환경

개발 환경이 편리하고 다양한 응용 자료가 많다. Microchip사에서 Atmel사를 인수하였기 때문에 https://www.microchip.com/에서 다양한 응용 자료를 참조할 수 있다.

■ 막강한 기능

- 내부 자원 즉, SRAM, 통신 포트, A/D 변환기, 타이머, 와치독, PWM, 디지털 및 아날로그 입 · 출력장치 등이 풍부하여 별도의 외부장치를 장착하지 않아도 된다.
- 일반적으로 마이크로프로세서의 구동 프로그램은 C언어보다는 어셈블리어로 작성하는 것이 연산 속도 면에서 유리하다.
- 그러나 AVR 계열의 마이크로프로세서는 Atmel사에서 칩 설계 당시부터 C언어를 염두에 두고 내부 메모리 및 명령어 체계를 설계하였다.
- 어셈블리어로 프로그램을 작성하는 것보다 C언어로 구동 프로그램을 작성하는 것이 훨씬 효과적이라고 할 수 있다.
- C언어 자체의 장점인 구조적 기법 등을 활용한 프로그램의 최적화와 자연언어 방식의 프로그래밍 기법을 그대로 살리면서 연산 속도 면에서도 유리할 수 있

다는 의미이다

- 프로그램을 수정하거나 마이크로프로세서를 변경하더라도 C언어로 작성되어 있는 소스 프로그램은 어셈블리어에 비해 상대적으로 약간의 수정만 하면 그대로 사용할 수 있는 장점이 있다.

3.2 AVR ATmega128의 기능별 특징

■ 고성능 저전력 소모의 RISC 구조

- 138개의 강력한 명령어대로 대부분 1 클럭에 실행
- 32×8 범용 레지스터와 주변장치 제어 레지스터
- 16 [MHz]에서 16[MIPS]까지 동작

■ 비휘발성 데이터 및 프로그램 메모리

- 128KB ISP(In System Programmable) Flash ROM
- 4 Kbyte 내부 SRAM
- 4 Kbyte ISP 가능한 EEPROM
- FLASH ROM 프로그램 잠금 기능과 EEPROM 데이터 보안 기능
- 직렬 통신 포트 및 프린터 포트를 이용한 ISP 기능

■ JTAG(IEEE std. 1149.1 Compliant) 인터페이스

- JTAG 표준을 따르는 바운더리 스캔 방식
- 확장된 원칩 디버깅
- JTAG 인터페이스를 이용한 플래시, EEPROM, 퓨즈, 락 비트 프로그래밍

■ 다양한 주변장치

- 8채널 10 bit A/D 변환기
- 비동기 직렬통신(UART)
- 별도의 프리스케일러와 PWM 기능이 있는 2 개의 8bit 타이머/카운터

- 별도의 프리스케일러와 비교, Capture, PWM (8, 9, 10 bit) 기능이 있는 16 bit 타이머/카운터
- On-Chip 아날로그 비교기
- 내부 오실레이터로 작동하는 와치독 타이머(Watch-dog timer)
- 마스터/슬레이브 SPI 직렬통신
- 별도의 오실레이터로 작동이 가능한 실시간 카운터(RTC)

■ 특수 기능 및 특징

- Low-power Idle, Power Save & Power Down 모드
- 외부 및 내부 인터럽트
- 저소비 전력 (4[MHz], 3[V], 섭씨20도)
  - 동작 : 6.4[mA] – Idle 모드 : 1.9[mA] – Power Down 모드 : 1[uA] 이내
- 입 · 출력 포트 수 및 패키지
  - 양방향 입 · 출력 : 53개 – 64핀 TQFP 형태
- 동작 전압
  - 2.7[V] ~ 5.5[V] (ATmega128L) – 4.5[V]~ 5.5[V] (ATmega128)

3.3 AVR ATmega128 내부 구조

AVR ATmega128의 구조 및 핀 배치는 그림 3-1과 같다.

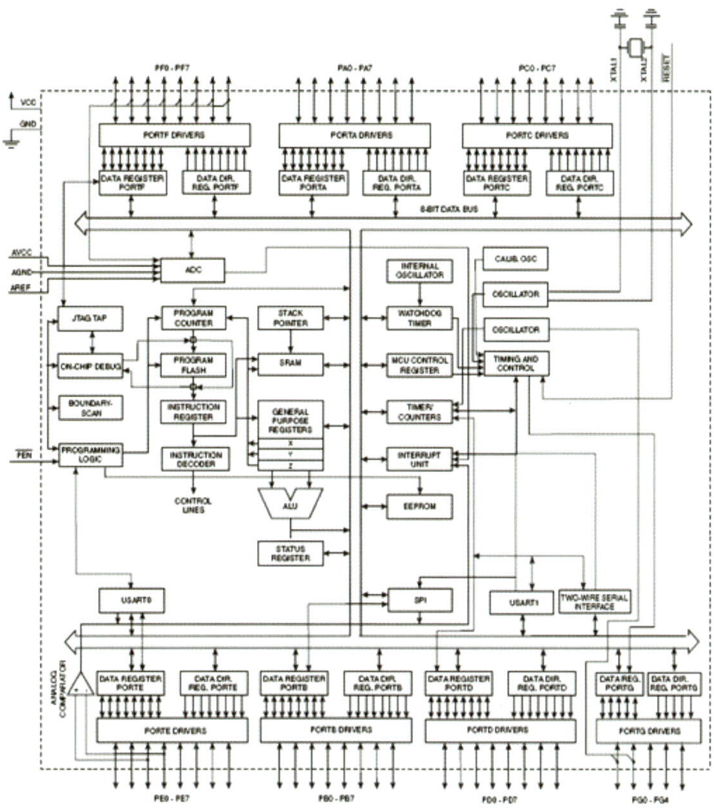

[그림 3-1] AVR ATmega128의 구조 및 핀 배치

어느 마이크로프로세서에서나 마찬가지로 그 마이크로프로세서를 잘 활용하기 위해서는 제공하는 레지스터를 잘 조절할 수 있어야 한다. 어떠한 기능을 하기 위해서 어떠한 레지스터의 값을 Set 하느냐 Clear 하느냐에 따라서 마이크로프로세서의 기능이 달라지기 때문이다. 마이크로프로세서를 프로그램하기 위해서는 반드시 알고 있어야 하는 것이 레지스터이기 때문이다.

AVR ATmega128에는 총 32 x 8의 범용 레지스터와 주변장치 레지스터들이 있다. 이렇게 많은 레지스터를 모두 외운다는 것은 그리 쉽지 않을 것이다. 이러한 레지스터들은 오랜 기간 프로그래밍을 하다 보면 자연적으로 외워지게 된다. 따라서 레지스터들을 모두 외우려고 노력하지 말고 AVR ATmega128에는 어떠한 레지스터들이 있으며, 어떠한 기능을 하는지 알고 있다면 뒤에서 프로그램할 때 쉽게 찾아볼 수 있을 것이다.

3.4 AVR ATmega128의 핀 기능

마이크로프로세서를 설계할 때 가장 중용한 것이 타이밍과 핀의 기능이다. 타이밍에 대한 부분은 각 마이크로프로세서의 datasheet에 상세하게 기술되어 있으며 핀의 기능에 대해서는 계열별로 약간의 차이가 있을 뿐 동일한 계열에서는 동일한 기능을 나타낸다.

각 마이크로프로세서 벤더 홈페이지에 접속하면 각 계열의 마이크로프로세서에 대한 요약표를 제공한다. 이를 통해서 각자의 시스템에 맞는 마이크로프로세서를 선택하고 그에 따른 Application note 등을 이용하여 설계를 한다. 다음 그림 3-2는 AVR ATmega128의 각 핀에 대한 기능들을 나타낸다.

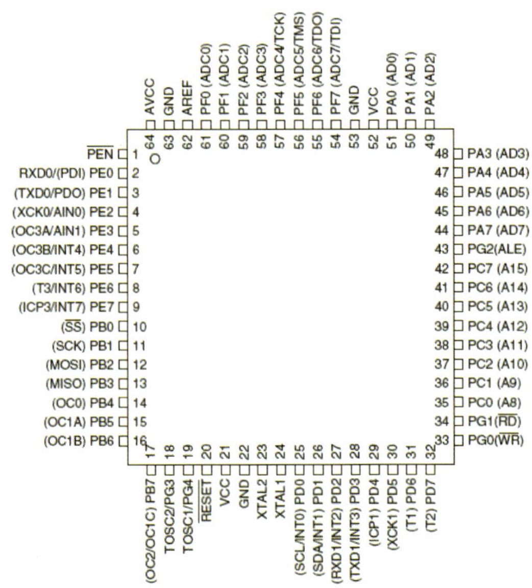

[그림 3-2] AVR ATmega128의 핀 기능

- **VCC(21번 핀, 52번 핀)**

  디지털 전원 단자. 5[V] 전원에 연결한다.

- **GND(22번 핀, 53번 핀)**

  디지털 접지 단자. GND에 연결한다.

■ 포트 A(A0~A7)

Port Pin	Alternate Functions
PA0(51번)	AD0 (External memory interface address and data bit 0)
PA1(50번)	AD1 (External memory interface address and data bit 1)
PA2(49번)	AD2 (External memory interface address and data bit 2)
PA3(48번)	AD3 (External memory interface address and data bit 3)
PA4(47번)	AD4 (External memory interface address and data bit 4)
PA5(46번)	AD5 (External memory interface address and data bit 5)
PA6(45번)	AD6 (External memory interface address and data bit 6)
PA7(44번)	AD7 (External memory interface address and data bit 7)

■ 포트 B(B0~B7)

Port Pin	Alternate Functions
PB0(10번)	/SS (SPI Slave Select Input)
PB1(11번)	SCK (SPI Bus Serial Clock)
PB2(12번)	MISO (SPI Bus Master Input/Slave Output)
PB3(13번)	MOSI (SPI Bus Master Output/Slave Input)
PB4(14번)	OC0 (Output Compare and PWM Output for Timer/Counter0)
PB5(15번)	OC1A (Output Compare and PWM Output A for Timer/Counter1)
PB6(16번)	OC1B (Output Compare and PWM Output B for Timer/Counter1)
PB7(17번)	OC2/OC1C (Output Compare and PWM Output for Timer/Counter2 or Output Compare and PWM Output C for Timer/Counter1)

■ 포트 C(C0~C7)

Port Pin	Alternate Functions
PC0(35번)	A8
PC1(36번)	A9
PC2(37번)	A10
PC3(38번)	A11

PC4(39번)	A12
PC5(40번)	A13
PC6(41번)	A14
PC7(42번)	A15

■ 포트 D(D0~D7)

Port Pin	Alternate Functions
PD0(25번)	INT0/SCL (External Interrupt0 Input or TWI Serial CLock)
PD1(26번)	INT1/SDA (External Interrupt1 Input or TWI Serial Data)
PD2(27번)	INT2/RXD1(External Interrupt2 Input or UART1 Receive Pin)
PD3(28번)	INT3/TXD1(External Interrupt3 Input or UART1 Transmit Pin)
PD4(29번)	IC1 (Timer/Counter1 Input Capture Trigger)
PD5(30번)	XCK1 (USART1 External Clock Input/Output)
PD6(31번)	T1 (Timer/Counter1 Clock Input)
PD7(32번)	T2 (Timer/Counter2 Clock Input)

■ 포트 E(E0~E7)

Port Pin	Alternate Functions
PE0(2번)	PDI/RXD0 (Programming Data Input or UART0 Receive Pin)
PE1(3번)	PD0/TXD0(Programming Data Output or UART0 Transmit Pin)
PE2(4번)	AIN0/XCK0 (Analog Comparator Positive Input or USART9 external clock input/output)
PE3(5번)	AIN1/OC3A (Analog Comparator Negative Input or Output Compare and PWM Output A for Timer/Counter3)
PE4(6번)	INT4/OC3B (External Interrupt4 Input or Output Compare and PWM Output B for Timer/Counter3)
PE5(7번)	INT5/OC3C (External Interrupt 5 Input or Output Compare and PWM Output C for Timer/Counter3)
PE6(8번)	INT6/T3 (External Interrupt 6 Input or Timer/Counter3 Clock Input)
PE7(9번)	INT7/IC3 (External Interrupt 7 Input or Timer/Counter3 Input Capture Trigger)

■ 포트 F(F0~F7)

Port Pin	Alternate Functions
PF0(61번)	ADC0 (ADC input channel 0)
PF1(60번)	ADC1 (ADC input channel 1)
PF2(59번)	ADC2 (ADC input channel 2)
PF3(58번)	ADC3 (ADC input channel 3)
PF4(57번)	ADC4/TCK (ADC input channel 4 or JTAG Test Clock)
PF5(56번)	ADC5/TMS (ADC input channel 5 or JTAG Test Mode Select)
PF6(55번)	ADC6/TD0 (ADC input channel 6 or JTAG Test Data Output)
PF7(54번)	ADC7/TDI (ADC input channel 7 or JTAG Test Data Input)

■ 포트 G(G0~G4)

Port Pin	Alternate Functions
PG0(33번)	/WR (Write strobe to external memory)
PG1(34번)	/RD (Read strobe to external memory)
PG2(43번)	ALE (Address Latch Enable to external memory)
PG3(18번)	TOSC2 (RTC Oscillator Timer/Counter0)
PG4(19번)	TOSC1 (RTC Oscillator Timer/Counter0)

■ RESET(20번 핀)

- 외부에서 RESET 단자에 신호를 인가하는 방법과 내부 와치독 타이머에서 RESET 하는 방법이 있다.
- 외부에서 신호를 인가하는 경우 입력으로 액티브 LOW, 즉 RESET 입력 단자에 LOW가 입력되면 마이크로프로세서는 리셋 되며, AVR ATmega128에서 리셋이 되기 위해서는 보통 50ns 이상 LOW를 유지해 주어야 한다.
- 전원 스위치를 ON 하는 순간 RESET 된다.

■ AVCC(64번 핀)

- 포트 F를 A/D 변환기로 사용할 때 A/D 변환기의 전원공급 단자이다.
- A/D 변환기의 전원으로 사용할 경우 반드시 VCC 전원을 저역 필터를 거쳐 AVCC로 연결 사용해야 한다.

■ AGND(63번 핀)

- CPU 보드에 아날로그 접지가 있으면 아날로그 접지에 연결하고 그렇지 않으면 GND에 연결한다.

■ AREF(62번 핀)

A/D 변환기의 기준 전압 입력 핀으로 AVCC와 AGND 사이의 전압을 인가한다.

■ XTAL1(24번 핀)

입력 단자이며 발진기 증폭기가 인버팅 되어서 입력된다.

■ XTAL2(23번 핀)

출력 단자이며 발진기 증폭기가 인버팅 되어서 출력된다.

Embedded System

CHAPTER 4

AVR ATmega128 입 · 출력 포트

4.1 입 · 출력 포트 일반
4.2 입 · 출력 포트 제어용 레지스터
4.3 AVR ATmega128를 이용한 프로젝트 실습 수행 방법
4.4 입 · 출력 포트를 이용한 입 · 출력 제어 실습

CHAPTER 04

Embedded System

AVR ATmega128 입·출력 포트

AVR ATmega128는 32개의 입 · 출력 포트(Port A, Port B, Port C, Port D)를 가지고 있으며, AVR 계열의 마이크로프로세서들은 입 · 출력 포트를 프로그램에서 각 핀 마다 입 · 출력 방향을 지정할 수 있다.

4.1 입·출력 포트 일반

- 6개의 8비트 I/O포트(Port A~Port F)와 1개의 5비트 I/O 포트 (Port G)가 있다.
- 출력 포트의 버퍼는 많은 유입전류와 유출전류를 사용(최대 40[mA])할 수 있다.
- 모든 포트 핀은 개별적으로 내부 풀업 저항을 사용할 수 있다.
- 모든 I/O핀은 VCC와 GND 사이에 다이오드를 접속하여 포트를 보호한다.
- Read-Modify-Write 기능을 가지고 있어, 비트 단위의 포트 설정이 자유롭다.
- 각 포트에 대한 데이터 출력용 레지스터(PORTx)와 데이터 입 · 출력 방향 지정용 레지스터(Data Direction Register : DDRx)가 있다.
- 데이터 입력용 레지스터(PINx)를 가지고 있다.

4.2 입·출력 포트 제어용 레지스터

■ DDRx 레지스터

- 입 · 출력의 방향 설정을 하기 위한 레지스터이다.
- DDRA~DDRG 레지스터의 입 · 출력 포트에 대응하는 해당 비트에 1을 쓰면 그

해당 핀이 출력으로, 0을 쓰면 입력으로 설정된다.

- 초깃값은 0으로 설정되어 있다.
- 비트별로 만약 포트 A의 비트3를 출력으로 설정하려면 DDRA = 0x08로 하면 되고, 포트 A를 전부 출력으로 설정하려면 DDRA = 0xff로 하면 된다.

PORTx 레지스터

- 데이터를 출력하기 위한 레지스터이다.
- DDRx의 값을 세팅하여 출력으로 설정된 경우 출력을 원하는 데이터값을 PORTx 레지스터에 넣어주면 된다.
- PORTx 레지스터는 읽기와 쓰기가 모두 가능하다.
- 비트별로 설정하려면 PORTx = 1의 형태로 하면 된다(x는 A~G). 만약 포트 B의 비트3에 1을 출력하려면 PORTB = 0x08로 하면 된다.

PINx 레지스터

- 데이터 입력용 레지스터이다.
- 입 · 출력 핀이 입력으로 설정된 경우 PINx 레지스터에 해당하는 값을 읽으면 된다.
- 해당 핀의 값을 읽어 들인다.
- 읽기만 가능하며 쓰기는 금지되어 있다.
- 비트별로 읽어 들이려면 PINx를 사용하면 된다.
- 비트별로 만약 포트 C의 비트3값을 읽어 들여 led3라는 비트값에 할당하려면 led3 = (PINC & 0x08)로 하면 된다.

SFIOR 레지스터(Special Function IO Register)

- AVR 마이크로컨트롤러의 입 · 출력 포트에는 각 핀마다 풀업 저항을 사용할 수 있도록 구성되어 있다.
- 풀업 저항은 필요에 따라 On/Off 할 수 있는데, 이를 제어하기 위한 레지스터가 SFIOR이다.

• SFIOR는 AVR 입 · 출력 포트의 특수 기능을 제이하기 위한 레지스터이다.

• 하나의 비트(비트2 : PUD 비트)를 이용하여 모든 입 · 출력 핀의 풀업 저항을 비활성화할 수 있다.

• DDRx.n의 값을 조절하여 입력으로 설정된 경우에는 해당하는 PORTx.n에 1을 쓰면 내부 풀업 저항을 사용할 수 있다.

 – 단 이때, SFIOR의 비트2(PUD 비트)가 0로 세팅되어 있어야 한다.

• 내부 풀업 저항을 사용하지 않기 위해서는 PORTx의 해당 비트에 0을 쓰거나 해당 핀을 출력으로 설정하면 된다.

• SFIOR의 비트2(PUD : Pull-Up Disable)를 1로 세트하면 풀업 저항을 비활성화 시킨다.

4.2.1 포트 A (Port A)

■ PORT A 데이터 방향 레지스터-DDRA

7	6	5	4	3	2	1	0
DDRA7	DDRA6	DDRA5	DDRA4	DDRA3	DDRA2	DDRA1	DDRA0

• 각각의 비트들에 대해 입 · 출력 방향을 독립적으로 지정할 수 있다.

– DDAn = 0이면, 입력 방향

– DDAn = 1이면, 출력 방향(여기서 n = 0~7)

– DDRA = 0xfe로 값을 지정했다면 PORT A의 비트 0에 해당하는 핀은 입력으로 지정하고 나머지 핀들은 모두 출력으로 지정한 것이다.

■ PORT A 데이터 레지스터-PORTA

7	6	5	4	3	2	1	0
PORTA7	PORTA6	PORTA5	PORTA4	PORTA3	PORTA2	PORTA1	PORTA0

• 데이터 방향 레지스터 DDRA에서 각 핀들의 방향을 설정했다면 데이터 레지스

터 PORTA는 각 핀별로 지정된 입·출력 방향에 따라 핀별 입·출력 데이터가 저장되는 레지스터이다.

- 출력 모드일 때인 해당 핀의 데이터 방향, 즉 DDRA 레지스터의 각 비트값 DDAn 이 '1'로 지정되었을 때 포트 A의 해당 핀에서 출력되는 값을 제어한다.
  - PORTAn = '0'이면 LOW 출력, PORTAn = '1'이면 High 출력
- 입력 모드일 때인 해당 핀의 데이터 방향, 즉 DDRA 레지스터의 각 비트값 DDAn 이 '0'로 지정되었을 때 포트 A의 해당 핀으로 데이터값을 입력한다.
  - PORTAn = '0'이면 Low 입력, PORTAn = '1'이면 High 입력

PORT A 입력핀 어드레스- PINA

7	6	5	4	3	2	1	0
PINA7	PINA6	PINA5	PINA4	PINA3	PINA2	PINA1	PINA0

- PINA는 입력으로 설정된 포트의 레지스터값이 아닌 입력 핀의 상태를 직접 읽는 데 사용한다.
- PINA를 읽으면 핀의 실제 상태 값을 읽어 오고, PORTA를 읽으면 포트 A의 데이터 임시 저장소인 데이터 레지스터에 래치되어 있는 값을 읽어 온다.

DDRAn	PORTAn	I/O	Pull-Up	비고
0	0	입력	No	3-state (Hi-Z)
0	1	입력	Yes	외부 핀 상태가 Low이면 전류가 공급됨
1	0	출력	No	0 출력
1	1	출력	No	1 출력

- 프로그램의 포트 초기화 루틴에서 DDRA = 0xfe로 설정하고 PORTA = 0xff로 설정했다면, 포트 A의 0번 핀(PA0)는 입력 방향이면서 Pull-up 상태가 된다. 나머지 핀들(PA1~ PA7)은 모두 출력 방향이면서 Pull-up 되지 않은 상태가 된다.

4.2.2 포트 B(Port B)

■ PORT B 데이터 방향 레지스터-DDRB

7	6	5	4	3	2	1	0
DDRB7	DDRB6	DDRB5	DDRB4	DDRB3	DDRB2	DDRB1	DDRB0

• 각각의 비트들에 대해 입 · 출력 방향을 독립적으로 지정할 수 있다.

– DDBn = 0이면, 입력 방향(여기서 n = 0 ~ 7)

– DDBn = 1이면, 출력 방향

■ PORT B 데이터 레지스터- PORTB

7	6	5	4	3	2	1	0
PORTB7	PORTB6	PORTB5	PORTB4	PORTB3	PORTB2	PORTB1	PORTB0

• 출력 모드 (DDRB의 DDBn = 1)일 때 포트 B에 출력되는 값을 제어한다.

• PORTBn = 0이면, Low 출력, PORTBn = 1이면, High 출력

• 입력 모드(DDRB의 DDBn = 0)일 때 포트 B의 입력 핀의 Pull-up을 제어한다.

– PORTBn = 0이면, 풀업하지 않고 하이임피던스 상태

– PORTBn = 1이면, 풀업 상태

■ PORT B 입력핀 어드레스-PINB

7	6	5	4	3	2	1	0
PINB7	PINB6	PINB5	PINB4	PINB3	PINB2	PINB1	PINB0

• PINB는 데이터 레지스터값이 아닌 입력 핀의 상태를 직접 읽는 데 사용한다.

• PORTB를 읽으면 포트 B의 레지스터에 래치 되어 있는 값을 읽어오지만 PINB를 읽으면 입력 핀의 실제 상태 값을 읽어 온다.

DDRBn	PORTBn	I/O	Pull-Up	비고
0	0	입력	No	3-state (Hi-Z)
0	1	입력	Yes	외부 핀 상태가 Low이면 전류가 공급됨
1	0	출력	No	0 출력
1	1	출력	No	1 출력

4.2.3 포트 C (Port C)

■ PORT C 데이터 방향 레지스터-DDRC

7	6	5	4	3	2	1	0
DDRC7	DDRC6	DDRC5	DDRC4	DDRC3	DDRC2	DDRC1	DDRC0

- 각각의 비트들에 대해 입 · 출력 방향을 독립적으로 지정할 수 있다.
  - DDCn = 0이면 , 입력 방향(여기서 n = 0 ~ 7)
  - DDCn = 1이면 , 출력 방향

■ PORT C 데이터 레지스터-PORTC

7	6	5	4	3	2	1	0
PORTC7	PORTC6	PORTC5	PORTC4	PORTC3	PORTC2	PORTC1	PORTC0

- 출력 모드 (DDRC의 DDCn = 1)일 때 포트 C에 출력되는 값을 제어한다.
  - PORTCn = 0이면, Low 출력, PORTCn = 1이면, High 출력
- 입력 모드 (DDRC의 DDCn = 0)일 때 포트 C의 입력 핀의 Pull-up을 제어한다.
  - PORTCn = 0이면, 풀업하지 않고 하이임피던스 상태
  - PORTCn = 1이면, 풀업 상태

■ PORT C 입력핀 어드레스-PINC

7	6	5	4	3	2	1	0
PINC7	PINC6	PINC5	PINC4	PINC3	PINC2	PINC1	PINC0

• PINC는 데이터 레지스터값이 아닌, 입력 핀의 상태를 직접 읽는 데 사용한다.

• PORTC를 읽으면 포트 C의 레지스터에 래치 되어 있는 값을 읽어 오지만, PINC를 읽으면 입력 핀의 실제 상태 값을 읽어 온다.

DDRCn	PORTCn	I/O	Pull-Up	비고
0	0	입력	No	3-state (Hi-Z)
0	1	입력	Yes	외부 핀 상태가 Low이면 전류가 공급됨
1	0	출력	No	0 출력
1	1	출력	No	1 출력

4.2.4 포트 D (Port D)

■ PORT D 데이터 방향 레지스터 - DDRD

7	6	5	4	3	2	1	0
DDRD7	DDRD6	DDRD5	DDRD4	DDRD3	DDRD2	DDRD1	DDRD0

• 각각의 비트들에 대해 입 · 출력 방향을 독립적으로 지정할 수 있다.
  – DDDn = 0이면, 입력 방향(여기서 n = 0 ~ 7)
  – DDDn = 1이면, 출력 방향

■ PORT D 데이터 레지스터 - PORTD

7	6	5	4	3	2	1	0
PORTD7	PORTD6	PORTD5	PORTD4	PORTD3	PORTD2	PORTD1	PORTD0

- 출력 모드(DDRD의 DDDn=1)일 때 포트 D에 출력되는 값을 제어한다.
  - PORTDn = 0이면, Low 출력
  - PORTDn = 1이면, High 출력
- 입력 모드 (DDRD의 DDDn=0)일 때 포트 D의 입력 핀의 Pull-up을 제어한다.
  - PORTDn = 0이면, 풀업하지 않고 하이임피던스 상태, 1이면, 풀업 상태

■ **PORT D 입력핀 어드레스 – PIND**

7	6	5	4	3	2	1	0
PIND7	PIND6	PIND5	PIND4	PIND3	PIND2	PIND1	PIND0

- PIND는 테이터 레지스터값이 아닌, 입력 핀의 상태를 직접 읽는 데 사용한다.
- PORTD를 읽으면 포트 D의 레지스터에 래치 되어 있는 값을 읽어오지만 PIND를 읽으면 입력 핀의 실제 상태 값을 읽어 온다.

DDRDn	PORTDn	I/O	Pull-Up	비고
0	0	입력	No	3-state (Hi-Z)
0	1	입력	Yes	외부 핀 상태가 Low이면 전류가 공급됨
1	0	출력	No	0 출력
1	1	출력	No	1 출력

4.2.5 포트 E (Port E)

■ **PORT E 데이터 방향 레지스터 – DDRE**

7	6	5	4	3	2	1	0
DDRE7	DDRE6	DDRE5	DDRE4	DDRE3	DDRE2	DDRE1	DDRE0

- 각각의 비트들에 대해 입 · 출력 방향을 독립적으로 지정할 수 있다.

– DDEn = 0이면 , 입력 방향(여기서 n = 0~7)

– DDEn = 1이면 , 출력 방향

■ PORT E 데이터 레지스터- PORTE

7	6	5	4	3	2	1	0
PORTE7	PORTE6	PORTE5	PORTE4	PORTE3	PORTE2	PORTE1	PORTE0

• 출력 모드 (DDRE의 DDEn = 1)일 때 포트 E에 출력되는 값을 제어한다.

  – PORTEn = 0이면, Low 출력, PORTEn = 1이면, High 출력

• 입력 모드 (DDRE의 DDEn = 0)일 때 포트 E의 입력 핀의 Pull-up을 제어한다.

  – PORTEn = 0이면, 풀업 하지 않고 하이 임피던스 상태

  – PORTEn = 1이면, 풀업 상태

■ PORT E 입력핀 어드레스 - PINE

7	6	5	4	3	2	1	0
PINE7	PINE6	PINE5	PINE4	PINE3	PINE2	PINE1	PINE0

• PINE는 데이터 레지스터값이 아닌, 입력 핀의 상태를 직접 읽는 데 사용한다.

• PORTE를 읽으면 포트 E의 레지스터에 래치 되어 있는 값을 읽어오지만 PINE를 읽으면 입력 핀의 실제 상태 값을 읽어 온다.

DDREn	PORTEn	I/O	Pull-Up	비고
0	0	입력	No	3-state (Hi-Z)
0	1	입력	Yes	외부 핀 상태가 Low이면 전류가 공급됨
1	0	출력	No	0 출력
1	1	출력	No	1 출력

4.2.6 포트 F (Port F)

■ PORT F 데이터 방향 레지스터 - DDRF

7	6	5	4	3	2	1	0
DDRF7	DDRF6	DDRF5	DDRF4	DDRF3	DDRF2	DDRF1	DDRF0

- 각각의 비트들에 대해 입 · 출력 방향을 독립적으로 지정할 수 있다.
  - DDFn = 0이면 , 입력 방향(여기서 n = 0 ~ 7)
  - DDFn = 1이면 , 출력 방향

■ PORT F 데이터 레지스터 – PORTF

7	6	5	4	3	2	1	0
PORTF7	PORTF6	PORTF5	PORTF4	PORTF3	PORTF2	PORTF1	PORTF0

- 출력 모드 (DDRF의 DDFn = 1)일 때 포트 F에 출력되는 값을 제어한다.
  - PORTFn = 0이면, Low 출력, PORTFn = 1이면, High 출력
- 입력 모드 (DDRF의 DDFn = 0)일 때 포트 F의 입력 핀의 Pull-up을 제어한다.
  - PORTFn = 0이면, 풀업 하지 않고 하이 임피던스 상태
  - PORTFn = 1이면, 풀업 상태

■ PORT F 입력핀 어드레스 – PINF

7	6	5	4	3	2	1	0
PINF7	PINF6	PINF5	PINF4	PINF3	PINF2	PINF1	PINF0

- PINF는 데이터 레지스터값이 아닌, 입력 핀의 상태를 직접 읽는 데 사용한다.
- PORTF를 읽으면 포트 F의 레지스터에 래치 되어 있는 값을 읽어오지만 PINF를 읽으면 입력 핀의 실제 상태 값을 읽어 온다.

DDRFn	PORTFn	I/O	Pull-Up	비고
0	0	입력	No	3-state (Hi-Z)
0	1	입력	Yes	외부 핀 상태가 Low이면 전류가 공급됨
1	0	출력	No	0 출력
1	1	출력	No	1 출력

4.2.7 포트 G (Port G)

■ PORT G 데이터 방향 레지스터 – DDRG

7	6	5	4	3	2	1	0
–	–	–	DDRG4	DDRG3	DDRG2	DDRG1	DDRG0

- 각각의 비트들에 대해 입 · 출력 방향을 독립적으로 지정할 수 있다.
  - DDGn = 0이면, 입력 방향
  - DDGn = 1이면, 출력 방향(여기서 n = 0 ~ 7)

■ PORT G 데이터 레지스터 – PORTG

7	6	5	4	3	2	1	0
–	–	–	PORTG4	PORTG3	PORTG2	PORTG1	PORTG0

- 출력 모드 (DDRG의 DDGn = 1)일 때 포트 G에 출력되는 값을 제어한다.
  - PORTGn = 0이면, Low 출력, PORTGn = 1이면, High 출력
- 입력 모드 (DDRG의 DDGn = 0)일 때 포트 G의 입력 핀의 Pull-up을 제어한다.
  - PORTGn = 0이면, 풀업하지 않고 하이임피던스 상태, 1이면, 풀업 상태
- PORT G 입력핀 어드레스 – PING

7	6	5	4	3	2	1	0
–	–	–	PING4	PING3	PING2	PING1	PING0

- PING는 데이터 레지스터값이 아닌, 입력 핀의 상태를 직접 읽는 데 사용한다.
- PORTG를 읽으면 포트 G의 레지스터에 래치 되어 있는 값을 읽어 오지만 PING를 읽으면 입력 핀의 실제 상태 값을 읽어 온다.

DDRGn	PORTGn	I/O	Pull-Up	비고
0	0	입력	No	3-state (Hi-Z)
0	1	입력	Yes	외부 핀 상태가 Low이면 전류가 공급됨
1	0	출력	No	0 출력
1	1	출력	No	1 출력

4.3 AVR ATmega128를 이용한 프로젝트 실습 수행 방법

프로젝트 실습을 위한 Atmel Studio7.0를 사용하여 프로젝트를 수행하는 방법은 "4.4.1 GPIO를 이용한 레이저 발광 모듈 제어" 실습과제의 예를 들어 수행하는 단계를 설명하도록 한다.

4.3.1 프로젝트 실행 파일 작성 및 빌드 단계

① Windows- 모든 프로그램 – 'Atmel Studio 7.0'를 실행시키면 다음과 같은 창이 나타나면 새로운 프로젝트를 만든다. (File〉New〉Project)

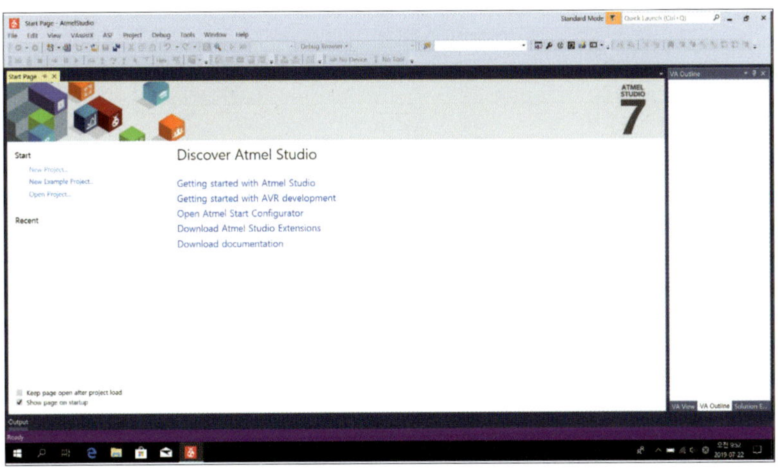

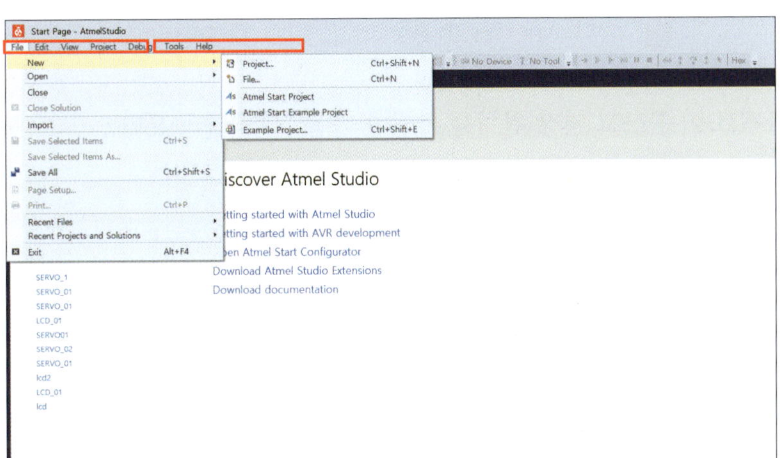

② 프로젝트에서 사용할 라이브러리 함수의 소스를 Install 시킬 수 있는 형태의 프로젝트 매니저를 선택한다.

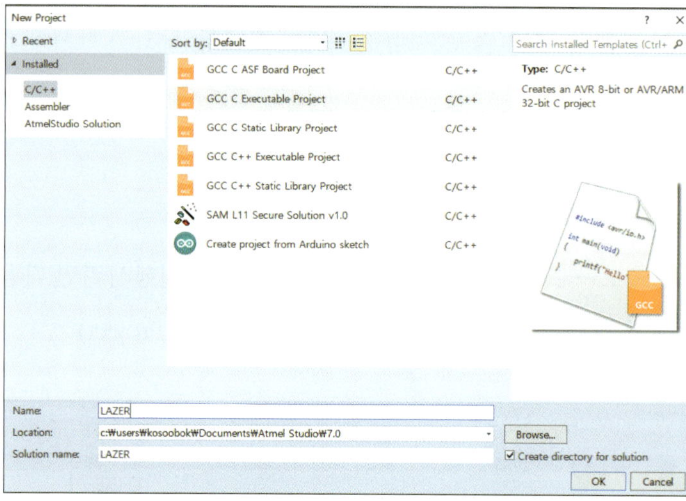

• 실행 함수인 main.c의 경우 Executable Project를 선택한다. 이 경우에는 ATmel사에서 제공하는 헤더 파일(〈헤더파일명.h〉)을 이용하여 소스를 작성할 수 있다.

• 사용자 라이브러리 함수(예 : "파일명.c" 또는 "파일명.h")의 경우에는 Static Library Project를 선택한다.

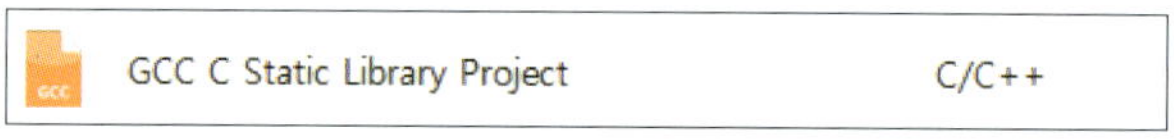

• 프로젝트 이름 쓰고 저장 위치를 확인한 다음 "OK"를 누른다.

③ 타켓 보드에 사용할 디바이스를 선택한다. 여기에서는 AVR ATmega128을 선택한다.

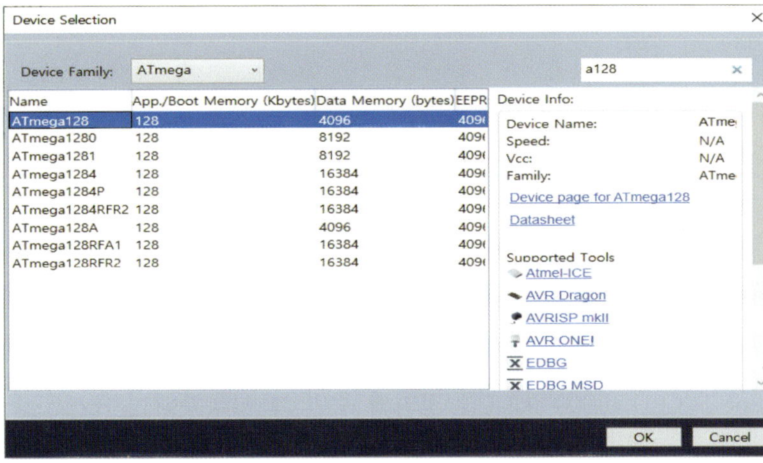

④ 프로젝트 옵션 설정

- 새로운 프로젝트를 생성했다면 다음 그림과 같이 솔루션 탐색기 창의 프로젝트 이름에 마우스 커서를 위치시키고 오른쪽 마우스 버튼을 클릭하여 팝업 메뉴가 나타나면 Properties를 선택한다.

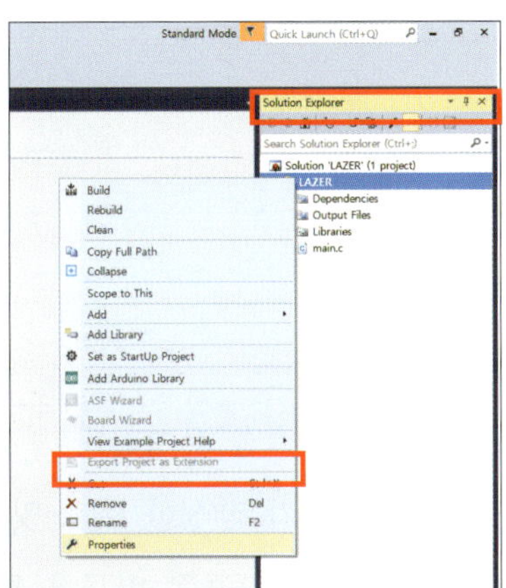

- 프로젝트 속성 창이 나타나면 Toolchain 옵션에서 Symbols를 선택하고 Add Item( )을 클릭하고 AVR ATmega128 CPU 보드에 사용한 클럭 주파수인 F_CPU=16000000으로 입력하고 OK를 누른다. (16000000=16[MHz])

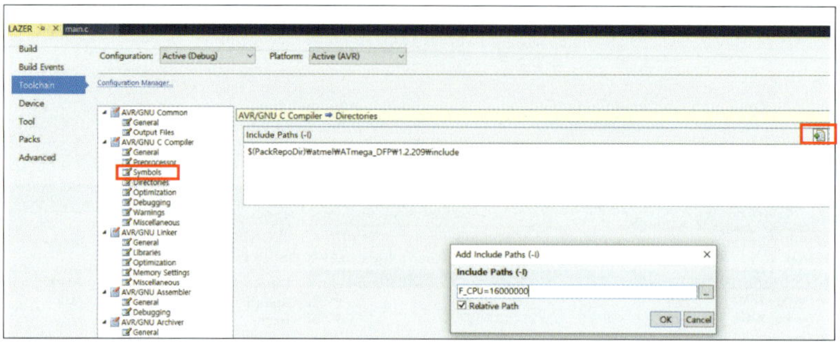

- Toolchain 옵션에서 Optimization 레벨을 –O2로 선택한 다음 저장한다.
- 컴퓨터에 Atmel Studio 7.0를 다운 받아 처음으로 프로젝트를 수행할 경우에는 Toolchain 옵션을 설정해 주어야 하지만, 그 이후부터는 소스를 작성할 때 #define F_CPU 16000000UL를 정의해 주면 그 이후부터는 Toolchain 옵션을 하지 않아도 된다.

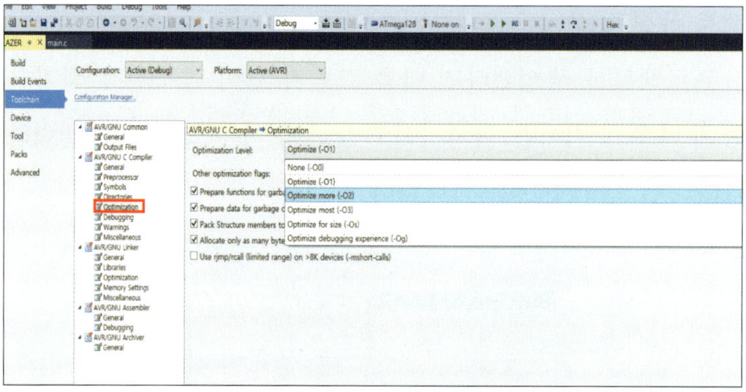

⑤ 소스 코드 작성

- 프로젝트 환경 설정이 완료되면 소스를 작성한다.
- 만약 프로젝트에서 기존에 사용자가 작성한 소스 및 헤더 파일을 추가하면 그림과 같이 Project Veiw에서 마우스 오른쪽 버튼을 클릭하여 팝업 메뉴를 띄우고 'Add-item'을 선택하여 추가하려는 파일을 찾아 선택한다. 이 경우는 뒤에서 자세한 절차를 설명하였다.

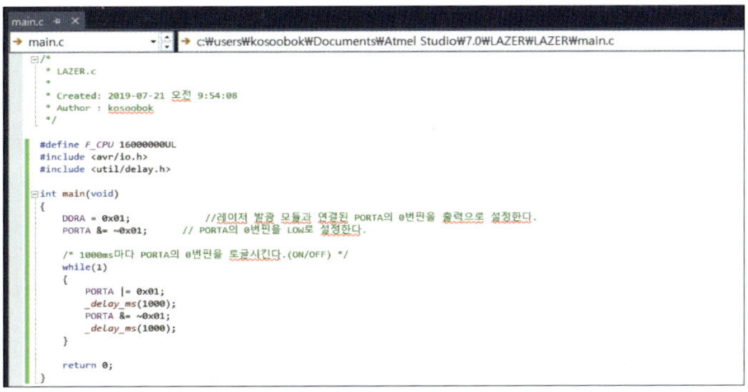

⑥ 소스 코드 작성이 완료되었다면 소스를 컴파일하고 링크를 일괄적으로 하는 빌드를 한다.

- 메뉴 바의 빌드 버튼( )을 클릭하여 빌드를 시작한다.
- 솔루션 빌드( )는 F7를 눌러 빌드를 하는 경우로 여러 개로 분리된 라이브러리 파일을 통합으로 빌드 할 경우 사용한다.

⑦ 빌드가 완료되면 소스에 아무런 오류가 없다면 다음과 같이 빌드가 성공이라는 메시지가 나온다.

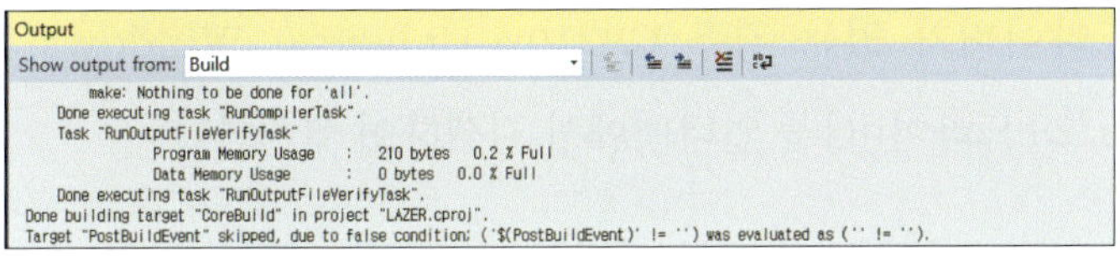

⑧ 만약 다음과 같이 소스 코드 일부가 잘못되었을 경우 에러 메시지가 나타나고 잘못된 소스 행을 보게 된다.

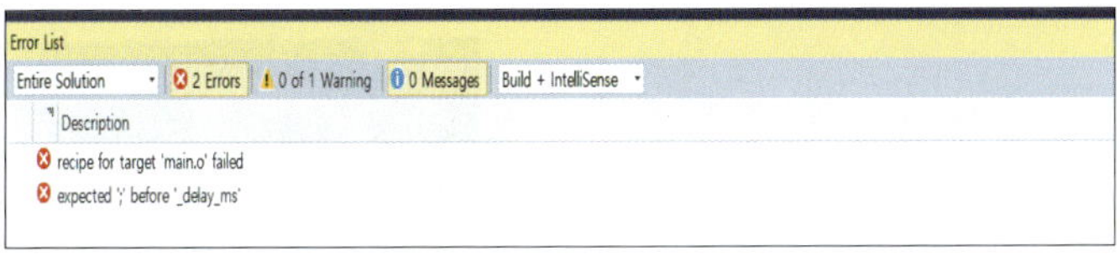

- 잘못된 소스를 수정하고 다시 빌드 하면 성공되었다는 메시지를 확인할 수 있다.

4.3.2 프로젝트용 타깃 보드에 프로그램 다운로드 및 실행

① AVR-ISP를 사용하기 위하여 먼저 PC의 AVR-ISP간 통신 포트를 맞추어 주어야 한다.

• PC에 ISP 포트를 삽입하고 내 컴퓨터 '제어판'에서 '장치 관리자'에 들어가 AVR-ISP USB 드라이버가 몇 번 COM 포트에 연결되어 있는지 확인한다.

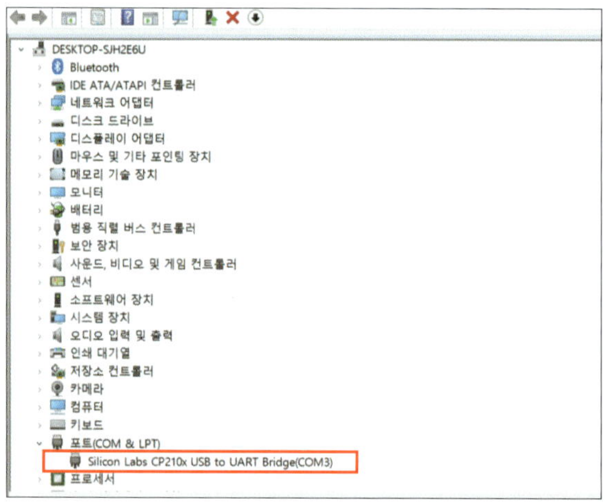

② USB 드라이버가 없는 경우 CP210x_Universal_Windows_Driver[AVR ATmega128 드라이버]를 인터넷에서 검색하여 설치한다.

• 컴퓨터 운영체제 환경에 맞도록 설치한다. (32비트 또는 64비트)

③ MCU 모듈과 같이 제공되는 USB Cable를 이용하여 AVR ATmega128 CPU에 다운로드하며, 다음 그림과 같이 USB포트와 USB Cable를 연결한다.

④ ATmel Studio에서 'Tools–Add target를 선택한다.

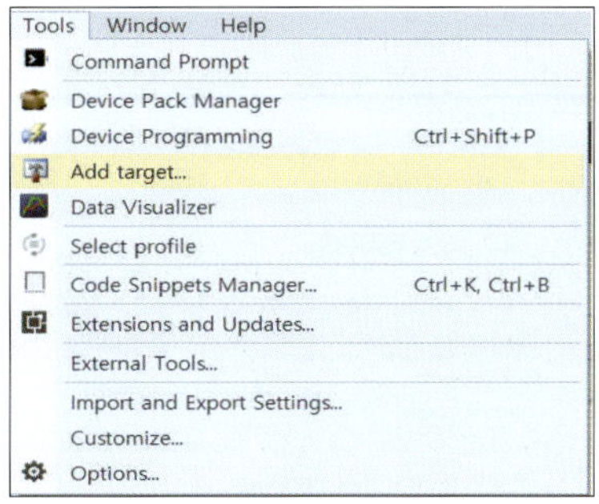

⑤ Select tool(STK500)과 'USB Serial Port'를 위에서 확인한 COM 포트 선택하고 Apply 버튼을 클릭한다.

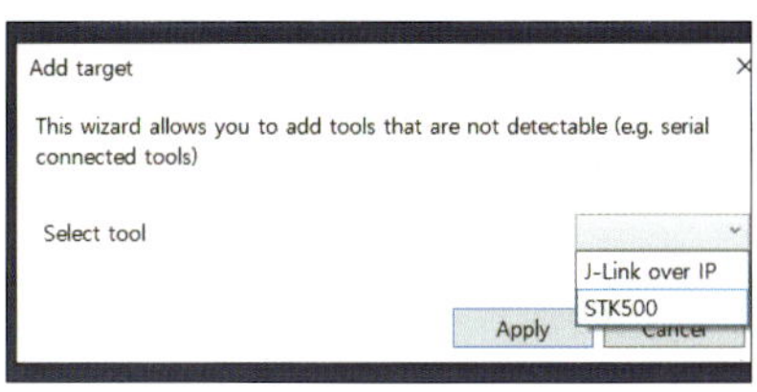

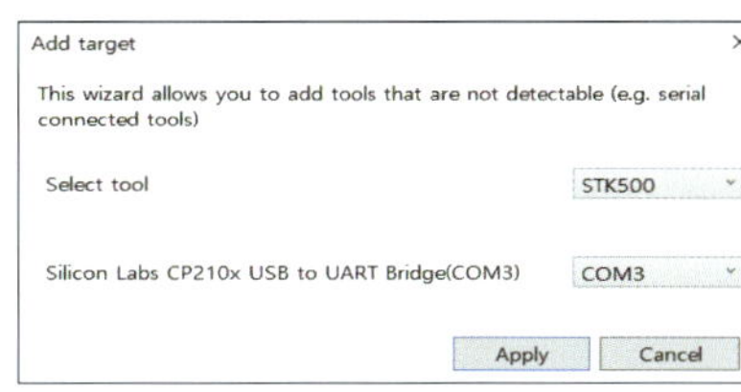

⑥ 'Tools–Device Programming'을 선택한다.

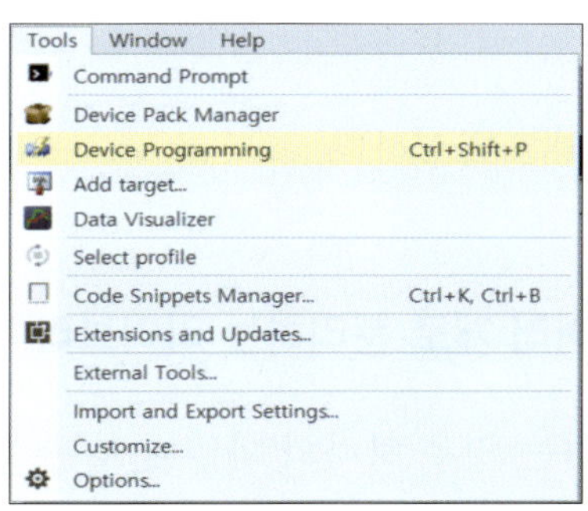

⑦ Tool과 Device를 선택하고 'Apply'를 클릭한다.

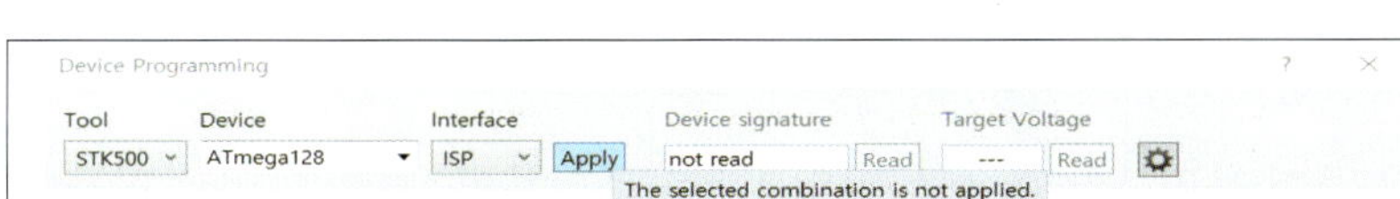

⑧ 'Memories'를 선택하고 디바이스에 다운로드할 실행 파일과 연결 가능한 형식으로 형성된 시스템 파일인 프로젝트명. elf을 불러온다.

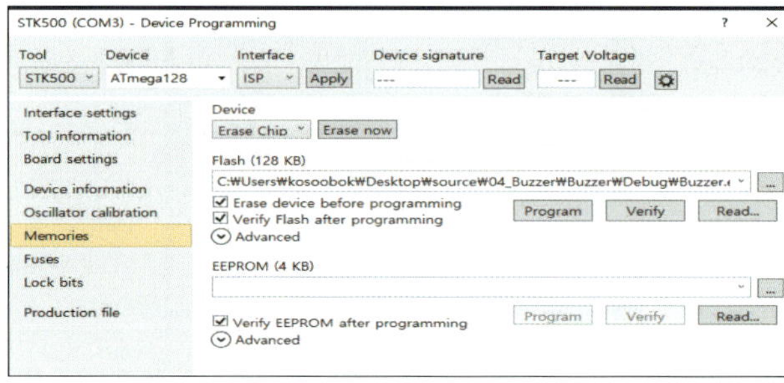

⑨ 'Program' 버튼을 눌러서 AVR ATmega128 CPU에 다운로드 한다.

⑩ Erase now을 클릭하면 CPU에 기존에 다운로드 한 elf 파일이 지워진다.

⑪ 다운로드 완료되면 Flash 메모리에 다운로드가 완료된 OK 메시지를 볼 수 있다.

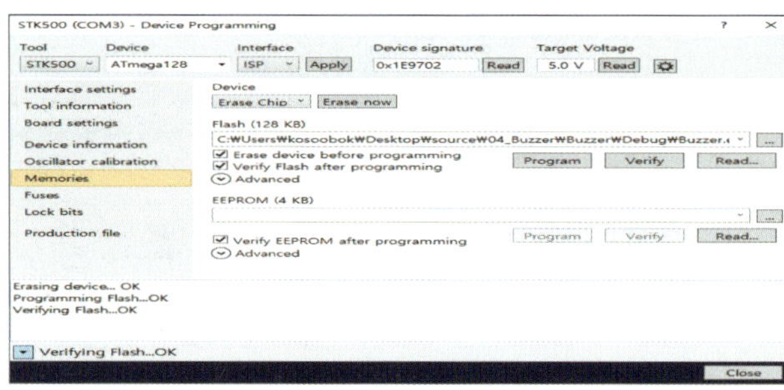

⑫ 타깃 보드의 동작 결과를 확인한다.

4.3.3 하나의 파일을 여러 개로 분리하는 라이브러리 파일 만들기

- 긴 프로그램을 작성하는 경우 하나의 파일에 모든 코드를 작성하여 코드량이 길어지게 되어 적게는 수백 줄, 많게는 수천 줄 이상이 되어 에러 수정 등을 어렵게 하고 자신이 작성한 소스 조차도 알아보지 못한다.
- 긴 소스를 분리하고 각각 분리된 소스를 한꺼번에 빌드 하면 하나의 실행 파일이 나온다.
- 예를 들어 분리하기 전 소스 파일 1개를 분리하여 4개의 파일로 만들어 사용한

다. main()함수, func1(), func2() 함수를 각각 1개의 헤더 파일과 3개의 소스 파일로 분리한 것이다. 이를 한꺼번에 빌드 하면 결국 1개의 실행 파일이 생성 된다.

■ 위에서 설명한 실행 파일 만드는 방법에서 ATmel사에서 제공하지 않는 사용자가 만든 파일(사용자 파일)은 다른 프로젝트에서도 사용할 수 있다.

① 위에서 만든 프로젝트 파일의 프로젝트 솔루션에 마우스 우측을 클릭하고 소스 파일을 추가한다. (Add〉New Project)

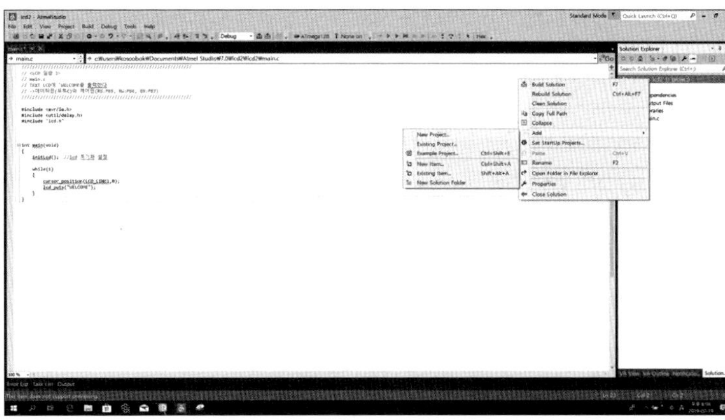

② 사용자 라이브러리 함수를 만들기 위해 GCC C Static Library Project를 선택하고 소스 파일명(예:lcd)를 입력한다.

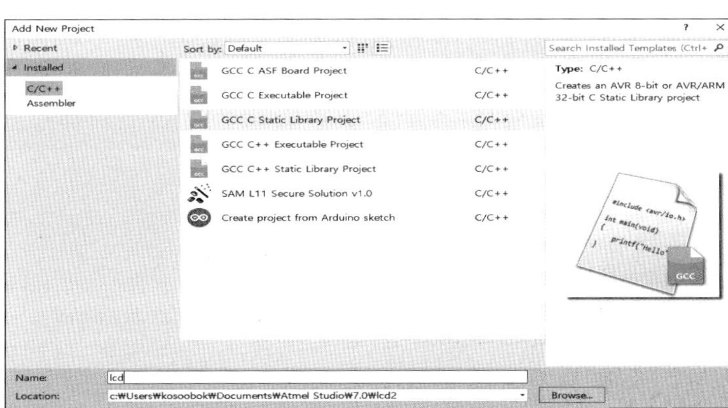

③ 다른 프로젝트에서도 사용할 수 있는 라이브러리이므로 저장 폴더를 반드시 확인한다.

④ 위에서 선택한 디바이스인 AVR ATmega128를 선택한다.

⑤ 소스 코드를 작성한다.

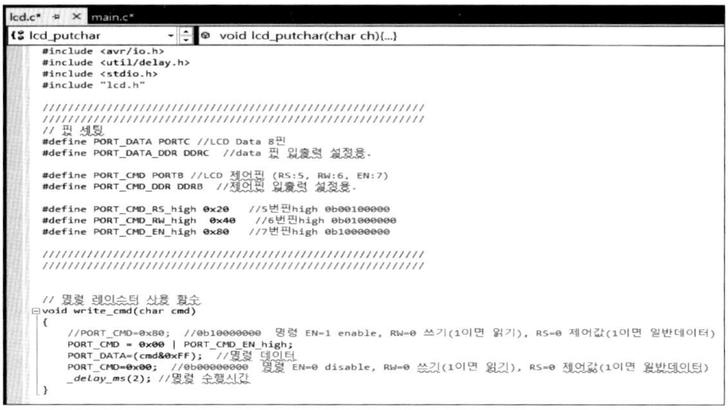

⑥ 빌드를 하면 소스에 있는 헤더 파일("lcd.h")이 없기 때문에 에러가 발생한다.

■ **사용자 라이브러리 소스 코드를 작성시 유의사항**

- 이때 새로 만든 프로젝트 이름과 같은 파일명은 안 되기 때문에 대, 소문자를 구분하여 이용하는 것이 좋다.
- 예를 들어 프로젝트 이름을 lcd1(main.c)로 했다면 추가할 사용자 라이브러리 파일명은 lcd.c 또는 LCD.c로 한다.
- 사용자 함수에는 ATmel사에서 제공하지 않는 헤더 파일을 이용하기 때문에 헤더 파일을 만들 경우 헤더 파일명도 반드시 같은 파일명과 저장 위치도 같아야 한다. lcd.h 또는 LCD.h로 하여야 한다.

4.3.4 사용자 헤더 파일 만들기

프로그램에서 첫째 줄에서 #Include 선언한 〈avr/io.h〉 헤더 파일은 AVR ATmega128에 관련된 주소에 대하여 정의하고 있는 시스템 제공 헤더 파일이다. 따라서 거의 모든 프로그램에서 이 헤더 파일을 Include 해서 사용하게 된다.

다음 표는 몇 가지 중요한 시스템 헤더 파일을 소개한 것이며, 이외에도 많은 헤더 파일이 있다.

헤더 파일명	설 명
〈avr/io.h〉	AVR ATmega128의 입 · 출력에 관련된 내용을 정의
〈avr/interrupt.h〉	AVR ATmega128의 인터럽트에 관련된 내용을 정의
〈avr/signal.h〉	AVR ATmega128에서 발생되는 신호에 관련된 내용을 정의
〈avr/pgmspace.h〉	AVR ATmega128의 프로그램 공간에 관련된 내용을 정의
〈avr/eeprom.h〉	AVR ATmega128의 EEPROM에 관련된 내용을 정의
〈avr/wdt.h〉	AVR ATmega128의 와치독 타이머에 관련된 내용을 정의
〈util/delay.h〉	AVR ATmega128의 delay에 관련된 내용을 정의

- 사용자가 만든 헤더 파일의 경우 #Include "헤더 파일명.h"해서 사용한다.
- 프로젝트 내에서 사용한 헤더 파일명을 다시 한번 확인하고 반드시 일치한 명칭의 헤더 파일(lcd.h 또는 LCD.h)을 만들어야 한다.

① 추가하여 만든 사용자 라이브러리 폴더에 마우스 우측을 클릭하고 Add〉New Item를 클릭한다.

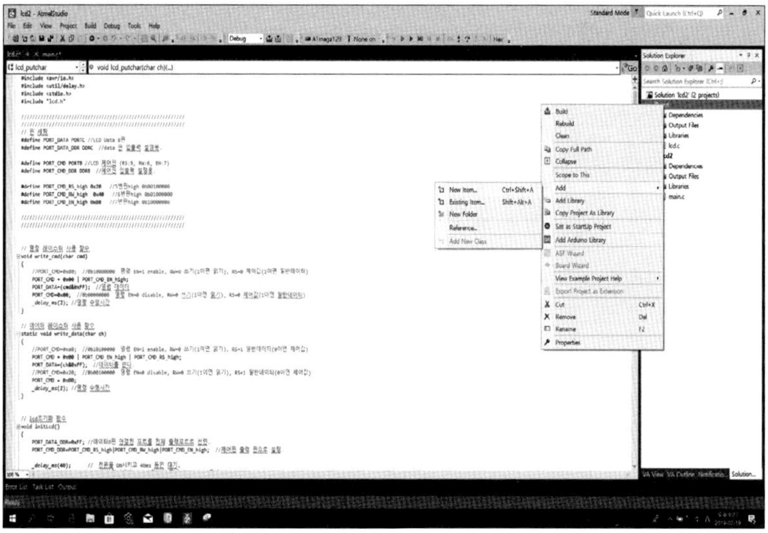

② Include File을 선택하고 헤더 파일명을 입력한다.

③ 추가하여 만든 사용자 라이브러리 폴더를 빌드 하면 성공하였다는 메시지를 볼 수 있다.

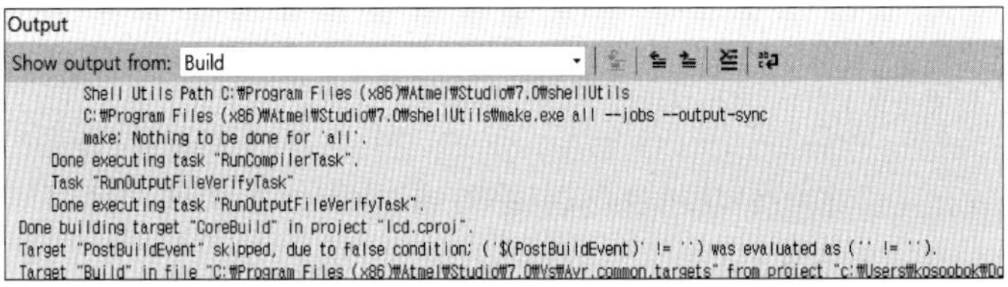

④ 프로젝트 파일을 빌드 하면 디렉토리를 찾을 수 없다는 에러 메시지가 나온다.

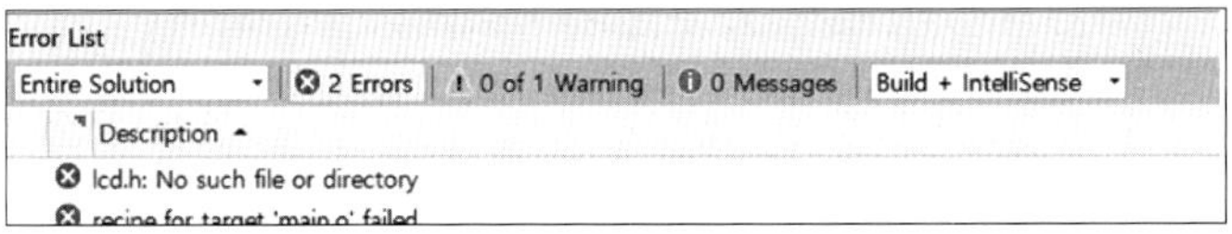

⑤ 소스에 CPU 클럭(#define F_CPU 16000000UL)을 정의하지 않은 경우이므로 실행 함수인 main.c 소스에 CPU 클럭을 정의해준다.

4.3.5 사용자 파일 추가하기

다음과 같은 프로젝트 실행 함수인 main.c에 사용자가 만든 라이브러리 함수(예 dht11.c dht11.h 등)를 추가하여 프로젝트 파일을 빌드 하면 된다.

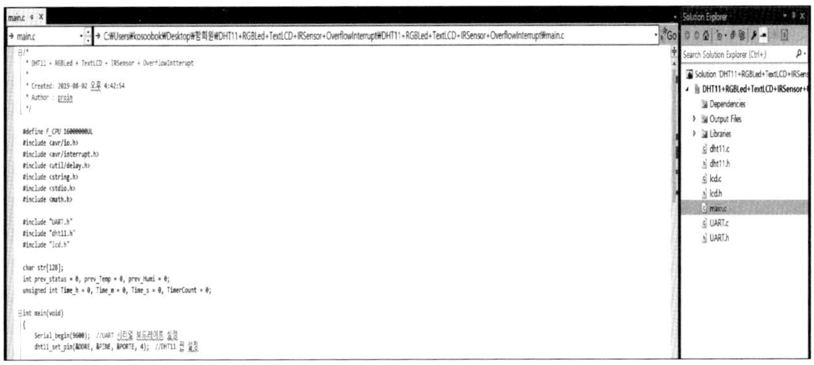

① 이전에 만든 사용자 함수 추가는 프로젝트 폴더에 마우스 우측을 클릭하고 Add〉New Item를 클릭하고 추가할 라이브러리 함수가 있는 폴더를 찾는다.

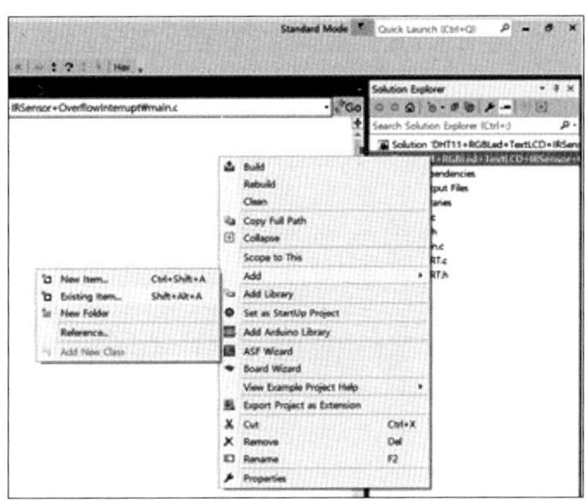

② 이전에 만든 라이브러리 함수가 있는 폴더를 찾아서 추가해 준다.

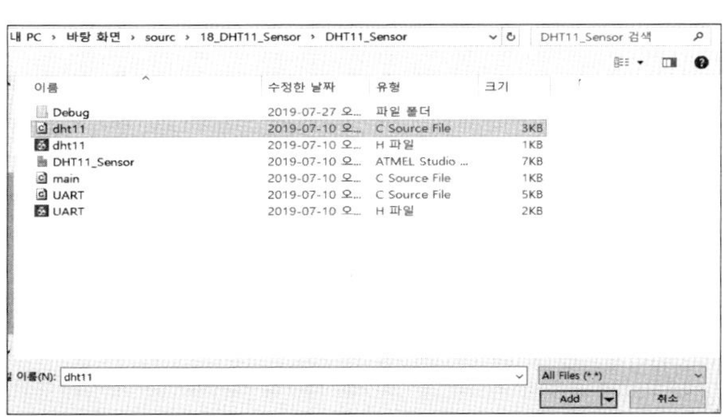

③ 프로젝트 솔루션 창에 다음과 같이 프로젝트에 관련된 함수들이 추가된 것을 볼 수 있다.

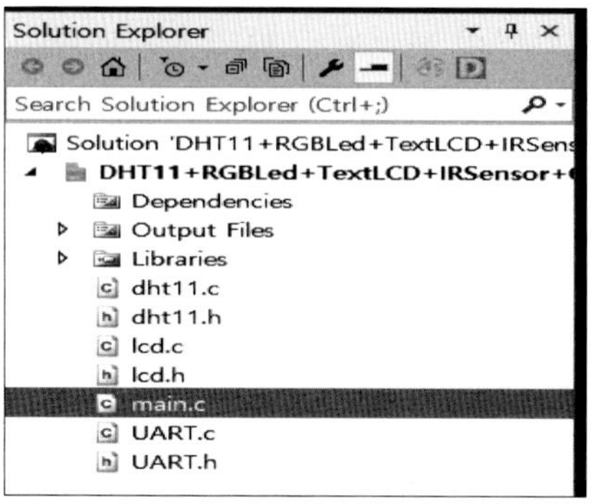

④ 빌드를 하고 에러 없이 성공했다는 메시지가 나온다.

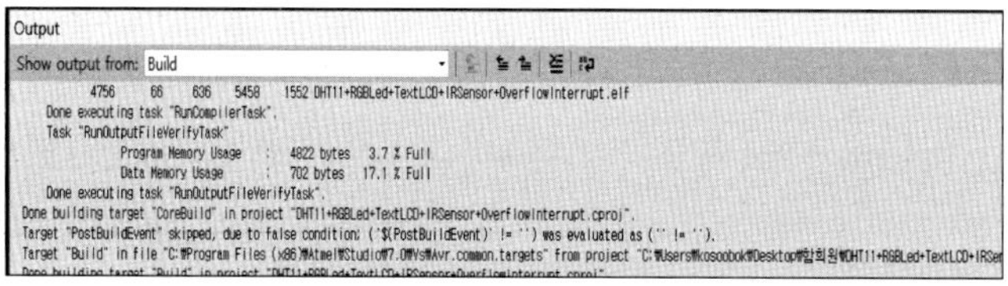

⑤ 에러가 없는 경우 생성된 elf 파일을 타깃 보드에 다운로드 한 다음 동작을 확인한다.

4.4 입 · 출력 포트를 이용한 입·출력 제어 실습

■ **구동 프로그램 작성 시 다음 사항을 사전에 숙지하고 수행하도록 한다.**

• 소스 프로그램 작성 시 모든 레지스터는 반드시 대문자로 작성해야 한다.

• MCU A0 포트에 '1'을 출력하려면 입 · 출력 포트 A0의 GPIO 방향을 출력으로 만들어야 한다.

• 입 · 출력 포트를 출력으로 선언하려면 DDRx 레지스터(여기서는 A 포트를 사용하므로 DDRA 레지스터)에 '1'을 적어 주어야 한다.

• PORTx 레지스터(여기서는 PORTA 레지스터)에 '1'을 적어 주어야 한다.

4.4.1 GPIO를 이용한 레이저 발광 모듈 제어

- 650[nm] 레이저가 장착된 모듈로 전원을 공급하면 레이저를 발광하는 모듈로서 디지털 신호로 레이저를 제어할 수 있고, 일정 지점을 표시하거나 가리킬 때 유용하다.
- 레이저 발광 모듈은 디지털 신호로 레이저를 제어할 수 있으므로 발광하기 위해서 MCU A0 포트에서 '1'을 출력하도록 해야한다.

■ **하드웨어 구성**

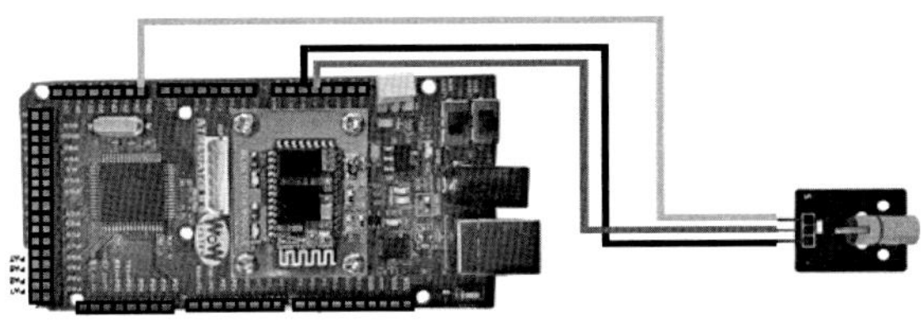

AVR ATmega128 보드	레이저 발광 모듈
PA0	S
5V	⊕
GND	⊖

■ **프로그램 소스(프로젝트 이름 : Lazer)**

```
#define F_CPU 16000000UL
#include <avr/io.h>
#include <util/delay.h>
int main(void)
{
    DDRA = 0x01;      // 레이저 발광 모듈과 연결된 PORTA의 0번핀을 출력으로 설정한다.
    PORTA &= ~0x01;// PORTA의 0번핀을 LOW로 설정한다.

    /* 1000ms마다 PORTA의 0번핀을 토글시킨다.(ON/OFF) */
    while(1)
    {
        PORTA |= 0x01;
        _delay_ms(1000);
        PORTA &= ~0x01;
        _delay_ms(1000);
    }
    return 0;
}
```

■ **소스 코드 설명**

- CPU 클럭을 define으로 정의한다.
- AVR 입 · 출력에 대한 헤더 파일과 delay 함수 사용을 위한 헤더 파일을 선언한다.
- Include 선언한 〈avr/io.h〉 헤더 파일은 AVR ATmega128에 관련된 주소에 대하여 정의하고 있는 시스템 제공 헤더 파일이다. 따라서 거의 모든 프로그램에서 이 헤더 파일을 Include해서 사용하게 된다.
- delay.h인 헤더 파일을 Include 시켜서 AVR 개발 환경에서 제공하는 시간 지연 함수를 사용한다.
- 포트 A0를 출력 포트로 설정한다.
- 포트 A0를 Low("0")로 설정한다.
- 포트 A0에 데이터를 출력한다.
- _delay_us() 함수는 1000ms(1초) 지연이다.

■ **빌드 결과 확인**

- 위에서 설명한 프로젝트 실행 파일 작성 및 빌드 단계를 참조하여 소스를 작성하고 빌드 한다.
- 에러 메시지가 나올 경우 소스를 수정해 본다.
- 잘못된 소스 부분을 수정하고 다시 빌드 해본다.

■ **프로그램 다운로드 및 실행**

- 프로젝트용 타깃 보드에 프로그램 다운로드 및 실행 방법을 참고하여 수행한다.
- 1초마다 레이저광이 발광되는지 종이 등을 레이저 발광부에 마주 보게 세우고 레이저광 발광을 확인한다.

■ **마이크로프로세서에서 시간 지연을 사용하는 경우의 예**

- 임베디드 시스템에서 프로그램을 하다 보면 임의의 시간 지연이 필요한 경우를 자주 만나게 된다.

- 신호등 제어기를 생각해 보면, 파란불을 켜놓고 일정 시간이 지난 후 빨간불로 전환해야 한다.
- 엘리베이터 제어기를 설계할 때, 승강기 문을 열고 일정 시간을 기다린 후 닫으려면 역시 정확한 시간 지연 기능이 필요하다.
- 전광판 제어기에서 화면을 일정 시간마다 변경하려면 역시 시간 지연 기능이 필요할 것이다.
- 이 밖에도 시스템에 내장된 소자들 중에는 하나의 동작을 하는데 일정 시간이 필요한 경우가 있는데, 이런 경우 MCU의 프로그램에서는 소자가 동작을 마칠 때까지 잠시 기다려 주어야 할 때도 있다.

■ **마이크로컨트롤러의 프로그램에서 시간 지연을 하는 방법은 대략 3가지 정도로 설명할 수 있다.**

① for-loop나 while-loop를 사용하여 시간을 지연하는 방법(반복문)

```
void delay(unsigned char i) {
        int k;
        for(k=0;k<=i;k++) ;
}

void main(void)
{
        delay(0x0100);
}
```

```
void delay(unsigned char i) {
        while(i--);
}
```

- 이 방법은 가장 쉽게 시간 지연을 할 수 있는 방법이다.
- 그러나 이러한 방법은 MCU의 상태에 따라, 그리고, 클럭의 속도에 따라 그 지연 시간이 달라질 수 있는 매우 부정확한 시간 지연 방법이다.

② 내부 타이머/카운터를 사용하는 방법

- 시간 지연을 위한 가장 정확한 방법이다.
- 타이머 이용 방법은 뒷부분에서 자세히 다루기로 한다.

③ 소프트웨어적으로 제공하는 라이브러리 함수를 이용하여 시간 지연 방법

- AVR 개발 환경에서 제공하는 시간 지연용 함수들은 delay.h라는 헤더 파일에 정의되어 있다.
- 프로그램에서는 delay.h 헤더 파일을 include 시켜 _delay_ms(unsigned int i), _delay_us(unsigned int i)를 사용하여 밀리초나 마이크로초 단위로 비교적 정확하게 시간 지연을 얻을 수 있다.
- 인터럽트 등에 의해 지연이 발생할 수 있어 아주 정확한 것은 아니다.

4.4.2 릴레이 모듈 제어

- 릴레이는 전기신호를 통해 전원을 스위칭할 수 있는 스위치의 일종이며, 보통 낮은 전압으로 높은 전압을 제어하기 위한 용도로 사용된다.
- AC 220[V], DC 30[V]까지 입력할 수 있으며, 이를 DC 5[V]로 제어할 수 있다.

■ **하드웨어 구성**

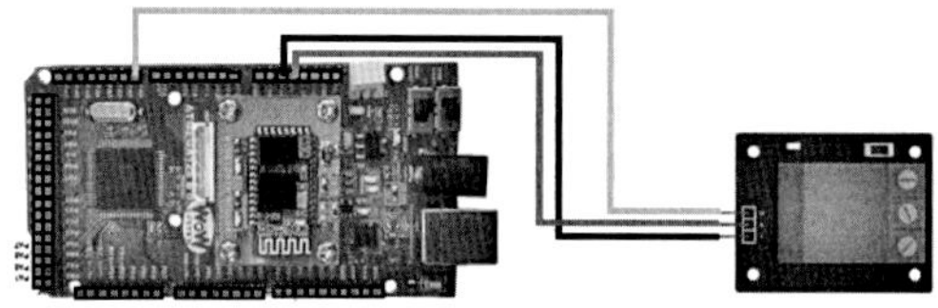

AVR ATmega128 보드	릴레이 모듈
PA0	S
5V	⊕
GND	⊖

■ 구동 프로그램 소스(프로젝트 이름 : Relay)

```
#define F_CPU 16000000UL
#include <avr/io.h>
#include <util/delay.h>
int main(void)
{
    DDRA = 0x01;           // 릴레이 모듈과 연결된 PORTA의 1번핀을
                              출력으로 설정한다.
    PORTA &= ~0x01;        // PORTA의 0번핀을 LOW로 설정한다.

    /* 1000ms마다 PORTA의 0번핀을 토글시킨다.(ON/OFF) */
    while(1)
    {
        PORTA |= 0x01;
        _delay_ms(1000);
        PORTA &= ~0x01;
        _delay_ms(1000);
    }
    return 0;
}
```

■ 빌드 결과 확인

- 에러 메시지가 나올 경우 소스를 수정해 본다.
- 잘못된 소스 부분을 수정하고 다시 빌드 해본다.

■ 프로그램 다운로드 및 실행

- 프로젝트용 타깃 보드에 프로그램 다운로드 및 실행 방법을 참고 수행한다.
- 1000[ms]마다 릴레이 모듈이 ON/OFF 되는지 확인한다.

■ 소스 일부 수정 후 실행

- 소스 내의 연산자를 이용한 부분을 다르게 수정하고 빌드 해본다.
- 프로그램을 다운로드 한 후 동작 사항을 수정 전과 비교해 본다.

4.4.3 7-Segment(1Digit) 제어

- 디지털 회로에서 정보를 Display하는 방법에는 여러 가지가 있다.
- 그중 가장 보편적인 방법으로는 LED를 사용하는 것이다. 하지만 LED로는 많은 정보를 쉽게 표현할 수가 없다는 단점이 있다.
- 그래서 만들어진 장치가 바로 흔히들 FND라 불리는 7-세그먼트 LED이다.

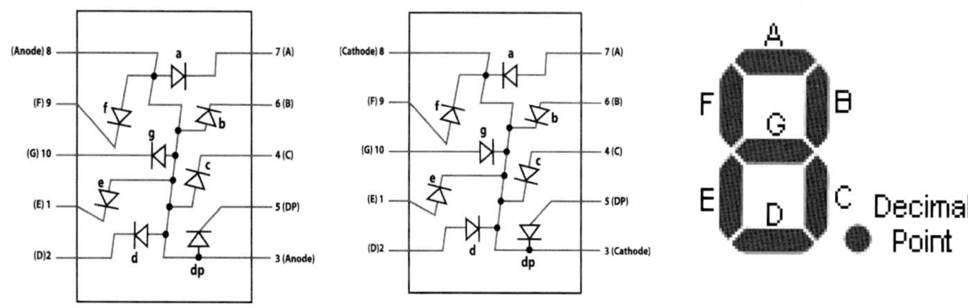

FND의 종류별 내부 구조

■ 하드웨어 구성

- 다음 회로도를 보고 재료 및 브레드 보드를 이용하여 조립한다.
- 회로의 동작은 PA[0]에 High 신호를 보내면 Q1 TR이 On 되고 첫 번째 7-Segment에 FND_A~FND_H(PC[0-7])에 마이크로프로세서에서 신호를 인가하면 해당 위치의 LED가 On 되어 위쪽 테이블 숫자 또는 간단한 문자를 출력할 수 있다.
- FND A~DP까지 연결된 저항은 MCU 내부에 풀업 저항 기능이 있기 때문에 연결하지 않고 바로 MCU 포트에 연결해도 무관하다.

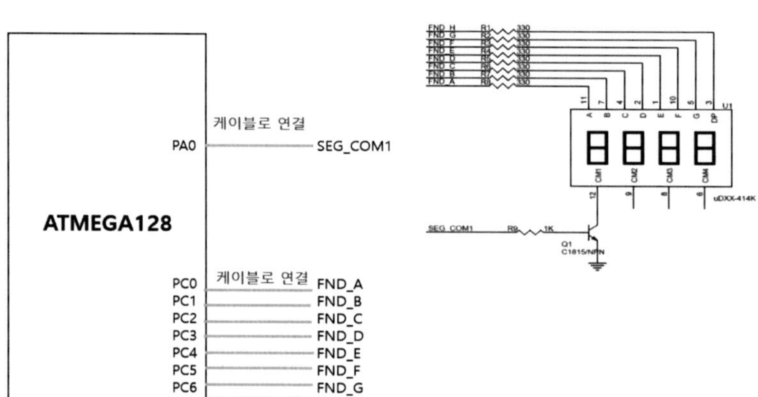

■ **프로그램 소스(프로젝트 이름 : 7-Segment_1Digit)**

7-Segment에서 8자와 소수점을 번갈아 표시하는 프로그램이다.

```
#include <avr/io.h>
#include <util/delay.h>

int main()
{
    DDRA = 0xff;  //포트 A 출력포트 지정, TR 제어
    DDRC = 0xff;  //포트 A 출력포트 지정, TR 제어
    while(1)
    {
        PORTA=0x01;
        PORTC=0x7F;
        _delay_ms(500);

        // PORTA=0x01;
        PORTC=0x80;
        _delay_ms(500);
    }
    return 0;
}
```

■ **빌드 결과 확인**

- 7-Segment에서 8자와 소수점을 번갈아 표시되는 소스를 작성한다.
- 프로젝트 실행 파일 작성 및 빌드의 기본 단계를 참조하여 소스를 작성하고 빌드 한다.
- 에러 메시지가 나올 경우 소스를 수정해 본다.
- 잘못된 소스 부분을 수정하고 다시 빌드 해본다.

■ **프로그램 다운로드 및 실행**

- 프로젝트용 타깃 보드에 프로그램 다운로드 및 실행 방법을 참고하여 수행한다.
- FND의 동작 상태를 확인한다.

4.4.4 7-Segment(4Digit) 제어(브레드 보드 구성)

■ PA[0-3]에 High 신호를 보내면 Q1~Q4 TR이 On 되고 모든 7-Segment에 FND_A~FND_H(PC[0-7])에 동시에 같은 데이터를 전송하여 숫자를 표시한다.

■ 하드웨어 구성

- 위 과제 4.4.3에서 연결한 브레드 보드에 추가로 회로도를 보고 조립한다.
- 아래의 표는 FND 표 데이터를 만들기 위한 것이다.

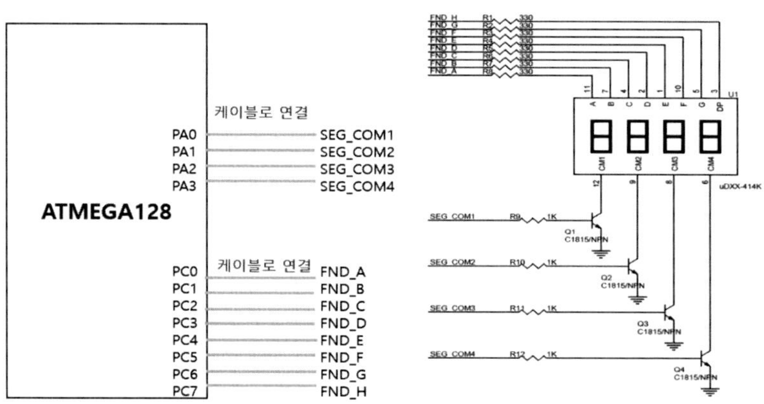

DISPLAY	HEX	dot	g	f	e	d	c	b	a
0	0x3F	0	0	1	1	1	1	1	1
1	0x06	0	0	0	0	0	1	1	0
2	0x5B	0	1	0	1	1	0	1	1
3	0x4F	0	1	0	0	1	1	1	1
4	0x66	0	1	1	0	0	1	1	0
5	0x6D	0	1	1	0	1	1	0	1
6	0x7D	0	1	1	1	1	1	0	1
7	0x07	0	0	0	0	0	1	1	1
8	0x7F	0	1	1	1	1	1	1	1
9	0x67	0	1	1	0	0	1	1	1
A	0x77	0	1	1	1	0	1	1	1
b	0x7C	0	1	1	1	1	1	0	0
C	0x39	0	0	1	1	1	0	0	1
d	0x5E	0	1	0	1	1	1	1	0
E	0x79	0	1	1	1	1	0	0	1
F	0x71	0	1	1	1	0	0	0	1
.	0x80	1	0	0	0	0	0	0	0

■ 프로그램 소스(프로젝트 이름 : 7-Segment_4Digit)

```
#include <avr/io.h>
#include <util/delay.h>

unsigned char FND_NUMBER[10] = {0b00111111, // 0
                                0b00000110, // 1
                                0b01011011, // 2
                                0b01001111, // 3
                                0b01100110, // 4
                                0b01101101, // 5
                                0b01111101, // 6
                                0b00100111, // 7
                                0b01111111, // 8
                                0b01101111}; // 9

unsigned int number = 0;

/*****************************************************************
 *  MAIN 함수
*****************************************************************/
int main()
{
    DDRA = 0xFF;       //4개의 FND 데이터 핀 방향을 모두 출력으로 설정 (FND Data)
    PORTA = 0x00;    // 4개의 FND 데이터 초기화 (모두 Low)
    DDRC = 0x0F;    // 4개의 FND 활성화 핀 방향을 모두 출력으로 설정 (FND TR)
    PORTC = 0x00;    // 4개의 FND 활성화 핀 초기화 (모두 Low)

    while(1)
    {
        PORTC = 0x0F;
        PORTA = FND_NUMBER[number];  // FND에 선택된 숫자 출력

        if(number < 9)
        {
            number++;
        }
        else
        {
            number = 0;
          }
        _delay_ms(1000);
    }
    return 0;
}
```

■ 표 데이터(look-up table)

- 자료를 다른 형태로 변환시키기 위한 컴퓨터 프로그램이 빠른 시간 내에 접근이 가능하도록 만들어진 자료의 대역
- 각 레코드에 대해 특정 값을 대응시키는 키와 그에 관한 정보를 갖고 있는 표를 말한다.
- 위 FND 표 데이터를 참조하여 unsigned char FND_NUMBER[10]={0b00111111, ~ 0b01101111}; 으로 표 데이터를 만든 것이다.
- 2진수를 16진수로 작성해도 무관하다. (0b00111111를 0x3f)

■ 빌드 결과 확인

- 7-Segment의 4자리에 숫자가 표시되는 소스이다.
- 프로젝트 실행 파일 작성 및 빌드의 기본 단계를 참조하여 소스를 코딩하고 빌드 한다.
- 에러 메시지가 나올 경우 소스를 수정해 본다.
- 잘못된 소스 부분을 수정하고 다시 빌드 해본다.

■ 프로그램 다운로드 및 실행

- 프로젝트용 타깃 보드에 프로그램 다운로드 및 실행 방법을 참고하여 수행한다.
- FND의 동작 상태를 확인한다.

■ 소스 일부 수정 후 실행

- 소스 내의 if문를 다른 제어문으로 바꾸어 수정하고 빌드 해본다.
- 프로그램을 다운로드한 후 동작 사항을 수정 전과 비교해 본다.

4.4.5 DC 모터 제어

■ DC 모터 드라이버를 이용하여 DC 모터를 제어한다.

■ 마이크로프로세서의 I/O 출력으로는 DC 모터를 직접 제어하지 못하므로 DC 모터 드라이버를 이용하여야 한다.

■ DC 모터 드라이버

• DC 모터 드라이버의 H-Bridge로 설계 되어 있으며 아래의 구조를 가지고 동작한다.

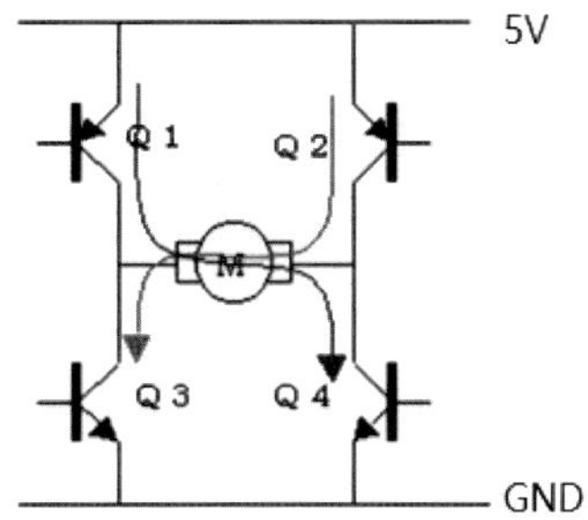

[DC 모터 드라이버(H-Bridge)]

• 기본 동작은 Q1과 Q4의 트랜지스터만 동시에 On으로 하면 청색 선과 같이 전류가 흐르고, 모터는 정회전한다.

• 반대로 Q2와 Q3만 On으로 하면 적색 선과 같이 전류가 흐르고, 모터는 역회전하게 된다.

• Q3과 Q4만 동시에 On으로 하면 모터에 브레이크를 거는 동작으로 된다.

■ 하드웨어 구성

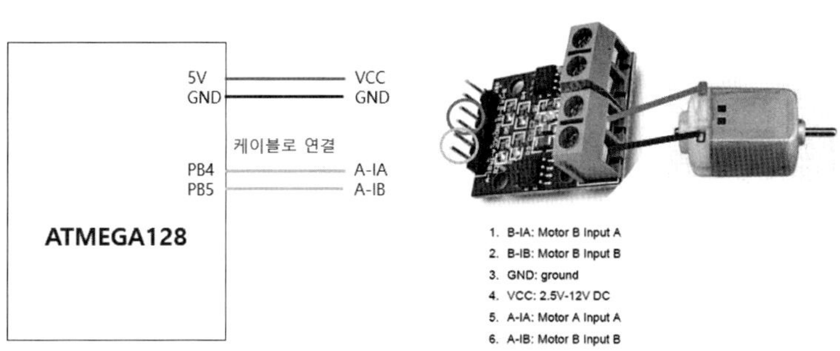

• 모터 드라이버의 A-IA, A-BI, +5V, GND를 연결한다. 모터 드라이버는 Motor A에 연결한다.

■ **프로그램 소스(프로젝트 이름 : DC_Motor)**

```
#include <avr/io.h>
#include <util/delay.h>

int main (void)
{
    /* GPIO 포트 초기화 */
    DDRB = 0x30;        // Motor Port init
    PORTB = 0x00;       // Motor Disable

    while(1)
    {
        /*  Right  */
        PORTB = 0x10;
        _delay_ms(1000);     // 1초간 대기
        /*  Left  */
        PORTB = 0x20;
        _delay_ms(1000);     // 1초간 대기

    }
}
```

■ **빌드 결과 확인**

- 모터가 1초간 정회전과 1초간 역회전 소스를 작성한다.
- 프로젝트 실행 파일 작성 및 빌드의 기본 단계를 참조하여 소스를 작성하고 빌드 한다.
- 에러 메시지가 나올 경우 소스를 수정해 본다.
- 잘못된 소스 부분을 수정하고 다시 빌드 해본다.

■ **프로그램 다운로드 및 실행**

- 프로젝트용 타깃 보드에 프로그램 다운로드 및 실행 방법을 참고하여 수행한다.
- 모터가 1초간 정회전과 1초간 역회전이 되는지 확인한다.

■ **소스 일부 수정 후 실행**

- 모터가 2초간 정회전, 1초간 역회전 되도록 소스 일부를 수정하고 실행해 본다.

Embedded System

CHAPTER 5

AVR ATmega128 인터럽트

CHAPTER 05

Embedded System

AVR ATmega128 인터럽트

■ 인터럽트(Interrupt)란 “방해하다” 또는 어떠한 행위의 중간에 행위 자체를 중지 시키는 “가로채기”를 의미이다.

■ 관련 레지스터는 아래와 같으며. AVR ATmega128에는 어떠한 레지스터들이 있으며, 어떠한 기능들을 하는지만 알고 있다면 뒤에서 프로그램할 때 쉽게 찾아 볼 수 있을 것이다.

5.1 인터럽트 일반

5.1.1 인터럽트와 서비스 루틴

■ 인터럽트가 발생하면 프로세서는 현재 수행 중인 프로그램을 멈추고 상태 레지스터와 PC(Program Counter) 등을 스택에 잠시 저장한 후 인터럽트 서비스 루틴으로 점프한다.

■ 인터럽트 서비스 루틴을 실행한 후에는 이전의 프로그램으로 복귀하여 정상적인 절차를 실행한다.

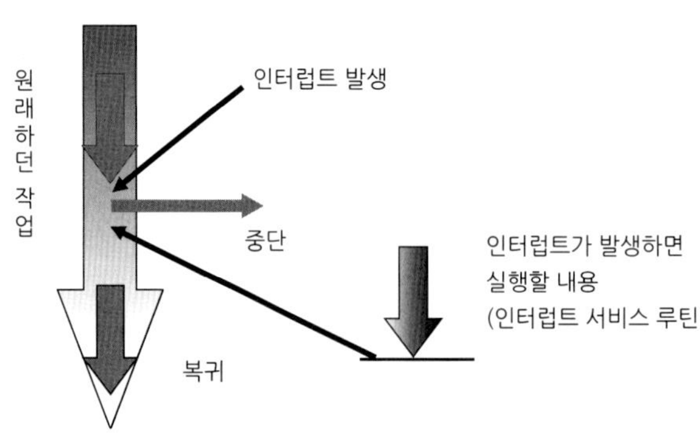

[그림 5-1] 인터럽트 개념도

■ **인터럽트의 구성 요소**

- 발생원 : 누가 인터럽트를 요청했는가?
- 우선순위 : 2개 이상의 요청 시 누구를 먼저 서비스 할까? (중요도 : Priority)
- 인터럽트 벡터 : 서비스 루틴의 시작 번지는 어디인가?
- 이와 같은 정보들은 프로그램 구동 시작 전에 미리 설정이 되며, 인터럽트 관련 레지스터에 선언해 두게 된다.

■ **인터럽트의 분류**

- 인터럽트 발생 원인이 따른 분류
  - 하드웨어 인터럽트 : 내부 및 외부 인터럽트
  - 소프트웨어 인터럽트

■ **인터럽트 발생 시 마이크로프로세서의 반응 방식에 따른 분류**

- 차단 가능 인터럽트(INT : Maskable Interrupt) : 응답하지 않아도 되는 인터럽트(이는 미리 차단을 해 놓아야 함)
- 차단 불가능 인터럽트(NMI : Non Maskable Interrupt) : 요청된 인터럽트에 대해, 항상 응답해야 하는 인터럽트
- AVR ATmega128는 차단 불가능 인터럽트를 사용하지 않는다.

■ **인터럽트를 요구한 입·출력기기를 확인하는 방법에 따른 분류**

- 벡터형 인터럽트(Vectored Interrupt) : 인터럽트 발생 원인에 따라 미리 지정된 서비스 루틴의 시작 번지(인터럽트 벡터)에서 처리하는 방식. 인터럽트 발생 원인을 찾고 서비스 루틴을 처리하는 시간이 빠른 장점이 있다. AVR ATmega128은 벡터형을 사용한다.
- 조사형 인터럽트(Polled Interrupt) : 인터럽트를 요청한 장치가 특정 상태 비트를 세트해 표시해 놓으면 이를 마이크로컨트롤러가 소프트웨어적으로 조사하고 찾는 순서에 따라 우선순위가 정해지는 방식

- 모든 인터럽트는 전역 인터럽트 인에이블 비트인 SREG의 I비트와 각각의 개별적인 인터럽트 플래그 비트가 할당되어 있다.
- 인터럽트들과 개개의 리셋 벡터는 각각 개별적인 프로그램 벡터를 프로그램 메모리 공간 내에 가진다.
- 모든 인터럽트들은 개별적인 인터럽트 허용 비트를 할당받는다.
- 특정 인터럽트를 가능하게 하려면 특정 인터럽트 가능 비트와 상태 레지스터(SREG)에 있는 전체 인터럽트 허용 비트(I비트)가 모두 1로 세트되어 있어야 한다.

■ 외부 인터럽트

- 입 · 출력장치의 작업 종료, 타이머의 오버플로우, 외부장치의 통신 요청 등 외부장치에 의해 발생되는 인터럽트이다.
- 일반적으로 인터럽트라고 하면 외부 인터럽트를 지칭한다.
- AVR ATmega128은 내부 인터럽트에 해당하는 것이 없다.

5.2 인터럽트 관련 레지스터

5.2.1 상태 레지스터 (Status Register) – SREG

가장 최근에 실행된 산술연산의 결과 정보를 저장하는 레지스터로 이 결과에 따라 다음에 실행되는 프로그램의 흐름을 제어 명령어에 영향을 준다.

■ 인터럽트가 발생했을 때

- 상태 레지스터를 하드웨어가 자동으로 저장, 복귀되지 않는다.
- 소프트웨어적으로 저장, 복귀 동작을 수행해야 한다.

7	6	5	4	3	2	1	0
I	T	H	S	V	N	Z	C

비트명	읽기/쓰기	초깃값	설명
I	R/W	0	전역 인터럽트 활성화 비트 이 비트가 1이고, 개별적인 인터럽트 활성화 비트가 1이 되어야 인터럽트가 발생한다. 인터럽트 서비스 루틴이 실행되면 자동으로 0이 되고, IRET 명령으로 인터럽트 서비스 루틴이 종료되면 자동으로 1이 된다. SEI 명령으로 1, CLI 명령으로 0을 만들 수 있다.
T	R/W	0	비트 복사/저장 비트 BST 명령으로 레지스터의 한 비트를 T 비트에 복사한다. BLD 명령으로 T 비트를 레지스터의 한 비트에 복사한다.
H	R/W	0	반캐리(Half Carry) 비트 연산 결과 비트 3에서 비트 4로 캐리가 발생하면 1이 된다. BCD(Binary-Coded Decimal) 연산에 유용하다.
S	R/W	0	부호 비트 $N \oplus V$, 음수 플래그와 2의 보수 오버플로우 플래그의 배타적 OR
V	R/W	0	2의 보수 오버플로우 플래그 연산 결과 $b7 \oplus b6$, 비트 7과 비트 6의 배타적 OR(EOR)
N	R/W	0	음수 플래그 연산 결과 MSB가 1이면 음수 플래그가 1이 된다.
Z	R/W	0	제로 플래그 연산 결과 모든 비트가 0이면 제로 플래그가 1이 된다.
C	R/W	0	캐리 플래그 연산 결과 MSB에서 캐리가 발생하면 1이 된다.

5.2.2 MCU 제어 레지스터 - MCUCR

7	6	5	4	3	2	1	0
SRE	SRW10	SE	SM1	SM0	SM2	IVSEL	IVCE

■ 비트7-SRE : External SRAM/XMEM Enable

- 외부 메모리를 사용하기 위해서는 1로 설정되어 있어야 한다.
- SRE의 값이 1일 경우에 AD7:0, AD15:8, ALE, /WR, /RD의 기능을 사용할 수

있다.

- 1 = Enable , 0 = Disable

■ 비트6-SRW10 : Wait-state Select Bit

- ATmega103과의 호환을 위한 Wait state 설정을 하는 비트이다.
- 1 = Enable , 0 = Disable

■ 비트5 - SE : Slep Enable

- 슬립 명령으로 슬립 모드로 들어가기 전에 SE가 1 상태가 되어 있어야 한다.
- 1 = Enable , 0 = Disable
- 비트4~2 - SM2~0 : Sleep Mode Select bits 2, 1, and 0

SM2	SM1	SM0	Sleep Mode
0	0	0	Idle
0	0	1	ADC Noise Reduction
0	1	0	Power - Down
0	1	1	Power - save
1	0	0	Reserved
1	0	1	Reserved
1	1	0	Standby
1	1	1	Extended Standby

■ 비트1 - IVSEL : Interrupt Vector Select

- IVSEL = 0이면 인터럽트 벡터의 위치는 플래시 메모리이다.
- IVSEL = 1이면 인터럽트 벡터의 위치는 부트로더 플래시 메모리이다.
- 부트로더 메모리에서의 실제 시작 주소는 BOOTSZ 퓨즈 비트로 결정한다.

■ 비트0 - IVCE : Interrupt Vector Change Enable

- IVSEL 비트를 변경하기 위해서는 반드시 IVCE의 값이 1로 설정되어야 한다.

■ **슬립 모드로 들어가는 방법**

• MCUCR 레지스터의 SE 비트를 1로 설정한 직후 SLEEP 명령을 실행

■ **슬립 모드에서 깨어나는 방법**

• 리셋이 발생하였거나 인터럽트 발생(슬립 모드에서 깨어나면 슬립 다음 명령부터 계속 실행)

■ **슬립 모드의 종류**

① Idle mode : CPU만 동작 정지

• SPI, UART, 아날로그 비교기, A/D 변환기, 타이머/카운터, Watchdog, 인터럽트는 동작을 계속한다.

• 인터럽트로 CPU를 깨워 아이들 모드에서 빠져나온다.

② Power Down 모드 : CPU 및 외부 발진기 정지

• 외부 인터럽트와 Watchdog(enable 시켜놓은 경우)은 동작을 계속한다.

• 외부 리셋, 와치독 리셋, 외부 레벨 인터럽트만이 CPU를 개울 수 있다.

• 외부 레벨 인터럽트로 CPU를 깨울 때 CPU가 깨어날 때까지 Low 레벨을 유지해야 한다.

③ Power Save 모드

• Power Down 모드와 유사하나 타이머/카운터0이 비동기 클럭으로 동작하다가 Overflow 혹은 Output Compare 발생 시 CPU를 깨울 수 있는 점이 다르다.

5.2.3 외부 인터럽트 트리거

■ **AVR ATmega128의 외부 인터럽트는 인터럽트를 발생하기 위한 트리거 방법을 정의하고 있다.**

• 트리거는 말 그대로 인터럽트를 발생시키기 위한 방아쇠 역할을 하는 것이다.

• 입력되는 외부 신호가 0에서 1로 변경되는 순간이나, 1에서 0으로 변경되는 순간, 혹은 신호가 0으로 일정 시간 동안 유지되는 경우 등을 인터럽트 트리거라 한다.

■ **트리거에는 크게 두 가지의 트리거 방법이 있는데, 그를 정리하면 다음과 같다.**

① Edge Trigger : 입력신호가 변경되는 순간을 인터럽트 트리거로 사용하는 경우

- '1'에서 '0'로 변경되는 시점을 사용하는 하강 에지(Falling Edge) 트리거
- '0'에서 '1'로 변경되는 시점을 사용하는 상승 에지(Rising Edge) 트리거
- AVR ATmega128에서 에지 트리거는 50ns 이상의 펄스폭을 가져야 한다.

② Level Trigger : 입력신호가 일정 시간 동안 원하는 레벨을 유지되는 트리거

- AVR ATmega128에서는 평상시 High(1)로 있다가 Low(0)로 변화되어 일정 시간 유지되면 트리거 하게 된다.
- 레벨 트리거 인터럽트 신호는 와치독 오실레이터에 의해 2번 샘플링되며, 이 기간 이상의 펄스 폭을 주어야한다.

5.2.4 외부 인터럽트 마스크 레지스터 – EIMSK

7	6	5	4	3	2	1	0
INT7	INT6	INT5	INT4	INT3	INT2	INT1	INT0

■ 비트7~0 – INT7~0 : 외부 인터럽트 요구 7~0 Enable

- 1 = Enable, 0 = Disable
- 상승/ 하강 에지 혹은 레벨 인터럽트는 EICRA와 EICRB의 ISC 비트로 설정

5.2.5 외부 인터럽트 플래그 레지스터 – EIFR

7	6	5	4	3	2	1	0
INTF7	INTF6	INTF5	INTF4	INTF3	INTF2	INTF1	INTF0

■ 외부 인터럽트 핀에 인터럽트 요구가 있으면 해당 인터럽트 플래그가 1로 Set 되고 SREG의 I비트와 EIMSK의 INT 7~0가 Enable되어 있으면 해당 인터럽트가 발생한다.

■ 인터럽트 루틴이 실행되면 자동으로 플래그가 클리어되는데, 또 다른 클리어

방법은 해당 비트에 '1'을 쓰면 된다.

- 비트7~0-INTF7~0 : 외부 인터럽트 7~0 요청 플래그
- 1 = 인터럽트 요청 발생
- 0 = 인터럽트 루틴이 실행되거나 이 비트에 1을 쓰면 '0'으로 클리어된다.

5.2.6 EICRA(External Interrupt Control Register A)

레지스터의 초깃값은 00으로 외부 인터럽트 0~3의 트리거 설정에 사용한다.

7	6	5	4	3	2	1	0
ISC31	ISC30	ISC21	ISC20	ISC11	ISC10	ISC01	ISC00

ISCn1	ISCn0	설명
0	0	INT의 Low level에서 인터럽트를 발생한다.
0	1	예약(사용하지 않는다)
1	0	INT의 하강 에지에서 인터럽트를 발생한다.
1	1	INT의 상승 에지에서 인터럽트를 발생한다.

5.2.7 EICRB(External Interrupt Control Register B)

레지스터의 초깃값은 00으로 외부 인터럽트 4~7의 트리거 설정에 사용한다.

7	6	5	4	3	2	1	0
ISC71	ISC70	ISC61	ISC60	ISC51	ISC50	ISC41	ISC40

ISCn1	ISCn0	설명
0	0	INTn1의 Low level에서 인터럽트를 발생한다.
0	1	INTn 핀에 논리적인 변화가 발생할 경우
1	0	INT의 하강 에지에서 인터럽트를 발생한다.
1	1	INT의 상승 에지에서 인터럽트를 발생한다.

5.2.8 리셋과 인터럽트 처리

- AVR ATmega128는 35개의 인터럽트 소스 및 별개의 리셋 벡터를 갖추고 있다.
- 이들 인터럽트들과 리셋 벡터는 프로그램 메모리 내에 각각의 영역을 차지하고 있다.
- 대개의 마이크로프로세서에서와 마찬가지로 AVR 계열도 프로그램 메모리 영역의 가장 낮은 메모리 번지부터 리셋과 인터럽트가 발생했을 때 먼저 실행할 순서를 정해 놓은 우선순위(Priority)가 높은 인터럽트 벡터 순서로 메모리의 낮은 번지부터 차례로 배치되어 있다.
- 다음은 AVR ATmega128에 갖춰져 있는 리셋 벡터 및 인터럽트 벡터 테이블이다. 번호가 낮은 것이 우선순위가 높으며 번지 또한 낮은 순서로 배치되어 있음을 알 수 있다.

벡터 번호	메모리 번지	인터럽트 소스	인터럽트 정의
1	$0000	RESET	External Pin, Power-on Reset, Brown-out Reset, Watchdog Reset, JTAG AVR Reset
2	$0002	INT0	External Interrupt Request 0
3	$0004	INT1	External Interrupt Request 1
4	$0006	INT2	External Interrupt Request 2
5	$0008	INT3	External Interrupt Request 3
6	$000A	INT4	External Interrupt Request 4
7	$000C	INT5	External Interrupt Request 5
8	$000E	INT6	External Interrupt Request 6
9	$0010	INT7	External Interrupt Request 7
10	$0012	TIMER2 COMP	Timer/Counter2 Compare Match
11	$0014	TIMER2 OVF	Timer/Counter2 Overflow
12	$0016	TIMER1 CAPT	Timer/Counter1 Capture Event
13	$0018	TIMER1 COMPA	Timer/Counter1 Compare Match A
14	$001A	TIMER1 COMPB	Timer/Counter1 Compare Match B
15	$001C	TIMER1 OVF	Timer/Counter1 Overflow
16	$001E	TIMER0 COMP	Timer/Counter0 Compare Match

17	$0020	TIMER0 OVF	Timer/Counter0 Overflow
18	$0022	SPI, STC	SPI Serial Transfer Complete
19	$0024	USART0, RX	USART0, Rx Complete
20	$0026	USART0, UDRE	USART0 Data Register Empty
21	$0028	USART0, TX	USART0, Tx Complete
22	$002A	ADC	ADC Conversion Complete
23	$002C	EE READY	EEPROM Ready
24	$002E	ANALOG COMP	Analog Comparator
25	$0030	TIMER1 COMPC	Timer/Counter1 Compare Match C
26	$0032	TIMER3 CAPT	Timer/Counter3 Captuer Event
27	$0034	TIMER3 COMPA	Timer/Counter3 Compare Match A
28	$0036	TIMER3 COMPB	Timer/Counter3 Compare Match B
29	$0038	TIMER3 COMPC	Timer/Counter3 Compare Match C
30	$003A	TIMER3 OVF	Timer/Counter3 Overflow
31	$003C	USART1, RX	USART1, Rx Complete
32	$003E	USART1, UDRE	USART1 Data Register Empty
33	$0040	USART1, TX	USART1, Tx Complete
34	$0042	TWI	Two-wire Serial Interface
35	$0044	SPM READY	Store Program Memory Ready

■ 리셋 소스 및 종류

- ATmega128에는 2개의 리셋 소스가 있다.
- Power ON 리셋 : VCC에 전원이 공급되는 순간 리셋이 걸린다.
- 외부 리셋 : /RESET 핀에 Low 상태가 50ns 이상 걸릴 때 리셋 된다.
- 와치독 리셋 : 와치독 타이머에 의한 리셋
- 리셋이 걸리면 CPU는 0번지부터 프로그램을 실행하고, CPU의 상태 레지스터를 제외한 모든 입 · 출력 레지스터를 초깃값으로 설정한다.

5.3 인터럽트 기본 실습

5.3.1 인터럽트 제어 프로그램 사전 지식

■ **인터럽트를 위한 입력 포트 선택**

- 포트 D의 0번 비트는 Int0로서, 인터럽트로 사용할 수 있는 포트

■ **외부 인터럽트 Enable**

- 상태 레지스터(SREG)의 전체 인터럽트 허용 비트(I 비트)를 '1'로 세팅
- Int0의 인터럽트 마스크 레지스터의 0번 비트를 1로 세팅

■ **인터럽트 트리거 방법 정의**

- 상승 에지에서 트리거하도록 EICRA 레지스터를 세팅
- 전체 인터럽트 Enable
- 이때 사용하여할 함수가 sei()

■ **인터럽트 서비스 루틴의 선언**

- SIGNAL(인터럽트 소스명); 방식을 사용
- Int0를 사용한 경우 SIGNAL(SIG_INTERRUPT0); 와 같이 선언

5.3.2 인터럽트를 이용한 LED 제어 실습

인터럽트는 타이머/카운터, 시리얼 통신, ADC 등 모든 것이 인터럽트이므로 여기서는 인터럽트 관련 레지스터를 학습하기 위한 간단한 실습을 하도록 한다.

■ **하드웨어 구성**

- S1 스위치는 PE4/INT4번에 S2는 PE5/INT5번에 연결되었으며 LED 4개는 포트 PA[4-7]에 연결되어 있다.
- LED 제어 시 High이면 Off, Low이면 On 된다.
- S1, S2 스위치는 R1, R2 10K 저항에 풀업을 연결하여 스위치 Off 시 SW1(PE4/INT4)은 High 상태이고 스위치를 누르면 Low 상태로 된다.

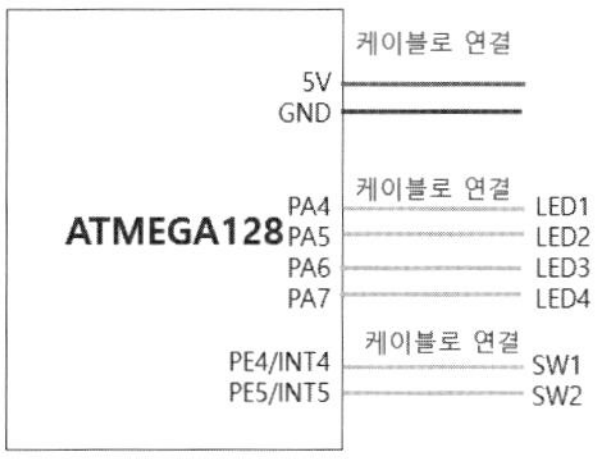

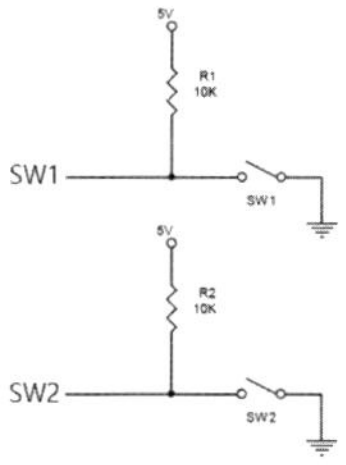

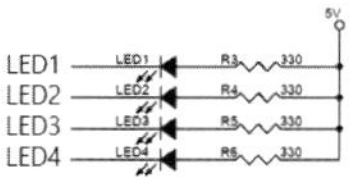

■ **프로그램 구성**(프로젝트 이름 : interrupt_led)

- S1 스위치가 눌러지면 PA 상위 4Bit LED 불이 켜지고, S2 스위치가 눌러지면 상위 4Bit LED가 꺼지는 프로그램이다.
- 인터럽트 서비스 루틴의 선언은 ISR(INTx_vect)로 선언한다.

■ **실행 함수**(main.c)

```
#include <avr/io.h>
#include <avr/interrupt.h>
#include <util/delay.h>

ISR(INT4_vect)        // SW1
{
    cli();            // interrupt disable
    PORTA = 0xF0;     // LED Off
    sei();            // interrupt enable
}
ISR(INT5_vect)        // SW2
{
    cli();
    PORTA = ~0x0F;    // LED On
    sei();
}

void switch_Init()
{
  DDRE = ~0x30;       // PE.4(INT4), PE.5(INT5)
  EICRB |= 0x2A;      // Rising Edge
  EIMSK |= 0x30;      // INT4,5 External Interrupt Request Enable
  EIFR |= 0x30;       // INT4,5 External Interrupt Flag Clear
}

int main()
{
```

```
        DDRA  = 0xFF;     // PA.4~7 Output
        PORTA = 0xFF;     // PA.4~7 LED off
            switch_Init();    // 포트 및 인터럽트 설정
         sei();
        while(1);
    }
```

■ **빌드 결과 확인**

- 에러 메시지가 나올 경우 소스를 수정해 본다.
- 잘못된 소스 부분을 수정하고 다시 빌드 해본다.

■ **프로그램 다운로드 및 실행**

- 프로젝트용 타깃보드에 프로그램 다운로드 및 실행 방법을 참고하여 수행한다.
- S1 스위치가 눌러지면 PA 상위 4Bit LED 불이 켜지고, S2 스위치가 눌러지면 상위 4Bit LED가 꺼지는지 확인한다.
- 인터럽트가 상승 에지에서 걸리도록 되어 있다. 이때 SW을 어떻게 눌렀을 때인가 관찰한다.

■ **소스 일부 수정 및 실행**

- S1 스위치가 눌러지면 PA의 하위 Bit LED부터 상위 Bit LED까지 1초 지연되면서 순차적으로 점등하고, S2 스위치가 눌러지면 전체 LED가 1초간 지연되며 on-off 되도록 한다.
- 다른 연산자 기호를 이용하여 Bit 제어를 해본다.
- 인터럽트가 하강에지에서 처리가 되도록 수정해서 실행해 보고 상승 에지인 경우와 비교해 본다.

Embedded System

CHAPTER 6

타이머 카운터

CHAPTER 06

Embedded System

타이머 카운터

- 자명종과 스톱워치의 경우 정확한 시간의 측정이 필요하다. 임베디드 시스템에서 타이머와 카운터가 시간 측정의 일을 담당한다.
- 타이머/카운터는 일정한 개수만큼의 클럭을 세어 시간을 측정하므로, 정확한 시간 재기가 가능하다.
- 타이머는 필요한 시간을 미리 레지스터에 설정하고, 다른 작업과 병행하게 타이머가 동작하고, 설정한 조건에서 인터럽트 발생하게 함으로써, MCU의 효율을 극대화할 수 있다.

6.1 타이머/카운터 일반

6.1.1 클럭과 타이머

■ 클럭

- 시계
- 일정한 시간 간격으로 0과 1의 값이 번갈아 나타남
- 주어진 일을 순서대로 정확한 시간에 처리하기 위해 사용

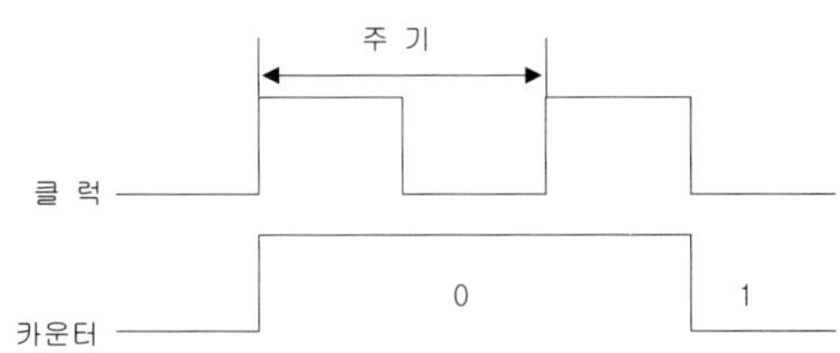

[그림 6-1] 클럭과 타이머

■ **카운터**

- 클럭을 세는 장치
- 카운터의 비트 수에 따라 달라지며, 3비트 카운터인 경우 $2^3 = 8$을 카운트한다.

■ **타이머/카운터**

① 타이머 : MCU 내부 클럭을 세는 장치이다.

- 동기 모드
- 타이머는 MCU의 내부 클럭을 세어 일정 시간 간격의 펄스를 만들어 내거나 일정 시간 경과 후에 인터럽트를 발생한다.

② 카운터 : MCU의 외부에서 입력되는 클럭을 세는 장치이다.

- 비동기 모드
- 카운터는 외부 핀(TOSC1, TOSC2, T1, T2, T3)을 통해서 들어오는 펄스를 계수(Edge Detector)하여 Event Counter로서 동작한다.

6.1.2 AVR ATmega128의 타이머/카운터

■ AVR ATmega128는 타이머0~3 모두 4개의 타이머/카운터를 보유하고 있다. 이들은 인터럽트와 PWM 출력 기능을 갖고 있다.

■ 인터럽트 기능은 타이머가 가지고 있는 시계 기능에 자명종 기능을 추가해 주기 위한 것으로, 다양한 방법으로 인터럽트를 발생시켜 프로그램이 수행될 때, 자동적으로 시간을 알려주는 역할을 한다.

■ 그중에서 타이머 0, 2는 8비트로 서로 기능이 유사하고 타이머1, 3는 16비트로 서로 기능이 유사하다.

■ 타이머/카운터의 인터럽트 종류

- 오버플로우에 의해 발생하는 오버플로우 인터럽트
- 카운터값이 출력 비교 레지스터의 값과 같게 되는 경우 발생하는 출력 비교 인터럽트
- 외부로부터의 트리거 신호에 의해서 카운터의 초깃값을 입력 캡처할 수 있도록 하는 입력 캡처 인터럽트

6.1.3 AVR ATmega128의 8비트 타이머/카운터

- PWM 및 비동기 동작 모드를 갖는 8비트 업/다운(Up/Down) 카운터
- 8비트 카운터 : 28 = 256, 즉 0~255까지 셀 수 있음
- 10비트의 프리스케일러(prescaler) 보유

■ 각종 인터럽트 기능

- 오버플로우 인터럽트(overflow interrupt)
- 출력 비교 인터럽트(output compare match interrupt)

■ PWM 기능 제공

- 타이머 0은 부가적으로 32.768KHz의 수정 진동자를 TOSC1,2 단자에 연결해 Real Time Clock으로 사용할 수 있는 기능 제공

■ 프리스케일러(Prescaler)

- 고속의 클럭을 사용하여 타이머를 동작시킬 때 나타나는 문제를 해결하기 위해 클럭을 분주하여 더 느린 타이머 클럭을 만든다.
- 16MHz 클럭을 사용하는 경우 그 클럭의 주기는 62.5ns이며, 이 클럭으로 256까지 센다고 해도 16us 이하를 세는 카운터밖에는 만들 수가 없다.
- 10비트, 프리스케일러 보유(최대 210 = 1024배 가능)
- 프리스케일러를 1024로 하면 16MHz 클럭의 타이머 클럭은 주기가 62.5ns*1024=64us가 되고, 이 클럭을 256까지 센다면 64us*256=16.384ms 크기의 타이머를 만들 수 있다

■ 클록 소스와 분주비

- 타이머 0
  - 클럭 소스 : TOSC1에 입력된 시스템 클럭 주파수의 1/4 미만의 외부 클럭, TOSC1/TOSC2단자에 연결된 수정 진동자에 의해 발생된 클럭, 내부 클럭이 있다.
  - 분주비 : 1, 8, 32, 64, 128, 256, 1024
- 타이머 2

- 클럭 소스 : T2핀으로 입력되는 외부 클럭, 내부 클럭이 있다.
- 분주비 : 1, 8, 64, 256, 1024

■ 8비트 타이머/카운터의 동작 모드

- AVR ATmega128는 4가지의 타이머 동작 모드를 가짐
- 일반 모드, CTC 모드, Fast PWM 모드, PCPWM 모드
- 타이머/카운터의 동작 모드는 TCCRn 레지스터의 WGM(Waveform Generation Mode) 비트에 의해서 결정된다.
- 가장 기본적인 동작 모드가 일반 모드이다.
- 8비트 타이머/카운터의 동작 시 결정해야 할 사항
- 동작 모드 결정
- 타이머에 사용할 클럭 소스와 프리스케일러 결정
- 원하는 타이머의 주기 및 그 주기 동안의 시간을 정확히 세기 위한 타이머 클럭의 수 결정

$$Timer\ \ Period = \frac{1}{Clock\ \ Frequency/\mathrm{Prescaler}} \cdot TCNT$$

- 예를 들어 1ms에 인터럽트가 발생되려면 TCNT0에 몇 개의 펄스가 입력되어야 하는가?
  - $f_i = \frac{16MHz}{1024} = 15.625[KHz]$,
  - 타이머 클럭의 주기 $T_i = \frac{1}{f_i} = \frac{1}{15625} = 0.000064s$
  - $\frac{0.001}{0.000064} = 15.625 \fallingdotseq 15$(0x0F) 가 된다. 즉 입력 소스 클럭이 15.625개 발생해야 1[ms]가 된다.
  - TCNT0를 설정할 때 15(0x0F)개의 클럭 입력이 들어오면 오버플로가 발생하도록 카운터 레지스터의 카운터 시작 값 설정(오버플로우 인터럽트 사용)

■ 타이머/카운터 관련 레지스터

- 타이머/카운터 제어 레지스터(TCCRn)
- 타이머/카운터 레지스터(TCNTn)

• 출력 비교 레지스터(OCRn)
• 타이머/카운터 인터럽트 플래그 레지스터(TIFR)
• 타이머/카운터 인터럽트 마스크 레지스터 (TIMSK)

■ **8비트 타이머/카운터의 일반 동작 모드**

• 이 동작 모드에서의 카운터는 업 카운터로서만 동작하며, MAX(0xFF)값이 되면, BOTTOM(0x00)값부터 다시 시작할 때 오버플로우 인터럽트 발생(TOV0 0->1)된다.
• 일정한 시간 간격으로 인터럽트가 발생되어 원하는 처리를 할 수 있으며, TCNTn(n은 0과 2)의 초깃값을 설정하여 전체 타이머 주기를 결정한다.
• TCCRn 레지스터의 WGMn1:n0 = 00으로 설정한다.
• 그림 6-2는 일반 모드에서의 숫자 세기 구간과 인터럽트 발생 위치를 나타낸 것이다.

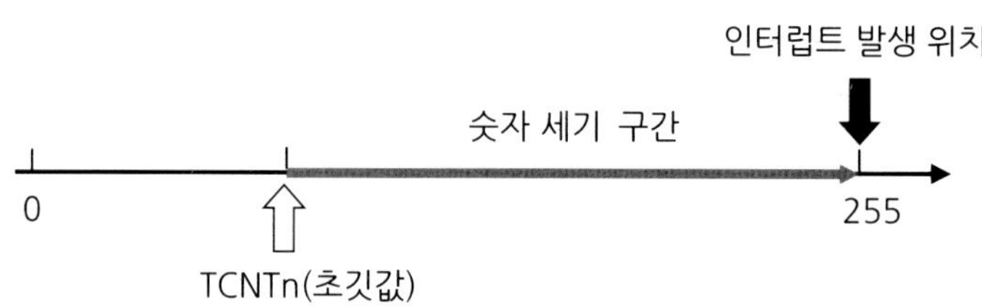

[그림 6-2] 일반 모드에서의 인터럽트 발생 위치

• 타이머에 사용할 클럭 소스와 프리스케일러 결정
  - 내부 클럭 : 16[MHz]
  - 프리스케일러 : 1024
• 타이머 클럭 주파수 : 16000000/1024= 15.625[KHz]
  - 타이머 클럭 주기 : 약 64us (1/15625 = 0.000064)
  - 원하는 타이머의 주기 및 그 주기 동안의 시간을 정확히 세기 위한 타이머 클럭의 수 결정
  - 1주기당 타이머 클럭 개수 = 타이머 클럭 주파수 * 타이머 시간
  - 만약 10ms의 타이머를 만들기 원한다면 15625 * 0.01 ≒ 156

• 카운터 레지스터의 카운터 시작 값 설정
  - 카운터의 시작 위치를 계산하여 카운터 레지스터를 설정
  - 카운터 시작 위치 = 255 - 타이머 클럭 개수(255 - 156 = 99)
  - 카운터 레지스터(TCNT)값을 99(0xC3)으로 초기화시키고 타이머를 동작시키면 156번 증가 후 255값을 넘어서 인터럽트가 걸리게 됨.

■ 8비트 타이머/카운터의 CTC(Clear Timer on Compare match) 모드

• 일반 모드와는 달리 카운트의 한곗값(최대로 세는 수)을 설정한다.
• 카운터가 0으로부터 설정된 한곗값까지 세고 다시 0으로 클리어되는 것이다.
• TCNT0의 값이 증가하여, OCR0 값과 일치하면 다음 클럭에서 TCNT0의 값이 0으로 클리어되며, OCF0 플래그가 세트되고, 출력 비교 인터럽트가 발생한다.
• 인터럽트를 발생시켜 OCRn의 값을 바꾸면 그다음 카운터 주기를 원하는 대로 변경할 수 있다.
• OCn 단자로 하여금 출력 파형을 발생하도록 할 수 있는데,
  - TCCRn의 COMn1~n0을 01로 설정하고 OCRn 레지스터값을 바꿔가면서 출력 비교에 의해 OCn의 신호를 토글하게 할 수 있다.
  - 토글 모드 설정 시(TCCRn 레지스터의 COM 비트를 "01"로 설정) OC0핀에 구형파를 출력할 수 있다.
  - 이때 출력되는 파형의 주기는 foc = fclk / (2*N*(1+OCR0))로 계산할 수 있으며, OC0핀 출력 시 PB4의 입·출력 방향을 출력으로 설정해야 한다.
• 모드 동작을 위해서는 TCCRn 레지스터의 WGMn1:n0를 "10"으로 설정한다.
• 그림 6-3은 CTC 모드에서의 숫자 세기 구간과 인터럽트 발생 위치를 나타낸 것이다.

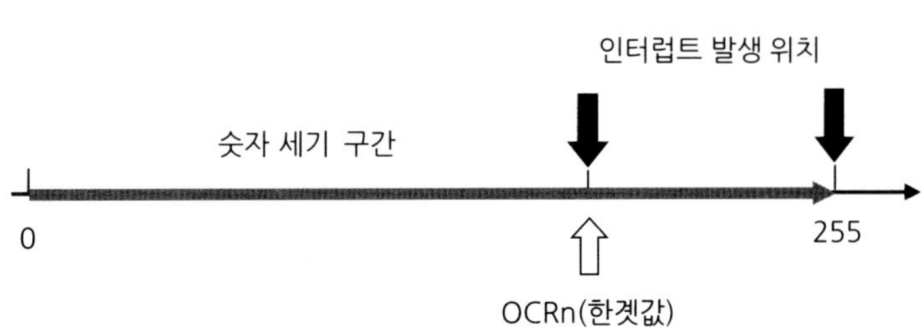

[그림 6-3] CTC 모드에서의 인터럽트 발생 위치

■ PWM(Pulse Width) 모드

- 펄스란 짧은 시간 동안 생기는 진동 현상과 같은 것으로, 평상시 0이란 값으로 있다가 짧은 시간 1의 값을 가지는 경우를 생각하면 된다.
- 그림 6-4와 같이 펄스 폭은 하나의 펄스가 가지는 폭을 나타낸다.

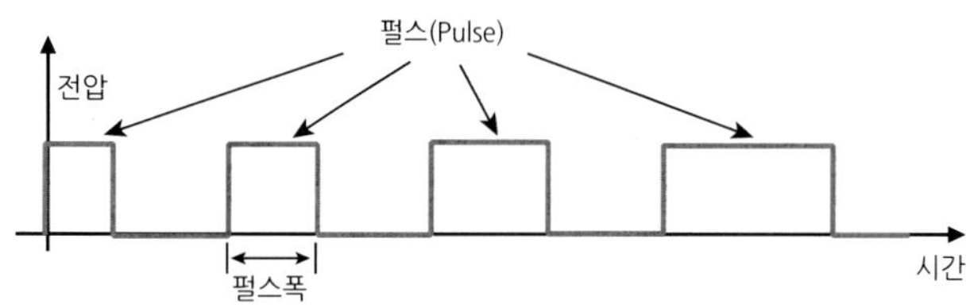

[그림 6-4] 펄스

- PWM(Pulse Width Modulation)은 펄스 폭 변조라고 한다.
- 펄스 폭을 전송하고자 하는 신호에 따라 변화시키는 변조 방식을 PWM 방식이라 하며, 모터 제어나 전압 제어에 많이 사용된다.
- 펄스 폭 변조(PWM)는 그림 6-5와 같이 PWM 주기 안에서의 펄스 폭으로 신호의 값을 나타내는 것이다.
  - 그림에서의 수치는 전체 PWM 주기와 펄스 폭의 비율을 퍼센트로 표시한 것이다.
- AVR ATmega128의 타이머는 이 펄스를 만드는데 매우 유용하다.

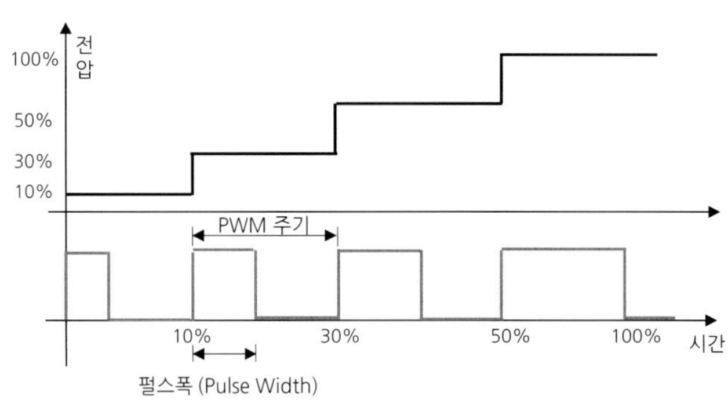

[그림 6-5] 펄스 폭 변조(PWM)

■ 8비트 타이머/카운터의 Fast PWM 모드

- 이 동작 모드에서는 255까지 다 세기 전에 인터럽트를 발생시키게 할 수 있다.

- 즉 255까지 다 세기 전에 한 번, 255까지 다 센 후에 한 번 이렇게 인터럽트가 두 번 발생하게 만들 수 있다.
- TCNTn의 값이 OCRn 레지스터에 설정한 값과 일치되면 TIFR 레지스터의 OCFn비트가 세트되어 출력 비교 인터럽트가 발생되고, OCn의 값은 0으로 클리어된다.
- TCNTn는 업 카운팅을 계속하여 TCNTn는 255까지 증가했다가 0으로 바뀌는 순간, TIFR 레지스터의 TOVn 비트가 세트되어 오버플로우 인터럽트가 발생하며, OCn는 1로 세트된다.
- TOVn 비트가 세트되어 오버플로우 인터럽트가 발생될 때, OCRn의 값을 바꿈으로써, 생성되는 펄스의 펄스 폭을 제어할 수 있다.
- 두 가지 모드로 OC0핀에 구형파를 출력할 수 있다.
  - 비반전 비교 출력 모드(TCCRn 레지스터의 COM 비트를 "10"로 설정) 시에는 TCNT0가 OCR0와 일치하면, OC0 핀에 0를 출력한다.
  - TCNT0가 0이 되면 OC0 핀에 1을 출력한다.
  - 반전 비교 출력 모드(TCCRn 레지스터의 COM 비트를 "11"로 설정) 시에는 TCNT0가 OCR0와 일치하면, OC0핀에 1을 출력하고, TCNT0가 0이 되면 OC0 핀에 0을 출력한다.
  - 이때 출력 파형 주파수는 foc = fclk / (N*256)와 같으며, OC0핀 출력 시 PB4의 입출력 방향을 출력으로 설정해야 한다.
- 동작 모드는 높은 주파수의 PWM 파형 발생 시 유용하다.
- 이 모드 동작을 위해서는 TCCRn 레지스터의 WGMn1:n0를 11으로 설정해야 한다.
- 그림 6-6은 Fast PWM 모드에서의 숫자 세기 구간과 인터럽트 발생 위치를 나타낸 것이다.

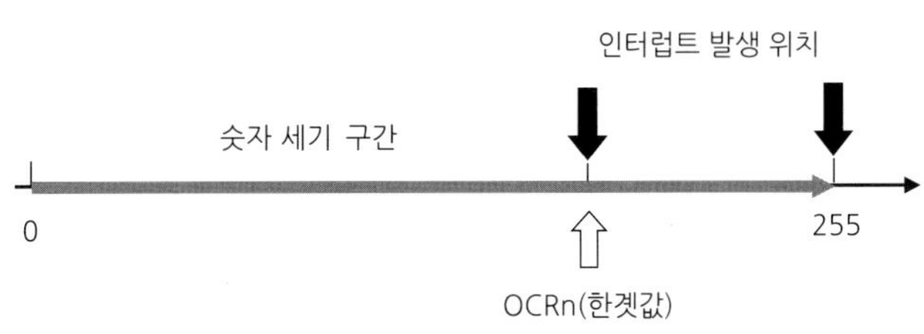

[그림 6-6] Fast PWM 모드에서의 인터럽트 발생 위치

■ 8비트 타이머/카운터의 PC PWM(Phase Correct Pulse Width Modulation) 모드

- 이 동작 모드는 PWM 과 유사하나, 업 카운팅과 다운 카운팅이 번갈아 일어난다는 것에 차이가 있다.
- 즉 255까지 센 후에 0으로 돌아와서 다시 255까지 세는 것이 아니라 255에서 254, 253 이렇게 255~0으로 숫자가 줄어들면서 세는 것이다.
- TCNTn의 값이 OCRn 레지스터에 설정한 값과 일치되면, TIFR 레지스터의 OCFn 비트가 세트되며 출력 비교 인터럽트가 발생되며,
- TCNTn는 업 카운팅을 계속하여 TCNTn는 255에 도달하면 다운 카운팅이 시작되며 이때, OCRn 값이 갱신된다.
- 다운 카운팅을 하다가 0에 도달하면 TIFR 레지스터의 TOVn 비트가 세트되며 오버플로우 인터럽트가 발생된다.
- PC PWM 모드에서는 OCRn 레지스터에 이중 버퍼링 기능이 있어 PWM 주기를 변경하기 위해 OCRn 레지스터에 새로운 값을 기록하더라도 즉시 변경되지 않고 TCNTn이 255에 도달하면 갱신된다.
- 이 동작 모드에서도 두 가지 모드로 OC0핀에 구형파를 출력할 수 있다.
  - 비반전 출력 모드(TCCRn 레지스터의 COM 비트를 "10"로 설정) 시에는 업 카운트 중에 TCNT0와 OCR0가 일치하면, OC0핀에 0를 출력하며, 다운 카운트 중에 일치하면, OC0핀에 1을 출력한다.
  - 반전 출력 모드(TCCRn 레지스터의 COM 비트를 "11"로 설정)로 설정하면 업카운트 중에 TCNT0와 OCR0가 일치하면, OC0핀에 1을 출력하고, 다운 카운트 중에 일치하면, OC0핀에 0를 출력한다.
  - 이때 출력 파형 주파수는 foc = fclk / (N*510)와 같으며, OC0핀 출력 시 PB4의 입출력 방향을 출력으로 설정해야 한다.
  - 이 동작 모드는 높은 분해능의 PWM 파형 발생 시 유용하게 사용된다.
  - 이 모드 동작을 위해서는 TCCRn 레지스터의 WGMn1:n0를 01으로 설정해야 한다.
- 그림 6-7은 PC PWM 모드에서의 숫자 세기 구간과 인터럽트 발생 위치를 나타낸 것이다.

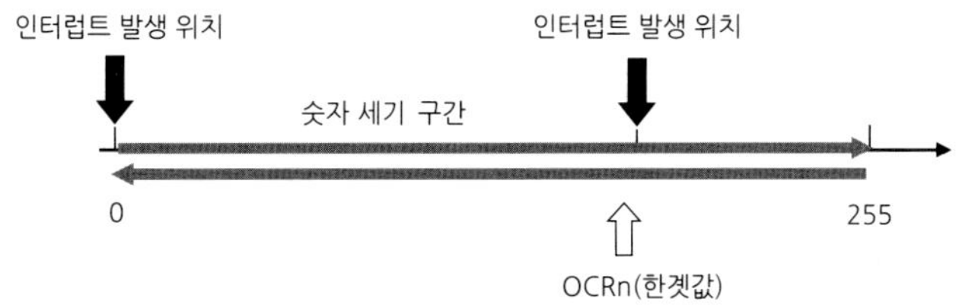

[그림 6-7] PC PWM 모드에서의 인터럽트 발생 위치

6.1.4 16비트 타이머/카운터의 특징과 동작

- AVR ATmega128의 16비트 타이머/카운터는 3개의 PWM 출력 및 캡처 기능을 갖는 16 비트 업/다운 카운터이다.
  - 가변 PWM 주기 파형 출력
  - 3개의 출력 비교 유닛 내장
  - T1, T3핀에 의한 카운터 동작
- 10비트의 프리스케일러를 갖고 있어, 이를 통하여 내부 클럭을 소스로 받아 타이머나 카운터로 동작한다.
- 10개의 인터럽트 소스가 있으며, 오버플로우와 출력 비교에 의한 인터럽트 이외에 입력 캡처 인터럽트 기능을 갖고 있고 주파수를 발생할 수 있는 기능과 출력 비교와 재장전 기능을 갖고 있다.
- AVR ATmega128의 16비트 카운터의 프리스케일러(prescaler)는 내부 클럭을 클럭 소스로 사용하여 1, 8, 64, 256, 1024의 분주비로 나누어 TCLK에 사용될 클럭을 생성한다.
- 분주비의 선택은 TCCRxB 레지스터로 설정한다(x는 1 또는 3). Tx핀으로 입력되는 외부 클럭을 프리스케일러를 거치지 않고 TCLK클럭이 생성되거나, 내부 클럭을 프리스케일러에서 나누어 TCLK 클럭이 생성된다.

6.2 8비트 타이머/카운터의 제어 레지스터

6.2.1 타이머/카운터 제어 레지스터(TCCRn)

■ 타이머/카운터 제어 레지스터 n(n=0 or 2)

■ 동작 모드, 프리스케일러 등 타이머/카운터의 전반적인 동작 형태를 결정

7	6	5	4	3	2	1	0
FOCn	WGMn0	COMn1	COMn0	WGMn1	CSn2	CSn1	CSn0

■ FOC(Force Output Compare)

- FoC가 1로 세트되면 출력 비교 실시(OC핀 작동)
- FoC가 0로 세팅되면 출력 비교를 실시하지 않음.

■ WGM(Waveform Generation Mode)

- 타이머/카운터의 동작 모드 설정
- 카운터의 카운팅 방향, 최대 카운터값, Waveform Generation 방식 등을 결정한다.

모드	WGMn1 (CTCn)	WGMn0 (PWMn)	타이머/카운터 동작 모드	TOP	OCRn의 업데이트	TOVn Flag Set-on
0	0	0		0xFF	Immediate	MAX
1	0	1	PWM, Phase Correct	0xFF	TOP	BOTTOM
2	1	0	CTC	OCRn	Immediate	MAX
3	1	1	Fast PWM	0xFF	TOP	MAX

■ COM(Compare Output Mode)

- OCn핀의 동작을 조정한다.
- 이 핀을 출력으로 사용하기 위하여 DDR 레지스터를 출력으로 설정하여야 한다.
  - 00 : 정상적인 범용 입 · 출력 포트로 동작(OCn 출력을 차단)

- 01 : PWM 모드가 아닌 경우 출력 비교에 의해 OCn 출력을 토글시키며, PWM 모드에서는 사용하지 않는다.
- 10 : PWM 모드가 아닌 경우 출력 비교에 의해 OCn 출력을 클리어, FAST PWM 모드의 경우 OCn를 클리어하고 TOP 신호를 받아 OCn를 1로 세트, Phase Correct PWM 모드 상향 카운팅의 경우 OCn를 클리어하고 PWM 모드 하향 카운팅의 경우 OCn를 1로 세트 시킨다.
- 11 : PWM모드가 아닌 경우 출력 비교에 의해 OCn 출력을 세트, FAST PWM 모드의 경우 OCn를 세트하고 TOP신호를 받아 OCn를 클리어, Phase Correct PWM 모드 상향 카운팅의 경우 OCn를 세트하고 PWM 모드 하향 카운팅의 경우 OCn를 클리어시킨다.

COMn1	COMn0	내용
0	0	normal 포트 동작, OCn 연결을 끊다.
0	1	Toggle OCnon compare match
1	0	Clear OCn on compare match
1	1	Set OCn on compare match

■ Fast-PWM 모드

COMn1	COMn0	내용
0	0	normal 포트 동작, OCn 연결을 끊다.
0	1	예약
1	0	Clear OCn on compare match, set OCn at TOP
1	1	Set OCn on compare match, clear OCn at TOP

■ PC PWM Mode

COMn1	COMn0	내용
0	0	normal 포트 동작, OCn 연결을 끊다.
0	1	예약
1	0	up카운팅일때 Clear OCn on compare match, down 카운팅일 때 set Ocn
1	1	up카운팅일때 Set OCn on compare match, down 카운팅일 때 clear Ocn

■ **CSn : 클럭 선택(Clock Select) 비트**

• 클록 선택 비트 2, 1, 0은 타이머 0의 free-scaling source에 정의되어 있다.

– 타이머/카운터 0에서 사용할 클럭과 프리스케일러를 선택한다.

CS02	CS01	CS00	설명
0	0	0	클럭 소스가 없다.
0	0	1	No 프리스케일러
0	1	0	8분주
0	1	1	32분주
1	0	0	64분주
1	0	1	128분주
1	1	0	256분주
1	1	1	1024분주

– 타이머2의 사용할 경우 분주비와 클럭 소스를 선택

CS22	CS21	CS20	설명
0	0	0	클럭 소스가 없다.
0	0	1	No 프리스케일러
0	1	0	8분주
0	1	1	64분주
1	0	0	256분주
1	0	1	1024분주
1	1	0	외부 클럭의 하강 에지에서 카운터 2동작
1	1	1	외부 클럭의 상승 에지에서 카운터 2동작

6.2.2 타이머/카운터 레지스터(TCNTn)

■ 타이머/카운터 레지스터 n (n은 0 or 2)

■ 타이머/카운터 n의 8비트 카운터값을 저장하고 있는 레지스터이다.

■ 이 레지스터는 쓸 수도 있고 읽을 수도 있다.

■ 임의의 값을 써주면 타이머의 주기를 더 빠르게 할 수 있다.

■ 레지스터의 값은 인터럽트가 걸리면 자동으로 0으로 클리어되고 다시 분주된 주기마다 한 개씩 값이 늘어난다.

■ 타이머/카운터의 카운트 방식은 동작 방식에 따라 결정된다.

• 일반 동작 모드의 경우에는 0에서 0xFF(255)까지 반복적으로 카운트하게 된다.

• 이때 중간에 TCNT에 임의의 값을 써넣게 되면 그 값에서부터 셈이 이루어지게 되는 것이다. 따라서 0xFF까지 세는 시간이 짧아지게 된다.

7	6	5	4	3	2	1	0
TCNT7	TCNT6	TCNT5	TCNT4	TCNT3	TCNT2	TCNT1	TCNT0

6.2.3 타이머/카운터 인터럽트 마스크 레지스터-TIMSK

■ 타이머/카운터0, 타이머/카운터1, 타이머/카운터2가 발생하는 인터럽트를 개별적으로 enable 하는 레지스터

7	6	5	4	3	2	1	0
OCIE2	TOIE2	TICIE1	OCIE1A	OCIE1B	TOIE1	OCIE0	TOIE0

■ **비트 1,7 : OCIE0/OCIE2**

• 타이머/카운터0/2의 출력 비교 인터럽트 인에이블(1)

• OCIE0비트가 "1"로 설정되고 SREG의 I비트가 "1"로 설정되어 있으면 타이머/카운터0의 출력 비교 인터럽트가 인에이블로 된다.

• 이때 타이머/카운터0의 출력 비교 인터럽트가 발생되어 TIFR 레지스터의 OCF0비트가 "1"로 되면 이 인터럽트가 처리된다.

■ **비트 0,6 : TOIE0/TOIE2**

• 타이머/카운터0/2 오버플로우 인터럽트 인에이블

• TOIE0비트가 "1"로 설정되고 SREG의 I비트가 "1"로 설정되어 있으면 타이머/카운터0 오버플로우 인터럽트가 인에이블된다.

• 타이머/카운터0이 오버플로우를 만나면, 즉 TIER 레지스터의 TOV0비트가 "1"로 세트되면 인터럽트 서비스 루틴이 실행된다.

6.2.4 타이머/카운터 인터럽트 플래그 레지스터 – TIFR

■ 타이머/카운터0, 타이머/카운터1, 타이머/카운터2가 발생하는 인터럽트의 플래그를 저장하는 레지스터이다.

7	6	5	4	3	2	1	0
OCF2	TOV2	ICF1	OCF1A	OCF1B	TOV1	OCF0	TOV0

■ **비트 1,7 : OCF0/OCF2**

• TCNT0/2 레지스터와 출력 비교 레지스터 OCR0/2 값을 비교해서, 같으면 이 비트가 "1"로 세트되어 출력 비교인터럽트가 발생한다.

• 이 인터럽트가 처리되면 자동적으로 "0"으로 클리어된다.

• 비트 0,6 : TOV0/TOV2

• 타이머/카운터0/2에서 오버플로우가 발생하면 이 비트가 "1"로 세트되어 오버플로우 인터럽트가 발생한다.

• 이 인터럽트가 처리되면 다시 자동적으로 "0"으로 클리어된다.

• Phase correct PWM 모드에서는 타이머/카운터0가 0x00에서 카운트 방향을 바꿀 때 이 비트가 세트된다.

6.2.5 ASSR(ASynchronous Status Register)

■ 비동기 상태 레지스터

■ 타이머/카운터0이 외부 클럭에 의하여 비동기 모드로 동작하는 경우 관련된 기능을 수행하는 레지스터이다.

7	6	5	4	3	2	1	0
–	–	–	–	AS0	TCN0UB	OCR0UB	TCR0UB

■ **비트 3 (AS0 : ASynchronous timer 0)**

• 0이면 내부 클럭을 클럭 소스로 설정하여 동기 모드로 타이머0가 동작하게 하고, 1이면 TOSC1을 통해 들어오는 외부 클럭을 소스로 설정하여 비동기 모드

로 동작하게 한다.

- AS0의 수정은 TCNT0, OCR0, TCCR0의 내용의 변동을 초래하고 예상하지 못한 인터럽트가 발생할 수 있으므로 주의해야 한다.

■ **비트 2 (TCN0UB : Timer/CouNter0 Update Busy)**

- 타이머0이 외부에서 TOSC1 단자로 입력되는 클럭을 소스로 하여 비동기 모드로 동작하고 있을 때 TCNT0 레지스터에 새로운 값을 기록하면 1로 세트된다.
- 기록이 완료되면 0으로 자동적으로 클리어되어 TCNT0에 새로운 값을 기록할 수 있음을 표시한다.

■ **비트 1 (OCR0UB : Output Compare Register 0 Update Busy)**

- 타이머0이 외부에서 TOSC1 단자로 입력되는 클럭을 소스로 하여 비동기 모드로 동작하고 있을 때 OCR0 레지스터에 새로운 값을 기록하면 1로 세트된다.
- 기록이 완료되면 0으로 자동적으로 클리어되어 OCR0에 새로운 값을 기록할 수 있음을 표시한다.

■ **비트 0 (TCR0UB : Timer Conter Register 0 Update Busy)**

- 타이머0이 외부에서 TOSC1 단자로 입력되는 클럭을 소스로 하여 비동기 모드로 동작하고 있을 때 TCCR0 레지스터에 새로운 값을 기록하면 1로 세트된다.
- 기록이 완료되면 0으로 자동적으로 클리어되어 TCCR0에 새로운 값을 기록할 수 있음을 표시한다.

6.2.6 SFIOR(Special Function I/O Register)

■ 특수 기능 I/O 레지스터

■ 타이머/카운터들을 동기화하는데 관련된 기능을 담당하는 레지스터이다.

7	6	5	4	3	2	1	0
TSM	–	–	–	ACME	PUD	PSR0	PSR321

■ 비트 7 (TSM : Timer Synchronization Mode)

- 이 비트를 0으로 클리어하면 PSR0, PSR321비트가 하드웨어적으로 클리어되며, 타이머들이 동시에 카운팅 동작을 시작한다.
- 1로 하면 PSR0, PSR321비트에 기록한 값을 유지하여 대응하는 프리스케일러 리셋 신호를 발생하고 해당 타이머의 동작을 정지시켜 같은 값으로 설정할 수 있도록 한다.

■ 비트 1 (PSR0 : Prescaler Reset Timer 0)

- 이 비트를 1로 하면 타이머0의 프리스케일러를 리셋시킨다.
- 완료 후에 자동적으로 클리어된다. TSM = 1이면 자동적으로 클리어되지 않는다.

■ 비트 0 (PSR321 : Prescaler Reset Timer 321)

- 1로 하면 타이머1, 타이머2, 타이머 3의 프리스케일러를 리셋시킨다.
- 완료 후에 자동적으로 클리어된다. TSM = 1이면 자동적으로 클리어되지 않는다.

6.3 16비트 타이머/카운터의 제어 레지스터

6.3.1 TCCRnA(Timer/Counter Control Register n)

■ 타이머/카운터 1, 3의 동작을 설정하는 레지스터이다.

7	6	5	4	3	2	1	0
COMnA1	COMnA0	COMnB1	COMnB0	COMnC1	COMnC0	WGMn1	WGMn0

■ COMnA1:0과 COMnB1:0, COMnC1:0은 출력 비교 핀 OCnA와 OCnB, OCnC를 제어하는 비트이다.

■ OCnA1:0의 비트 중에서 하나라도 "1"로 설정하면 OC1A핀은 범용 병렬 포트로 동작하지 않으며, OCnB와 OCnC도 마찬가지이다.

■ OCnA 또는 OCnB, OCnC에 해당하는 Data Direction Register(DDR)는 반드시

출력으로 설정하여야만 한다.

■ OCnA와 OCnB, OCnC가 출력 비교 포트로 동작하게 된다.

■ **출력 모드 비교, non-PWM**

COMnA1/ COMnB1/ COMnC1	COMnA0/ COMnB0/ COMnC0	설 명
0	0	normal 포트 동작, OCnA/OCnB/OCnC 분리
0	1	Toggle OCnA/OCnB/OCnC on compare match
1	0	Clear OCnA/OCnB/OCnC on compare match (low level에서 출력)
1	1	Set OCnA/OCnB/OCnC on compare match (high level에서 출력)

■ **출력 모드 비교, Phase correct and Phase and Frequency Correct PWM**

COMnA1/ COMnB1/ COMnC1	COMnA0/ COMnB0/ COMnC0	설 명
0	0	normal 포트 동작, OCnA/OCnB/OCnC 분리
0	1	WGMn3:0=9 or 14:Toggle OCnA on compare match, OCnB disconnected(normal 포트 동작) For all other WGMn3:0 settings, normal 포트 동작, OCnA/OCnB/OCnC disconnected
1	0	업 카운팅일 때 Clear OCnA/OCnB/OCnC on compare match, 다운 카운팅일 때 set OCnA / OCnB / OCnC at TOP
1	1	업 카운팅일 때 Set OCnA/OCnB/OCnC on compare match, 다운 카운팅일 때clear OCnA/OCnB/OCnC at TOP

■ TCCRnA의 WGMn1,WGMn3과 TCCR1B 또는 TCCR3B 레지스터의 WGMn3~WGMn2 비트와 결합하여 15가지의 동작 모드 결정한다.

Mode	WGM13	WGM12 (CTC1)	WGM11 (PWM11)	WGM10 (PWM10)	타이머/카운터의 1,3 동작 모드	TOP	OCR1x 업데이트	TOV1플래그 Set 시점
0	0	0	0	0		0xFFFF	Immediate	MAX
1	0	0	0	1	PWM, Phase Correct, 8-bit	0x00FF	TOP	BOTTOM
2	0	0	1	0	PWM, Phase Correct, 9-bit	0x01FF	TOP	BOTTOM
3	0	0	1	1	PWM, Phase Correct, 10-bit	0x03FF	TOP	BOTTOM
4	0	1	0	0	CTC	OCR1A	Immediate	MAX
5	0	1	0	1	Fast PWM 8-bit	0x00FF	TOP	TOP
6	0	1	1	0	Fast PWM 9-bit	0x01FF	TOP	TOP
7	0	1	1	1	Fast PWM 10-bit	0x03FF	TOP	TOP
8	1	0	0	0	PWM, Phase and Frequency Correct	ICR1	BOTTOM	BOTTOM
9	1	0	0	1	PWM, Phase and Frequency Correct	OCR1A	BOTTOM	BOTTOM
10	1	0	1	0	PWM, Phase Correct	ICR1	TOP	BOTTOM
11	1	0	1	1	PWM, Phase Correct	OCR1A	TOP	BOTTOM
12	1	1	0	0	CTC	ICR1	Immediate	MAX
13	1	1	0	1	Reserved	-	-	-
14	1	1	1	0	Fast PWM	ICR1	TOP	TOP
15	1	1	1	1	Fast PWM	OCR1A	TOP	TOP

6.3.2 TCCRnB(Timer/Counter Control Register n)

■ 타이머/카운터 제어 레지스터 nB

■ 타이머/카운터1,3의 프리스케일러 등을 설정하는 기능 수행

7	6	5	4	3	2	1	0
ICNCn	ICESn	-	WGMn3	WGMn2	CSn2	CSn1	CSn0

■ 비트 7 : ICNCn

- 이 비트를 "1"로 설정하면, Input Capture Noise Canceler로 동작한다.
- Noise Canceler가 동작하면, 입력 캡처 핀(ICPn)의 입력은 필터링 된다.
- ICPn에 들어오는 펄스를 연속해서 4개를 샘플링하여 동일한 경우에만 인정된다.
- Noise Canceler가 동작할 경우에는 4개의 오실레이터 사이클만큼 지연된다.

■ 비트 6 : ICESn

- ICPn에 해당되는 에지의 형태를 선택하는 비트이며, "1"로 설정하면 상승 에지에서 검출되며, "0"으로 설정하면 하강 에지에서 검출된다.
- ICESn을 설정하여 캡처가 발생하면 카운터값은 입력 캡처 레지스터(ICRn)에 저장되고, 입력 캡처 플래그(ICPn)가 설정되어 있으면 입력 캡처 인터럽트가 발생된다(이 경우에는 SREG의 I비트가 "1"로 설정되어 있어야 함).
- WGMn3:0 비트의 설정에 따라서, ICRn 레지스터가 TOP 값으로 사용되면, ICPn은 입력 캡처로 사용되지 못한다.

■ 비트 5 : 예약 비트

■ 비트 4:3 : WGMn3:2,

- TCCRxA의 비트1~0(WGMx1~0)와 결합하여 동작 모드를 설정한다.
- 비트 2:0 : CSn2 : 0 클럭 선택

CSn2	CSn1	CSn0	설명
0	0	0	클럭 소스가 없음(타이머/카운터가 멈춤)
0	0	1	클럭 소스 존재(프리스케일링이 없음)
0	1	0	8분주
0	1	1	64분주
1	0	0	256분주
1	0	1	1024분주
1	1	0	T1핀에서 외부 클럭소스, 하강 에지에서 클럭 발생
1	1	1	T1핀에서 외부 클럭 소스, 상승 에지에서 클럭 발생

6.3.3 TCCRnC(Timer/Counter Control Register n)

■ 타이머/카운터 제어 레지스터 nC(n=1 or 3)

■ 타이머/카운터 1,3의 Force Output Compare를 설정

7	6	5	4	3	2	1	0
FOCnA	FOCnB	FOCnC	-	-	-	-	-

■ FOCnA/FOCnB/FOCnC 비트는 WGMN3:0비트가 non-PWM 모드일 경우에만 활성화된다.

- 비트를 “1”로 설정하면 즉각적으로 compare match가 파형 발생 장치로 되어, COMnx1:0의 설정에 따라서 OCnA/OCnB/OCnC에 출력 비교가 일치할 때 출력하게 되는 값과 동일한 출력을 내보낸다.
- 이 경우 인터럽트가 발생하지도 않고 CTC 모드에서 TCNTx를 클리어시키지도 않으므로 보통 0으로 설정한다.

6.3.4 TCNTn (Timer Counter Rgister n)

■ 타이머/카운터1,3의 16비트 카운터값을 저장하고 있는 레지스터

■ 읽기 및 쓰기가 가능한 카운터로 동작하며 자동으로 증가한다.

■ 16비트 레지스터값을 저장

■ **TCNTnH와 TCNTnL로 구성**

15	14	13	12	11	10	9	8
TCNTn15	TCNTn14	TCNTn13	TCNTn12	TCNTn11	TCNTn10	TCNTn9	TCNTn8
7	**6**	**5**	**4**	**3**	**2**	**1**	**0**
TCNTn7	TCNTn6	TCNTn5	TCNTn4	TCNTn3	TCNTn2	TCNTn1	TCNTn0

6.3.5 OCRnA, OCRnB, OCRnC (Output Compare Register)

■ TCNT1/3와 계속적으로 비교되는 16비트 레지스트이며, 두 레지스터의 값이 일치했을 때, OCnA, OCnB, OCnC 핀을 통하여 설정된 값이 출력되거나 출력

비교 인터럽트가 발생한다.

6.3.6 ICRn(Input Capture Register)

- 입력 캡처 핀 ICx(타이머1의 경우에는 아날로그 비교기의 출력신호도 가능)으로 들어오는 신호 변화를 검출하여 일어나는 입력 캡처 시 TCNTx의 카운터값을 저장하는 16비트 레지스터이다
- 이때 ICFx 플래그가 세트되고 입력 캡처 인터럽트가 요청된다.
- 어떤 신호의 주기 측정에 응용될 수 있다.

6.4 16비트 타이머/카운터의 인터럽트 레지스터

6.4.1 TIMSK(Timer Interrupt MaSK)

- 타이머 인터럽트 마스크 레지스터
- 타이머/카운터0, 타이머/카운터1, 타이머/카운터2가 발생하는 인터럽트를 개별적으로 enable하는 레지스터이다.

7	6	5	4	3	2	1	0
OCIE2	TOIE2	TICIE1	OCIE1A	OCIE1B	TOIE1	OCIE0	TOIE0

- **비트 5** (TICIE1:Timer Input Capture Interrupt Enable 1)

• 1로 설정되면 타이머1의 입력 캡처 인터럽트를 개별적으로 Enable한다.

• IC1 핀에서 캡처 트리거 이벤트가 발생했을 경우, TIFR.ICF1 플래그가 세트되면서 인터럽트 서비스 루틴이 실행한다.

- **비트 4~3** (OCIE1A~B: Output Compare match Interrupt Enable timer 1 A~B)

• 1로 설정되면 타이머1의 출력 비교 인터럽트 A, B를 개별적으로 Enable한다.

• TCNT1과 OCR1A/B의 값이 일치하면, TIFR.OCF1A/B 플래그가 세트되면서 인터럽트 서비스 루틴이 실행한다.

■ 비트 2 (TOIE1:Timer Overflow Interrupt Enable for timer 1)

- 1로 설정되면 타이머1의 오버플로우 인터럽트를 개별적으로 Enable 한다.
- 타이머/카운터1의 오버플로우가 발생 시 TIFR.TOV1 플래그가 세트되면서 인터럽트 서비스 루틴이 실행한다.

6.4.2 ETIMSK(Extended Timer Interrupt MaSK)

■ 확장 타이머 인터럽트 마스크 레지스터이다.

■ 타이머1, 3이 발생하는 인터럽트를 개별적으로 Enable 제어하는 레지스터이다.

7	6	5	4	3	2	1	0
-	-	TICIE3	OCIE3A	OCIE3B	TOIE3	OCIE3C	OCIE1C

■ 비트 5(TICIE3:Timer Input Capture Interrupt Enable 3)

- 1로 설정되면 타이머3의 입력 캡처 인터럽트를 개별적으로 Enable 한다.
- IC3 핀에서 캡처 트리거 이벤트가 발생했을 경우, TIFR.EICF3 플래그가 세트되면서 인터럽트 서비스 루틴 실행된다.

■ 비트 4~3(OCIE3A~B: Output Compare match Interrupt Enable timer 3 A~B)

- 1로 설정되면 타이머3의 출력 비교 인터럽트 A, B를 개별적으로 Enable 한다.
- TCNT3과 OCR3A/B의 값이 일치하면, ETIFR.OCF3A/B 플래그가 세트되면서 인터럽트 서비스 루틴 실행된다.

■ 비트 2(TOIE3:Timer Overflow Interrupt Enable for timer 1)

- 1로 설정되면 타이머3의 오버플로우 인터럽트를 개별적으로 Enable 한다.
- 타이머/카운터3의 오버플로우가 발생 시 ETIFR.TOV3 플래그가 세트되면서 인터럽트 서비스 루틴이 실행된다.

■ 비트 1~0(OCIExC: Output Compare match Interrupt Enable timer x C)

- 1로 설정되면 타이머x의 출력 비교 인터럽트 C를 개별적으로 Enable 한다.
- TCNT3/1과 OCR3C/OCR1C의 값이 일치하면, ETIFR.OCF3C/ETIFR.OCF1C 플

래그가 세트되면서 인터럽트 서비스 루틴이 실행된다.

6.4.3 TIFR(Timer Interrupt Frag Register)

■ 타이머 인터럽트 플래그 레지스터

■ 타이머 0~2가 발생하는 인터럽트 플래그를 저장하는 레지스터이다.

7	6	5	4	3	2	1	0
-	-	ICF1	OCF1A	OCF1B	TOV1	-	-

■ **비트 5 : ICF1(Input Capture Flag 1)**

- 입력 캡처신호 또는 아날로그 비교기로부터의 신호에 의해 캡처 동작이 수행될 때 1로 세트되고, 입력 캡처 인터럽트가 발생한다.
- ICR1 레지스터가 TOP 값으로 사용되는 동작 모드에서 TCNT1의 값이 TOP과 같아질 때 1로 세트되고 인터럽트가 발생한다.

■ **비트 4~3 : OCF1A~B(Output Compare match Flag 1 A~B)**

- TCNT1 레지스터와 출력 비교 레지스터 OCR1A~B의 값을 비교하여 같으면 OCF1A~B는 1로 세트되고 출력 비교 인터럽트가 발생한다.

■ **비트 2 : TOV1 (Timer Overflow Flag 1)**

- 오버플로우가 발생하면(0xFFFF까지 세고 0x0000으로 넘어가게 되면) 이 TOV1는 1로 세트되면서 오버플로우 인터럽트가 발생한다.
- Phase correct PWM 모드에서는 타이머1이 0x00에서 계수 방향을 바꿀 때 TOV1가 세트된다.

6.4.4 ETIFR(Extended Timer Interrupt Frag Register)

■ 타이머 인터럽트 플래그 레지스터

■ 타이머 1, 3이 발생하는 인터럽트 플래그를 저장하는 레지스터이다.

7	6	5	4	3	2	1	0
-	-	ICF3	OCF3A	OCF3B	TOV3	OCF3C	OCF1C

■ **비트 5 : ICF3(Input Capture Flag 3)**

- 입력 캡처신호 또는 아날로그 비교기로부터의 신호에 의해 캡처 동작이 수행될 때 1로 세트되고 입력 캡처 인터럽트 발생한다.
- ICF3 레지스터가 TOP 값으로 사용되는 동작 모드에서 TCNT3의 값이 TOP과 같아질 때 1로 세트되고 인터럽트 발생한다.

■ **비트 4,3,1 : OCF3A,B,C (Output Compare match Flag 3 A,B,C)**

- TCNT3레지스터와 출력 비교 레지스터 OCR3A~C의 값을 비교하여 같으면 OCF3A~C는 1로 세트되고 출력 비교 인터럽트 요청된다.

■ **비트 2 : TOV3 (Timer Overflow Flag 3)**

- 오버플로우가 발생하면 이 TOV3는 1로 세트되면서 오버플로우 인터럽트 발생한다.
- PC PWM 모드에서는 타이머1이 0x00에서 계수 방향을 바꿀 때 TOV3가 세트된다.

■ **비트 0 : OCF1C: Output Compare match Flag 1 C**

- TCNT1 레지스터와 출력 비교 레지스터 OCR1C의 값을 비교하여 같으면 OCF1C는 1로 세트되고 출력 비교 인터럽트 발생한다.

6.5 16비트 타이머/카운터 동작 모드

■ **5가지 동작 모드**

- 8비트 타이머/카운터 4가지 모드 + PFC PWM(Phase and Frequency Correct PWM) 모드

■ **세분하면 총 15가지 동작 모드로 구분된다.**

- 8비트 타이머/카운터와 비슷하나 약간 차이가 있으니 주의하여야 한다.

6.5.1 Normal Mode(일반 동작 모드)

- 타이머n는 항상 상향 카운터로만 동작한다.
- TCNTn의 값이 0xFFFF에서 0으로 바뀌는 순간 TOVn비트가 세트 되며 오버플로우 인터럽트 발생한다.
- 타이머를 일반 모드 할 경우 TCCRxA~B의 WGMx3~0 = 00으로 설정한다,
- 카운터가 16비트라는 것을 제외하고는 8비트 타이머와 동일하다.

6.5.2 CTC 모드

■ 4번 모드

- TCNTn의 값이 OCRnA에 설정한 값과 일치되면 그다음 클럭 사이클에서 TCNTn의 값이 0으로 클리어되고, OCFnA비트가 세트되며 출력 비교 인터럽트 발생한다.
- 출력 파형은 COMnA/COMnB/COMnC1~0을 01로 설정하고 OCRnA 레지스터 값을 바꿔가면서 출력 비교에 의해 OCnA/OCnB/OCnC의 신호를 토글된다.

■ 12번 모드

- TCNTn의 값이 ICRn에 설정한 값과 일치되면 그다음 클럭 사이클에서 TCNTn의 값이 0으로 클리어되고, ICFn비트가 세트되며 입력 캡처 인터럽트 발생한다.
- 출력 파형은 COMnA/COMnB/COMnC1~0을 01로 설정하고 OCRnA/OCRnB/OCRnC 레지스터값을 바꿔가면서 출력 비교에 의해 OCnA/OCnB/OCnC의 신호를 토글된다.

- TCCRnB 레지스터의 WGMx3~0을 4 또는 12로 설정한다.

6.5.3 Fast PWM(Fast Pulse Width Modulation) 모드

- TCNTn는 반복적으로 업 카운팅하며 항상 0x0000~TOP의 값을 가진다.
- TCNTn의 값이 TOP 값과 일치되면 그다음 사이클에서 0으로 클리어된다.

■ 모드별 TOP 값

동작 모드	5	6	7	14	15
TOP 값	0x00FF	0x01FF	0x03FF	ICR1	OCR1A

■ 인터럽트 발생

- OCFnA비트 세트되어 출력 비교 인터럽트 발생한다.
- ICFn비트 세트되어 입력 캡처 인터럽트 발생한다.
- TOVn비트 세트되어 오버플로우 인터럽트 발생될 수 있으며, OCRnA와 TOP 값을 업데이트할 수 있다.
- TCCRxB 레지스터의 WGMx3~0 비트를 5, 6, 7, 14, 15로 설정한다.

■ 출력 파형은 다음과 같을 때 출력된다.

- COM1:0 가 "10"일 때 TCNTn의 값이 ICRn이나 OCRnA/OCRnB/OCRnC 값과 같아지면 OCnA/OCnB/OCnC의 값은 0으로 클리어된다.
- TOP까지 증가했다가 0으로 바뀌는 순간 OCnA/OCnB/OCnC 는 1로 세트된다.
- COM1:0 가 "11"일 때 TCNTn의 값이 ICRn이나 OCRnA/OCRnB/OCRnC 값과 같아지면 OCnA/OCnB/OCnC의 값은 1로 세트된다.
- TOP까지 증가했다가 0으로 바뀌는 순간 OCnA/OCnB/OCnC 는 0으로 클리어 된다.
- COM1:0 가 "00"or "01"일 때 OCnA/OCnB/OCnC는 신호 출력되지 않는다.

6.5.4 PC PWM(Phase Correct PWM) 모드

■ 이 모드에서 TCNTn는 업 카운팅하여 TOP으로 증가하다가 다운 카운팅으로 0x0000으로 감소를 반복한다.

■ TOP의 값은 모드 번호에 따라 0x00FF, 0x1FF, 0x03FF, ICRn, OCRnA를 갖는다.

동작 모드	1	2	3	10	11
TOP 값	0x00FF	0x01FF	0x03FF	ICR1	OCR1A

- TCNTn가 TOP 값에 도달하면 OCRnA/OCRnB/OCRnC, TOP의 값이 갱신되고 OCFnA비트가 세트되어 출력 비교 인터럽트가 요청되거나 ICFn비트가 세트되어 입력 캡처 인터럽트가 발생될 수 있다.
- TCNTn가 0x0000에 도달하면 TOVn비트가 세트되어 오버플로우 인터럽트가 발생될 수 있다.
- COMnA/COMnB/COMnC1~0을 10으로 세팅한 경우, TCNTn의 값이 OCRnA/OCRnB/OCRnC 레지스터에 설정한 값과 일치되면 OCnA/OCnB/OCnC의 값은 상향 카운팅의 경우에는 0으로, 하향의 경우에는 1로 세트 된다.
- 그리고 TCNTn는 업 카운팅을 계속하여 TOP에 도달하면 다운 카운팅이 시작된다.
- PC PWM 모드에서는 OCRnA/OCRnB/OCRnC 레지스터에 이중 버퍼링 기능이 있어 PWM 주기를 변경하기 위해 OCRnA/OCRnB/OCRnC 레지스터에 새로운 값을 기록하더라도 즉시 변경되지 않고 TCNTn이 TOP에 도달하면 비로소 값이 갱신된다.
- 이 동작 모드를 사용하려면 TCCRxB 레지스터의 WGMx3~0 을 1, 2, 3, 10, 11로 설정한다.
- 출력 파형은 다음과 같을 때 출력된다.

• COM1:0 가 “10”일 때 TCNTn의 값이 OCRnA/OCRnB/OCRnC 레지스터에 설정한 값과 일치되면 OCnA/OCnB/OCnC의 값은 상향 카운팅의 경우에는 0으로, 하향의 경우에는 1로 세트 된다.

• COM1:0 가 “11”일 때 TCNTn의 값이 OCRnA/OCRnB/OCRnC 레지스터에 설정한 값과 일치되면 OCnA/OCnB/OCnC의 값은 상향 카운팅의 경우에는 1로, 하향의 경우에는 0로 세트 된다.

• COM1:0 가 “00”or “01”일 때 OCnA/OCnB/OCnC는 신호 출력되지 않는다.

• PWM 주기를 변경하기 위해 OCRnA/OCRnB/OCRnC 레지스터에 새로운 값을 기록하더라도 즉시 변경되지 않고 TCNTn이 TOP에 도달하면 비로소 값이 갱신된다.

6.5.5 PFC PWM(Phase and Frequency Correct Pulse Width Modulation) 모드

■ 이 동작 모드는 PC PWM 모드와 거의 똑같고 다른 점은 TOP의 값이 모드 번호에 따라 ICRn, OCRnA 만을 가지고 있으며, 새로운 값으로의 갱신이 TCNTn가 0일 때 이루어진다는 것이다.

■ TCNTn는 업 카운팅하여 TOP으로 증가하다가 다운 카운팅으로 0x0000으로 감소를 반복한다.

■ 인터럽트 발생은 다음과 같은 발생한다.

- TCNTn가 TOP 값에 도달하면 OCFnA비트가 세트되어 출력 비교 인터럽트가 요청된다.
- ICFn비트가 세트 되어 입력 캡처 인터럽트가 요청될 수 있다.
- TCNTn가 0x0000에 도달하면 OCRnA/OCRnB/OCRnC, TOP의 값이 갱신되고 TOVn비트가 세트 되어 오버플로우 인터럽트가 발생될 수 있다.

■ 카운터는 다음과 같다.

- COMnA/COMnB/ COMnC1~0을 10으로 세팅한 경우 TCNTn의 값이 OCRnA/OCRnB/OCRnC 레지스터에 설정한 값과 일치되면 OCnA/OCnB/OCnC의 값은 업 카운팅의 경우에는 0으로, 다운 카운팅의 경우에는 1로 세트 된다.
- 그리고 TCNTn는 업 카운팅을 계속하여 TOP에 도달하면 다운 카운팅이 시작된다.
- 이 모드로 동작하려면 TCCRxB레지스터의 WGMx3~0을 8, 9로 설정한다.

■ 출력 파형은 다음과 같을 때 출력된다.

- COM1:0 가 "10"일 때 TCNTn의 값이 OCRnA/OCRnB/OCRnC 레지스터에 설정한 값과 일치되면 OCnA/OCnB/OCnC의 값은 상향 카운팅의 경우에는 0으로, 하향의 경우에는 1로 세트 된다.
- COM1:0 가 "11"일 때 TCNTn의 값이 OCRnA/OCRnB/OCRnC 레지스터에 설정한 값과 일치되면 OCnA/OCnB/OCnC의 값은 상향 카운팅의 경우에는 1로, 하향의 경우에는 0로 세트 된다.
- COM1:0 가 "00"or "01"일 때 OCnA/OCnB/OCnC는 신호 출력되지 않는다.

6.6 타이머/카운터 실습

6.6.1 타이머 오버플로우 인터럽트 프로그램의 틀

```
#include <io.h>
#include <interrupt.h> // 인터럽트 관련 시스템 헤더 파일
SIGNAL(SIG_OVERFLOW0) /* Timer 0의 Overflow Interrupt에 대한 Interrupt
                Service Routine 선언*/
{
   Cli();
    /* 인터럽트가 발생되었을 때 실행할 명령어 세트를 선언 */
   sei();
}

int main(void)
{
   TIMSK |= 1 <<TOIE0;  // 오버플로우 인터럽트 허용
   TIFR |=1 <<TOV0;     // TOV0 Timer/Counter0 overflow flag 클리어
   sei();    /* 전체 인터럽트 Enable */
   for (;;)  /*main loop 명령어 세트 */
}
```

■ **프로그램 설명**

- SIGNAL은 인터럽트 핸들러의 선언을 위한 것으로, 각 인터럽트 소스 명을 인수(Argument)로 선언하고, 인터럽트 서비스 루틴의 명령어 세트를 기술한다.
- 여기서는 오버플로우 인터럽트이기 때문에, SIG_OVERFLOW0를 인수(Argument)로 사용한다.
- Main 루틴에서는 TIMSK에서 오버플로우 인터럽트 0를 Enable 하고, TIFR의 Timer/Counter0 overflow flag를 클리어한다.
- 여기서 sei()는 전체 인터럽트를 Enable시키며, cli()는 전체 인터럽트를 Disable 시킨다.

6.6.2 8비트 타이머/카운터0를 이용한 수동형 피에조 부저 모듈 제어

- 신호를 입력하면 신호에 따라 해당 음역을 출력하는 수동형 부저 모듈이다.
- 원하는 음계의 주파수 신호를 입력할 경우 간단한 배경음을 재생할 수 있으며, 멜로디, 벨소리, 경고음 등에 응용하여 사용할 수 있다.
- 이를 위한 타이머/카운터를 이용하여 제어 프로그램하기 위해서는 다음과 같은 사항을 사전에 파악한 후 수행하여야 한다.

■ 하드웨어 구성

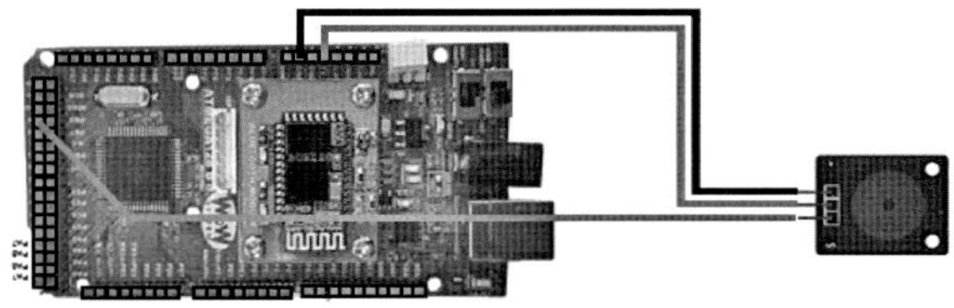

AVR ATmega128 보드	PIEZO 모듈
PB4	S
5V	⊕
GND	⊖

■ 프로그램 구성

- 사용할 타이머/카운터 사항 결정
- 8비트 타이머/카운터인 타이머/카운터 0, 2 중 선택 사용
- 동작 모드 결정
- 타이머 클럭 결정(클럭 소스 및 프리스케일러 결정)
- 타이머 주기 결정
- 인터럽트 인에이블

■ 실행 함수 (main.c)

```
#define F_CPU 16000000UL
#include <avr/io.h>
#include <avr/interrupt.h>
#include <util/delay.h>

// 음계별 주파수를 지정한다.
const unsigned long freq_tbl[12] = {1046, 1174, 1318, 1397, 1568, 1760, 1975,
2093, 2349, 2637, 2793, 3136};

int main (void)
{
    unsigned char sound_count = 0;// 출력할 음계를 지정하기 위한 카운트 변수

    /* GPIO 포트 초기화 */
    DDRB |= 0x10;   // PORT B의 4번 비트를 출력으로 설정.
    PORTB &= ~0x10; // PORT B의 4번 비트의 초기값을 0으로 설정.
    sei();// Global 인터럽트 Enable. SREG 레지스터의 I-비트 셋팅.

    while (1)
    {
        /* 현재 선택된 주파수에 해당하는 PIEZO 음을 출력하기 위해 TIMER0를 시작시킨다. */
        TCNT0= 0;
        // 출력 주파수 = 시스템 클럭 / (2 * 프리스케일러 * (1 + OCR0))
        OCR0= 8000000/(64 * freq_tbl[sound_count]) - 1;
        // CTC 모드, Toggle OC0, 32분주 프리스케일러.
        TCCR0 = (1<<WGM01)|(1<<COM00)|(3<<CS00);
        _delay_ms(100);
        /* PIEZO 음을 출력을 멈추게 하기 위해 TIMER0를 정지. */
        TCCR0 = 0x00;
        _delay_ms(100);
        /* 12가지 음을 순차적으로 출력하기 위해 주파수 배열의 인덱스인 카운트를
           증가시킨다. */
        if(sound_count < 11)
        {
            sound_count++;
        }
        else
        {
            sound_count = 0;
```

```
        }
    }
    return 0;
}
```

■ **빌드 결과 확인**

- 8비트 타이머/카운터 0를 이용한 수동형 피에조 부저에 음계가 나오도록 소스를 작성한다.
- 프로젝트 실행 파일 작성 및 빌드의 기본 단계를 참조하여 소스를 작성하고 빌드 해본다.
- 에러 메시지가 나올 경우 소스를 수정해 본다.
- 잘못된 소스 부분을 수정하고 다시 빌드 해본다.

■ **프로그램 다운로드 및 실행**

- 프로젝트용 타깃보드에 프로그램 다운로드 및 실행 방법을 참고하여 수행한다.
- 수동형 피에조 부저에 나오는 소리를 들어 본다.

■ **소스 일부 수정 후 실행**

- 8비트 타이머/카운터 2를 이용한 프로그램 소스를 변경하고 빌드한 후 실행 시켜 본다.

6.6.3 8비트 타이머/카운터0과 2를 이용한 2컬러 모듈 제어(PWM)

■ 두 가지의 색상과 밝기를 조절할 수 있는 LED 모듈이다.
■ 색상별로 제어할 수 있으며, 입력전압에 따라 밝기가 변한다.
■ 타이머0과 타이머2를 이용하여 PWM 출력으로 밝기 및 색을 제어할 수 있다.
■ LED 소자의 지름은 3[mm]이다.

■ **하드웨어 구성**

• 다음의 하드웨어 연결 표를 보고 구성한다.

AVR ATmega128 보드	2컬러 LED 모듈
GND	G
PB4	R
PB7	Y

■ **프로그램 구성**

• PWM 제어를 위한 타이머/카운터 0번과 2번 설정 TCCRn 설정

• PWM 제어를 위한 주기 변경(OCRn값)을 위한 변수 선언 및 for문 이용

■ **실행 함수(main.c)**

```
#define F_CPU 16000000UL
#include <avr/io.h>
#include <avr/interrupt.h>
#include <util/delay.h>

int main(void)
{
    DDRB = 0xFF;//LED와 연결된 포트B를 출력으로 초기화한다.
    TCCR0 = 0b01111010;//LED PWM 제어를 위한 타이머0번 설정
    TCCR2 = 0b01111010; //LED PWM 제어를 위한 타이머2번 설정
    while (1)
    {
        // 타이머0번과 2번의 주기를 i를 이용해 변경해주어 PWM제어를 한다.
        for(int i = 0;  i < 255; i++)
        {
            OCR0 = 0xFF-i;
            OCR2 = 0xFF;
            _delay_ms(10);
        }
        for(int i = 0; i < 255; i++)
        {
            OCR0 = 0xFF;
            OCR2 = 0xFF-i;
            _delay_ms(10);
        }
    }
    return 0;
}
```

■ **빌드 결과 확인**

- 프로젝트 실행 파일 작성 및 빌드의 기본 단계를 참조하여 소스를 작성하고 빌드 해본다.
- 에러 메시지가 나올 경우 소스를 수정해 본다.
- 잘못된 소스 부분을 수정하고 다시 빌드 해본다.

■ **프로그램 다운로드 및 실행**

- 프로젝트용 타깃보드에 프로그램 다운로드 및 실행 방법을 참고하여 수행한다.
- 2컬러 LED의 동작을 확인한다.

■ **소스 일부 수정 및 실행**

- PWM 제어를 위한 변숫값을 바꾸어 소스를 작성하고 실행해 본다.

6.6.4 16비트 타이머/카운터1를 이용한 RGB LED 모듈 제어(PWM)

■ 세 가지 색상과 밝기를 조절할 수 있는 LED 모듈이다.

■ 색상을 제어할 수 있으며, 입력전압에 따라 밝기가 변한다.

■ DIP 타입이 부착되어 있고 PWM 출력을 이용하여 R/G/B 혼합하여 LED 컬러를 제어할 수 있다.

■ **하드웨어 구성**

- 다음의 하드웨어 연결 표를 보고 구성한다.

AVR ATmega128 보드	RGB LED 모듈
PB5	R
PB6	G
PB7	B
GND	⊖

■ **프로그램 구성**

- 사용할 포트 레지스터를 출력으로 초기화한다.

• 16비트 타이머/카운터 1번을 이용하여 PWM 제어로서 관련 레지스터를 설정한다.

• PWM 제어를 위한 변숫값을 설정한다.

■ **실행 함수 완성(main.c)**

• 다음의 실행 소스 내의 주석 부분을 참고하여 소스를 완성한다.

```
#define F_CPU 16000000UL
#include <avr/io.h>
#include <avr/interrupt.h>
#include <util/delay.h>

int main(void)
{
    DDRB = 0xFF;// LED와 연결된 포트B를 출력으로 초기화한다.
    TCCR0 = 0b01111010; // LED PWM 제어를 위한 타이머0번 설정
    TCCR2 = 0b01111010; // LED PWM 제어를 위한 타이머2번 설정

    while (1)
    {
        // 타이머0번과 2번의 주기를 i를 이용해 변경해주어 PWM제어를 한다.

        for(int i = 0;  i < 255; i++)
        {
            OCR0 = 0xFF-i;
            OCR2 = 0xFF;
            _delay_ms(10);
        }
        for(int i = 0; i < 255; i++)
        {
            OCR0 = 0xFF;
            OCR2 = 0xFF-i;
            _delay_ms(10);
        }
    }
    return 0;
}
```

■ **빌드 결과 확인**

• 에러 메시지가 나올 경우 소스를 수정해 본다.

• 잘못된 소스 부분을 수정하고 다시 빌드 해본다.

■ **프로그램 다운로드 및 실행**

- 프로젝트용 타깃보드에 프로그램 다운로드 및 실행 방법을 참고하여 수행한다.
- RGB LED의 동작을 확인한다.

6.6.5 16비트 타이머/카운터3를 이용한 서보 모터 제어1(PWM)

■ RC SERVO Motor란 주어진 신호에 의해서 일정한 각을 유지하거나 일정한 위치를 유지하는 기능을 수행하는 모터이다.

■ 주로 무선 모형 비행기나 자동차의 조향장치 등에서 사용된다.

■ 서보 모터에 일정한 PWM 신호를 넣어 주면 일정 각도를 유지하게 되며 서보 모터에 따라 약간의 차이가 있으나 0도를 기준으로 +90도, −90도 따라서, 180도의 범위 내에서 움직이게 되어 있다.

서보 모터 실물

■ RC 서보 모터의 내부 구조는 소형 DC 모터와 포텐셔미터(가변저항), PWM회로, 기어박스 케이스, 전원 및 시그널 신호선으로 구성되어 있고, 포텐셔미터의 턴 값에 의해 회전 각도를 제한하게 되어 있다.

■ RC 서보 모터를 제어하려면 주파수 20ms 주기에 0.7~2.3ms만 맞춰 주면 −90° ~90° 까지 위치가 바뀐 채로 멈추게 되어있다.

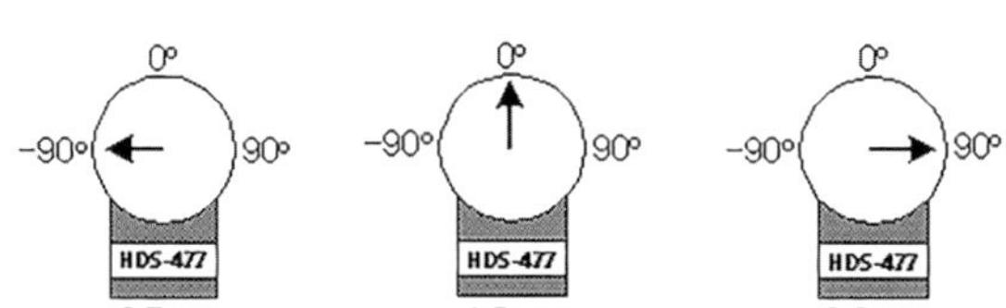

RC 서보 모터 내부 구조

■ 하드웨어 구성

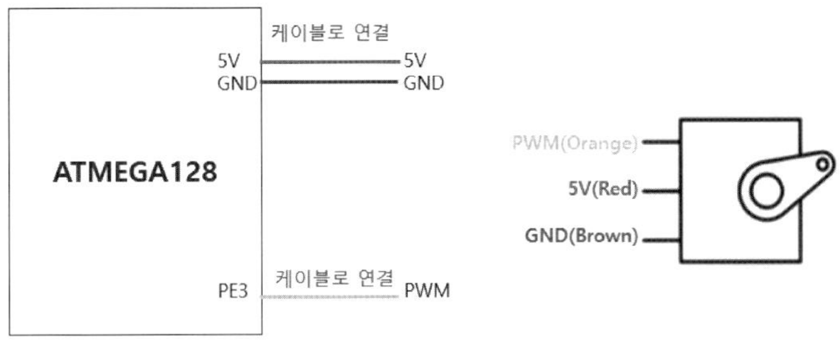

■ 프로그램 구성(프로젝트 이름 : Servo_Motor1)

- 실행 함수(main.c)
  - 'main()'은 펌웨어가 실행되는 함수이며, 'while()'문에서 반복이 이루어진다.
  - 'servoMotorAngle()' 함수를 사용하여 SERVO MOTOR를 90도 위치로 회전시키고 3초 대기한다. 그리고 다시 0도 위치로 회전시키고 3초 대기한다.

```
////////////////////////////////////////////////////////////////////////////
// <Servo Motor 실습 1>
// main.c
// SERVO MOTOR의 회전 각도를 제어하여 동작시킨다.
// ->PWM(OC3A - 핀PE3),
////////////////////////////////////////////////////////////////////////////
#include <avr/io.h>
#include <avr/interrupt.h>
#include <util/delay.h>
#include <stdio.h>
#include "servo_motor.h"

int main(void)
{
    initServoMotor();
    sei();

    while(1)
    {
        servoMotorAngle(90);    // 서보모터를 90도 만큼 동작시킨다.
        _delay_ms(3000);
        servoMotorAngle(0);     // 서보모터를 90도 만큼 동작시킨다.
        _delay_ms(3000);
    }
}
```

• 사용자 함수~(servo_motor.c)

  – 'initServoMotor()' 함수에서는 SERVO MOTOR에 연결된 핀을 출력으로 설정하고 PWM 값을 설정한다.(타이머3를 이용한 PWM)

  – 'servoMotorAngle()' 함수는 입력된 angle 값에 따라 SERVO MOTOR를 회전시킨다. 이때 SERVO MOTOR는 제한 각도를 가지고 있음에 주의한다.

```
/////////////////////////////////////////////////////////////////////
// servo motor를 제어 하기 위한 함수
// servo_motor.c  (timer3을 이용한 PWM이용- PE3:OC3A)
/////////////////////////////////////////////////////////////////////

#include <avr/io.h>
#include <avr/interrupt.h>
#include <util/delay.h>
#include <stdio.h>
#include <string.h>
#include "servo_motor.h"

/*******************************************************************/
/*******************************************************************/
// atmega 핀 설정
// 핀E3(OC3A) : servo핀
#define SERVO_DDR DDRE   // 서보 모터용 입·출력 설정용.(PE3)
#define SERVO_PORT PORTE  // 서보 모터가 연결되어있는 포트 출력용.
void initServoMotor()
{
    SERVO_DDR=0xFF;  // E포트를 출력포트로 설정한다.

    // timer3 PWM 설정. fast PWM설정. 전체 주기는 20ms.
    TCCR3A = (1<<WGM31)|(0<<WGM30)|(1<<COM3A1)|(0<<COM3A0); // pwm설정
    TCCR3B = (1<<WGM33)|(1<<WGM32)|(0<<CS32)|(1<<CS31)|(1<<CS30); // Prescaler 64
    ICR3 = 5000;
    // 서보 모터의 제어 신호는 0.7ms~2.3ms 이다. (-90도~ 90도)
    // OCR3A = 375; // 0.7 ms = 175  1.5 ms = 375  2.3 ms = 575핸들 중앙값으로 초기
    OCR3A=175;
    _delay_ms(1000);
}

// -90~90이 아니라 0~180이라고 생각하고 입력값을 넣어주도록 한다.
void servoMotorAngle(float angle)
```

```
{
    float value=0;
    // 제한 각도 설정.
    if(angle < 0) angle = 0;
    else if(angle > 180) angle=180;
    // 입력된 각도를 입력값으로 변환.0.7ms=175(0도) /1.5ms=375(90도) /2.3ms=575(180도)
    value=175 + (200*(angle/90)) ;
    // value = 375 - 200 * angle/90; // convert angle to OCR value
    OCR3A = value; //PMW핀에 출력
}
```

• 사용자 헤더 파일 (servo_motor.h)

```
void initServoMotor();  // 서보모터 초기화설정 (타이머3 PWM)
void servoMotorAngle(float angle);  // 서보모터 구동함수
```

■ 빌드 결과 확인

• 에러 메시지가 나올 경우 소스를 수정해 본다. 특히 선언한 함수의 대·소문자를 바르게 입력하여야 한다.

• PWM 제어를 위한 관련 레지스터를 비트별로 설정된 값을 확인한다.

• 서보 모터 제어 신호에 따른 각도 조절 부분을 확인한다.

• 잘못된 소스 부분을 수정하고 다시 빌드 해본다.

■ 프로그램 다운로드 및 실행

• 프로젝트용 타깃보드에 프로그램 다운로드 및 실행 방법을 다음 사항을 참고하여 수행한다.

• 서보 모터의 동작을 확인한다.

■ 소스 일부 수정 후 실행

• SERVO MOTOR를 180도 위치로 회전시키고 3초 대기한 후 다시 0도 위치로 회전시키고 3초 대기하도록 소스를 수정하고 실행해 본다.

Embedded System

CHAPTER 7

LCD 제어

CHAPTER 07

Embedded System

LCD 제어

7.1 LCD 일반

- 디지털 회로에서 정보를 표시하는 방법에는 여러 가지가 있다.
- 그중 가장 보편적인 방법으로는 LED(Light Emitting Diode)와 7-세그먼트, DOT 매트릭스를 사용하는 것이다.
- 그러나 이런 방법으로는 보다 많은 정보를 표현할 수가 없다. 그래서 만들어진 장치가 LCD이다.
- 하지만 LCD는 LED처럼 스스로 발광하는 능력을 가지고 있지 않아서 주위의 밝기가 낮은 곳에서는 사용하기 어렵고, LCD를 보는 각도에 따라서 상태가 다르다.
- 그래서 백라이트가 내장된 제품들이 개발, 생산되고 있다.

7.2 Text LCD

- 다음 표는 Text LCD 모듈의 각 핀에 대한 명칭 및 기능 설명이다.

핀 번호	기호	기 능	
1	Vss	0[V]	전 원
2	VDD	5[V]	
3	VL	3-13[V]	CONTRAST CONTROL
4	RS	H: 데이터 입력, L: 명령 입력	
5	R/W	H: 데이터 읽기, L: 데이터 쓰기	
6	E	H: Enable, L: Disable	

7 - 14	D[0-7]	데이터 버스 4비트 인터페이스 모드에서는 DB4 - DB7을 사용한다.
15	A	LCD 백 라이트 전원
16	K	LCD 백 라이트 전원

■ 다음은 LCD 출력 문자 수에 따른 출력 위치 DDRAM 주소이다

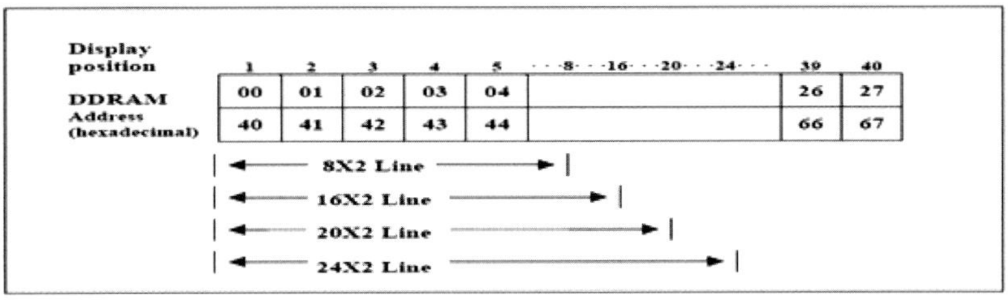

■ 다음의 LCD 제어 명령 테이블을 보고 LCD 초기화 및 기능을 수행할 수 있다.

명령어	데이터								실행 시간	기능
	D7	D6	D5	D4	D3	D2	D1	D0		
표시 클리어	0	0	0	0	0	0	0	1	1.64[ms]	Clear Display 후, 커서 홈위치
커서 홈	0	0	0	0	0	0	1	*	1.64[ms]	커서를 홈 위치로
엔트리 모드	0	0	0	0	0	1	I/D	S	40[us]	데이터 읽기/쓰기시 커서 진행방향 I/D(1:증가, 0:감소) S(1:표시 시프트)
표시 On/Off	0	0	0	0	1	D	C	B	40[us]	D(1:화면 표시) C(1:커서 표시) B(1:커서 깜빡임)
커서/표시 시프트	0	0	0	1	S/C	R/L	*	*	40[us]	S/C(1:화면, 0:커서) R/L(1:오른쪽, 0:왼쪽)
기능 설정	0	0	1	DL	N	F	*	*	40[us]	D/L(1:8비트 0:4비트 인터페이스) N(1:2라인, 0:1라인) F(1:5X10dots,0:5X7dots)
CGRAM Address 설정	0	1	CGRAM Address						40[us]	CGRAM Address Set, 이후 전송. 데이터는 CGRAM 데이터로 인식
DDRAM Address 설정	1	L	DDRAM Address						40[us]	DDRAM Address Set, 이후 전송 데이터는 DDRAM 데이터로 인식 L(0:1라인, 1:2라인)
비지플래그/어드레스 읽기	BF	Address							0[us]	Busy Flag 체크 및 어드레스 읽기 CG/DDRAM 모두 사용 가능 BF(0:처리 끝남, 1:처리 중)
CG/DD RAM 데이터 쓰기	Data								40[us]	CG/DD RAM 에 데이터를 써 넣는다
CG/DD RAM 데이터 읽기	Data								40[us]	CG/DD RAM의 데이터를 읽는다

7.3 LCD 실습

7.3.1 Text LCD 제어

■ **하드웨어 구성**

- 다음 회로도를 보고 재료 및 브레드 보드를 이용하여 조립한다.
- 조립 시 MCU 보트에는 5[V] 단자가 1개밖에 없으므로 브레드 보드의 + 단지에 연결하고 브레드 보드의 5[V] 단자를 이용하여 TEXT LCD의 5[V] 단자에 연결한다.
- 회로 내의 10[Ω] 저항은 연결하지 않아도 무관하다.
- VR1 10[㏀]은 B형 가변저항기를 이용하는 것이 좋다.

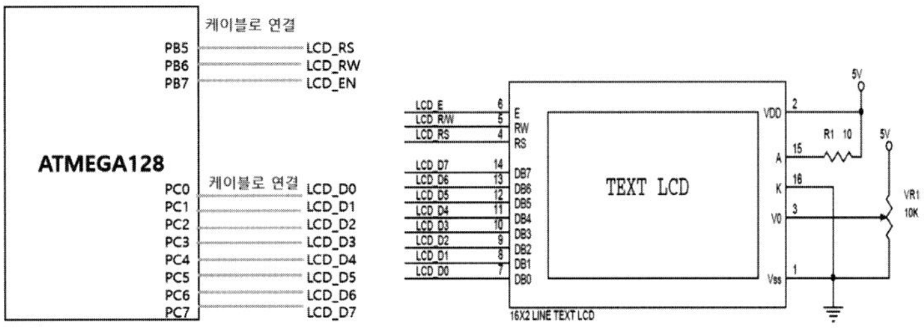

■ **프로그램 구성(프로젝트 이름 : LCD1)**

- 본 실습은 main.c, lcd,c, lcd.h 파일을 분리해서 소스를 작성한다.

■ **실행 파일(main.c)**

- 'main()'은 펌웨어가 실행되는 함수이며, 'while()'문에서 반복이 이루어진다.
- 'cursor_position()' 함수를 사용하여 TEXT LCD 첫 번째 줄 첫 번째 칸에 커서를 이동시킨다.
- 'lcd_puts()' 함수에 "WELCOME"을 TEXT LCD 커서 위치에서 출력한다.

```
#include <avr/io.h>
#include <util/delay.h>
#include "lcd.h"
```

```
int main(void)
{
    initLcd();  //lcd 초기화 설정
    while(1)
    {
        cursor_position(LCD_LINE1,0);
        lcd_puts("WELCOME");
    }
}
```

■ **사용자 라이브러리 함수(lcd.c)**

- 이 사용자 함수는 자주 사용할 수 있으므로 파일의 저장 위치와 파일명을 기억해 둔다.
- lcd 핀 세팅을 정의하고, 레지스터 함수들을 정의한다.
- lcd 초기화 함수 정의한다.
- 문자 출력(한문자 및 문자열) 정의한다.
- LCD 화면의 커서 위치 설정한다.

```
#include <avr/io.h>
#include <util/delay.h>
#include <stdio.h>
#include "lcd.h"

//////////////////////////////////////////////////////////////
lcd.c
//////////////////////////////////////////////////////////////
// 핀 세팅
#define PORT_DATA PORTC      // LCD Data 8핀
#define PORT_DATA_DDR DDRC   // data 핀 입·출력 설정용.
#define PORT_CMD PORTB       // LCD 제어핀 (RS:5, RW:6, EN:7)
#define PORT_CMD_DDR DDRB         // 제어핀 입·출력 설정용.
#define PORT_CMD_RS_high 0x20     // 5번핀high 0b00100000
#define PORT_CMD_RW_high  0x40    // 6번핀high 0b01000000
#define PORT_CMD_EN_high 0x80     // 7번핀high 0b10000000

// 명령 레지스터 사용 함수
void write_cmd(char cmd)
{
    // PORT_CMD=0x80; //0b10000000  명령 EN=1 enable, RW=0 쓰기(1이면 읽기),
                                   RS=0 제어값(1이면 일반데이터)
```

```
    PORT_CMD = 0x00 | PORT_CMD_EN_high;
    PORT_DATA=(cmd&0xFF); // 명령 데이터
    PORT_CMD=0x00; // 0b00000000  명령 EN=0 disable, RW=0 쓰기(1이면 읽기),
                                  RS=0 제어값(1이면 일반데이터)
    _delay_ms(2); // 명령 수행시간
}


// 데이터 레지스터 사용 함수
static void write_data(char ch)
{
    // PORT_CMD=0xa0; //0b10100000  명령 EN=1 enable, RW=0 쓰기(1이면 읽기),
                                    RS=1 일반데이터(0이면 제어값)
    PORT_CMD = 0x00 | PORT_CMD_EN_high | PORT_CMD_RS_high;
    PORT_DATA=(ch&0xFF);  // 데이터를 쓴다.
    //  PORT_CMD=0x20; //0b00100000  명령 EN=0 disable, RW=0 쓰기(1이면
                                     읽기), RS=1 일반데이터(0이면 제어값)
    PORT_CMD = 0x00;
    _delay_ms(2); //명령 수행시간
}


// lcd초기화 함수
void initLcd()
{
    PORT_DATA_DDR=0xFF; // 데이터8핀 연결된 포트를 전체 출력포트로 선언.
    PORT_CMD_DDR=PORT_CMD_RS_high|PORT_CMD_RW_high|PORT_CMD_EN_high;
                        // 제어핀 출력 핀으로 설정.
    _delay_ms(40);      // 전원을 ON시키고 40ms 동안 대기.
    write_cmd(0x38);    // 8비트 인터페이스, 2라인 디스플레이, 5X7도트 문자
    _delay_ms(1);       // 37us필요
    write_cmd(0x08);    // 화면 OFF
    _delay_ms(1);       // 37us필요
    write_cmd(0x01);    // 화면지우기
    _delay_ms(5);       // 1.52ms필요
    write_cmd(0x06);    // 엔트리 모드 세트(커서이동, 화면이동X)
    write_cmd(0x0C);    // 화면 다시 표시
}


// 한 문자 출력하고자 할 때
void lcd_putchar(char ch)
{
    _delay_ms(1);
    write_data(ch);
}

// LCD화면의 커서 위치 설정
```

```
void cursor_position(char line, char pos)
{
    // pos=(line<<6)+pos;
    pos=(line)+pos;
    // pos|=0x80; //비트7을 셋함, DDR주소에 쓸때 해야함.
    _delay_ms(1);
    write_cmd(pos);
}


// 문자열 출력하고자 할 때
void lcd_puts(char*str)
{
    while(*str)
    {
        lcd_putchar(*str);
        str++;
    }
}


// 문자열 출력하고자 할 때. lcd_puts와 다른 점은 커서 위치는 무조건 라인의 첫줄이다.
void lcd_write_string(char line, char*str)
{
    write_cmd(line);
    while(*str!='\0')
    {
        write_data(*str);
        str++;
    }
}

void lcd_clear()
{
    write_cmd(LCD_CLEAR);
    _delay_ms(10);
}
```

■ **사용자 헤더 파일(lcd.h)**

- 이 헤더 파일도 자주 사용할 수 있으므로 위의 lcd.c와 같이 추가할 수 있도록 같은 폴더에 저장해 둔다.
- lcd 라인 정의한다.
- 쓰기 루틴에서 사용할 수 있는 명령어 정의한다.

- lcd 커서 이동 방향 정의한다.
- lcd 초기화 함수 선언한다.

```
////////////////////////////////////////////////////////////////////
/* lcd.c의 해더파일 - lcd.h                                       */
////////////////////////////////////////////////////////////////////
#define LCD_LINE1   0x80  // LCD 첫째줄을 의미
#define LCD_LINE2   0xC0  // LCD 둘째줄을 의미
//////////////////////////////////////////////////////////

// 명령어 쓰기 루틴에서 사용할 수 있는 명령어
#define LCD_CLEAR 0x01  // 화면은 지운다
#define HOME 0x02       // 커서를 홈으로 이동
#define CURSOR_ON 0x0E  // 커서 ON
#define CURSOR_OFF 0x0C // 커서 OFF
#define CURSOR_LT 0x10  // 커서 왼쪽으로 이동
#define CURSOR_RT 0x14  // 커서 오른쪽으로 이동
#define SCREEN_LT 0x18  // 커서 왼쪽으로 이동
#define SCREEN_RT 0x1C  // 커서 오른쪽으로 이동
//////////////////////////////////////////////////////////
void initLcd();                  // LCD 초기화함수
void cursor_position(char line, char pos); //커서 위치
void lcd_putchar(char ch);  // 한문자 출력 (커서위치를 설정해 준 후 사용)
void lcd_puts(char*str);    // 문자열 출력 (커서위치를 설정해 준 후 사용)
void lcd_write_string(char line, char*str);   // 라인의 첫 줄부터 문자열 출력
void write_cmd(char cmd);   // 제어명령
void lcd_clear();           // 화면지우기
```

■ **사용자 라이브러리 함수인 "lcd.c"를 이해해 본다.**

- 이 사용자 함수는 자주 사용할 수 있으므로 파일의 저장 위치와 파일명을 기억해 둔다.
- 하드웨어 연결 상태와 소스에서 lcd 핀 세팅을 정의한 부분을 이해한다.
- 명령 레지스터 함수와 데이터 레지스터 함수 부분을 이해한다.
- lcd 초기화 함수 부분을 이해한다.
- 문자 출력(한문자 및 문자열) 부분을 이해한다.
- LCD 화면의 커서 위치 설정 부분을 이해한다.

■ 사용자 헤더 파일인 "lcd.h"를 이해해 본다.

- 이 헤더 파일도 자주 사용할 수 있으므로 위의 lcd.c와 같이 추가하기 쉽게 같은 폴더 저장하여 사용하도록 한다.
- lcd 라인을 정의해 준 부분을 이해한다.
- 쓰기 루틴에서 사용할 수 있는 명령어를 정의한 부분을 이해한다.
- lcd 커서 이동 방향을 정의한 부분을 이해한다.
- lcd 초기화 함수를 선언한 부분을 이해한다.

■ 빌드 결과 확인

- 에러 메시지가 나올 경우 소스를 수정해 본다.
- 잘못된 소스 부분을 수정하고 다시 빌드 해본다.

■ 프로그램 다운로드 및 실행

- 프로젝트용 타깃보드에 프로그램 다운로드 및 실행 방법을 다음 사항을 참고하여 수행한다.
- TEXT LCD 커서 위치에 "WELCOME"이란 문자가 출력되는지 확인한다.

■ 소스 일부 수정 후 실행

- TEXT LCD 첫 번째 줄 1번 째 칸에 'HELLO'를 출력하고 문자를 오른쪽으로 이동시키는 소스를 수정하고 실행 해본다.
- TEXT LCD 첫 번째 줄 4번 째 칸에 'HELLO'를 출력하고 두 번째 줄에 'WELCOME TO KOREA'를 출력하고 문자를 오른쪽으로 이동하도록 수정하고 실행해 본다.

Embedded System

CHAPTER 8

시리얼 통신

CHAPTER 08

Embedded System

시리얼 통신

- ■ 마이크로프로세서에서의 통신 방법은 직렬, 병렬통신 등 다양한 통신 방법이 있다.
- ■ AVR ATmega128은 비동기/동기 모드가 가능한 USART(Universal Synchronous and Asynchronous Receive and /Transmitter) 직렬통신과 동기 모드인 SPI(Serial Peripheral interface), TWI(Two Wire Interface: I2C) 직렬통신이 있다.
- ■ 여기서는 USART 중심으로 설명한다.

8.1 UART와 RS232 통신

- ■ UART(Universal Asynchronous Receiver/Transmitter)는 컴퓨터에 부착된 직렬 장치들로 향하는 인터페이스를 제어하는 프로그램이 들어 있는 장치이다.
- ■ UART 통신은 시리얼 기반의 통신 방식으로 일반적으로 RS232 프로토콜을 통해 원격지와 통신을 지원하는 방식이다.
- ■ UART는 컴퓨터에게 RS-232C DTE 인터페이스를 제공함으로써, 모뎀이나 기타 다른 직렬장치들과 통신하거나 데이터를 주고받을 수 있게 한다.
- ■ UART는 다음과 같은 일을 수행한다.
- • 컴퓨터로부터 병렬회로를 통해 받은 바이트들을, 외부에 전달하기 위해 하나의 단일 직렬 비트 스트림으로 변환한다.
- • 내부로 전송할 때에는, 직렬 비트 스트림을 컴퓨터가 처리할 수 있도록 바이트로 변환한다.
- • 외부 전송을 위해 패리티 비트를 추가하며, 수신되는 바이트들의 패리티를 확

인하고, 패리티 비트를 제거한다.

- 데이터를 외부로 내보낼 때에는 시작 비트와 정지 비트를 추가하고, 수신되는 데이터에서는 그것들을 제거한다.
- 키보드나 마우스로부터 들어오는 인터럽트를 처리한다.
- 다른 종류의 인터럽트 처리와 컴퓨터의 동작 속도를 장치의 속도와 동등하게 맞추도록 요구하는 장치를 관리할 수 있다.
- 보다 진보된 UART들은 일정량의 데이터 버퍼링을 제공함으로써, 컴퓨터와 직렬장치들의 데이터 스트림이 대등하도록 맞추어 준다.

■ 통신 속도

- 직렬 전송 시 송신 측과 수신 측의 전송 속도를 일치시키는 일이다. 통신 속도는 시간당 데이터를 전송할 수 있는 양을 나타낸다.
- 통상 통신 속도는 Bit Rate(bps: bits per second)를 사용하는데, 이는 1초당 전송되는 비트의 수를 말한다.
- RS232 통신의 경우 baud rate라는 용어를 많이 사용하는데, 이는 1초당 전송되는 변조된 신호의 수를 뜻한다.
- Baud Rate는 그 의미상으로 bps와 분명히 구분되지만, 하나의 비트가 하나의 신호인 경우에는 bps와 같은 값을 가진다고 보아도 무방하다.

■ 스톱 비트

- 데이터의 시작과 끝을 알리는 스타트와 스톱 비트를 사용하고 있다.
- 전송을 시작할 경우 논리 1을 내보내고 8비트를 전송한 후 스톱 비트를 전송한다.
- 스타트 비트는 고정되어 있어 사용자가 조정할 필요가 없지만 스톱 비트는 1과 1.5, 2비트 중 하나를 선택한다.

■ 패리티

- 데이터를 전송할 때 데이터에 패리티 비트를 추가하여 외적인 방해에 의해 오류가 발생했을 경우에 오류를 검출하기 위해 사용한다.

- 패리티의 종류는 짝수 및 홀수 방식과 사용하지 않는 경우가 있다.
- 패리티 비트는 데이터 길이가 7인 경우에 8번째 비트를 패리티 비트로 이용한다.
- 2바이트 한글은 8비트 모두를 사용하여야 하기 때문에 패리티를 사용할 경우에는 한글을 전송할 수 없다.
- 따라서 패리티가 고정되어 있는 장비에서는 한글 전송에 문제가 있다.

■ **자료 길이**

- 하나의 데이터를 전송하는데 필요한 데이터 길이, 즉 비트 수를 말한다.
- 보통 7과 8비트가 있다. 2바이트 한글 전송에서는 데이터 길이를 8로 설정하여야 한다.

8.2 AVR ATmega128의 직렬통신 포트

■ 8비트 병렬 데이터를 직렬 형태로 바꾸어 송신하고 수신된 직렬 데이터를 병렬 데이터로 바꿔 CPU에 입력하는 기능의 직렬통신 포트 USART(Universal Synchronous and Asynchronous Receive and Transmitter)를 2개 내장하고 있다.

- USART0
- USART1

■ 완전 이중 방식(Full-Duplex), 동기 및 비동기 전송이 가능하다.

■ 멀티 프로세서 통신 모드로 동작하는 것도 가능하며 높은 정밀도의 보레이트 발생기를 내장하고 있다.

■ 동기식 전송 모드에서는 마스터 동작의 경우 전송 속도는 내부 클럭을 사용하며 슬레이브 동작의 경우에는 XCKn 단자로 입력되는 외부 클럭 신호에 의해 동작한다.

■ 비동기식 전송 모드에서는 항상 내부의 시스템 클럭에 의하여 보레이트가 결정된다.

■ 3가지의 인터럽트를 제공한다.

- 송신 완료(TX Complete)
- 송신 데이터 레지스터 준비 완료(TX Data Register Empty)
- 수신 완료(RX Complete)

■ AVR ATmega128 USART 데이터 프레임 포맷은 최소 7비트 최대 13비트로 구성되어 있다.

- (1비트의 스타트 비트) +(5, 6, 7, 8, 9 비트의 데이터 비트) + (0, 1비트의 패리티비트) + (1, 2비트의 스탑비트) 프레임
- 스타트 비트는 1비트로 이루어 졌으며 항상 0레벨이다. 송신시에 자동적으로 생성된다.
- 데이터 비트는 5, 6, 7, 8, 9비트가 가능하다.
- 패리티 비트는 패리티를 사용하지 않을 수도 있고 사용하는 경우 홀수 혹은 짝수 패리티 1비트를 사용한다.
- 스톱 비트는 1, 2개의 비트가 가능하며 항상 1레벨이다. 송신 시에 자동적으로 생성된다.

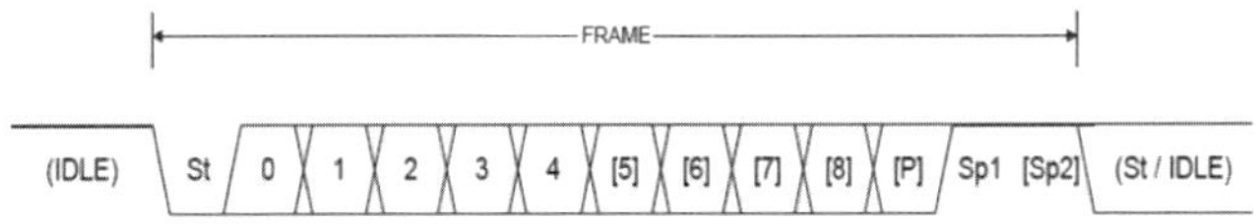

[그림 8-1] AVR ATmega128 USART 데이터 프레임

8.3 AVR ATmega128의 USART 레지스터

8.3.1 UDRn(Usart i/o Data Register n)

■ USART I/0 데이터 레지스터 (UDR0, UDR1)이다.

■ USARTn 모듈의 송수신 데이터 버퍼의 기능을 수행하는 8비트 레지스터(n= 0, 1)

■ 각 포트의 송신 및 수신 버퍼는 동일한 주소에 위치하지만, 내부적으로는 서로 다른 별개의 레지스터이다.

■ 송신한 데이터를 UDRn에 write하면, 이는 송신 데이터 버퍼 TXB에 저장되고

■ 수신된 데이터를 DRn에서 읽으면 수신 데이터 버퍼 RXB에 수신되어 있는 값이 읽힌다.

7	6	5	4	3	2	1	0
RXB7	RXB6	RXB5	RXB4	RXB3	RXB2	RXB1	RXB0
TXB7	TXB6	TXB5	TXB4	TXB3	TXB2	TXB1	TXB0

8.3.2 UCSRnA(Usart Control and Status Register n A)

■ USART 제어 및 상태 레지스터 A이며, USARTn 모듈의 송수신 동작을 제어하거나 송수신 상태를 저장하는 기능을 수행하는 8비트 레지스터이다.

7	6	5	4	3	2	1	0
RXCn	TXCn	UDREn	FEn	DORn	PEn	U2Xn	MPCMn

■ **비트 7 : RXCn (USARTn Receiver Complete)**

- 상태를 나타내는 수신 버퍼의 상태 플래그 비트이다.
- 수신 버퍼에 읽혀지지 않은 수신 문자가 있으면 "1"로 세트 된다.
- CPU가 이를 읽어서 수신 버퍼가 비어 있는 상태라면 "0"으로 클리어된다.

■ **비트 6 : TXCn (USARTn Transmit Complete)**

- 상태를 지시하는 송신 버퍼의 상태 플래그 비트이다.
- 송신 시프트 레지스터에 있는 송신 데이터가 모두 송신되고 UDRn의 송신 버퍼에 아직 새로운 데이터가 저장되지 않은 상태이면 "1"로 세트 된다.

■ **비트 5 : UDREn (USARTn Data Register Empty)**

- 새로운 송신 데이터를 받기 위한 상태 플래그 비트이다.
- UDRn의 송신 버퍼에 새로운 송신 데이터를 받을 준비가 되어 있으면 "1"로 세트 된다.

■ **비트 4 : FEn (Frame Error)**

- 수신 프레임 에러 상태 플래그 비트이다.

• UDRn의 수신 버퍼에 현재 저장되어 있는 데이터를 수신하는 동안에 프레임에러가 발생했음을 나타낸다.
• 프레임 에러는 수신 문자의 첫 번째 스톱 비트가 "0"으로 검출되면 발생하고, UCSRAn 레지스터를 라이트하면 이 비트는 "0"으로 클리어된다.

■ **비트3 : DORn (Data Overrun Error)**

• 수신 동작 오버런 에러 상태 플래그 비트이다.
• 수신 동작에서 오버런 에러가 발생했음을 나타내는 상태 플래그이다.
• UDRn의 수신 버퍼에 현재 읽지 않은 수신 문자가 들어 있는 상태에서 수신 시프트 레지스터에 새로운 데이터가 문자가 수신 완료되고, 다시 그다음 수신 데이터인 3번째 문자의 스타트 비트가 검출되면 오버런 에러가 발생한다.

■ **비트 2 : UPEn (USARTn Parity Error)**

• UDR의 수신 버퍼에 현재 저장되어 있는 데이터를 수신하는 동안에 패리티 에러가 발생하였음을 나타내는 상태 플러그 비트이다.
• UCSRnC 레지스터의 UPMn1비트를 "1"로 설정하여 패리티 비트를 사용하도록 설정한 경우에만 패리티 에러만 발생한다.

■ **비트 1 : U2Xn (Double the USARTn Transmission Speed)**

• 비동기 모드에서만 사용 가능하다.
• 클록의 n분주비를 16에서 8로 1/2만큼 낮추어 전송 속도를 2배 높이는 기능한다.

■ **비트 0 : MPCMn (USARTn Multi-Processor Communication Mode)**

• USARTn을 멀티프로세서 통신 모드로 설정하고, 멀티프로세서 통신 어드레스 정보를 포함하지 않는 모든 수신 데이터는 수신부에 의해 무시 가능하다.

8.3.3 UCSRnB(Usart Control and Status Register n B)

■ USART 제어 및 상태 레지스터 B이다.
■ USART 모듈의 송수신 동작을 제어하거나 송수신 상태를 저장하는 기능을 수행하는 8비트 레지스터이다.

■ USART0, USART1 포트의 송수신 동작 제어, 전송 데이터를 9비트로 설정한 경우에 전송 데이터의 9번째 비트값을 저장하는 기능을 수행한다.

7	6	5	4	3	2	1	0
RXCIEn	TXCIEn	UDRIEn	RXENn	TXENn	UCSZn2	RXB8n	TXB8n

■ 비트 7 : RXCIEn (USARTn RX Complete Interrupt Enable)

- 수신 완료 인터럽트를 개별적으로 enable한다.
- 비트를 "1"로 설정하고 SREG 레지스터의 I비트가 "1"이고, UCSRnA 레지스터의 RXCn비트가 "1"로 설정되어 있으면 수신 완료 인터럽트가 발생한다.

■ 비트 6 : TXCIEn (USARTn TX Complete Interrupt Enable)

- 송신 완료 인터럽트를 개별적으로 enable 한다.
- 비트를 "1"로 설정하고 SREG 레지스터의 I비트가 "1"이고, UCSRnA 레지스터의 RXCn비트가 "1"로 설정되어 있으면 송신 완료 인터럽트가 발생

■ 비트 5 : UDRIEn (USARTn Data Register Empty Interrupt Enable)

- USARTn Data Register Empty 인터럽트를 개별적으로 enable 하는 비트이다.
- "1"로 설정하고 SREG 레지스터의 I비트가 "1"이고, UCSRnA 레지스터의 UDREn비트가 "1"로 되면, USARTn Data Register Empty 인터럽트 발생하는 송신 데이터 레지스터 준비 완료 인터럽트 비트이다.

■ 비트 4 : RXENn (USARTN Receiver Enable)

- USARTn 모듈의 수신부가 동작하도록 enable 하는 것으로, RXDn 핀이 병렬 I/O포트가 아니라 직렬 데이터 수신 단자로 동작하도록 설정

■ 비트 3 : TXENn (USARTn Transmitter Enable)

- USARTn 모듈의 송신부가 동작하도록 enable 하는 것으로, TXDn 핀이 병렬 I/O포트가 아니라 직렬 데이터 송신 단자로 동작하도록 설정한다.

■ 비트 2 : UCSZn2 (USARTn Character Size)

- UCSRnC 레지스터의 UCSZn1~0비트와 함께 전송 문자의 데이터 비트 수를 설정하는 데 사용한다.

■ 비트 1 : RXB8n (USARTn Receiver Data 8Bit)

• 수신 문자가 9비트로 설정된 경우에 수신된 문자의 9번째 비트를 저장한다.

■ 비트 0 : TXB8n (USARTn Transmit Data 8Bit)

• 송신 문자가 9비트로 설정된 경우에 송신된 문자의 9번째 비트를 저장한다.

8.3.4 UCSRnC(Usart Control and Status Register n C)

■ USART 제어 및 상태 레지스터 C

■ USARTn 모듈의 송수신 동작을 제어하거나 송수신 상태를 저장하는 기능을 수행하는 8비트 레지스터

7	6	5	4	3	2	1	0
–	UMSELn	UPMn1	UPMn0	USBSn	UCSZn1	UCSZn0	UCPOLn

■ 비트 6 : UMSELn(USARTn Mode Select)

• USART 모드 설정

• "1"이면 USARTn 모듈을 동기 전송 모드로 설정하고, "0"이면 비동기 전송 모드로 설정

■ 비트 5,4 : UPMn1,0 (USARTn Parity Mode)

• 패리티 모드 설정

• UPMn1비트를 "1"로 설정하면 패리티를 발생시키고 검사를 할 수 있다.

• 송신기는 자동적으로 각 프레임의 송신 데이터에 패리티 비트를 더하여 송신하게 되며, 수신기는 UPM0 비트와 수신된 데이터를 비교한다.

• 만약 오류가 발생하면 UCSRnA 레지스터의 PE 플래그가 "1"로 세트 된다.

• 패리티 모드 설정표

UPMn1	UPMn0	Parity모드
0	0	Disable
0	1	예약
1	0	Enabled, Even Parity
1	1	Enabled, Odd Parity

■ 비트 2,1 : UCSZn1,0(USARTn Character Size)

• UCSRnB 레지스터의 UCSZn2 비트와 함께 전송 문자의 데이터 비트 수를 설정하는 데 사용

• UCSZn에 의한 character size 설정표

UCSZn2	UCSZn1	UCSZn0	Character Size
0	0	0	5-bit
0	0	1	6-bit
0	1	0	7-bit
0	1	1	8-bit
1	0	0	예약
1	0	1	예약
1	1	0	예약
1	1	1	9-bit

■ 비트 0 : UCPOLn (Usart Clock POLarity n)

• 기 전송 모드의 슬레이브 동작에서만 유효하다.

• 이 비트를 '1'로 설정하면 송신 데이터는 클럭의 하강 에지에서 새로운 XCKn 값이 출력되고, 수신 문자는 XCKn의 상승 에지에서 얻어진다.

• '0'으로 설정하면 반대로 된다.

8.3.5 UBRRnH/L (USART BAUD RATE REGISTER)

■ USART baud Rate 레지스터

■ 16비트 중에서 12비트만 사용하여 USARTn 모듈의 송수신 속도를 설정하는 기능

15	14	13	12	11	10	9	8
-	-	-	-	UBRRn	UBRRn	UBRRn	UBRRn
7	**6**	**5**	**4**	**3**	**2**	**1**	**0**
UBRRn7	UBRRn6	UBRRn5	UBRRn4	UBRRn3	UBRRn2	UBRRn1	UBRRn0

■ 비트 15~12 : 예약 비트

■ 비트 11~0 : UBRRn11~0

• 12비트를 이용하여 USARTn의 Baud Rate을 결정하는데, UBRRnH의 4비트와 UBRRnL의 8비트가 조합을 이룬다.

• 설정된 UBRR 레지스터에 대하여 보레이트를 계산하는 공식이나, 반대로 원하는 보레이트를 설정하기 위한 UBRR 레지스터의 값을 구하는 공식을 동작 모드별로 요약하면 다음과 같다.

동작 모드	보레이트를 결정하는 공식	UBRR 레지스터값을 결정하는 공식
비동기 일반 모드 (U2Xn=0)	$Baud = \frac{f_{osc}}{16(UBRR+1)}$	$UBRR = \frac{f_{osc}}{16 \times BAUD} - 1$
비동기 2배속 모드 (U2Xn=1)	$Baud = \frac{f_{osc}}{8(UBRR+1)}$	$UBRR = \frac{f_{osc}}{8 \times BAUD} - 1$
동기 마스터 모드	$Baud = \frac{f_{osc}}{28(UBRR+1)}$	$UBRR = \frac{f_{osc}}{2 \times BAUD} - 1$

8.4 AVR ATmega128의 시리얼 통신 실습

8.4.1 푸시버튼 모듈

■ 전원을 입력한 후 버튼을 누르면 출력핀을 통해 1 또는 0의 디지털 신호를 출력하는 푸시버튼 모듈이다.

■ 마이크로프로세서가 외부로부터 입력받아 처리할 때 주로 이용된다.

■ 시리얼 통신 실습에서는 다음과 같이 SW 2번 ISP에서 USB로 이동시키고 USB 케이블을 PC와 연결하여야 한다.

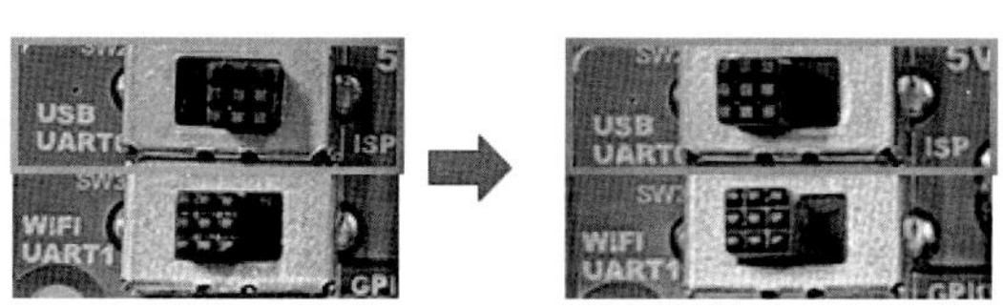

■ 하드웨어 구성

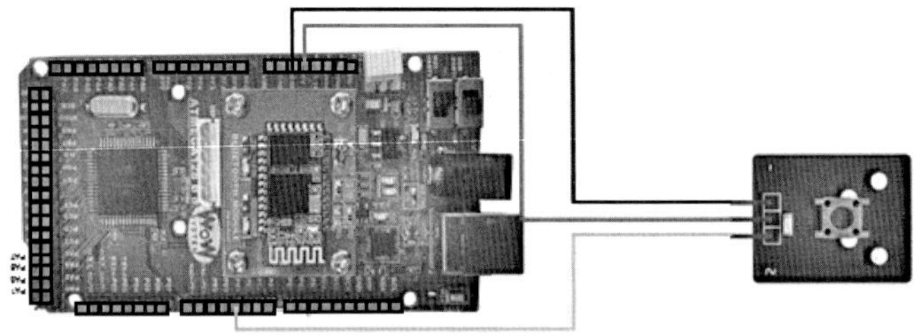

AVR ATmega128 보드	푸시버튼 모듈
GND	⊖
5V	⊕
PE4	S

AVR ATmega128 보드	USB TO TTL
GND	GND
TX1(PD3)	RXD
RX1(PD2)	TXD

■ **프로그램 구성(프로젝트 이름 : Push_Button)**

- 시리얼 통신을 위한 통신 속도를 지정하고 푸시버튼 신호에 따른 결괏값(문자)를 전송받아 배열에 의한 문자 전송에 대한 실행 파일인 main.c
- UART 통신에서의 소스 파일은 포트 설정 관련 레지스터 및 데이터를 효율적으로 쓰기 위한 알고리즘을 구현하는 등의 사용자 라이브러리 파일인 "UART.c"
- 통신 보레이트를 정의하고 송수신 버퍼의 크기 설정, 시리얼 통신 및 버튼의 초기화 함수 등의 사용자 헤더 파일인 "UART.h "
- 프로젝트 폴더에 사용자 라이브러리 파일을 추가하여 작성하고 빌드한다.

■ 실행 파일(main.c)

```
#include <stdio.h>
#include <string.h>
#include <avr/io.h>
#include <avr/interrupt.h>
#include <util/delay.h>
#include <math.h>
#include "UART.h"  // 시리얼 통신 기능이 구현되어있는 라이브러리를 불러온다.
char str[128];    // 문자열을 저장하는 배열을 선언한다.

int main()
{
    Serial_begin(115200); // 시리얼 통신을 초기화한다.
    /*
     * Port E 4번 핀을 입력으로 설정한다.
     * ~ 부호는 반전의 의미이며, 0b0101 라는 이진수가 있을 때,
     * ~0b0101을 계산하면 0b1010이 된다.
     */
    DDRE &= ~0x10;
    while(1)
    {
        int data = 0; //버튼 데이터를 저장할 변수 선언

        /*
         * 만약 Port E의 4번 핀에 신호가 들어오지 않았을 때
         * 현재 사용하는 버튼 모듈은 버튼이 눌리지 않았을 때 신호가 입력된다.
         * 그래서, 신호가 입력되지 않았을 때 버튼이 눌려있는 상태이다.
         */
        if( !(PINE & 0x10) )
        {
            data = 1;
        }
        else //위 조건이 아닐 때
        {
            data = 0;
        }

        sprintf(str, "Button : %d", data);  // str배열에 원하는 문자열을 저장한다.
        Serial_println(str);  // str배열에 저장된 문자열을 출력한다.
        _delay_ms(100);
    }

    return 0;
}
```

■ 사용자 라이브러리 파일~(UART.c)

```
#define F_CPU 16000000UL
#include <avr/io.h>
#include <avr/interrupt.h>
#include <util/delay.h>
#include <stdio.h>
#include "UART.h"

/*
 * UART 통신을 위한 소스파일.
 * 데이터를 효율적으로 받고 쓰기위해서 Queue 알고리즘 이용
 */

volatile int uart1_rx_buf_count = 0, uart1_rx_put_count = 0,
uart1_rx_out_count = 0;
unsigned char uart1_rx_buf[uart1_rx_buf_size+2] = {0,};
volatile int uart1_tx_buf_count = 0, uart1_tx_put_count = 0,
uart1_tx_out_count = 0;
unsigned char uart1_tx_buf[uart1_tx_buf_size+2] = {0,};

void null_function(unsigned char nu){}

/*
 * 사용자가 다른 소스파일 에서도 UART 수신완료 인터럽트가 발생하였을 때, 그
   데이터를 받을 수 있게 그 함수 포인터를 받는다.
 * 초기엔 NULL 포인터를 받는다.
 * 데이터 형을 반드시 맞추도록 한다.
 */
void(*func1)(unsigned char) = null_function;

ISR(USART1_TX_vect) //UART TX 인터럽트
{
    PORTA ^= 0xFF;
    if(uart1_tx_buf_count>0)
    {
        UDR1 = uart1_tx_buf[uart1_tx_out_count];
        uart1_tx_buf_count--;
        uart1_tx_out_count++;
        if(uart1_tx_out_count >= uart1_tx_buf_size)
        {
            uart1_tx_out_count = 0;
        }
    }
}
ISR(USART1_RX_vect) //UART RX 인터럽트
```

```
{
    if(uart1_rx_buf_count < uart1_rx_buf_size-1)
    {
        uart1_rx_buf_count++;
        uart1_rx_buf[uart1_rx_put_count] = UDR1;
        func1(uart1_rx_buf[uart1_rx_put_count]);
        uart1_rx_put_count++;
        if(uart1_rx_put_count >= uart1_rx_buf_size-1){ uart1_rx_put_count = 0;}
    }
}

/*
* function name : UART1_init
* Description : UART1번 초기화 인자값 baud는 통신 보레이트 설정을 위한 변수.
* param : int baud
* return type : int - UBRR에 적용된 baudrate
*/
void UART1_init(long baudnum)
{
    cli();
    unsigned int baud_setting = (F_CPU / 4 / baudnum - 1) / 2;
    DDRD &= ~RXD1_PIN;  // PD.2 : RXD1
    DDRD |= TXD1_PIN;   // PD.3 : TXD1
    UCSR1A = 0x00;
    UCSR1B = 0xD8;
    UCSR1C = 0x06;      // No Parity 8 bit data Stop bit 1
    // Try u2x mode first
    UCSR1A = 1 << U2X0;

    if (((F_CPU == 16000000UL) && (baudnum == 57600)) ||(baud_setting >4095))
    {
        UCSR1A = 0;
        baud_setting = (F_CPU / 8 / baudnum - 1) / 2;
    }
    UBRR1H = baud_setting>>8;
    UBRR1L = baud_setting>>0;
    sei(); //전역 인터럽트 플래그 set.
}

/*
* function name : putUart1
* Description : 문자하나를 UART1번 포트에 전송
* param : char c
* return type :
* - 0 success
```

```
* - 1 busy; add to tx_buf
* - -1 fail
*/
void putUart1(char c)
{
    //LED_ON;
    while(uart1_tx_buf_count == uart1_tx_buf_size-1);
    cli();
    if(uart1_tx_buf_count>0 || !(UCSR1A & 0x20))
    {
        uart1_tx_buf_count++;
        uart1_tx_buf[uart1_tx_put_count] = c;
        ++uart1_tx_put_count;
        if(uart1_tx_put_count == uart1_tx_buf_size)
        {
            uart1_tx_put_count = 0;
        }
    }
    else
    {
        UDR1 = c;
    }
    sei();
}
volatile int tx1_remain_count()
{
    return uart1_tx_buf_count;
}

void setRx1CompleteFunction(void(*p1)(unsigned char))
{
    func1 = p1;
}

void Serial_begin(long baudrate)
{
    UART1_init(baudrate);
}

void Serial_write(char c)
{
    putUart1(c);
}
```

```
void Serial_print(const char *_str_data)
{
    int count = 0;
    while(*_str_data)
    {
        putUart1(*_str_data++);
        if(++count>=128)break;
    }
}
void Serial_print_length(const char *_str_data, int length)
{
    for(int i=0; i<length; i++)
    {
        putUart1(*_str_data++);
    }
}
void Serial_println(const char *_str_data)
{
    Serial_print(_str_data);
    putUart1('\n');
}
int Serial_available()
{
    return uart1_rx_buf_count;
}
unsigned char Serial_read()
{
    unsigned char recv_c = 0;
    if(uart1_rx_buf_count>0)
    {
        uart1_rx_buf_count--;
        recv_c = uart1_rx_buf[uart1_rx_out_count++];
        if(uart1_rx_out_count >= uart1_rx_buf_size-1) uart1_rx_out_count = 0;
    }
    return recv_c;
}
```

■ 사용자 헤더 파일 (UART.h)

```
#ifndef _UART_H__
#define _UART_H__
#include <avr/io.h>
#include <avr/interrupt.h>
#include <util/delay.h>
#include <stdio.h>

// 통신 보레이트 정의
#define BAUDRATE_9600       9600
#define BAUDRATE_57600      57600
#define BAUDRATE_115200     115200UL
#define BAUDRATE_1000000    1000000UL
#define RXD1_PIN 0x04    // PORTD
#define TXD1_PIN 0x08    // PORTD

// UART1 Rx 버퍼 최대 크기
#define uart1_rx_buf_size    228
//UART1 Tx 버퍼 최대 크기
#define uart1_tx_buf_size    228

// 목표 보레이트를 얻기 위한 UBRR의 값 읽는 함수
unsigned int get_UBRR(long baud);
void UART1_init(long baud);    // UART1 번 초기화.
void putUart1(char c);

// USB Serial 통신 또는 Bluetooth 통신 초기화-UART1번 사용.
void Serial_begin(long baudrate);
// 문자 한 글자를 시리얼 통신으로 전송.
void Serial_write(char c);
// 문자열을 시리얼 통신으로 전송.
void Serial_print(const char *_str_data);
// 문자열을 시리얼 통신으로 전송. 데이터 뒤에 New Line Feed 추가.
void Serial_println(const char *_str_data);
volatile int tx1_remain_count();
void setRx1CompleteFunction(void(*p1)(unsigned char));
int Serial_available();
unsigned char Serial_read();

#endif // #ifndef _UART_H__
```

■ 빌드 결과 확인

- 에러 메시지가 나올 경우 소스를 수정해 본다.
- 잘못된 소스 부분을 수정하고 다시 빌드 해본다.

■ 시리얼 통신을 위한 USB 포트와 직렬(TTL) 포트 간 신호 변환

- 컴퓨터와 AVR ATmega128과 통신을 하기 위해서는 USB to TTL 시리얼 컨버터가 필요하다.
- 이는 컴퓨터의 USB 포트와 AVR ATmega128의 타깃보드인 직렬 (TTL) 포트 간의 신호 변환을 해주는 모듈이다.
- 3.3V 신호 레벨과 5V 신호 레벨을 모두 지원하며 USB 포트가 없는 AVR ATmega128보드에 바이너리 코드를 업로드하는데 편리하게 사용할 수 있다.
- 이를 위해서는 드리이버와 통신 프로그램을 설치하여야만 시리얼 통신 실습이 가능하다.

■ USB to TTL 드라이버 설치

- 사용하는 컴퓨터에 맞는 비트에 따라 프로그램을 설치한다.

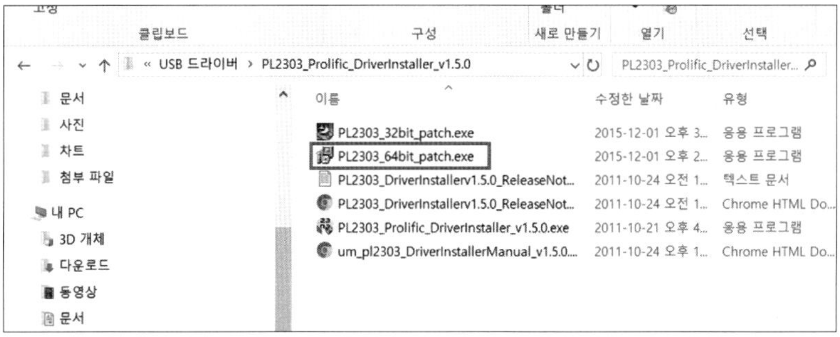

- 설치가 완료되었을 경우, 장치관리자에 들어가 포트를 확인하기 위해 win+r 키를 누른 후 devmgmt.msc를 실행한다.
- 컴퓨터에 USB to TTL 시리얼 컨버터 모듈을 꽂는다.

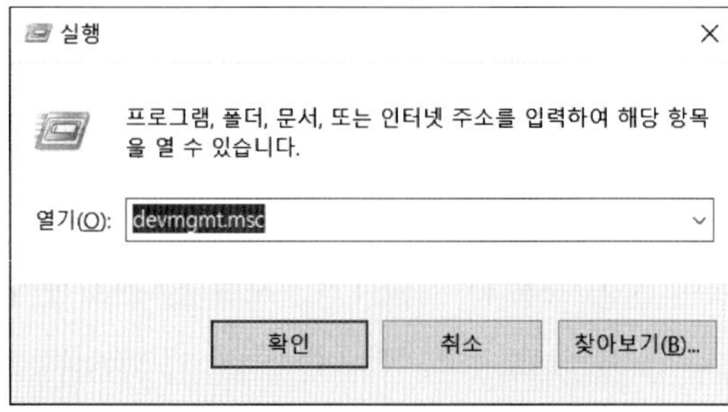

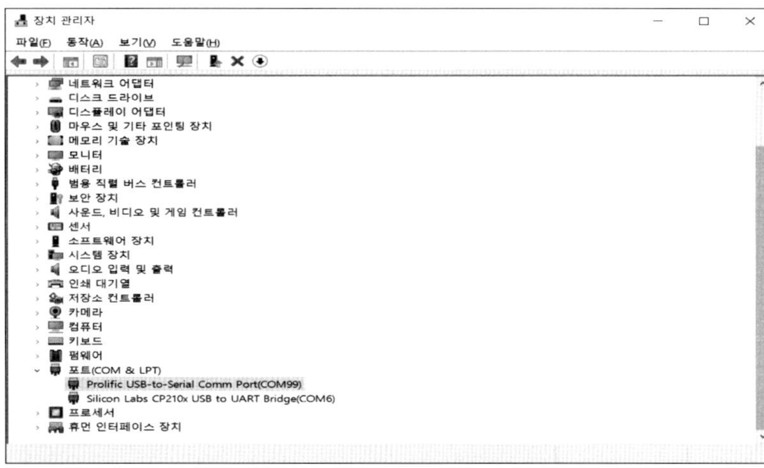

- USB To TTL 모듈 연결 시 포트 목록에서 Prolific USB-to-Serial Comm Port라는 이름으로 포트가 잡히면 정상적으로 인식이 된 상태이다.
- 장치관리자에서 설치된 포트를 확인하고 포트 번호를 기억해 둔다.
- USB to TTL 시리얼 컨버터 모듈을 컴퓨터에서 제거한다.

■ 통신 프로그램 설치 및 실행 결과 확인

- SerialPortMon 프로그램을 실행한다.

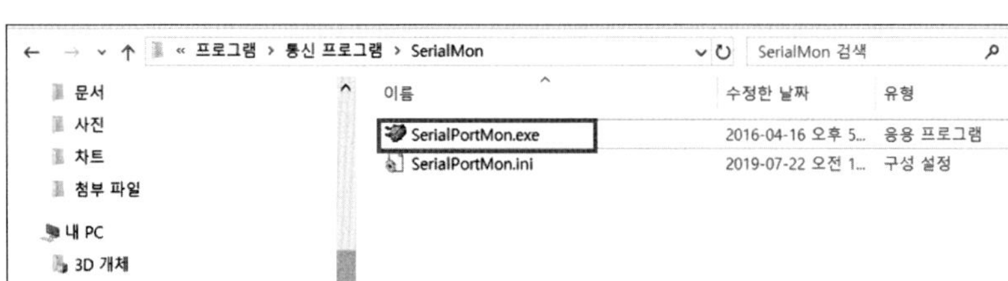

• Connect 버튼을 누른다.

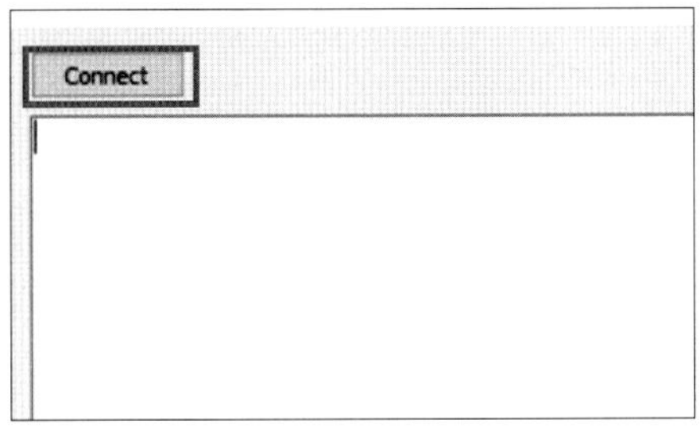

• 연결 대화상자에서 연결 형태는 Serial로 선택, 포트는 USB To TTL 모듈의 포트 번호로 선택, 통신 속도는 115200으로 설정하고, Connect 버튼을 눌러 연결을 한다.

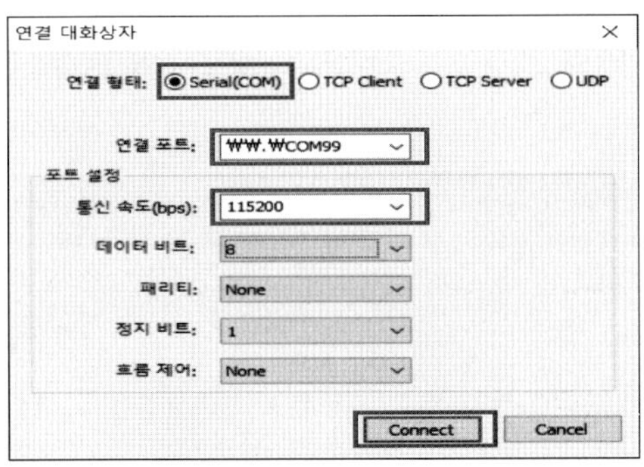

• 정상적으로 연결이 완료되었다면 실행 결과에 따른 문자열이 출력된다.

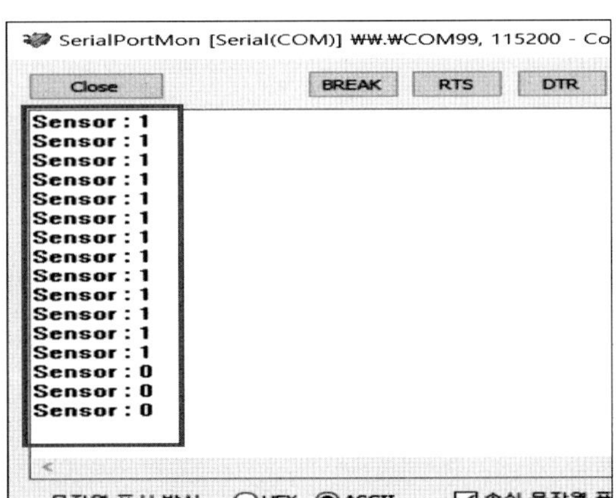

■ **프로그램 다운로드 및 실행**

- 프로젝트용 타깃보드에 프로그램 다운로드 및 실행 방법을 참고하여 수행한다.
- 푸시버튼을 누른 상태에서의 통신 프로그램으로 확인한다.

8.4.2 라인트레이서 센서 모듈

■ 적외선을 발사하여 근접한 곳에 물체가 있는지 없는지를 확인할 수 있는 센서이다.

■ 빛을 흡수하는 검은색을 측정할 수 없고 그 외의 색상일 때만 측정할 수 있다(수직형).

■ **하드웨어 구성**

- 다음의 하드웨어 연결 표를 보고 라인트레이서 모듈 및 USB to TTL 모듈을 연결하여 구성한다.

AVR ATmega128 보드	라인트레이서 센서
GND	GND
5V	VCC
PE4	OUT

AVR ATmega128 보드	USB TO TTL
GND	GND
TX1(PD3)	RXD
RX1(PD2)	TXD

■ **프로그램 구성(프로젝트 이름 : LineTracer)**

- 시리얼 통신을 위한 통신 속도를 지정하고 센서 신호에 따른 결괏값인 문자를 출력하는 실행 파일인 main.c
- UART 통신을 위한 소스 파일은 포트 설정 관련 레지스터 및 데이터를 효율적으로 쓰기 위한 알고리즘을 구현하는 등의 사용자 라이브러리 파일인 "UART.c"
- 통신 보레이트를 정의하고 송수신 버퍼의 크기 설정, 시리얼 통신 및 버튼의 초

기화 함수 등의 사용자 헤더 파일인 "UART.h "

• 프로젝트 폴더에 사용자 라이브러리 파일을 추가하여 작성하고 빌드한다.

■ **실행 파일**(main.c)

```
#include <stdio.h>
#include <string.h>
#include <avr/io.h>
#include <avr/interrupt.h>
#include <util/delay.h>
#include <math.h>
#include "UART.h"  // 시리얼 통신 기능이 구현되어있는 라이브러리를 불러온다.
char str[128]; // 문자열을 저장하는 배열을 선언한다.


int main()
{
	Serial_begin(115200); // 시리얼 통신을 초기화한다.
	/*
	 * Port E 4번 핀을 입력으로 설정한다.
	 * ~ 부호는 반전의 의미이며, 0b0101 라는 이진수가 있을 때,
	 * ~0b0101을 계산하면 0b1010이 된다.
	 */
	DDRE &= ~0x10;

	while(1)
	{
		int data = 0; // 센서 데이터를 저장할 변수 선언
		if( !(PINE & 0x10) ) // 만약 PE4핀의 데이터가 0일 때
		{
			data = 1;
		}
		else //위 조건이 아닐 때
		{
			data = 0;
		}
		sprintf(str, "Sensor : %d", data);  // str배열에 원하는 문자열을 저장한다.
		Serial_println(str); // str배열에 저장된 문자열을 출력한다.
		_delay_ms(100);
	}
	return 0;
}
```

■ 앞에서 사용한 라이브러리 파일인 UART.c 및 UART.h를 프로젝트 폴더에 추가한다.

■ **빌드 결과 확인**

- 에러 메시지가 나올 경우 소스를 수정해 본다.
- 잘못된 소스 부분을 수정하고 다시 빌드 해본다.

■ **프로그램 다운로드 및 실행**

- 프로젝트용 타깃보드에 프로그램 다운로드 및 실행 방법을 참고하여 수행한다.
- 라인트레이서 센서에서 감지된 센서값의 상태를 통신 프로그램으로 확인한다.

8.4.3 적외선 거리 센서 모듈

■ 적외선을 발사하여 근접한 곳에 물체가 있는지 없는지를 확인할 수 있는 센서이다.

■ 빛을 흡수하는 검은색을 측정할 수 없고 그 외의 색상일 때만 측정할 수 있다.(수평형).

■ **하드웨어 구성**

- 다음의 하드웨어 연결 표를 보고 적외선 거리 센서 모듈 및 USB to TTL 모듈을 연결하여 구성한다.

AVR ATmega128 보드	적외선 거리 센서
GND	GND
5V	⊕
PE4	OUT
배선하지 않음	EN

AVR ATmega128 보드	USB TO TTL
GND	GND
TX1(PD3)	RXD
RX1(PD2)	TXD

■ **프로그램 구성**(프로젝트 이름 : Infrared_sensor)

- 시리얼 통신을 위한 통신 속도를 지정하고 센서 신호에 따른 결괏값인 문자를 출력하는 실행 파일인 main.c
- UART 통신을 위한 소스 파일은 포트 설정 관련 레지스터 및 데이터를 효율적으로 쓰기 위한 알고리즘을 구현하는 등의 사용자 라이브러리 파일인 "UART.c"
- 통신 보레이트를 장의하고 송수신 버퍼의 크기 설정, 시리얼 통신 및 버튼의 초기화 함수 등의 사용자 해더 파일인 "UART.h "
- 프로젝트 폴더에 사용자 라이브러리 파일을 추가하여 작성하고 빌드한다.
- 통신 보레이트를 정의하고 송수신 버퍼의 크기 설정, 시리얼 통신 및 버튼의 초기화 함수 등의 사용자 헤더 파일인 "UART.h "

■ **실행 파일**(main.c)

•다음의 빈칸을 채워 실행 파일을 완성한다.

```
#define F_CPU 16000000UL
#include <stdio.h>
#include <string.h>
#include <avr/io.h>
#include <avr/interrupt.h>
#include <util/delay.h>
#include <math.h>
                    // 시리얼 통신 기능이 구현되어있는 라이브러리를 불러온다.
                    // 문자열을 저장하는 배열을 선언한다.
int main()
{
    Serial_begin(115200); // 시리얼 통신을 초기화한다.
    /*
     * Port E 4번 핀을 입력으로 설정한다.
     * ~ 부호는 반전의 의미이며, 0b0101 라는 이진수가 있을 때,
     * ~0b0101을 계산하면 0b1010이 된다.
     */
    while(1)
    {
        // 센서 데이터를 저장할 변수 선언
        // 만약 PE4핀의 데이터가 0일 때
        {
        }
        // 위 조건이 아닐 때
        {
```

```
        }
        // str배원하는 문자열을 저장한다.
        Serial_println(str); // str배열에 저장된 문자열을 출력한다.
        _delay_ms(100);
    }

    return 0;
}
```

■ 사용자 라이브러리 파일 UART.c 및 UART.h 파일을 프로젝트 폴더에 추가한다.

■ **빌드 결과 확인**

- 에러 메시지가 나올 경우 소스를 수정해 본다.
- 잘못된 소스 부분을 수정하고 다시 빌드 해본다.

■ **프로그램 다운로드 및 실행**

- 프로젝트용 타깃보드에 프로그램 다운로드 및 실행 방법을 참고하여 수행한다.
- 적외선 거리 센서로 측정한 값을 통신 프로그램으로 확인한다.

8.4.4 적외선 LED 송신 모듈

■ 적외선 신호를 보낼 수 있는 적외선 LED가 장착된 모듈이다.

■ 일정 주파수의 신호를 입력하여 적외선 수신 모듈과 연동하여 사용한다.

■ **하드웨어 구성**

- 다음의 하드웨어 연결 표를 보고 적외선 LED 송신 모듈 및 USB to TTL 모듈을 연결하여 구성한다.
- USB to TTL 모듈 연결 시 위에서도 설명한 SW2번 ISP에서 USB로 이동시키고 USB 케이블을 PC와 연결한다.

AVR ATmega128 보드	적외선 수신 모듈
GND	⊖
5V	⊕
PE4	S

AVR ATmega128 보드	USB TO TTL
GND	GND
TX1(PD3)	RXD
RX1(PD2)	TXD

■ **프로그램 구성**(**프로젝트 이름** : Infared_Transmitter)

- IrDA Tx 핀을 정의하고 IrDa Flag 함수, IrDa 데이터의 전송 시작 파형을 생성하는 함수, 데이터 0를 생성하는 함수, 데이터 1를 생성하는 함수, 입력된 데이터를 IrDa에 전송하는 함수, 시리얼 통신을 초기화하고 포트를 설정하는 메인 함수 이루어진 실행 함수인 main.c
- UART 통신을 위한 소스 파일은 포트 설정 관련 레지스터 및 데이터를 효율적으로 쓰기 위한 알고리즘을 구현하는 등의 사용자 라이브러리 파일인 "UART.c"
- 통신 보레이트를 정의하고 송수신 버퍼의 크기 설정, 시리얼 통신 및 버튼의 초기화 함수 등의 사용자 헤더 파일인 "UART.h "

■ **프로그램 소스**(main.c)

```
#define F_CPU 16000000UL
#include <stdio.h>
#include <string.h>
#include <avr/io.h>
#include <avr/interrupt.h>
#include <util/delay.h>
#include <math.h>
#include "UART.h" // 시리얼 통신 기능이 구현되어있는 라이브러리를 불러온다.
char str[128];    // 문자열을 저장하는 배열을 선언한다.

/* IrDA TX 핀 제어 정의 */
// IR 송신 핀은 PE4번에 연결한다.
#define IRDA_TX_HIGH      (PORTE |= 0x10);
```

```
#define IRDA_TX_LOW        (PORTE &= ~0x10);

// 1ms 동안 50kHz 주파수 출력-수신부에서 LOW로 감지하게 하기위한 IrDa Flag 함수
void IrDa_Flag()
{
    unsigned char cnt = 50;
    while(cnt--)
    {
        IRDA_TX_LOW;
        _delay_us(13);
        IRDA_TX_HIGH;
        _delay_us(13);
    }
}
// 전송 시작 파형 생성하는 IrDa Start_Bit 함수
void IrDa_Start_Bit()
{
    IrDa_Flag();
    IrDa_Flag();
    IrDa_Flag();
    IrDa_Flag();
    _delay_ms(4);
}
// Data  0 파형 생성하는 IrDa_Zero 함수
void IrDa_Zero()
{
   IrDa_Flag();
   _delay_ms(1);
}
// Data  1 파형 생성 IrDa_One 함수
void IrDa_One()
{
   IrDa_Flag();
   _delay_ms(2);
}

// 입력된 데이터를 IrDa로 전송하는 SendIrDA 함수
void SendIrDA(unsigned char data)
{
   unsigned char i;
   IrDa_Start_Bit();    // Start Condition

   // 8Bit Data Transmission
   for(i = 0; i < 8; i++)
   {
        if(data & (0x80 >> i))
```

```
        {
            IrDa_One();
        }
        else
        {
            IrDa_Zero();
        }
    }
    IrDa_Flag();          // End Condition
    _delay_ms(1);
}
int main()
{
    Serial_begin(115200); //시리얼 통신을 초기화한다.
    DDRE |= 0x10; //PE 4번 핀을 출력으로 설정한다.
    while(1)
    {
        SendIrDA('H');
        SendIrDA('i');
        SendIrDA('\n');
        _delay_ms(100);
    }
    return 0;
}
```

■ 사용자 라이브러리 파일 UART.c 및 UART.h 파일을 프로젝트 폴더에 추가한다.

■ 빌드 결과 확인

- 에러 메시지가 나올 경우 소스를 수정해 본다.
- 잘못된 소스 부분을 수정하고 다시 빌드 해본다.

■ 프로그램 다운로드 및 실행

- 프로젝트용 타깃보드에 프로그램 다운로드 및 실행 방법을 참고하여 수행한다.
- 핸드폰의 카메라를 이용하여 적외선 송신 모듈의 적외선 송신 여부를 촬영하여 확인한다.

8.4.5 적외선 LED 수신 모듈

- 적외선 신호를 수신할 수 있는 수신부가 장착된 모듈이다.
- 특정 주파수의 적외선 신호를 받아와 무선으로 데이터를 수신할 수 있다.

■ 하드웨어 구성

- 다음의 하드웨어 연결 표를 보고 적외선 LED 송신 모듈 및 USB to TTL 모듈을 연결하여 구성한다.
- USB to TTL 모듈 연결 시 위에서도 설명한 SW2번 ISP에서 USB로 이동시키고 USB 케이블을 PC와 연결한다.

AVR ATmega128 보드	적외선 수신 모듈
GND	⊖
5V	⊕
PE4	S

AVR ATmega128 보드	USB TO TTL
GND	GND
TX1(PD3)	RXD
RX1(PD2)	TXD

■ 프로그램 구성(프로젝트 이름 : Infared_Receiver)

- 시리얼 통신을 위한 통신 속도를 지정하고 적외선 신호를 수신하여 통신 프로그램에서 수신 상태를 나타내는 실행 파일인 main.c
- UART 통신을 위한 소스 파일은 포트 설정 관련 레지스터 및 데이터를 효율적으로 쓰기 위한 알고리즘을 구현하는 등의 사용자 라이브러리 파일인 "UART.c"
- 통신 보레이트를 정의하고 송수신 버퍼의 크기 설정, 시리얼 통신 및 버튼의 초기화 함수 등의 사용자 헤더 파일인 "UART.h "
- 적외선 송수신을 위한 IrDA 관련 변수 선언과 타이머/카운터 및 인터럽터 관련 레지스터에 의한 셋업과 스톱, 스타트, 적외선 수신 데이터를 버퍼에 저장하도

록 하는 함수 등으로 이루어지도록 한 사용자 라이브러리 파일인 "IrCom.c"

• "IrCom.c" 파일 내의 함수를 실행 함수와 연동되도록 하는 파일인 "IrCom.h"

■ **실행 파일**(main.c)

```
#define F_CPU 16000000UL
#include <stdio.h>
#include <string.h>
#include <avr/io.h>
#include <avr/interrupt.h>
#include <util/delay.h>
#include <math.h>
#include "UART.h" // 시리얼 통신 기능이 구현되어있는 라이브러리를 불러온다.
#include "IrCom.h"

char str[128]; // 문자열을 저장하는 배열을 선언한다.
int main()
{
    Serial_begin(115200); // 시리얼 통신을 초기화한다.
    Serial_println("IR Receiver Start");
    setupIrDA();
    while(1)
    {
        if(ir_available())
        {
            Serial_write(ir_read());
        }
        _delay_ms(10);
    }
    return 0;
}
```

■ 사용자 라이브러리 파일 UART.c, UART.h, IrCom.c, IrCom.h 파일을 프로젝트 폴더에 추가한다.

■ **빌드 결과 확인**

• 에러 메시지가 나올 경우 소스를 수정해 본다.

• 잘못된 소스 부분을 수정하고 다시 빌드 해본다.

■ **프로그램 다운로드 및 실행**

- 프로젝트용 타깃보드에 프로그램 다운로드 및 실행 방법을 참고하여 수행한다.
- 7.4.6 적외선 LED 송신 모듈의 적외선 LED와 마주 보게 배치하고 송신되는 적외선 데이터를 통신프로그램 창에서 수신 데이터를 확인해 본다.

8.4.6 디지털 온/습도 센서 모듈

■ 디지털 온습도 측정 센서 DHT11 모듈이다.

■ 온도 보상 및 보정된 디지털 신호를 출력을 해주며, 측정 범위는 0~50℃, 20~90% RH이다.

■ **하드웨어 구성**

- 다음의 하드웨어 연결 표를 보고 디지털 온/습도 센서 모듈 및 USB to TTL 모듈을 연결하여 구성한다.
- USB to TTL 모듈 연결 시 위에서도 설명한 SW2번 ISP에서 USB로 이동시키고 USB 케이블을 PC와 연결한다.

AVR ATmega128 보드	디지털 온습도 센서
GND	⊖
5V	⊕
PE4	S

AVR ATmega128 보드	USB TO TTL
GND	GND
TX1(PD3)	RXD
RX1(PD2)	TXD

■ **프로그램 구성(프로젝트 이름 : DHT1_Sensor)**

- 시리얼 통신을 초기화하고 온습도 센서와 연결된 핀 정보 입력, 온도 및 습도의 데이터를 읽어 오고 저장한 다음 문자열를 저장한 배열에 의해 문자를 출력하

도록 하는 실행 함수인 main.c

- UART 통신을 위한 소스 파일은 포트 설정 관련 레지스터 및 데이터를 효율적으로 쓰기 위한 알고리즘을 구현하는 등의 사용자 라이브러리 파일인 "UART.c"
- 통신 보레이트를 정의하고 송수신 버퍼의 크기 설정, 시리얼 통신 및 버튼의 초기화 함수 등의 사용자 헤더 파일인 "UART.h "
- 온습도 센서값을 읽어 오고 저장하는 등의 set_pin 함수, 부동 소수점 변수를 이용한 온도 및 습도 데이터 출력 등의 사용자 라이브러리 파일인 "dht11.c"
- "dht11.c" 파일 내의 함수를 실행 함수와 연동되도록 하는 파일인 "dht11.h"

■ **실행 파일**(main.c)

```
#define F_CPU 16000000UL
#include <stdio.h>
#include <string.h>
#include <avr/io.h>
#include <avr/interrupt.h>
#include <util/delay.h>
#include <math.h>

#include "UART.h"  // 시리얼 통신 기능이 구현되어있는 라이브러리 불러온다.
#include "dht11.h" // DHT11 센서에서 데이터를 읽어오는 라이브러리 불러온다.
char str[128]; //문자열을 저장하는 배열을 선언한다.

int main()
{
    Serial_begin(115200); //시리얼 통신을 초기화한다.
    //센서와 연결된 핀 정보를 입력한다.
    dht11_set_pin(&DDRE, &PINE, &PORTE, 4);
    while(1)
    {
        float temp, humi;
        dht11_read(); // 센서에서 데이터를 읽어온다.
        temp = dht11_get_temperature(); // 온도 데이터를 저장한다.
        humi = dht11_get_humidity();    // 습도 데이터를 저장한다.
              // str배열에 원하는 문자열을 저장한다.
        sprintf(str, "Temp : %d, Humi : %d", (int)temp, (int)humi);
        Serial_println(str); // str배열에 저장된 문자열을 출력한다.
        _delay_ms(100);
    }
    return 0;
}
```

■ 사용자 라리브러리 파일~("dht11.c")

```
#define F_CPU 16000000UL
#include <avr/io.h>
#include <avr/interrupt.h>
#include <util/delay.h>
#include "dht11.h"

volatile uint8_t *dht11_ddr;
volatile uint8_t *dht11_pin;
volatile uint8_t *dht11_port;
int dht11_pin_num = 0;

float _temperature;
float _humidity;
int DHT_ERR=0;

char _dht_data_array[6];

#define DHT11_SET_INPUT     (*dht11_ddr &= ~(1<<dht11_pin_num))
#define DHT11_SET_OUTPUT    (*dht11_ddr |= (1<<dht11_pin_num))
#define DHT11_SET_PIN       (*dht11_port |= (1<<dht11_pin_num))
#define DHT11_CLEAR_PIN     (*dht11_port &= ~(1<<dht11_pin_num))
void dht11_set_pin(volatile uint8_t *_ddr, volatile uint8_t *_pin, volatile
uint8_t *_port, int _num)
{
    dht11_ddr = _ddr;
    dht11_pin = _pin;
    dht11_port = _port;
    dht11_pin_num = _num;

    DHT11_SET_OUTPUT;
}
int dht11_read_pin()
{
    if(*dht11_pin & (1<<dht11_pin_num)) return 1;
    else return 0;
}
uint8_t _read_dht_data()
{
    uint8_t _dht_i=0;
    uint8_t _dht_result=0;

    for(_dht_i=0; _dht_i<8; _dht_i++)
    {
        while(dht11_read_pin() == 0);
        _delay_us(30);
```

```
        if(dht11_read_pin() == 1)
        _dht_result |= (1 << (7 - _dht_i));
        while(dht11_read_pin() == 1);
    }
    return _dht_result;
}

void dht11_read()
{
    uint8_t dht_in;
    uint8_t i;
    DHT11_SET_OUTPUT;
    DHT11_CLEAR_PIN;
    _delay_ms(20);

    DHT11_SET_PIN;
    _delay_us(40);
    DHT11_SET_INPUT;
    //_delay_us(40);
    dht_in = dht11_read_pin();

    if (dht_in){
        DHT_ERR = 1;
        return;
    }
    _delay_us(80);
    dht_in = dht11_read_pin();

    if (!dht_in){
        DHT_ERR = 2;
        return;
    }
    _delay_us(80);
    for (i = 0; i<5; i++)
    _dht_data_array[i] = _read_dht_data();
    DHT11_SET_OUTPUT;
    DHT11_SET_PIN;
    unsigned char dht_check_sum =
    _dht_data_array[0]+_dht_data_array[1]+_dht_data_array[2]+_dht_data_array[3];
    if (_dht_data_array[4] != dht_check_sum)
    {
        DHT_ERR = 3;
    }
    _humidity = (float)_dht_data_array[0] + ((float)_dht_data_array[1]/100.0);
    _temperature = (float)_dht_data_array[2] + ((float)_dht_data_array[3]/100.0);
}

float dht11_get_humidity()
{
    return _humidity;
```

```
}

float dht11_get_temperature()
{
    return _temperature;
}
```

■ **사용자 헤더 파일** ("dht11.h")

```
#ifndef DHT11_H_
#define DHT11_H_

void dht11_set_pin(volatile uint8_t *_ddr, volatile uint8_t *_pin, volatile
uint8_t *_port, int _num);
void dht11_read();
float dht11_get_humidity();
float dht11_get_temperature();

#endif /* DHT11_H_ */
```

■ 사용자 라이브러리 파일 "UART.c", "UART.h" 파일을 프로젝트 폴더에 추가한다.

■ 사용자 라이브러리 파일인 "dht11.c"와 "dht11.h" 파일을 프로젝트 폴더에 추가한다.

■ **빌드 결과 확인**

- 에러 메시지가 나올 경우 소스를 수정해 본다.
- 잘못된 소스 부분을 수정하고 다시 빌드 해본다.

■ **프로그램 다운로드 및 실행**

- 프로젝트용 타깃보드에 프로그램 다운로드 및 실행 방법을 다음 사항을 참고하여 수행한다.
- 실시간으로 측정된 온도/습도 데이터를 통신프로그램 창에서 확인한다.

8.4.7 디지털 온/습도 센서 출력값 LCD에 표시하기

- 디지털 온습도 측정 센서 DHT11 모듈과 LCD 모듈을 이용한다.
- 7.3.1 Text LCD 제어1과 7.3.2 Text LCD 제어2 및 8.4.8의 디지털 온습도 제어 과제를 병행하여 실시한다.

■ 하드웨어 구성

• 다음 표를 참고하여 하드웨어를 구성한다.

AVR ATmega128 보드	디지털 온습도 센서
GND	⊖
5V	⊕
PE4	S

AVR ATmega128 보드	USB TO TTL
GND	GND
TX1(PD3)	RXD
RX1(PD2)	TXD

AVR ATmega128 보드	LCD 모듈
PC0	DB0
PC1	DB1
PC2	DB2
PC3	DB3
PC4	DB4
PC5	DB5
PC6	DB6
PC7	DB7
PB5	RS
PB6	RW
PB7	EN

■ **프로그램 구성(프로젝트 이름 : DHT1 Sensor_LCD)**

- 시리얼 통신을 초기화하고 온습도 센서와 연결된 핀 정보 입력, 온도 및 습도의 데이터를 읽어 오고 저장한 다음 문자열을 저장한 배열에 의해 문자를 출력하도록 하는 실행 함수인 main.c
- UART 통신을 위한 소스 파일은 포트 설정 관련 레지스터 및 데이터를 효율적으로 쓰기 위한 알고리즘을 구현하는 등의 사용자 라이브러리 파일인 "UART.c"
- 통신 보레이트를 정의하고 송수신 버퍼의 크기 설정, 시리얼 통신 및 버튼의 초기화 함수 등의 사용자 헤더 파일인 "UART.h "
- 온습도 센서값을 읽어 오고 저장하는 등의 set_pin 함수, 부동 소수점 변수를 이용한 온도 및 습도 데이터 출력 등의 사용자 라이브러리 파일인 "dht11.c"
- "dht11.c" 파일 내의 함수를 실행 함수와 연동되도록 하는 파일인 "dht11.h"

■ **사용자 라이브러리 함수 (lcd.c)**

- 이 사용자 함수는 자주 사용할 수 있으므로 파일의 저장 위치와 파일명을 기억해 둔다.
- lcd 핀 세팅을 정의하고, 레지스터 함수들을 정의한다.
- lcd 초기화 함수 정의한다.
- 문자 출력(한문자 및 문자열) 정의한다.
- LCD 화면의 커서 위치 설정한다.

■ **사용자 헤더 파일(lcd.h)**

- 이 헤더 파일도 자주 사용할 수 있으므로 위의 lcd.c와 같이 추가할 수 있도록 같은 폴더에 저장해 둔다.
- lcd 라인 정의한다.
- 쓰기 루틴에서 사용할 수 있는 명령어 정의한다.
- lcd 커서 이동 방향 정의한다.
- lcd 초기화 함수 선언한다.

■ **실행 파일**(main.c)

```
#define F_CPU 16000000UL
#include <avr/io.h>
#include <avr/interrupt.h>
#include <util/delay.h>
#include <stdio.h>
#include <string.h>
#include <math.h>
#include "lcd.h"
#include "UART.h" // 시리얼 통신 기능이 구현되어있는 라이브러리를 불러온다.
#include "dht11.h"// DHT11 센서에서 데이터를 읽어오는 라이브러리를 불러온다.

char str[128]; // 문자열을 저장하는 배열을 선언한다.
int main(void)
{
    dht11_set_pin(&DDRE, &PINE, &PORTE, 4); // 센서와 연결된 핀 정보를 입력한다.
    initLcd();  //lcd 초기화 설정

    while(1)
    {
        Serial_begin(115200); // 시리얼 통신을 초기화한다.
        float temp, humi;
        dht11_read(); // 센서에서 데이터를 읽어온다.
        temp = dht11_get_temperature(); // 온도 데이터를 저장한다.
        humi = dht11_get_humidity(); // 습도 데이터를 저장한다.
        cursor_position(LCD_LINE1,0);
        Serial_println(str); // str배열에 저장된 문자열을 출력한다.
        sprintf(str, "Temp:%d, Humi:%d", (int)temp, (int)humi); // str배열에 원하는
                                                    문자열을 저장한다.
        lcd_puts(str);
    }
}
```

■ 사용자 라이브러리 파일 “UART.c”, “UART.h” 파일을 프로젝트 폴더에 추가한다.

■ 사용자 라이브러리 파일인 “dht11.c”와 “dht11.h” 파일을 프로젝트 폴더에 추가한다.

■ **빌드 결과 확인**

- 에러 메시지가 나올 경우 소스를 수정해 본다.
- 잘못된 소스 부분을 수정하고 다시 빌드 해본다.

■ **프로그램 다운로드 및 실행**

- 프로젝트용 타깃보드에 프로그램 다운로드 및 실행 방법을 다음 사항을 참고하여 수행한다.
- 실시간으로 측정된 온도/습도 데이터를 통신프로그램 창에서 확인하고, LCD 모듈에서 "Temp : 측정값 Humi : 측정값"이 표시되는지 확인한다.

8.4.8 블루투스 모듈 제어 1

■ 블루투스 모듈과 스마트 폰과 연결하여 통신할 수 있는 모듈이다.

■ 블루투스 모듈은 HC-06이며, Bluetoth 3.0 기반으로 통신한다.

■ **하드웨어 구성**

SW3 슬라이드 스위치를 UART1으로 이동시키면 UART1 포트가 보드 가운데 통신 모듈 포트와 연결된다.

다음 표를 참고하여 하드웨어를 구성한다

AVR ATmega128 보드	7컬러 LED 모듈
PA0	S
배선하지 않음	⊕
GND	⊖

AVR ATmega128 보드	블루투스 모듈
5V	VCC
GND	GND
TX1(PD3)	RXD
RX1(PD2)	TXD

■ **프로그램 구성(프로젝트 이름 : Bluetoth_led1)**

- 블루투스의 시리얼 통신을 초기화하고 LED 연결 포트를 설정하고 수신 데이터가 있을 때 데이터를 읽고 LED ON, OFF 상태의 문자를 출력하도록 하는 실행 함수인 main.c
- UART 통신을 위한 소스 파일은 포트 설정 관련 레지스터 및 데이터를 효율적으로 쓰기 위한 알고리즘을 구현하는 등의 사용자 라이브러리 파일인 “UART.c”
- 통신 보레이트를 정의하고 송수신 버퍼의 크기 설정, 시리얼 통신 및 버튼의 초기화 함수 등의 사용자 헤더 파일인 “UART.h ”

■ **실행 파일(main.c)**

```
#define F_CPU    16000000UL // 사용하는 클럭을 정의
#include <stdio.h>
#include <string.h>
#include <avr/io.h>
#include <avr/interrupt.h>
#include <util/delay.h>
#include <math.h>
#include "UART.h" // 시리얼 통신 기능이 구현되어있는 라이브러리를 불러온다.
char str[128];     // 문자열을 저장하는 배열을 선언한다.
int main()
{
    Serial_begin(9600); // 블루투스의 시리얼 통신을 초기화한다.
    DDRA = 0x01;    // 7컬러 LED와 연결된 PORTA의 0번핀을 출력으로 설정한다.
    PORTA &= ~0x01;     // PORTA의 0번핀을 LOW로 설정한다.

    while(1)
    {
        if(Serial_available()) // 만약 수신된 데이터가 있을 때
        {
```

```
            switch(Serial_read()) / /수신된 1Byte의 데이터를 읽는다.
            {
                case '0': // 만약 받은 데이터가 ASCII 코드 '0'일 때
                Serial_println("LED OFF"); // 블루투스로 LED OFF 문자열을 전송한다.
                PORTA &= ~0x01;  // LED를 OFF 한다.
                break;
                case '1': // 만약 받은 데이터가 ASCII 코드 '1'일 때
                Serial_println("LED ON"); // 블루투스로 LED ON 문자열을 전송한다.
                PORTA |= 0x01; // LED를 ON 한다.
                break;
            }
        }
    }
    return 0;
}
```

■ 사용자 라이브러리 파일 “UART.c”, “UART.h” 파일을 프로젝트 폴더에 추가한다.

■ 스마트 폰에서 블루투스 모듈과 통신 방법

① 마켓(Play 스토어에서 Serial Bluetooth Terminal을 검색하여 앱을 다운받아 설치 실행한다.

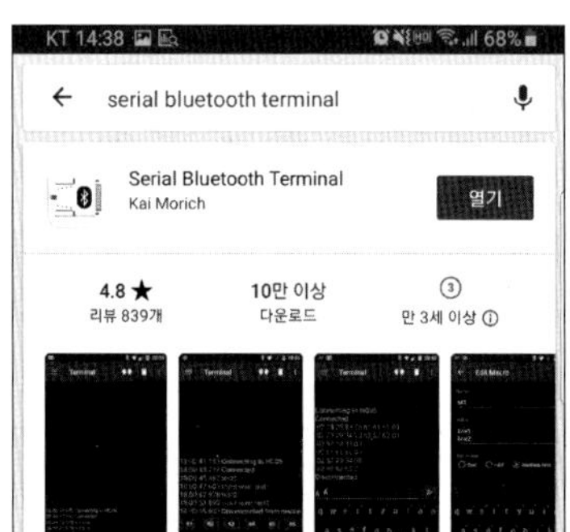

② 블루투스 모듈 등록(스마트폰 자체의 블루투스 설정을 들어가서, HC-06 모듈을 검색한다.

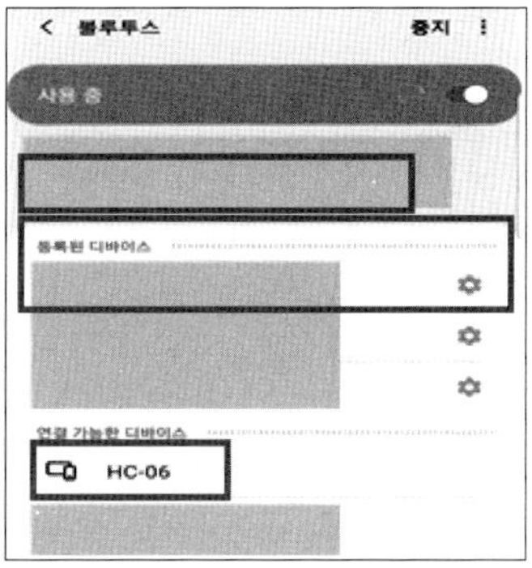

③ 해당 블루투스 연결을 시도하고, PIN번호 1234를 입력한다. (만약 연결이 안 될 시 0000)

④ 블루투스 앱을 실행하고, 상단 왼쪽의 메뉴 버튼을 누른다.

⑤ 디바이스 탭을 누른다.

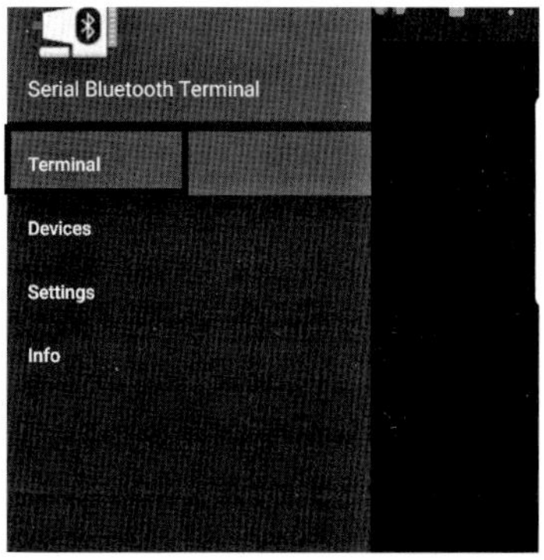

⑥ 블루투스 모듈을 찾아 선택한다.

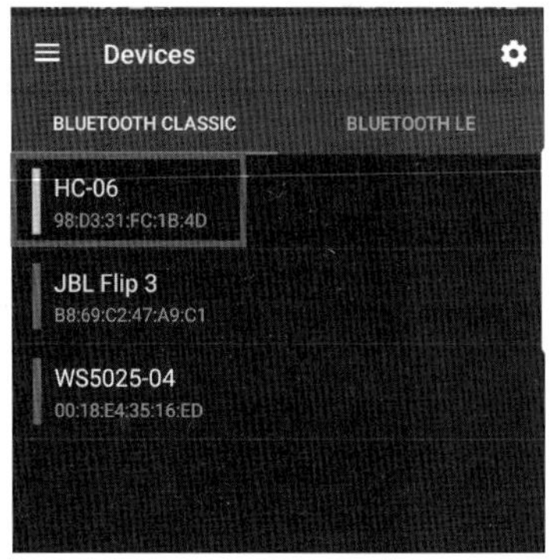

⑦ 블루투스와 연결을 시도하며, 연결이 완료되었으면 Connected라는 메시지가 표시된다.

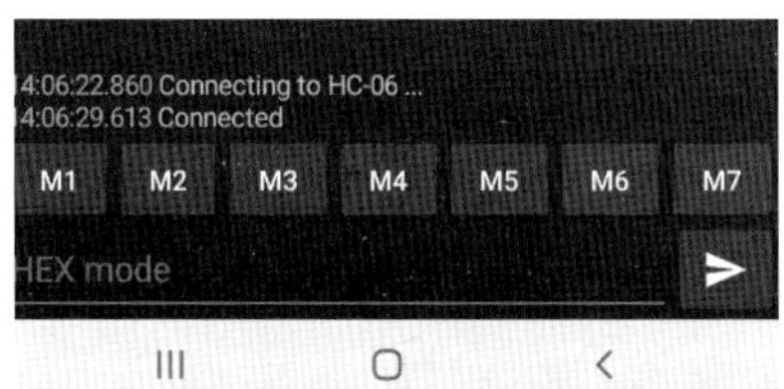

⑧ 문자 1을 전송하면, LED ON이라는 메시지가 수신되고, LED는 켜진다.

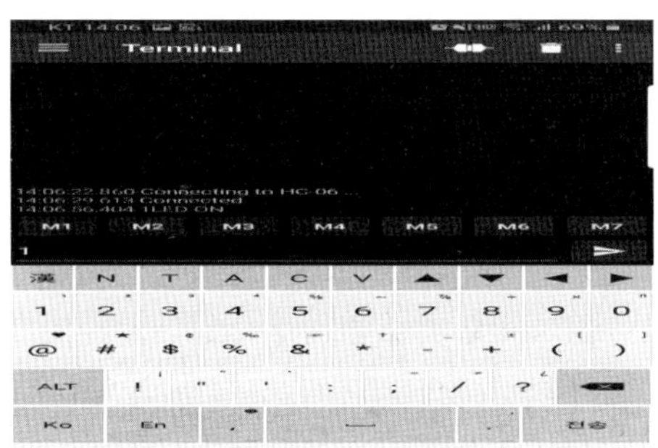

⑨ 문자 0을 전송하면 LED OFF라는 메시지가 수신되고, LED는 꺼진다.

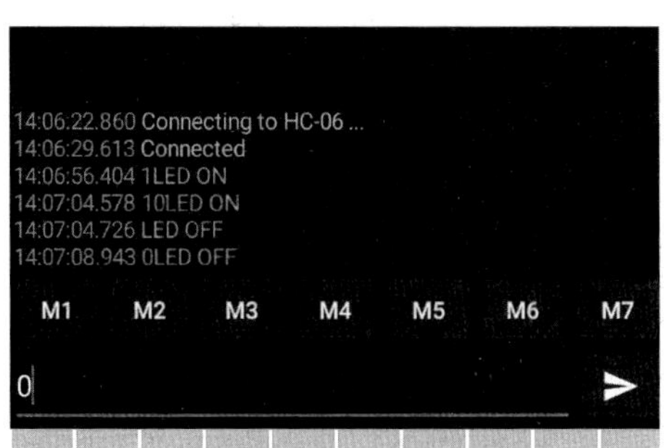

■ **빌드 결과 확인**

- 에러 메시지가 나올 경우 소스를 수정해 본다.
- 잘못된 소스 부분을 수정하고 다시 빌드 해본다.

■ **프로그램 다운로드 및 실행**

- 프로젝트용 타깃보드에 프로그램 다운로드 및 실행 방법을 다음 사항을 참고하여 수행한다.
- 스마트폰과 페어링을 마친 뒤 LED의 동작 상태를 위 ⑧ ⑨와 같이 스마트폰에서 제어가 가능한지 확인한다.
- 통신 프로그램과 연동하여 실험해 본다.

8.4.9 블루투스 모듈 제어2

■ LED 8개와 블루투스 모듈을 이용하여 스마트 폰으로 LED를 제어해 본다.

■ **하드웨어 구성**

다음 표와 같이 LED, 블루투스 모듈을 MCU 모듈에 연결한다.

AVR ATmega128 보드	LED
PA0~PA7	LED0~LED7(Common cathode)
GND	⊖

AVR ATmega128 보드	블루투스 모듈
5V	VCC
GND	GND
TX1(PD3)	RXD
RX1(PD2)	TXD

■ **프로그램 요구사항**

- LED 8개를 PORT A에 연결하고 스마트 폰에서 '1'을 송신하면 LED1이 ON, '2'을 송신하면 LED2가 ON, '3'을 송신하면 LED3이 ON, '4'를 송신하면 LED4가

ON이 되도록 한다.

- '5'를 송신하면 LED1이 OFF, '6'을 송신하면 LED2가 OFF, '7'을 송신하면 LED3이 OFF, '8'를 송신하면 LED4가 OFF 되도록 한다.

■ **프로그램 구성(프로젝트 이름 : Bluetoth_led2)**

- 블루투스의 시리얼 통신을 초기화하고 LED 연결 포트를 설정하고 프로그램 요구 조건에 따른 switch~case 함수, 수신 데이터가 있을 때 데이터를 읽고 LED ON, OFF 상태의 문자를 출력하도록 하는 실행 함수인 main.c
- UART 통신을 위한 소스 파일은 포트 설정 관련 레지스터 및 데이터를 효율적으로 쓰기 위한 알고리즘을 구현하는 등의 사용자 라이브러리 파일인 "UART.c"
- 통신 보레이트를 정의하고 송수신 버퍼의 크기 설정, 시리얼 통신 및 버튼의 초기화 함수 등의 사용자 헤더 파일인 "UART.h "

■ 위 요구사항과 프로그램 구성 사항 등을 참고하여 프로그램을 작성한다.

■ **빌드 결과 확인**

- 에러 메시지가 나올 경우 소스를 수정해 본다.
- 잘못된 소스 부분을 수정하고 다시 빌드 해본다.

■ **프로그램 다운로드 및 실행**

- 프로젝트용 타깃보드에 프로그램 다운로드 및 실행 방법을 다음 사항을 참고하여 수행한다.
- 스마트폰과 페어링을 마친 뒤 동작 요구사항과 같이 LED의 동작 상태를 스마트폰에서 제어가 가능한지 확인한다.
- 통신 프로그램과 연동하여 실험해 본다.

Embedded System

CHAPTER 9

A/D 변환

CHAPTER 09

Embedded System

A/D 변환

9.1 A/D 컨버터(Analog-to-Digital Converter) 일반

9.1.1 A/D 컨버터 기능

A/D 컨버터(아날로그 디지털 변환기)는 아날로그 신호를 컴퓨터가 읽을 수 있는 병렬 또는 직렬 데이터로 변환하여 주는 장치이다. 측정하려는 아날로그 물리량의 범위 및 시스템의 응용 목적에 따라 분해능이나 정밀도가 적합한 것이어야 한다.

아날로그 입력에 대한 출력신호의 직선성이 우수하고, 센서 성능이 환경 변화에 영향을 적게 받는 것이 좋다. 한 번 A/D 변환을 수행하는데 필요한 시간을 변환 시간(conversion time)이라고 하며, 이는 초당 샘플링 속도(sampling rate)로 나타낸다. A/D 컨버터는 변환 시간에 따라 가격이 크게 달라지므로 응용 목적에 따라 적절한 변환 시간을 갖는 모델을 선정한다.

분해능(resolution)이란 디지털 출력값을 한 등급만큼 변화시키기 위한 아날로그 입력의 최소 변화를 의미한다. A/D 컨버터가 표현할 수 있는 최소 아날로그량을 나타내는데, n비트 A/D 컨버터의 경우 출력 데이터 범위는 $1/2^n$이다. 분해능은 아날로그량을 얼마나 미세하게 읽어 들일 수 있는가 하는 척도가 되므로 일반적으로 높을수록 좋다.

ADC(Analog-Digital Converter)가 아날로그 신호를 디지털 데이터로 변환하는 동안에 입력 전압이 변동하면 출력에 불확실성이 발생한다. 이를 방지하기 위하여 ADC의 입력단에는 샘플/홀드(S/H; Sample /Hold) 또는 트랙/홀드(T/H ; Track/Hold) 회로를 사용한다.

9.1.2 AVR ATmega128의 A/D 컨버터 특징

■ **10비트 분해능**

- 0.5 LBS Integral Non-linearity(적분 비선형성)
- ±2 LBS 정확도
- 13~260usec 변환 시간(50KHz~200KHz), 15kSPS의 최대 분해능

■ 8채널의 멀티플렉스된 단일 입력(A/D 컨버터는 한 개이며 채널을 바꿔가며 아날로그 신호를 입력받음)이다.

■ 7채널의 차동 입력, 10배 또는 200배의 증폭률을 가진 2채널의 차동 입력, ADC 결괏값의 좌 정렬한다.

■ 0~Vcc ADC 입력 전압 범위, 선택 가능한 2.56V의 ADC 레퍼런스 전압. 안정된 동작을 위한 MCU의 디지털 전원과 별도의 아날로그 회로 전원 단자 AVCC를 가지며, A/D 변환에 필요한 기준전압 AREF 단자 지원한다.

■ Free running 또는 Single Conversion Mode, ADC 변환 완료 인터럽트, Sleep Mode Noise Canceler

9.2 AVR ATmega128 A/D 컨버터 레지스터

9.2.1 ADC 멀티프렉서 선택 레지스터 – ADMUX

7	6	5	4	3	2	1	0
REFS1	REFS0	ADLAR	MUX4	MUX4	MUX4	MUX4	MUX4

■ **비트 7,6 : REFS1,0 (Reference Selection Bit)**

- ADC 모듈에서 사용하는 기준전압을 선택하는 비트이다.
- ADC에 대한 Voltage Reference 선택 표

REFS1	REFS0	Voltage Reference
0	0	AREF, Internal Vref turnned off
0	1	AVCC with external capacitor at AREF pin
1	0	예약
1	1	Internal 2.56V Voltage Reference with external capacitor at AREF pin

■ **비트 5 : ADLAR (ADC Left Adjust Result)**

• 비트를 1로 설정하면 변환 결과가 ADC 데이터 레지스터에 저장될 때 ADC의 결괏값을 좌측부터 정렬하고 0으로 설정하면 ADC 결괏값을 우측부터 정렬한다.

■ **비트 4~0 : MUX4~0 (Analog Channel and Gain Selection Bit)**

• ADC 모듈의 아날로그 입력 채널을 선택하는 비트이다.

• MUX 비트에 의한 아날로그 입력 채널 선택표

MUX4~0	Single Ended Input	Positive Differential Input	Negative Differential Input	Gain
00000	ADC0	N/A		
00001	ADC1			
00010	ADC2			
00011	ADC3			
00100	ADC4			
00101	ADC5			
00110	ADC6			
00111	ADC7			
01000	N/A	ADC0	ADC0	10x
01001		ADC1	ADC0	10x
01010		ADC0	ADC0	200x
01011		ADC1	ADC0	200x
01100		ADC2	ADC2	10x
01101		ADC3	ADC2	10x

01110	N/A	ADC2	ADC2	200x
01111		ADC3	ADC2	200x
10000		ADC0	ADC1	1x
10001		ADC1	ADC1	1x
10010		ADC2	ADC1	1x
10011		ADC3	ADC1	1x
10100		ADC4	ADC1	1x
10101		ADC5	ADC1	1x
10110		ADC6	ADC1	1x
10111		ADC7	ADC1	1x
11000		ADC0	ADC2	1x
11001		ADC1	ADC2	1x
11010		ADC2	ADC2	1x
11011		ADC3	ADC2	1x
11100		ADC4	ADC2	1x
11101		ADC5	ADC2	1x
11110	1.22V(VBG)	N/A		
11111	0V(GND)			

9.2.2 ADCSRA(ADC Control and Status Register A)

■ **A/D 컨버터 제어 및 상태 레지스터 A**

- ADC 모듈의 동작 설정
- ADC 모듈의 동작 상태 표시

7	6	5	4	3	2	1	0
ADEN	ADSC	ADFR	ADIF	ADIE	ADPS2	ADPS1	ADPS0

■ **비트 7 : ADEN (ADC Enable)**

- A/D 컨버터 작동 유무 지정
- 1로 설정하면 ADC 모듈 enable 된다.

• 0으로 설정하면 ADC 모듈 disable 된다.

■ **비트 6 : ADSC(ADC Start Coversion) : A/D 컨버터 변환 시작**

• single conversion 모드에서 이 비트에 "1"을 설정하면 ADC 변환이 시작된다.

• Free conversion 모드에서 이 비트에 "1"을 설정하면 AD 변환이 처음으로 시작된다.

• ADEN=1로 설정하고 나서 첫 번째의 변환에는 25개의 ADC 클록 주기가 필요하고 그다음부터는 AD 변환에 13클록이 소요된다.

• 변환이 진행되는 동안 이 비트를 읽으면 1로 읽혀지며, 변환이 완료되면 자동적으로 0이 된다.

■ **비트 5 : ADFR(ADC Free Running Select) : 프리런닝 모드 설정한다.**

• '1'로 설정하면 ADC 변환은 Free running 모드로 설정된다.

• Free running 모드에서는 ADC 샘플링부터 ADC 데이터 레지스터까지 자동으로 계속해서 AD 변환이 연속해서 이루어진다.

• '0'으로 설정되면 단일 변환 모드(Single conversion mode)로 설정되어 사용자가 시작하면 한 번만 AD 변환을 실행한다.

■ **비트 4 : ADIF(ADC Interrupt Flag) : A/D 컨버터 인터럽트 플래그**

• AD 변환이 완료되어 ADC Data Register 값이 업데이트되고 나면 이 비트가 "1"로 세트 되면서 AD 변환 완료 인터럽트를 요청될 때 ADIE=1로 설정되고, SREG 레지스터의 I비트가 1로 설정되어 있으면 이 인터럽트가 발생되어 처리된다.

■ **비트 3 : ADIE(ADC Interrupt Enable) : A/D 변환 완료 인터럽트 허용**

• 인터럽트를 개별적으로 설정, SREG 레지스터의 I비트가 1로 설정되어 있어야 한다.

■ **비트 2~0 : ADPS2~0(ADC Preslcaler Select Bit)**

• A/D 컨버터 Prescaler를 선택를 선택한다.

• ADC 모듈에 인가되는 클록의 분주비를 선택한다.

• ADPS에 의한 ADC Prescaler 설정표는 다음과 같다.

ADPS2	ADPS1	ADPS0	분주비
0	0	0	2
0	0	1	2
0	1	0	4
0	1	1	8
1	0	0	16
1	0	1	32
1	1	0	64
1	1	1	128

9.2.3 A/D 컨버터 데이터 레지스터(ADCH, ADCL)

■ **A/D 컨버터 데이터 레지스터이다.**

■ A/D 컨버터의 결과를 저장하는 레지스터이다.

■ 단극성 입력 사용 시 (Single Ended Input)

• ADMUX 레지스터의 MUX(4:0)가 "00000"~ "00111" 혹은 "11110"~ "11111" 변환 결과가 10비트 양의 정수로 표시된다(0~1023).

■ 차동 입력을 사용 시(Differencial Input)

• ADMUX 레지스터의 MUX(4:0)가 "01000"~ "11101" 변환 결과가 10비트 2의 보수로 표현(−512~+511)한다.

■ 반드시 ADCL(하위 데이터)를 먼저 읽어서 저장한 다음에 ADCH(상위 데이터)를 저장한다.

• ADMUX 레지스터의 ADLAR = 0 인 경우 : 우 정렬

	15	14	13	12	11	10	9	8
ADCH	–	–	–	–	–	–	ADC9	ADC8
	7	**6**	**5**	**4**	**3**	**2**	**1**	**0**
ADCL	ADC7	ADC6	ADC5	ADC4	ADC3	ADC2	ADC1	ADC0

• ADMUX 레지스터의 ADLAR = 1인 경우 : 좌 정렬

ADCH	**15**	**14**	**13**	**12**	**11**	**10**	**9**	**8**
	ADC9	ADC8	ADC7	ADC6	ADC5	ADC4	ADC3	ADC2
ADCL	**7**	**6**	**5**	**4**	**3**	**2**	**1**	**0**
	ADC1	ADC0	–	–	–	–	–	–

9.2.4 AVR ATmega128 A/D 컨버터의 동작 설정

- ADMUX로 A/D 신호를 입력받을 채널 선택한다.
- ADCSR로 컨버전 프리스케일러 설정한다.
- 인터럽트 사용 시, 전역 인터럽트 플래그를 'SET' 하여 인터럽트 활성화하고, A/D 변환 완료 인터럽트 처리 루틴을 구성한다. 단, A/D 변환 완료 인터럽트를 사용하지 않을 경우에는 수행하지 않아도 무방하다
- ADCSR의 6번 비트를 세트 하여 A/D 변환을 시작하도록 한다.
- 변환 완료 플래그를 주기적으로 점검하거나 아날로그 디지털 컨버전 완료 인터럽트를 이용하여 A/D 컨버전 이후의 데이터 처리 루틴을 구성한다.
- 반드시 ADCL(하위 데이터)를 먼저 읽어서 저장한 다음에 ADCH(상위 데이터)를 저장한다.

9.2.5 AVR ATmega128의 A/D 컨버터 설정 시 클럭의 선택

- 10비트 분해능으로 정상적인 동작을 위해서는 50kHz~200kHz 범위의 클럭 사용
- ADCSRA 레지스터의 ADPS2~0 비트에 의하여 2,4,8,16,32,64,128 중의 1가지를 선택한다.
- 프리스케일러는 ADCSRA 레지스터의 ADEN=1로 설정한 경우에만 동작한다.

9.3 AVR ATmega128 A/D 컨버터 실습

9.3.1 서미스터 온도 센서 모듈

- 온도에 따라 저항이 변하는 서미스터가 장착된 온도 센서이다
- UART 관련 사용자 파일은 위 시리얼 통신에서 사용한 파일을 이용한다.

■ 하드웨어 구성

- 다음의 하드웨어 연결 표를 보고 서미스터 온도 센서 모듈과 USB to TTL 모듈을 연결하여 구성한다.
- USB to TTL 모듈 연결 시 위에서도 설명한 SW2번 ISP에서 USB로 이동시키고 USB 케이블을 PC와 연결한다.

AVR ATmega128 보드	서미스터 온도 센서
GND	⊖
5V	⊕
PF0	S

AVR ATmega128 보드	USB TO TTL
GND	GND
TX1(PD3)	RXD
RX1(PD2)	TXD

■ 프로그램 요구사항

- 써미스타트 온도 센서값을 시리얼 통신을 이용하여 통신 프로그램 창에서 계측 데이터를 출력한다.

■ 프로그램 구성(프로젝트 이름 : Thermistor)

- 시리얼 통신과 아날로그 입력을 초기화하고 서미스타트에서 계측된 아날로그 데이터를 통신 프로그램 창에서 출력하도록 하는 실행 함수 main.c
- UART 통신을 위한 소스 파일은 포트 설정 관련 레지스터 및 데이터를 효율적으

로 쓰기위한 알고리즘을 구현하는 등의 사용자 라이브러리 파일인 "UART.c"

- 통신 보레이트를 정의하고 송수신 버퍼의 크기 설정, 시리얼 통신 및 버튼의 초기화 함수 등의 사용자 헤더 파일인 "UART.h "
- ADC에 관련 레지스터를 정의하고 프리스케일러 값을 지정하며 아날로그 데이터를 읽는 함수 등으로 아날로그 입력 기능이 구현되어 있는 사용자 라이브러리 파일인 "ADC.c"
- 읽어 온 아날로그 데이터에 대한 신호 레벨을 정의하는 사용자 헤더 파일인 "ADCh"

■ **실행 함수**(main.c)

```
#include <stdio.h>
#include <string.h>
#include <avr/io.h>
#include <avr/interrupt.h>
#include <util/delay.h>
#include <math.h>
#include "ADC.h"  // 아날로그 입력 기능이 구현되어있는 라이브러리를 불러온다.
#include "UART.h" // 시리얼 통신 기능이 구현되어있는 라이브러리를 불러온다.

char str[128]; // 문자열을 저장하는 배열을 선언한다.
int main()
{
    Serial_begin(115200); // 시리얼 통신을 초기화한다.
    analogInit(); // 아날로그 입력 초기화
    /*
     * Port F 0번 핀을 입력으로 설정한다.
     */
    DDRF &= ~0x01;
    while(1)
    {
        int data = analogRead(0); // data 변수에 ADC0(PF0) 아날로그 데이터 저장
        sprintf(str, "Sensor : %d", data); // str배열에 원하는 문자열을 저장한다.
        Serial_println(str); // str배열에 저장된 문자열을 출력한다.
        _delay_ms(100);
    }
    return 0;
}
```

■ **사용자 라이브러리 파일("ADC.c")**

```
#include <avr/io.h>
#include <avr/interrupt.h>
#include "ADC.h"
void analogInit()
{
    ADCSRA |= 1<<ADEN | 1<<ADPS2 | 1<<ADPS1; // ADC enable, 64 prescale
}
int analogRead(int adc_num)
{
    int dataL = 0, dataH = 0;
    ADMUX = 0x40 | (adc_num & 0x07);
    ADCSRA |= (1<<ADSC); //start conversion
    while( (ADCSRA & (1<<ADSC)) ); // wait to finish conversion
    dataL = ADCL;
    dataH = ADCH;
    return (dataH << 8) | dataL;
}
```

■ **사용자 헤더 파일 ("ADC.h")**

```
#ifndef ADC_H_
#define ADC_H_
void analogInit();
int analogRead(int adc_num);
#endif /* ADC_H_ */
```

■ 실행 함수에 위 "ADC.c" 및 "ADC.h"를 프로젝트 창에서 추가하여 프로그램을 작성한다.

■ 8장의 시리얼 통신에서 작성한 사용자 라이브러 파일인 "UART.c"와 사용자 헤더 파일 "UART.h"를 프로젝트 창에 추가한다.

■ **빌드 결과 확인**

• 에러 메시지가 나올 경우 소스를 수정해 본다.

• 잘못된 소스 부분을 수정하고 다시 빌드 해본다.

■ **프로그램 다운로드 및 실행**

• 프로젝트용 타깃보드에 프로그램 다운로드 및 실행 방법을 참고하여 수행한다.

• 온도 센서의 값을 통신 프로그램으로 확인한다.

9.3.2 아날로그 리드 스위치 모듈

- 자석이나 자기장이 가까워지면 연결되고, 멀리하면 연결이 해제되는 센서이다.
- 모터나 자석 등을 감지할 수 있으며 아날로그와 디지털 입력으로 상태를 확인할 수 있다.
- UART 관련 사용자 파일 및 AD 변환 관한 사용자 파일은 위 예제와 동일하므로 생략하였다.

■ 하드웨어 구성

- 다음의 하드웨어 연결 표를 보고 아날로그 리드 스위치 모듈과 USB to TTL 모듈을 연결하여 구성한다.
- USB to TTL 모듈 연결 시 위에서도 설명한 SW2번 ISP에서 USB로 이동시키고 USB 케이블을 PC와 연결한다.

AVR ATmega128 보드	아날로그 리드 스위치
PF0	A0
GND	G
5V	+
배선하지 않음	D0

AVR ATmega128 보드	USB TO TTL
GND	GND
TX1(PD3)	RXD
RX1(PD2)	TXD

■ 프로그램 요구사항

- 아날로그 리드 스위치에서 계측된 아날로그 값을 시리얼 통신을 이용하여 통신 프로그램 창에서 계측 데이터를 출력한다.

■ 프로그램 구성(프로젝트 이름 : Analog_Leed_Switch)

- 시리얼 통신과 아날로그 입력을 초기화하고 아날로그 리드 스위치에서 계측된

아날로그 데이터를 통신프로그램 창에서 출력하도록 하는 실행 함수 main.c을 완성하시오.

- UART 통신을 위한 소스 파일은 포트 설정 관련 레지스터 및 데이터를 효율적으로 쓰기 위한 알고리즘을 구현하는 등의 사용자 라이브러리 파일인 "UART.c"
- 통신 보레이트를 정의하고 송수신 버퍼의 크기 설정, 시리얼 통신 및 버튼의 초기화 함수 등의 사용자 헤더 파일인 "UART.h "
- ADC에 관련 레지스터를 정의하고 프리스케일러 값을 지정하며 아날로그 데이터를 읽는 함수 등으로 아날로그 입력 기능이 구현되어 있는 사용자 라이브러리 파일인 "ADC.c"
- 읽어온 아날로그 데이터에 대한 신호 레벨을 정의하는 사용자 헤더 파일인 "ADCh"

■ **다음의 실행 파일(main.c)를 완성한다.**

```
#define F_CPU 16000000UL // 사용하는 클럭을 정의
#include <stdio.h>
#include <string.h>
#include <avr/io.h>
#include <avr/interrupt.h>
#include <util/delay.h>
#include <math.h>
#include "ADC.h"    // 아날로그 입력 기능이 구현되어있는 라이브러리를 불러온다.
#include "UART.h"   // 시리얼 통신 기능이 구현되어있는 라이브러리를 불러온다.

char str[128]; //문자열을 저장하는 배열을 선언한다.
int main()
{
    (                    ); // 시리얼 통신을 초기화(115200bps)한다.
    (                    ); // 아날로그 입력 초기화
    /*
     * Port F 0번 핀을 입력으로 설정한다.
     */
    (                   );
    while(1)
    {
     (      )     // data 변수에 ADC0(PF0) 아날로그 데이터 저장
        sprintf(str, "Sensor : %d", data); // str배열에 원하는 문자열을 저장한다.
```

```
        Serial_println(str); // str배열에 저장된 문자열을 출력한다.
        _delay_ms(100);
    }
    return 0;
}
```

■ 사용자 파일 ("UART.c")와 사용자 헤더 파일 ("UART.h")를 프로젝트 창에 추가한다.

■ 사용자 파일 ("ADC.c")와 사용자 헤더 파일 ("ADC.h")를 프로젝트 창에 추가한다.

■ 빌드 결과 확인

- 에러 메시지가 나올 경우 소스를 수정해 본다.
- 잘못된 소스 부분을 수정하고 다시 빌드 해본다.

■ 프로그램 다운로드 및 실행

- 프로젝트용 타깃보드에 프로그램 다운로드 및 실행 방법을 참고하여 수행한다.
- 아날로그 리드 스위치 상태를 통신 프로그램으로 확인한다.

■ 동작 요구사항 변경에 따른 실험

- 블루투스 모듈를 연결하여 하드웨어를 구성한다.
- 블루투스 모듈과 스마트폰 간 페어링을 확인하고 스마트폰으로 아날로그 리드 스위치의 데이터를 계측해 본다.

9.3.3 불꽃 감지 센서 모듈

■ 빛의 파장(760~1100nm)을 감지하여 불꽃을 감지할 수 있는 센서이다.

■ 빛의 파장을 감지하여 아날로그 신호를 출력하며 화재 감지 장치 등에 활용할 수 있다.

■ UART 관련 사용자 파일 및 AD 변환 관한 사용자 파일은 위 예제와 동일하므로 생략하였다.

■ 하드웨어 구성

• 다음의 하드웨어 연결 표를 보고 불꽃 감지 센서 모듈과 USB to TTL 모듈을 연결하여 구성한다.
• USB to TTL 모듈 연결 시 위에서도 설명한 SW2번 ISP에서 USB로 이동시키고 USB 케이블을 PC와 연결한다.

AVR ATmega128 보드	불꽃 감지 센서
PF0	A0
GND	G
5V	⊕
배선하지 않음	D0

AVR ATmega128 보드	USB TO TTL
GND	GND
TX1(PD3)	RXD
RX1(PD2)	TXD

■ **프로그램 요구사항**

• 빛의 파장에 따른 아날로그 데이터 계측할 수 있는 불꽃 감지 센서값을 시리얼 통신을 이용하여 통신 프로그램 창에서 계측 데이터를 출력한다.
• 프로그램 구성(프로젝트 이름 : Analog_Leed_Switch)
• 시리얼 통신과 아날로그 입력을 초기화하고 불꽃 감지 센서에서 계측된 아날로그 데이터를 통신 프로그램 창에서 출력하도록 하는 실행 함수 main.c
• UART 통신을 위한 소스 파일은 포트 설정 관련 레지스터 및 데이터를 효율적으로 쓰기 위한 알고리즘을 구현하는 등의 사용자 라이브러리 파일인 "UART.c"
• 통신 보레이트를 정의하고 송수신 버퍼의 크기 설정, 시리얼 통신 및 버튼의 초기화 함수 등의 사용자 헤더 파일인 "UART.h "
• ADC에 관련 레지스터를 정의하고 프리스케일러 값을 지정하며 아날로그 데이터를 읽는 함수 등으로 아날로그 입력 기능이 구현되어 있는 사용자 라이브러

파일인 "ADC.c"

- 읽어 온 아날로그 데이터에 대한 신호 레벨을 정의하는 사용자 헤더 파일인 "ADCh"

■ **실행 파일(main.c)**

```
#define F_CPU 16000000UL // 사용하는 클럭을 정의
#include <stdio.h>
#include <string.h>
#include <avr/io.h>
#include <avr/interrupt.h>
#include <util/delay.h>
#include <math.h>
#include "ADC.h" // 아날로그 입력 기능이 구현되어있는 라이브러리를 불러온다.
#include "UART.h"// 시리얼 통신 기능이 구현되어있는 라이브러리를 불러온다.
char str[128];   // 문자열을 저장하는 배열을 선언한다.
int main()
{
    Serial_begin(115200); // 시리얼 통신을 초기화한다.
    analogInit(); // 아날로그 입력 초기화
    // Port F 0번 핀을 입력으로 설정한다.
    DDRF &= ~0x01;
    while(1)
    {
        int data = analogRead(0); // data 변수에 ADC0(PF0) 아날로그 데이터 저장한다.
        sprintf(str, "Sensor : %d", data); // str배열에 원하는 문자열을 저장한다.
        Serial_println(str); // str배열에 저장된 문자열을 출력한다.
        _delay_ms(100);
    }
    return 0;
}
```

■ 사용자 파일 ("UART.c")와 사용자 헤더 파일 ("UART.h")를 프로젝트 창에 추가한다.

■ 사용자 파일 ("ADC.c")와 사용자 헤더 파일 ("ADC.h")를 프로젝트 창에 추가한다.

■ **빌드 결과 확인**

- 에러 메시지가 나올 경우 소스를 수정해 본다.
- 잘못된 소스 부분을 수정하고 다시 빌드 해본다.

■ **프로그램 다운로드 및 실행**

• 프로젝트용 타깃보드에 프로그램 다운로드 및 실행 방법을 참고하여 수행한다.

• 불꽃 감지 센서의 상태를 통신 프로그램으로 확인한다.

9.3.4 조이스틱 모듈

■ X, Y좌표 검출과 푸시버튼 기능이 내장된 5핀 조이스틱 모듈이다.

■ 두 개의 가변저항과 하나의 푸시버튼으로 구성되어 있으며, X, Y좌표는 아날로그 신호로 출력되고 푸시버튼은 디지털 신호로 사용할 수 있다.

■ UART 관련 사용자 파일 및 AD 변환 관한 사용자 파일은 위 예제와 동일하므로 생략하였다.

■ **하드웨어 구성**

• 다음의 하드웨어 연결 표를 보고 조이스틱 모듈과 USB to TTL 모듈을 연결하여 구성한다.

• USB to TTL 모듈 연결 시 위에서도 설명한 SW2번 ISP에서 USB로 이동시키고 USB 케이블을 PC와 연결한다.

AVR ATmega128 보드	조이스틱 모듈
GND	GND
5V	+5V
ADC0(PF0)	VRx
ADC1(PF1)	VRy
PE4	SW

AVR ATmega128 보드	USB TO TTL
GND	GND
TX1(PD3)	RXD
RX1(PD2)	TXD

■ **프로그램 요구사항**

- 조이스틱 모듈의 X, Y 좌푯값을 시리얼 통신을 이용하여 통신 프로그램 창에서 계측 데이터를 출력한다.

■ **프로그램 구성(프로젝트 이름 : Joysitic)**

- 시리얼 통신과 아날로그 입력을 초기화하고 사운드 센서에서 계측된 아날로그 데이터를 통신 프로그램 창에서 출력하도록 하는 실행 함수 main.c를 완성한다.
- UART 통신을 위한 소스 파일은 포트 설정 관련 레지스터 및 데이터를 효율적으로 쓰기 위한 알고리즘을 구현하는 등의 사용자 라이브러리 파일인 "UART.c"
- 통신 보레이트를 정의하고 송수신 버퍼의 크기 설정, 시리얼 통신 및 버튼의 초기화 함수 등의 사용자 헤더 파일인 "UART.h "
- ADC에 관련 레지스터를 정의하고 프리스케일러 값을 지정하며 아날로그 데이터를 읽는 함수 등으로 아날로그 입력 기능이 구현되어 있는 사용자 라이브러 파일인 "ADC.c"
- 읽어 온 아날로그 데이터에 대한 신호 레벨을 정의하는 사용자 헤더 파일인 "ADCh"

■ **다음의 실행 파일(main.c)를 완성하여 작성한다.**

```
(                              ) // 사용하는 클럭을 정의
#include <stdio.h>
#include <string.h>
#include <avr/io.h>
#include <avr/interrupt.h>
#include <util/delay.h>
#include <math.h>
#include "ADC.h"  // 아날로그 입력 기능이 구현되어있는 라이브러리를 불 온다.
#include "UART.h" // 시리얼 통신 기능이 구현되어있는 라이브러리를 불러온다.

char str[128]; // 문자열을 저장하는 배열을 선언한다.
int main()
{
    Serial_begin(115200);  // 시리얼 통신을 초기화한다.
    analogInit();  // 아날로그 입력 초기화
    // Port F 0, 1번 핀을 입력으로 설정한다.
```

```
    (                         )
    (                         ) // PE의 4번을 입력으로 설정
    (                         ) // PE 4번을 내부 풀업으로 설정

    while(1)
    {
        int x_data, y_data, sw_data;
        (       )= analogRead(0); // data 변수에 ADC0(PF0) 아날로그 데이터 저장
        _delay_ms(2); // 안정적인 ADC 측정을 위해 딜레이를 준다.
        (                         ) // data 변수에 ADC1(PF1) 아날로그 데이터 저장
        if(                ) sw_data = 0;
        else (            ) = 1;
        //str배열에 원하는 문자열을 저장한다.
        (                                                          )
        (                         )        // str배열에 저장된 문자열을 출력한다.
        _delay_ms(100);
    }
    return 0;
}
```

- 사용자 파일 ("UART.c")와 사용자 헤더 파일 ("UART.h")를 프로젝트 창에 추가한다.
- 빌드 결과 확인
  - 에러 메시지가 나올 경우 소스를 수정해 본다.
  - 잘못된 소스 부분을 수정하고 다시 빌드 해본다.
- 프로그램 다운로드 및 실행
  - 프로젝트용 타깃보드에 프로그램 다운로드 및 실행 방법을 참고하여 수행한다.
- 조이스틱의 X, Y좌표 검출 상태를 통신 프로그램으로 확인한다.

9.3.5 온/습도 센서, 적외선 센서, RGB LED, LCD 모듈 및 블루투스 모듈과 연계한 종합

- 앞에서 실습한 온/습도 센서 모듈, 적외선 센서, RGB LED, LCD 모듈, 블루투스 모듈과 연계하여 실습한다.
- 타이머/카운터를 이용하여 측정한 시간을 LCD에 표기한다.
- LCD에 온/습도 센서에 계측된 값이 표시된다.

■ 온/습도 센서값에 따라 RGB LED의 색이 변한다.

■ 적외선 센서가 감지되면 시스템 전체가 OFF 되고 감지가 안되면 전체 시스템이 구동된다.

■ 온/습도 센서값이 바뀌면 블루투스로 전송되어 스마트폰으로 온/습도 값을 볼 수 있다.

■ LCD의 경우 연결 포트를 변경하여 사용자 라이브러리 함수인 lcd.c를 변경한다.

■ 하드웨어 구성

• 다음 각 모듈별 연결 표를 보고 브레드 보드에 구성한다.

– LCD 모듈

AVR ATmega128	LCD
PA0	D0
PA1	D1
PA2	D2
PA3	D3
PA4	D4
PA5	D5
PA6	D6
PA7	D7
5V	A
PF5	RS
PF6	RW
PF7	E

– 온/습도 센서(DHT11)

AVR ATmega128 보드	DHT11
GND	GND
5V	+5V
PE4	OUT

- RGB LED

AVR ATmega128	RGB LED
GND	GND
PB5	R
PB6	G
PB7	B

- IR Sensor

AVR ATmega128	IR Sensor
PE5	OUT
GND	GND
5V	+5V

- Bluetooth

AVR ATmega128	BlueTooth
PD2 (TX1)	RXD
PD3 (RX1)	TXD
GND	GND
5V	+5V

■ 프로그램 요구사항

- 적외선 센서가 감지되면 시스템 전체가 OFF 되고 감지가 안되면 전체 시스템이 구동된다.
- LCD에 온/습도 센서에 계측된 값이 LCD 아래 라인에 표시된다.
- 온/습도 센서값에 따라 RGB LED의 색이 변한다.
- 타이머/카운터를 이용하여 측정한 시간을 LCD 위 라인에 표기한다.
- 온도가 25℃ 이하이면 RGB LED 파란색이 ON, 26℃ 이상이면 붉은색 LED가 ON, 습도가 40보다 크고 80 미만이면 녹색 LED가 ON 된다.
- 센서값이 바뀌면 블루투스로 전송되어 스마트폰으로 온/습도 값을 볼 수 있다.
- 시리얼 통신 보레이트 9600[bps]로 한다.

■ **프로그램 구성(프로젝트 이름 : DHT11_RGB LED_IR Sensor_LCD_Bluetooth)**

- 시리얼 통신과 타이머/카운터0과 1를 이용하여 RGB LED 제어를 위한 PWM 제어, 입 · 출력 포트, 온/습도 센서의 데이터에 따른 블루투스 통신 등에 대한 실행 파일인 main.c
- LCD에 대한 위에서 사용한 사용자 라이브러리 파일("lcd.c")을 다음과 같이 변경한다.
  - LCD Data 8핀을 정의한 포트를 포트 C에서 포트 A로 변경
  - LCD의 Data 핀 입 · 출력 설정용 포트 C를 포트 A로 변경
  - LCD 제어 핀을 정의한 포트 B를 포트 F로 변경
  - LCD 제어 핀 입 · 출력 설정용 포트 B를 포트 F로 변경
- UART 통신을 위한 소스 파일은 포트 설정 관련 레지스터 및 데이터를 효율적으로 쓰기 위한 알고리즘을 구현하는 등의 사용자 라이브러리 파일인 "UART.c"
- 통신 보레이트를 정의하고 송수신 버퍼의 크기 설정, 시리얼 통신 및 버튼의 초기화 함수 등의 사용자 헤더 파일인 "UART.h "
- ADC에 관련 레지스터를 정의하고 프리스케일러 값을 지정하며 아날로그 데이터를 읽는 함수 등으로 아날로그 입력 기능이 구현되어 있는 사용자 라이브러리 파일인 "ADC.c"
- 읽어온 아날로그 데이터에 대한 신호 레벨을 정의하는 사용자 헤더 파일인 "ADCh"

■ 실행 파일(main.c)

```
#define F_CPU 16000000UL
#include <avr/io.h>
#include <avr/interrupt.h>
#include <util/delay.h>
#include <string.h>
#include <stdio.h>
#include <math.h>
#include "UART.h"
#include "dht11.h"
#include "lcd.h"

char str[128];
int prev_status = 0, prev_Temp = 0, prev_Humi = 0;
unsigned int Time_h = 0, Time_m = 0, Time_s = 0, TimerCount = 0;

int main(void)
{
    Serial_begin(9600);  // UART 시리얼 보드레이트 설정
    dht11_set_pin(&DDRE, &PINE, &PORTE, 4);  // DHT11 핀 설정
    DDRE = 0x00;
    DDRB = 0xff;  // RGB LED 핀모드 설정
    PORTB = 0x00; // PB 출력값 초기화

    // PWM 설정 (타이머 카운터 1)
    TCCR1A = 0xa9;
    TCCR1B = 0x0b;
    TCCR1C = 0x00;
    // **//

    // 오버플로우 인터럽트 설정 (타이머 0)
    TCCR0 = 0x07;
    TCNT0 = 0x00;
    TIMSK |= 1 << TOIE0;
    TIFR |= 1 << TOV0;
    // **//
    initLcd();  //TextLCD 초기화
    while(1)
    {
        if(!(PINE & 0x20))
        {
            if(prev_status == 1)
            {
                write_cmd(LCD_CLEAR);
                Serial_println("OFF");
```

```
        }
        OCR1A = 0x00;
        OCR1B = 0x00;
        OCR1C = 0x00;
        cursor_position(LCD_LINE1, 0);
        lcd_puts("OFF");
        prev_status = 0;
    }
    else
    {
        if(prev_status == 0)
        {
            write_cmd(LCD_CLEAR);
        }

        float Temp, Humi;
        dht11_read();
        Temp = dht11_get_temperature();
        Humi = dht11_get_humidity();
        sprintf(str, "Temp : %d, Humi : %d", (int)Temp, (int)Humi);
        if(prev_Temp != (int)Temp || prev_Humi != (int)Humi)
        {
            Serial_println(str);
        }
        prev_Temp = (int)Temp;
        prev_Humi = (int)Humi;
        if((int)Temp <= 24)
        {
            OCR1A = 0x00;
            OCR1C = 0x20;
        }
        else if((int)Temp >= 26)
        {
            OCR1A = 0x40;
            OCR1C = 0x00;
        }
        else
        {
            OCR1A = 0x00;
            OCR1C = 0x00;
        }
        if((int)Humi > 40 && (int)Humi < 80)
        {
            OCR1B = 0x20;
        }
        else
        {
```

```
                OCR1B = 0x00;
            }
            cursor_position(LCD_LINE1, 0);
            sprintf(str, "%02d : %02d : %02d", Time_h, Time_m, Time_s);
            lcd_puts(str);
            cursor_position(LCD_LINE2, 0);
            sprintf(str, "Tem: %02d, Hum: %d", (int)Temp, (int)Humi);
            lcd_puts(str);

            prev_status = 1;
        }
        _delay_us(1);
    }
}

/*오버플로우 인터럽트 (타이머 0)*/
ISR(TIMER0_OVF_vect)
{
    cli();
    TCNT0 = 99;
    TimerCount ++;

    if(TimerCount == 100)
    {
        if(Time_s >= 59)
        {
            Time_m ++;
            if(Time_m >= 59)
            {
                Time_h ++;
                Time_m = 0;
            }
            Time_s = 0;
        }
        else
        {
            Time_s ++;
        }

        TimerCount = 0;
    }
    sei();
}
```

■ LCD 과제에서 사용한 사용자 라이브러리 파일인 "lcd.c" 파일을 위에서 제시한 포트를 변경한 lcd.c 파일과 "lcd.h" 프로젝트 창에 추가한다.

■ 사용자 파일 ("UART.c")와 사용자 헤더 파일 ("UART.h")를 프로젝트 창에 추가한다.

■ 사용자 파일 ("ADC.c")와 사용자 헤더 파일 ("ADC.h")를 프로젝트 창에 추가한다.

■ 빌드 결과 확인

- 에러 메시지가 나올 경우 소스를 수정해 본다.
- 잘못된 소스 부분을 수정하고 다시 빌드 해본다.

■ 프로그램 다운로드 및 실행

- 프로젝트용 타깃보드에 프로그램 다운로드 및 실행 방법을 참고하여 수행한다.
- 프로그램 요구사항대로 동작하는지 확인한다.

Embedded System

2편

Windows 10 IoT 기반 라즈베리파이3

CHAPTER 10

Windows 10 IoT Core 임베디드 시스템 개론

CHAPTER 10

Embedded System

Windows 10 IoT Core 임베디드 시스템 개론

10.1 Windows 10 IoT 개요

Windows 10 IoT는 사물인터넷에서 효율적으로 활용할 수 있도록 제공하는 Windows 10 계열 중의 하나이다. Windows에 포함된 환경, 에코 시스템 및 클라우드에 연결하여 IoT 분야를 쉽게 구축할 수 있다.

Windows 10 IoT 버전은 다음과 같다.

- Windows 10 IoT Core : Windows 10 운영체제 제품군의 가장 작은 멤버
- Windows 10 IoT Enterprise : 특정 애플리케이션 및 주변 기기의 세트에 고정된 전용 디바이스를 만드는 특수 기능
- Windows 10 IoT 지원 디바이스 : Raspberry Pi, Intel, Qualcomm, NXP 등이 있다.
- Windows 10 IoT Core 와 Windows 10 IoT Enterprise의 차이점 기능 및 지원 사항의 차이점을 알아 볼 수 있다.

	Windows 10 IoT Core K	Windows 10 IoT Enterprise
사용자 환경	포그라운드 내 UWP 앱 하나. 지원 백그라운드 앱 및 서비스 포함	고급 잠금 기능이 있는 기존 Windows 셸
헤드리스 지원	예	예
앱 아키텍처 지원	UWP UI 전용	전체 Windows UI 지원 (예 : UWP, WinForms 등)
Cortana	Cortana SDK	예
도메인 가입	AAD 전용	AAD 및 기존 도메인

Management	MDM	MDM
디바이스 보안 기술	TPM, 보안 부팅, BitLocker, Device Guard 및 디바이스 상태 증명	TPM, 보안 부팅, BitLocker, Device Guard 및 디바이스 상태 증명
CPU 아키텍처 지원	x86, x64 및 ARM	x86, x64
라이센싱	온라인 라이선싱 계약 및 포함된 OEM 계약, 로열티 없음	직접 및 간접 포함된 OEM 계약
사용 시나리오	디지털 사이니지, 스마트 빌딩, IoT 게이트웨이, HMI, 스마트 홈, 착용식 장치	업계 태블릿, 소매 서비스 지점, 키오스크, 디지털 사이니지, ATM, 의료 디바이스, 제조 디바이스, 씬 클라이언트

10.2 Windows 10 IoT 디바이스 개발

유니버셜 윈도우 앱이 나타나 파일 전송 등이 가능하며, 디바이스 장치들을 활용할 수 있다. 윈도우사의 테리 마이어슨이 시연한 데모는 윈도우폰+윈도우 PC이지만, 이 대목에서 개발자들의 환호를 받은 이유는 iOS, Android 등에서도 동일하게 활용할 수 있도록 플랫폼이 정의되어 있다. 즉 윈도우 10조차도 실제 모바일 기기와 연동되는 또 하나의 디바이스가 된다.

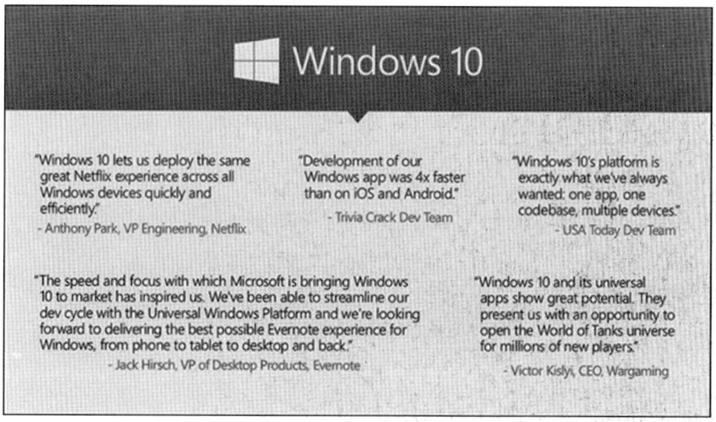

Windows 10은 다양한 디바이스를 지원. IoT부터 Surface Hub, HoloLens까지 다양한 디바이스 확장이 가능하다.

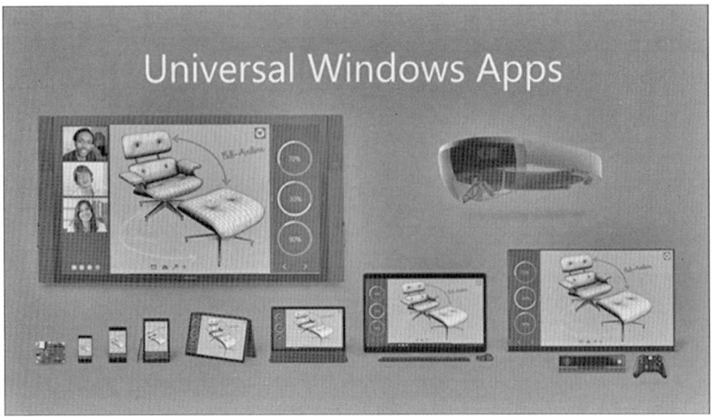

10.3 Windows 10 IoT Core 플랫폼

Things에게 다가가는 Windows 10 IoT Core 사물인터넷을 구성하는 다양한 디바이스(Things) 시장은 MS가 접근하기 힘든 부분이 많았다. 어느 정도 수준의 제원이 갖추지 않는 이상 윈도우 임베디드 버전도 설치하기 힘들었기 때문이다.

그러나 윈도우10에서는 공통된 코어를 바탕으로 그 규모를 다르게 하여 새로운 버전을 만드는 방식으로 다양한 제원의 디바이스에 대응을 지원했다.

그 가운데에서도 가장 작은 규모로 윈도우 10 가족의 막내로 자리 잡은 것이 바로 Windows 10 IoT Core를 활용한 플랫폼이다.

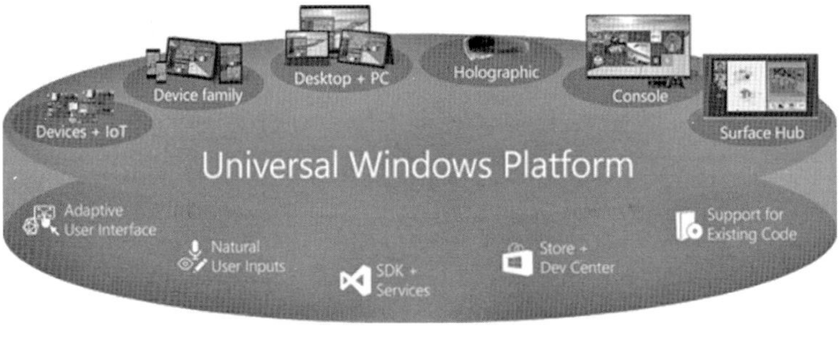

■ **Universal Windows Platform이란?**

- 다양한 운영체제를 연동하여 하나 이상의 디바이스 제품군을 통합 개발할 수 있는 환경이다. 어플리케이션에 가장 적합한 플랫폼 환경에 제공할 수 있다.

- 보안 : 마이크, 위치, 웹캠, USB 디바이스, 파일 등 액세스와 같이 필요한 디바이스의 기능을 선언한다.
- 모든 디바이스에서 공통 API 화면 : 모든 디바이스에 공통 앱 플랫폼을 제공함으로 Windows 10을 실행하는 모든 디바이스에서 일반적인 API를 사용한다.
- 시스템 위험 : 시스템에 위험이 되거나 "시스템 rot"이 발생할 위험 없이 설치 및 제거를 수행한다.

10.4 Windows 10 IoT 플랫폼 디바이스

x86은 물론 ARM과 Arduino, Raspberry Pi 등 다양한 디바이스에 Windows 10 IoT Core 솔루션을 구축할 수 있는 플랫폼을 제공하고 있다.

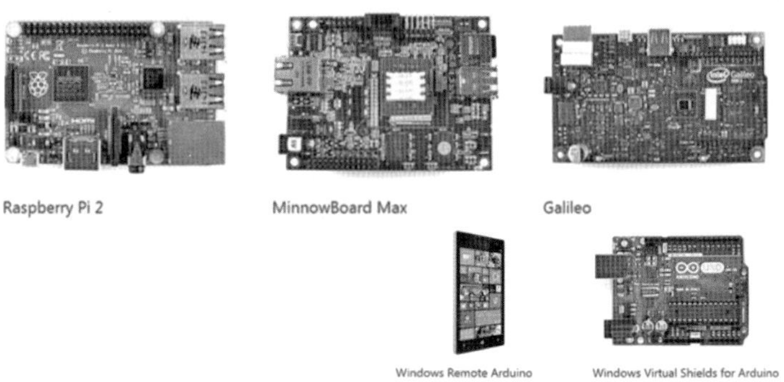

Raspberry Pi 기반으로 Windows 10 IoT Core 환경을 구축할 수 있도록 지원하고 있다.

■ Raspberry Pi3 구조

Raspberry Pi 의 경우 ARM 기반의 작은 컴퓨터이다.

■ Raspberry Pi3 Pin Mapping

40핀 헤더를 통해 하드웨어 인터페이스를 지원한다. 기능은 다음과 같다.

- 24 x –GPIO pin
- 1 x –직렬 UARTs
- 2 x –SPI 버스
- 1x – I2C bus
- 2 x –5V power pin
- 2 x –3.3V 핀 power

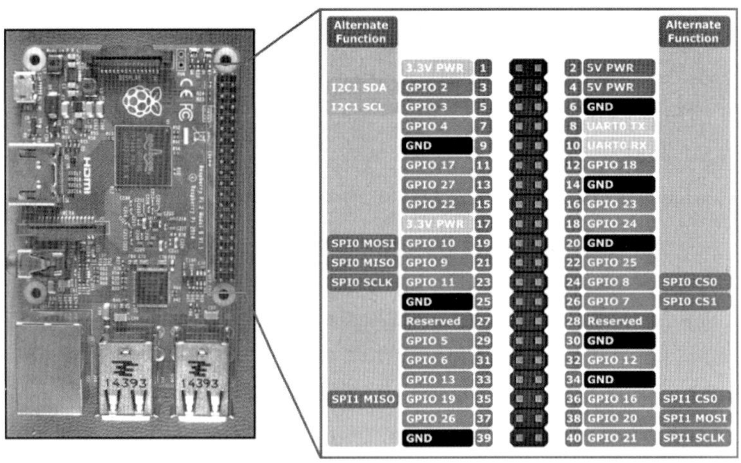

- GPIO Pin 정보

GPIO#	Power-on Pull	Header Pin
4	PullUp	7
5	PullUp	29
6	PullUp	31
12	**PullDown**	**32**
13	**PullDown**	**33**
16	**PullDown**	**36**
17	PullDown	11
18	PullDown	12
19	PullDown	35
20	**PullDown**	**38**
21	**PullDown**	**40**
22	PullDown	15
23	PullDown	16
24	PullDown	18
25	PullDown	22
26	PullDown	37
27	PullDown	13
35	PullUp	Red Power LED
47	PullUp	Green Activity LED

Embedded System

CHAPTER 11

Windows 10 IoT Core 환경 구축

CHAPTER 11

Embedded System

Windows 10 IoT Core 환경 구축

11.1 Windows 10 IoT Core OS 설치

11.1.1 Windows 10 IoT Core 대시보드

- Windows 10 IoT Core 대시보드를 이용해야만 해당 Raspberry Pi에 Windows 10 IoT Core OS를 설치 및 운영관리 가능하다.

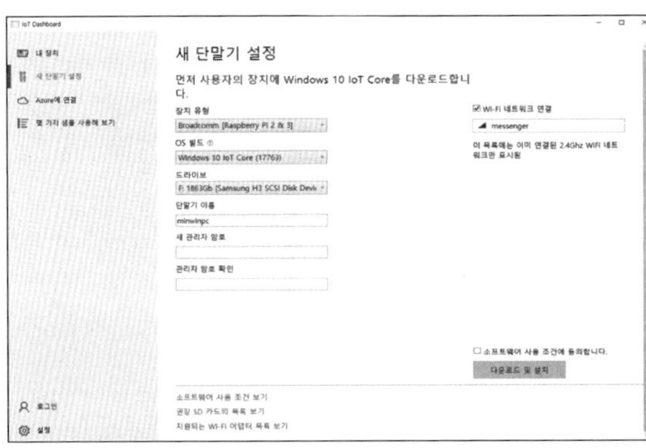

- 대시보드를 해당 사이트에서 다운받아 설치
  - https://docs.microsoft.com/ko-kr/windows/iot-core/downloads

• 내 장치는 인터넷에 연결되면 IoT 대시보드는 장치를 자동으로 검색된다. 장치가 나열되지 않으면, 해당 장치 종료하고 재부팅해서 접속한다.

• 장치에 연결할 경우 해당 리스트를 선택한 후 마우스 오른쪽 단추로 클릭하고 선택 장치 포털에서 열기를 선택한다. Windows Device Portal 페이지에서 장치를 관리하는 가장 좋은 방법이다.

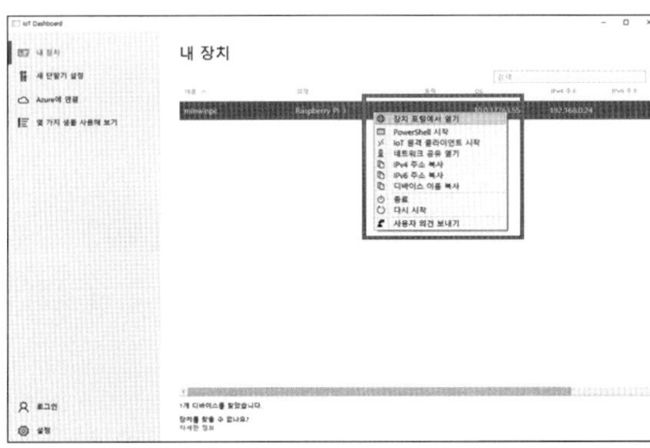

• Windows Device Portal이다. 해당 다비아스 장치의 환경 설정을 할 수 있다.

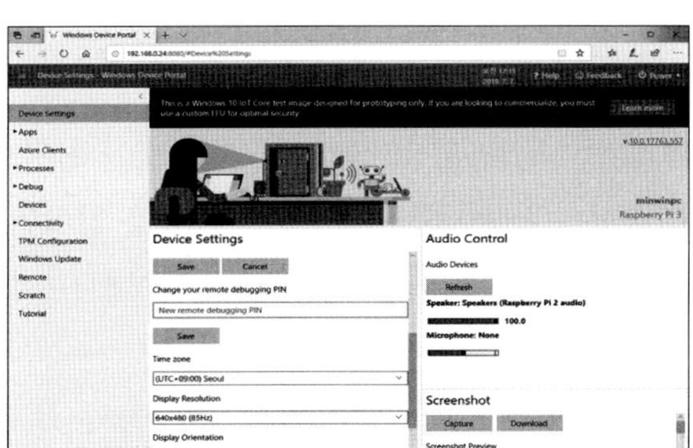

11.1.2 Raspberry Pi 디바이스 다운로드 및 설치 과정

■ Windows 10 IoT 대시보드 OS 설치 및 설정

• microSD 메모리에 Windows 10 IoT Core OS 설치 과정이다.

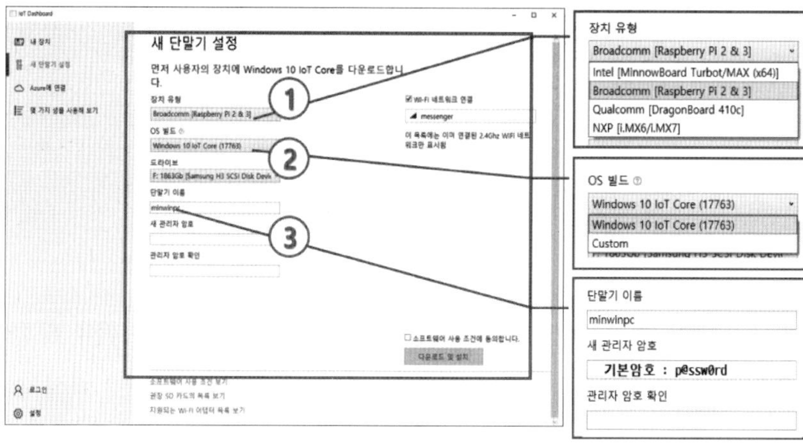

① 장치 유형으로서 설치하고자 하는 디바이스 리스트를 선택한다.
본 과정에서는 Raspberry Pi 2 & 3를 선택한다.

② OS 빌드의 경우 해당 버전을 선택한다.
빌드 버전의 경우 항상 최신의 버전으로 설정하면 된다.
단, 개발 환경의 Windows 10 빌드 정보와 동일하게 설정하면 된다.

③ 단말기 이름 및 관리자 암호를 입력한다.
여러 개의 단말기를 설치할 경우에 해당 단말기의 이름으로 구분할 수 있도록 정의한다.

- 단말기 기본 장치 이름은 minwinpc이며, 쉽게 네트워크에 장치를 찾을 수 있도록 고유한 값으로 변경하는 것이 좋다.
- 장치 이름을 최대 15자일 수 장기 있으며 문자, 숫자와 기호만 포함할 수: @ # $ % · & ') (합니다. -_ {} ~ 자동 다시 부팅을 장치에 전원을 경우 처음으로 현상이 장치를 설정 하는 경우 IoT 대시보드에서 장치 이름을 변경하면 된다.
- 암호는 필수 필드 및 설정해야 하며, 기본적으로 관리자가 사용자의 암호를

수정 IoT 대시보드에서 암호를 설정 한다. 예를 들어 "p@ssw0rd"와 같이 설정한다.

④ WIFI 네트워크 연결

- IoT 대시보드 사용자 PC에 연결된 이전에 사용 가능한 모든 네트워크를 보여준다.
- 목록에서 원하는 WIFI 네트워크를 보이지 않으면 PC에 연결을 확인하며, 확인란의 선택을 취소하는 경우 깜박임 후 보드로 이더넷 케이블을 연결해야 한다.

⑤ 소프트웨어 사용 조건에 동의합니다. 체크 한 후 다운로드 및 설치를 진행한다.

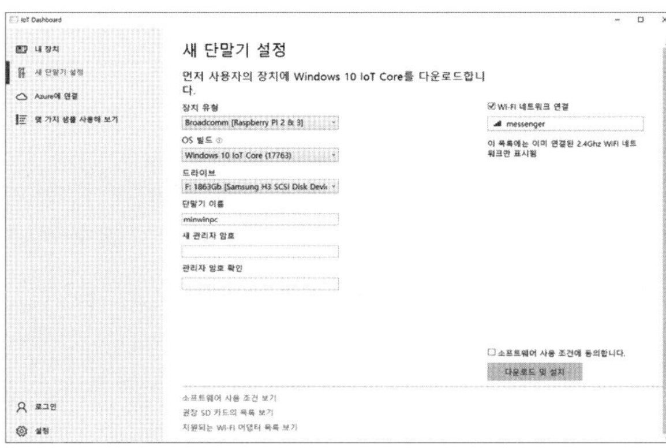

⑥ 해당 OS를 다운로드 진행 후 해당 MicroSD 메모리에 설치한다.

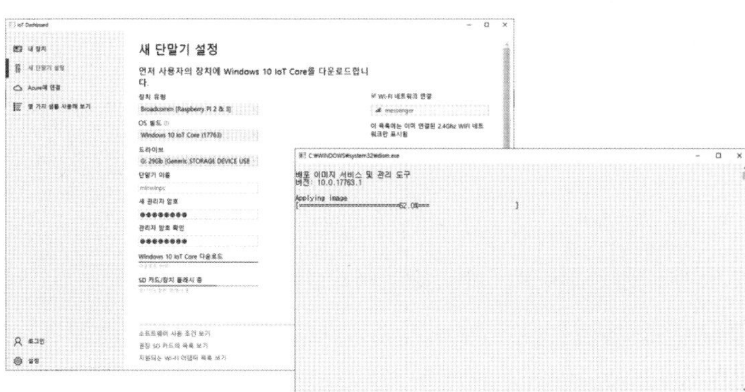

⑦ MicroSD 메모리를 Raspberry Pi의 MicroSD Card에 삽입한다.

⑧ Raspberry Pi 전원을 입력하여 부팅하면서 Windows 10 IoT Core를 설치한다.

11.1.3 Visual Studio IDE 설치 과정

Windows 10 IoT Core에 필요한 앱을 개발하기 위해 다음과 같이 Visual Studio를 설치해야 한다.

- Visual Studio를 해당 사이트에서 다운받아 설치할 수 있다.
  - https://visualstudio.microsoft.com/ko

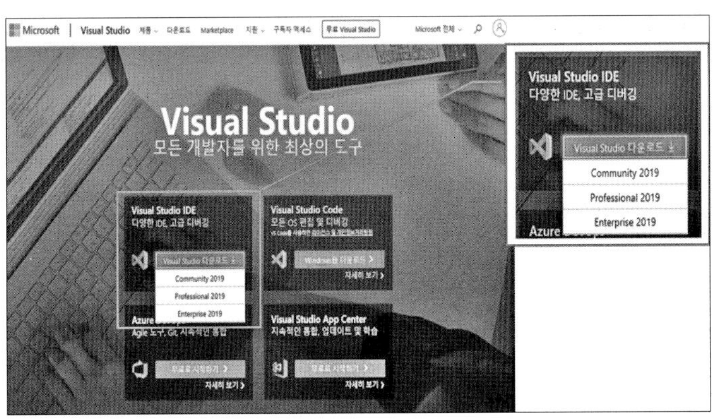

- Visual Studio IDE 설치 선택 메뉴는 Community 2019 버전을 선택 다운로드를 선택하여 설치를 시작한다.
- Visual Studio IDE 설치를 실행하면 다음과 같이 시작한다. 설치 관련 파일들을 서버와 통신하면서 다운로드하면서 설치한다.

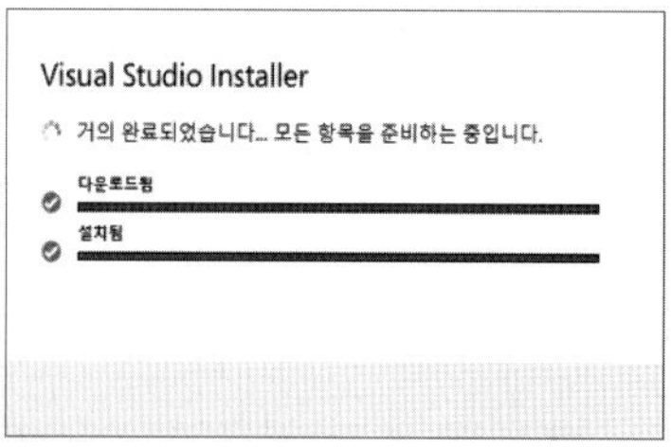

- Visual Studio IDE 설치하면서 Windows 10 IoT Core 개발 메뉴는 선택할 수 있다. 이때에 반드시 '유니버설 Windows 플랫폼 개발' 항목을 선택한다.

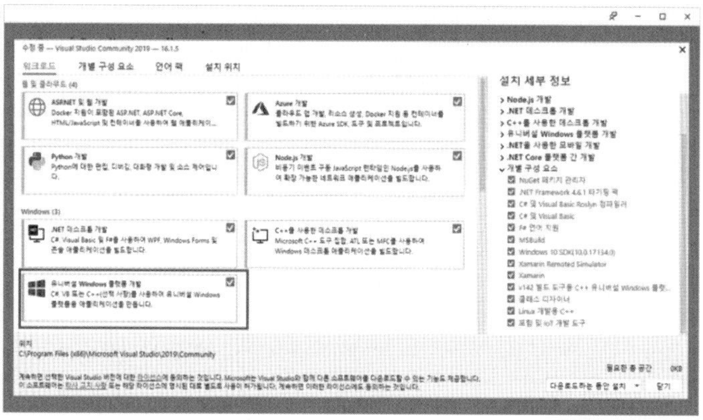

- '유니버설 Windows 플랫폼 개발' 항목에서 세부항목을 다음과 같이 선택한다.

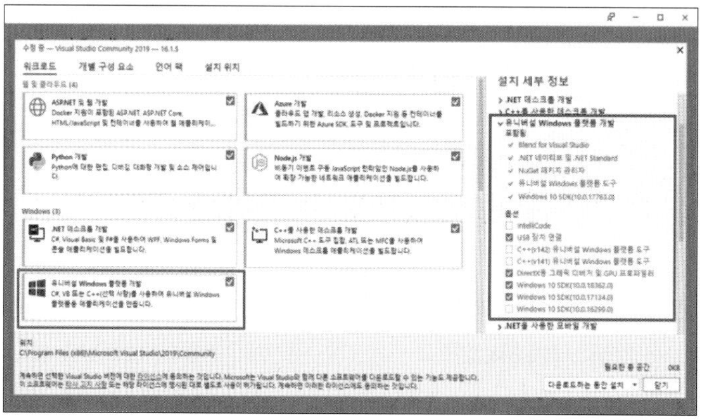

• USB 장치 연결, Windows 10 SDK(10.0.18362.0), Windows 10 SDK(10.0.17134.0)를 선택한다. 추가적으로 Windows 10 SDK의 경우 최신 디바이스 기반으로 업데이트된다.

• 다운로드하는 동안 설치 파일에서 항목을 수정 클릭하면 설치가 된다.

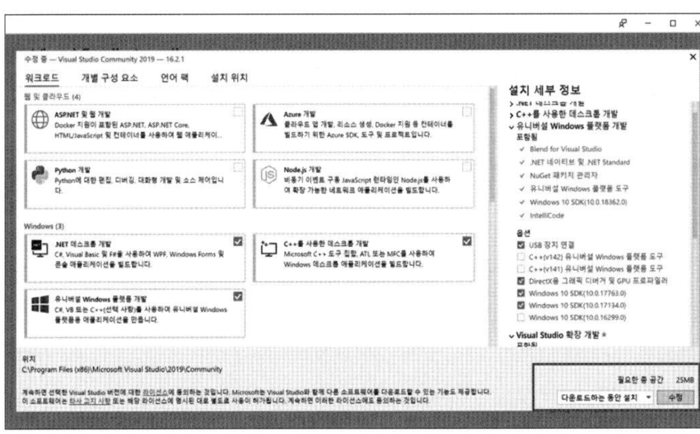

Embedded System

CHAPTER 12

Windows 10 IoT Core 기본 문법 C#

CHAPTER 12

Embedded System

Windows 10 IoT Core 기본 문법 C#

12.1 프로젝트 생성

- 파일(F)에 새로 만들기(N)〉 프로젝트(P) 선택하여 프로젝트를 생성할 수 있다.

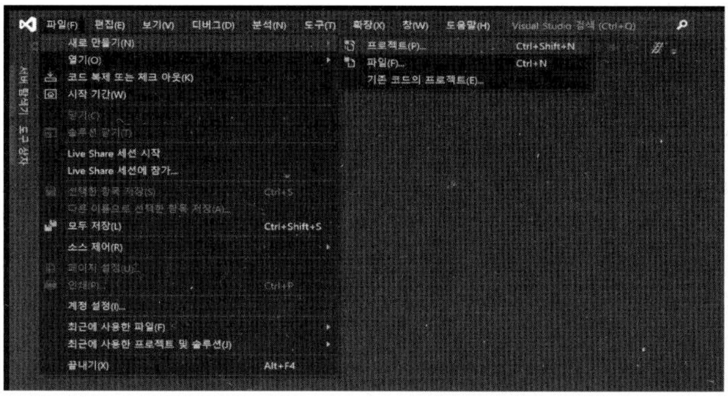

- 새 프로젝트 만들기에서 다음과 같이 선택하여 프로젝트를 만들 수 있다. 콘솔 앱(.NET Core)를 선택한 후 다음(N)을 클릭한다.

• 프로젝트 이름(N)에서 ConsoleApp_Hellow 입력한 후 만들기(C)를 클릭한다.

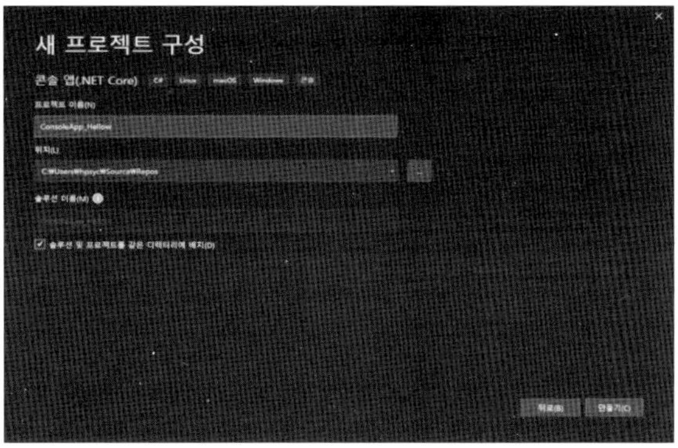

• ConsoleApp_Hellow 프로젝트가 생성되었다.

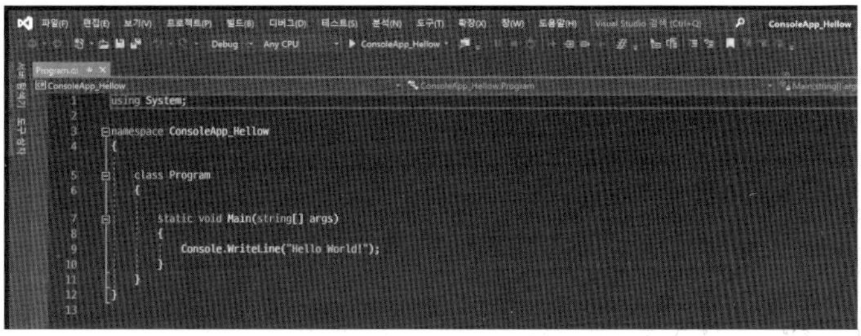

• 해당 메뉴 항목에서 

또는 F5 기능키를 실행한다.

• 빌드를 진행하면 하단의 출력 진행 결과를 확인할 수 있다.

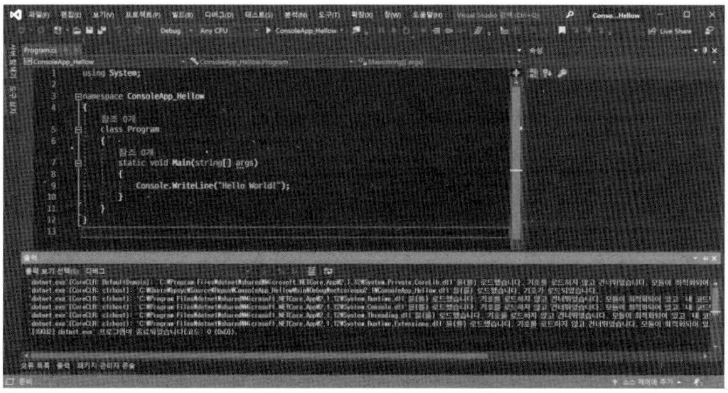

• 다음은 실행한 결과 화면이다.

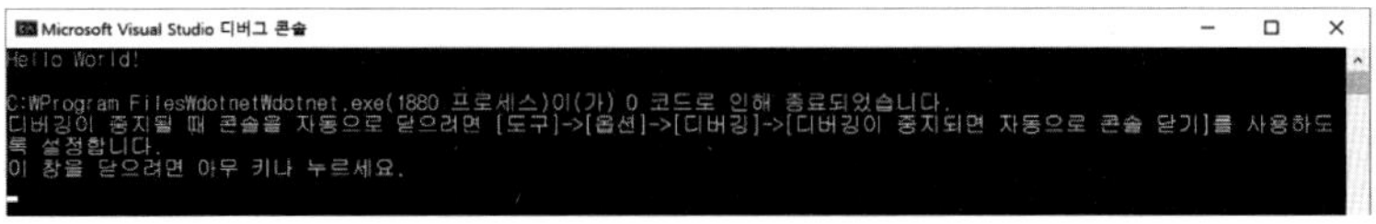

• 기본 프로젝트 생성 및 실행 결과 과정이다. 모든 프로젝트 생성의 기본 과정에서 동일하게 적용하여 사용하면 된다.

12.2 C# 프로그래밍 기초

12.2.1 기본 용어

■ 표현과 문장

간단한 코드를 표현식이라 정의한다.

```
1 + 2 + 3 + 4
"C# Programming"
"Windows IoT Core"
소스 코드
```

• 표현식을 정리하면 문장이 되며, c#에서도 코드 문장의 마지막에 종결의 의미로 세미콜론(;)으로 마무리한다. 이러한 문장들이 모여서 하나의 프로그램이 된다.

• 소스 코드

```
1 + 2 + 3 + 4;
"C# Programming";
"Windows IoT Core";
키워드
```

• 키워드는 내부에서 정의된 특별한 의미의 명령문 단어이다.
• 다음은 C#에서 사용하는 일반 키워드이다.

■ **키워드**

- 키워드는 내부에서 정의된 특별한 의미의 명령문 단어이다.
- 다음은 C#에서 사용하는 일반 키워드이다.

abstract	as	base	bool	break	byte
case	catch	char	checked	class	const
continue	decimal	default	delegate	do	double
else	enum	event	explicit	extern	false
finally	fixed	float	for	foreach	goto
if	implicit	in	int	interface	internal
is	lock	long	namespace	new	null
object	operator	out	override	params	private
protected	public	readonly	Ref	return	sbyte
sealed	short	sizeof	stackalloc	static	string
struct	switch	this	throw	true	try
typeof	uint	ulong	unchecked	unsafe	ushort
using	virtual	void	volatile	while	

[그림 12-1] 일반 키워드

■ **식별자**

- C#에서 사용하기 위한 변수와 메서드 이름을 사용할 경우에 사용되며, 해당 규칙을 지켜야만 오류를 줄일 수 있다.
- 키워드 사용 금지
- 특수문자는 _만 사용 가능
- 변수 선언 시 숫자로 시작 금지
- 공백 사용 금지
- 식별자를 정의하여 사용할 경우 의미 있는 단어를 사용하는 것을 추천한다. 프로그램 코딩 시에 의미를 전달하여 사용할 수 있어야 코딩을 쉽게 적용이 가능하다.
- 다음 규칙을 적용하여 사용을 추천한다.

  ① 클래스, 속성, 메서드, 네임 스페이스의 이름은 항상 대문자로 시작한다.

  ② 지역 변수와 전역 변수의 이름은 항상 소문자로 시작한다.

  ③ 여러 단어로 이루어진 식별자는 첫 글자를 대문자로 시작한다.

• 소스 코드

```
Console.WrtieLine("Hellow Windows IoT Core");
int.Parse("20");
Random random = new Random(1000);
```

■ **주석**

• 주석 처리는 프로그램 코딩 과정에서 해당 설명을 정의할 경우에 사용한다.

• 주석 처리 과정은 두 가지가 있다.

① //를 사용할 경우는 한 줄 라인만 주석 처리하는 방법이며, // 뒤의 문장은 동작하지 않는다.

② /* 과 */ 을 사용할 경우 여러 라인 줄을 주석 처리할 경우에 사용하며, 해당 /* 과 */ 사이의 문장은 동작하지 않는다.

방법	표현
한 줄 주석처리	// 주석
여러 줄 주석처리	/* 주석 주석 */

• 소스 코드

```
// 한 줄 주석 처리
/* 다중 라인 주석 처리 */
/*
  Console.WriteLine("Hellow Windows IoT Core");
  Console.WriteLine("Hellow Windows IoT Core");
  Console.WriteLine("Hellow Windows IoT Core");
  Console.WriteLine("Hellow Windows IoT Core");
  Console.WriteLine("Hellow Windows IoT Core");
  Console.WriteLine("Hellow Windows IoT Core");
*/
```

1) 출력문

■ **출력**

• Console 클래스의 WriteLine() 메서드를 사용하여 출력한다.

• 출력 방법은 WriteLine()과 Write()으로 두 가지가 있다. WriteLine()의 경우 출력 후 개행되며, Write()는 개행이 없는 메서드이다.

• 소스 코드

```
Console.WriteLine("Hellow");
Console.WriteLine("Windows IoT Core");
Console.Write("Hellow");
Console.Write(" Windows IoT Core");
```

• 출력 결과

2) 기본 자료형

■ 정수

기본적인 자료형으로 정수는 100, 32, −100, 0처럼 셀 수 있는 숫자로 의미한다.

```
Console.WriteLine(100);
Console.WriteLine(-100);
```

• 출력 결과

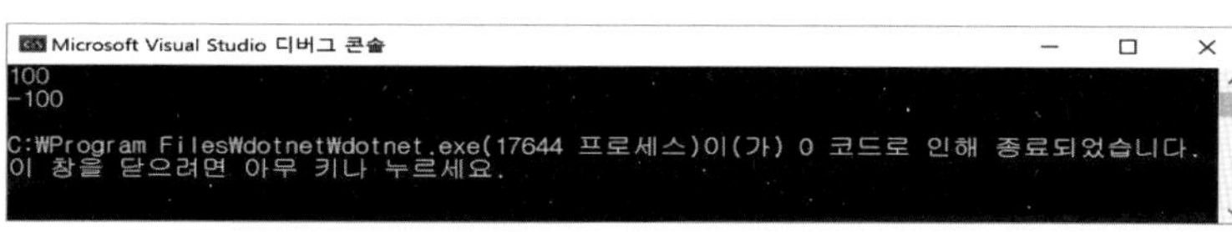

• 정수는 사칙 연산자와 나머지 연산자로 연산이 가능하다.

연산자	설명
+	덧셈연산
-	뺄셈연산
*	곱셈연산
/	나눗셈연산
%	나머지연산

■ **정수 덧셈 연산자**

사용하기 위해서는 더하기(+)를 사용한다.

```
Console.WriteLine(100 + 32);
Console.WriteLine(-100 + 32);
```

• 출력 결과

■ **연산자 우선순위**

사용하기 위해서는 왼쪽에서부터 오른쪽으로 사용한다.

```
Console.WriteLine(100 + 32 * 2);
Console.WriteLine(-100 +32 * 2);
```

• 출력 결과

■ **나머지 연산자**

연산한 결과의 나머지(%)를 사용한다.

```
Console.WriteLine(100 % 32);
Console.WriteLine(-100 % 32);
```

• 출력 결과

■ **실수**

실수를 사용하기 위해서는 소수점(.)을 사용한다.

```
Console.WriteLine(100.32);
Console.WriteLine(-100.32);출력 결과
```

• 출력 결과

■ 문자

문자의 경우 알파벳 및 특수문자 등 모든 문자를 사용 가능하다.

```
Console.WriteLine( ‘ A ’ );
Console.WriteLine( ’ b ‘ );
Console.WriteLine( ’ 한 ’ );
Console.WriteLine(‘국‘);
```

• 출력 결과

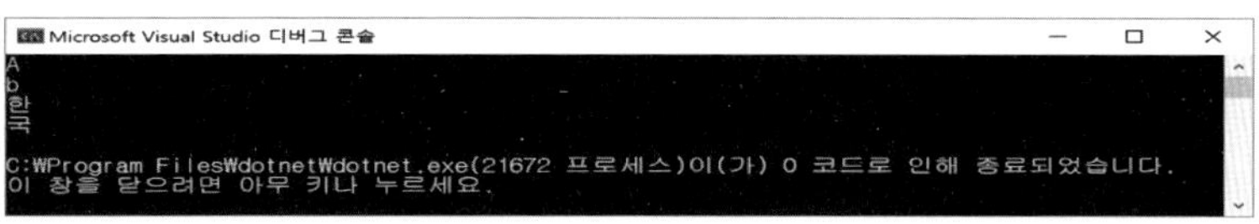

■ 문자열

문자의 집합으로 여러 문자를 함께 사용한다.

```
Console.WriteLine("Hellow");
Console.WriteLine("Windows IoT Core");
Console.WriteLine("안녕!");
Console.WriteLine("윈도우 임베디드");
```

• 출력 결과

■ Bool

true와 false로 구분된다.

```
Console.WriteLine(true);
Console.WriteLine(false);
```

• 출력 결과

3) 변수

■ 변수

임의의 값을 저장·보관하고자 사용하는 식별자 역할을 한다. 숫자 및 모든 자료형으로 선언할 수 있다.

■ 정수 자료형

키워드	설명
Int	4바이트 정수
long	8바이트 정수

```
int i = 314;
long l = 3141592;
Console.WriteLine(i);
Console.WriteLine(l);
```

• 출력 결과

■ 실수 자료형

키워드	설명
float	4바이트 실수
double	8바이트 실수

```
float f = 3.14F;
double d = 0.3141592;
Console.WriteLine(f);
Console.WriteLine(d);
```

• 출력 결과

■ 문자 자료형

키워드	설명
char	문자

```
char m = 'a';
char n = 'C';
Console.WriteLine(m);
Console.WriteLine(n);
```

• 출력 결과

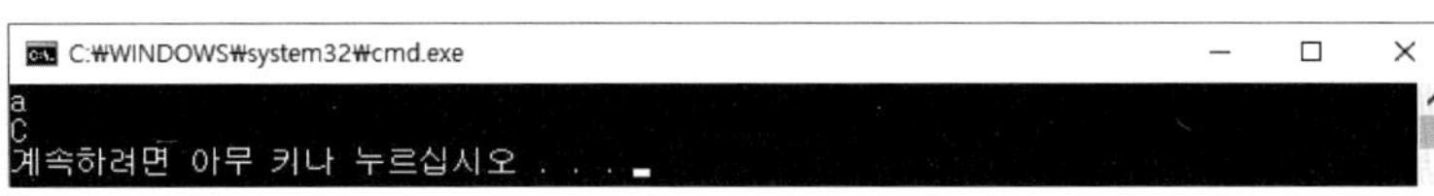

4) 복합 대입 연산자

■ 복합 대입 연산자

• 자료형에 적용하는 기본 연산자와 = 연산자를 함께 사용해 연산자를 적용하여 사용이 가능하다.

연산자	설명
+=	숫자 덧셈 후 대입 연산
-=	숫자 뺄셈 후 대입 연산
*=	숫자 곱셈 후 대입 연산
/=	숫자 나눗셈 후 대입 연산

```
int hap = 0;
hap += 1000;
Console.WriteLine(hap);
hap -= 500;
Console.WriteLine(hap);
hap *= 5;
Console.WriteLine(hap);
hap /= 2;
Console.WriteLine(hap);
```

• 출력 결과

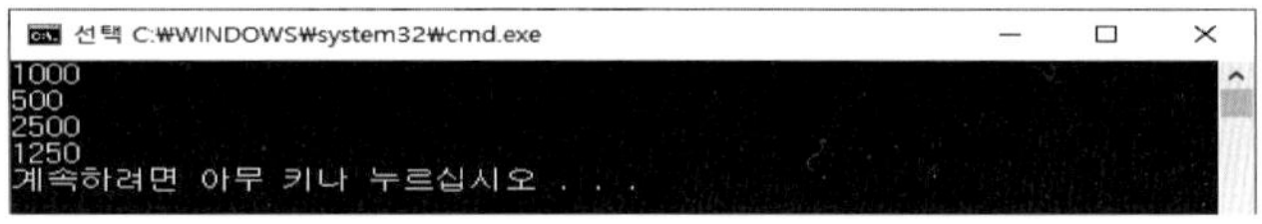

5) 증감 연산자

■ 증감 연산자

• 변수를 기준으로 연산자로 증감 연산자를 사용하여 변수 앞과 뒤에 ++ 과 —를 사용할 수 있다.

연산자	설명
[변수]++	변수에 값을 1을 덧셈(후위)
++[변수]	변수에 값을 1을 덧셈(전위)
[변수]--	변수에 값을 1을 빼셈(후위)
--[변수]	변수에 값을 1을 빼셈(전위)

```
int hap = 0;
Console.WriteLine(hap);
hap++;
Console.WriteLine(hap);
++hap;
Console.WriteLine(hap);
hap--;
Console.WriteLine(hap);
--hap;
Console.WriteLine(hap);
```

• 출력 결과

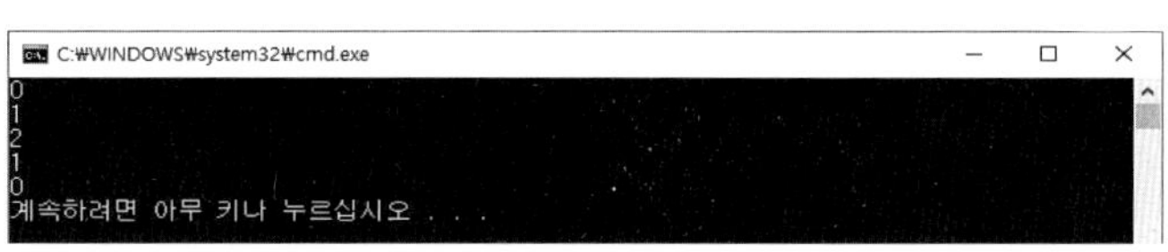

6) 자료형 변환

■ 강제 자료형 변환

자료형을 다른 자료형으로 변환할 수 있다.

```
long l_no = 3141592;
int i_no = l_no;
Console.WriteLine(i_no);
```

• 출력 결과

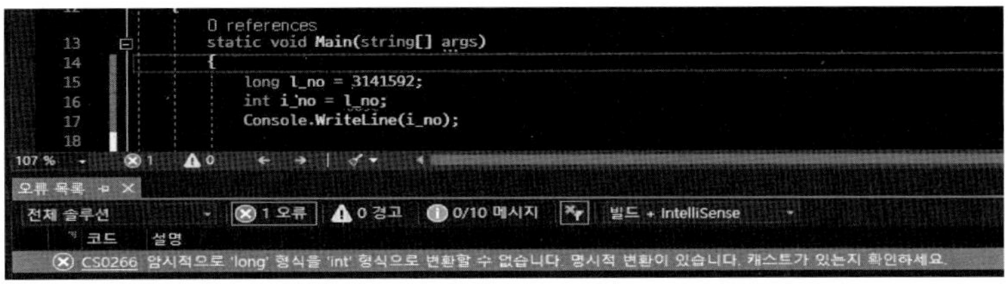


```
long l_no = 3141592;
int i_no = (int)l_no;
Console.WriteLine(i_no);
```

• 출력 결과

■ 자동 자료형 변환

해당 값을 자동 자료 변환하는 메서드를 이용하면 된다.

메서드	설명
int.Parser()	값을 int형으로 변경
long.Parser()	값을 long형으로 변경
float.Parser()	값을 float형으로 변경
double.Parser()	값을 double형으로 변경

```
long l_no = 3141592;
int i_no = int.Parse(l_no.ToString());
Console.WriteLine(i_no);
float f_no = 3.141592f;
double d_no = double.Parse(f_no.ToString());
Console.WriteLine(d_no);
```

• 출력 결과

12.2.2 조건문

조건문은 조건식에 따라 분기를 한다. 조건문으로 사용되는 구문은 if ~ else, switch ~ case 문이다.

1) if 조건문

■ **if 조건문**

조건문은 기본 조건문으로 true와 false로 분기 처리된다.

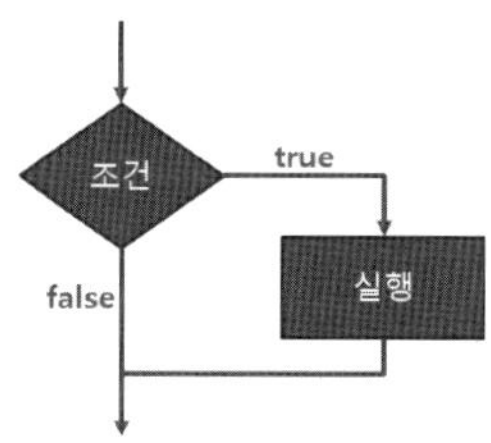


```
string szInput = Console.ReadLine();
if (szInput == "A")
    Console.WriteLine("Select A");

Console.WriteLine("End");
```

• 출력 결과

A로 입력 결과

• 출력 결과

a로 입력 결과

2) if else 조건문

■ if else 조건문

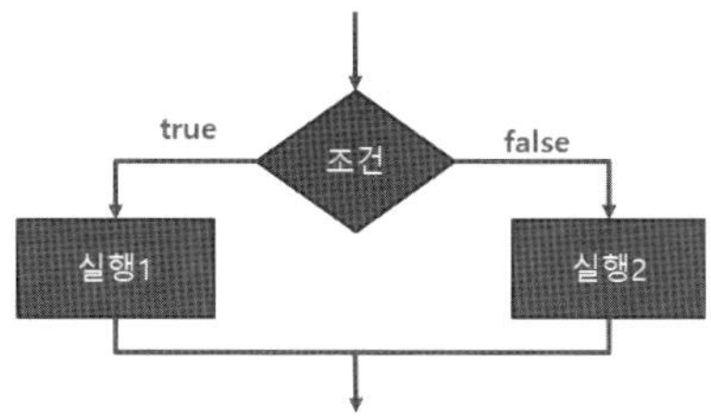


```
string szInput = Console.ReadLine();
if (szInput == "A")
    Console.WriteLine("Select A");
else
    Console.WriteLine("Select None");
```

• 출력 결과

A로 입력 결과

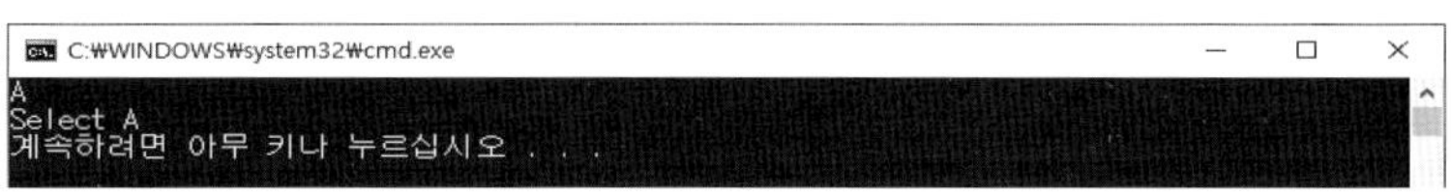

• 출력 결과

a로 입력 결과

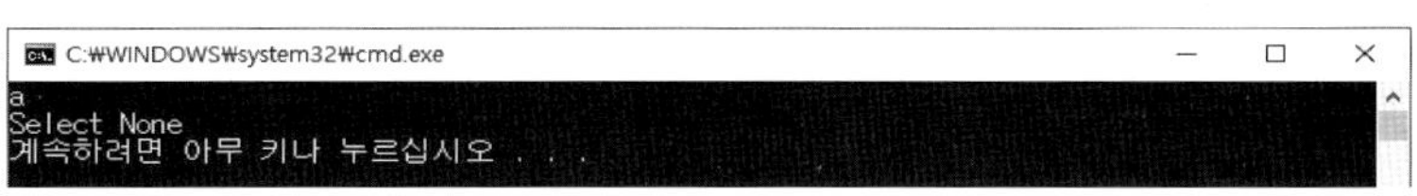

3) if else if 조건문

■ if else if 조건문

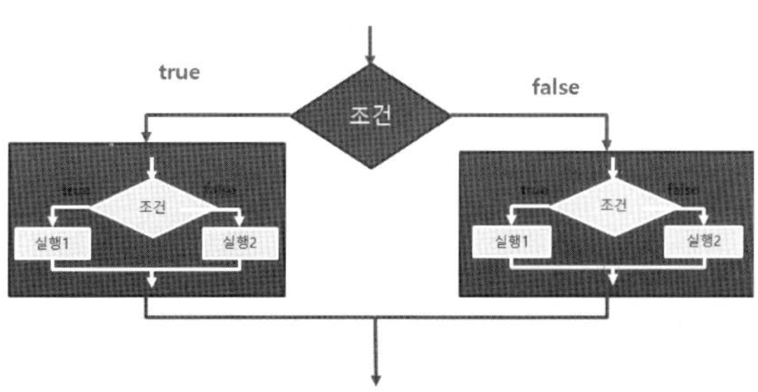

```
string szInput = Console.ReadLine();  // 입력
if (szInput == "A")
    Console.WriteLine("Select A");
else if (szInput == "A")
    Console.WriteLine("Select A");
else
    Console.WriteLine("Select None");
```

• 출력 결과

B로 입력 결과

• 출력 결과

C로 입력 결과

4) switch 조건문

■ switch 조건문

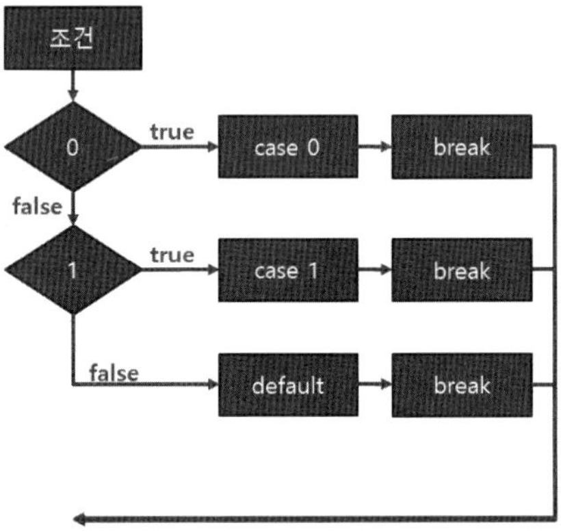


```
string szInput = Console.ReadLine();  // 입력

switch(szInput)
{
    case "A":
```

```
            Console.WriteLine("Select A");
            break;
        case "B":
            Console.WriteLine("Select B");
            break;
        case "C":
            Console.WriteLine("Select C");
            break;
        case "D":
            Console.WriteLine("Select D");
            break;
        default:
            Console.WriteLine("Select None");
            break;
    }
```

- 출력 결과

  C로 입력 결과

12.2.3 반복문

반복문은 반복적인 작업을 처리하기 위해 사용할 수 있다. 반복문으로 사용되는 구문은 for, foreach문이다.

1) for 반복문

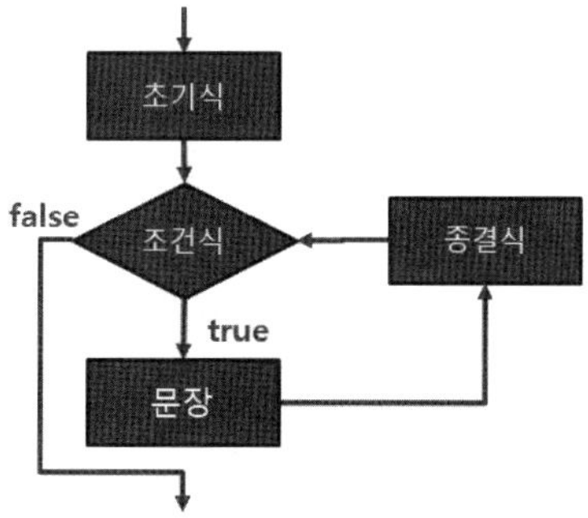


```
int hap = 0;
for (int i = 1; i <= 10; i++)
{
```

```
    hap += i;
}
Console.Write("1 ~ 10 :");
Console.WriteLine(hap);
```

• 출력 결과

2) 역 for 반복문

```
for (int i = 10; i > 0; i--)
{
    Console.WriteLine(i);
}
```

• 출력 결과

3) foreach 반복문

```
string[] szData = { "Windows", "IoT", "c#", "Raspbery Pi" };

foreach(string szVal in szData)
{
    Console.WriteLine(szVal);
}
```

• 출력 결과

foreach 문을 for문으로 변경 사용이 가능하다. 다음은 for문으로 처리한 사항이다.

```
string[] szData = { "Windows", "IoT", "c#", "Raspbery Pi" };

for (int i = 0; i < szData.Length; i++)
{
    Console.WriteLine(szData[i]);
}
```

• 출력 결과

4) 중첩 반복문

```
for (int i = 0; i < 10; i++)
{
    for (int j = 0; j < i; j++)
    {
        Console.Write("*");
    }
    Console.WriteLine();
}
```

• 출력 결과

```
for (int i = 0; i < 10; i++)
{
    for (int j = 0; j < 10 - i; j++)
    {
        Console.Write(" ");
    }
    for(int j = 0; j < i + 1; j++)
    {
        Console.Write("*");
    }
    Console.WriteLine();
}
```

• 출력 결과

5) break

```
while (true)
{
    Console.Write("숫자를 입력하세요. (0 입력시 종료) : ");
    string szVal = Console.ReadLine();
    int input = int.Parse(szVal);

    if (input == 0)
    {
        break;
    }
    else
    {
        if (input % 2 == 0)
        {
            Console.WriteLine("짝수");
        }
        else
            Console.WriteLine("홀수");
    }
}
```

• 출력 결과

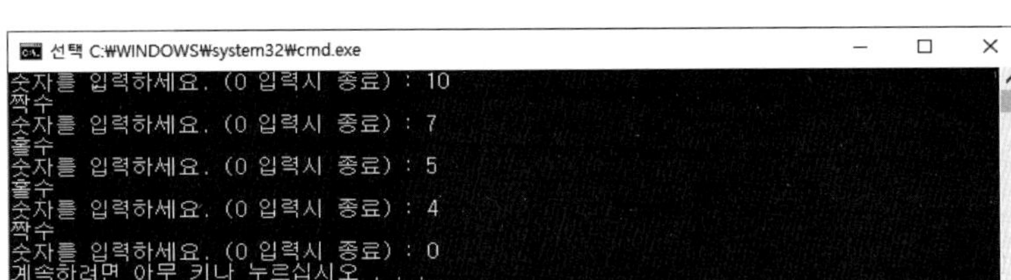

6) continue

```
int iType = 0;
while (true)
{
    Console.Write("숫자를 입력하세요. (0 입력시 종료) : ");
    string szVal = Console.ReadLine();
    int input = int.Parse(szVal);

    if (input == 0)
        break;

    if (input % 2 == 0)
    {
        iType = 1;
        Console.WriteLine("짝수");
    }
    else
    {
        iType = 0;
        Console.WriteLine("홀수");
    }

    for (int i = 1; i < input; i++)
    {
        if (i % 2 == iType)
        {
            continue;
        }
        Console.WriteLine(i);
    }
}
```

• 출력 결과

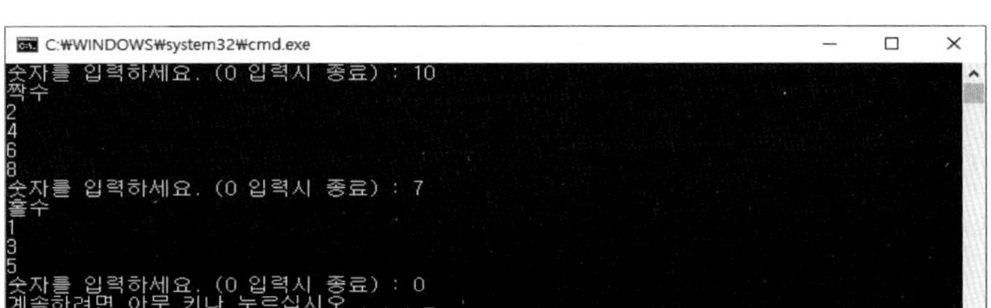

Embedded System

CHAPTER 13

Windows 10 IoT Core C# 고급 프로그램

CHAPTER 13

Embedded System

Windows 10 IoT Core C# 고급 프로그램

13.1 HelloWorld! (hello_world_app)

기본 화면 디자인을 통한 Hello World 프로그램을 진행해 보기로 하자. 먼저 이해해야 할 Windows 화면 디자인인 윈도폼 기반으로 프로그램 코딩을 해 보자.

■ 하드웨어 구성

- 하드웨어 구성의 경우 라즈베리파이에 기본 Windows 10 IoT core OS가 설치한 후 해당 프로젝트를 진행할 수 있다.

13.1.1 프로젝트 생성

Visual Studio 2019를 실행하면 다음과 같은 화면이 나온다.

■ 새 프로젝트 만들기를 선택한다.

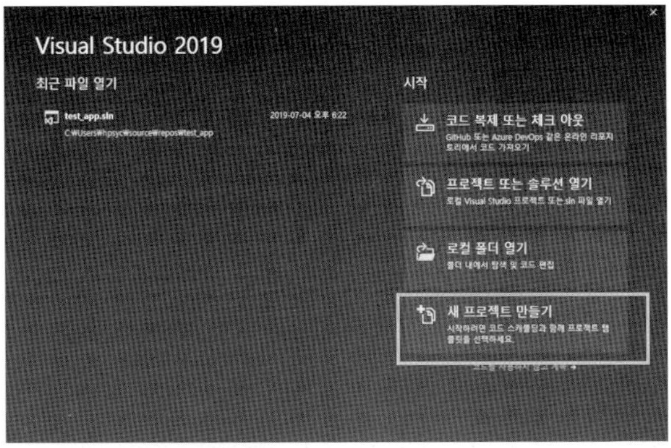

새 프로젝트 만들기를 선택한다.

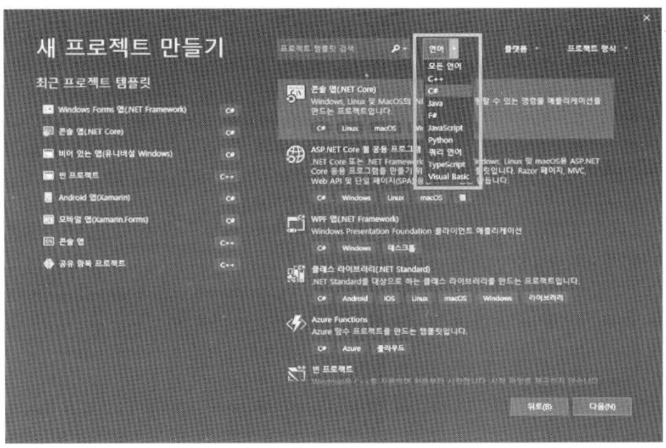

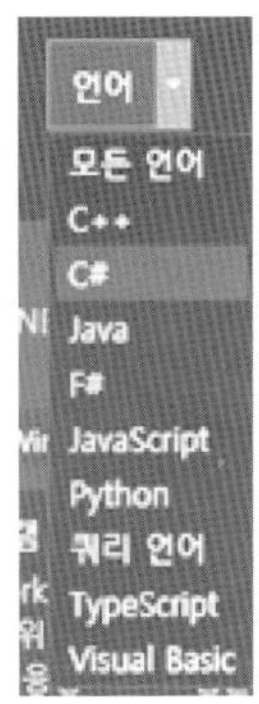

• 언어 선택의 경우 C# 개발 언어를 선택한다.

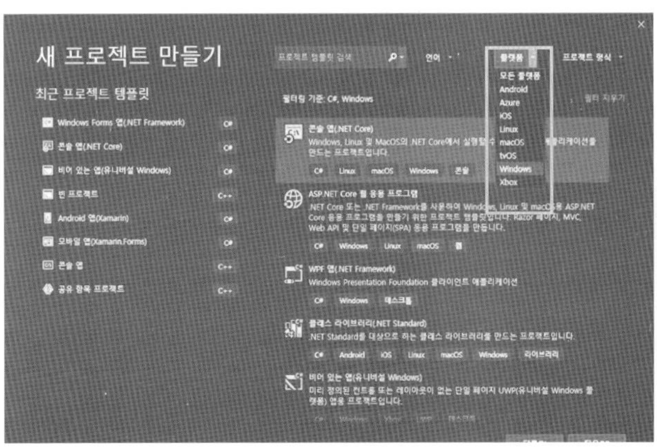

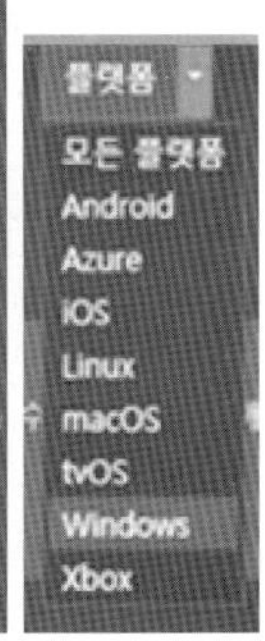

• 개발 환경 플랫폼 선택한다. Windows 플랫폼을 선택하면 된다.

• 프로젝트 이름을 hello_world_app로 정의한다.

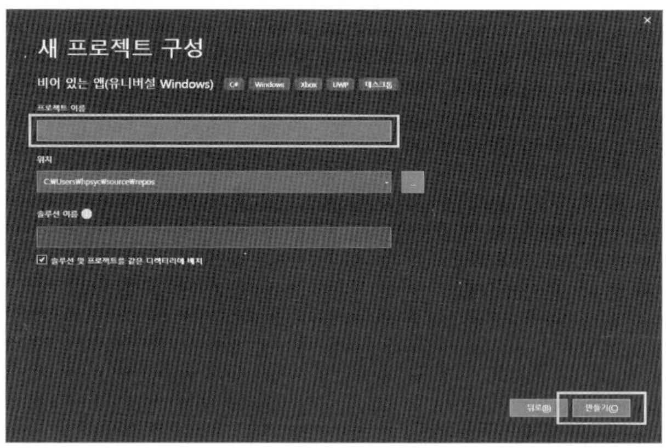

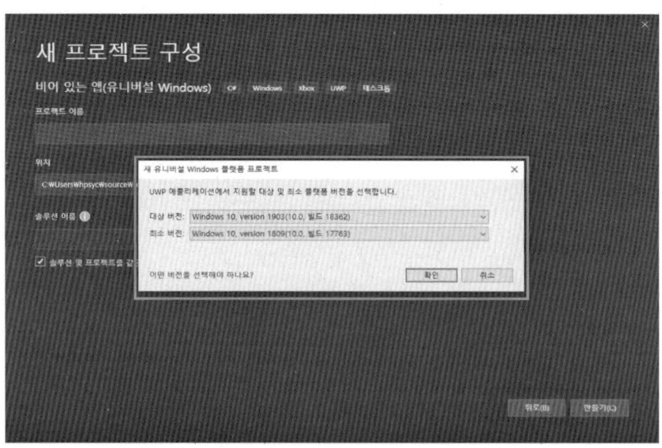

13.1.2 화면 디자인

- 프로젝트 생성한 후 IDE 환경 화면이다. 상단위 메뉴바, 좌측의 도구상자, 오른쪽의 솔루션 탐색기로 구분된다.

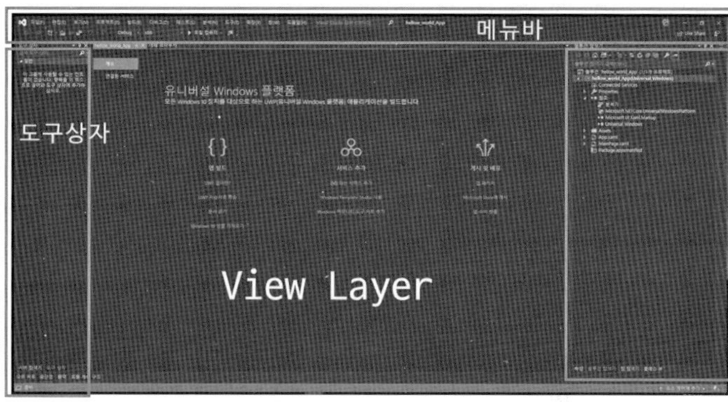

- 메뉴바의 경우 개발 관련 설정 및 디버그, 분석 등을 확인 가능하다.

- 도구상자의 경우 화면 디자인에서만 해당 기능이 활성화된다. 현재 보는 화면에서는 화면 디자인이 아니기에 활성화가 안 된다.

- 솔루션 탐색기의 경우 해당 프로로젝트에 설정된 소스 및 참조 설정 등의 리스트를 확인이 가능하다.

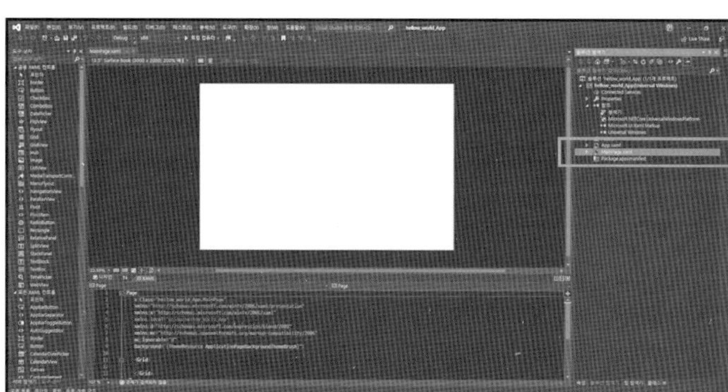

- 솔루션 탐색기에서 'MainPage.xaml'를 더블클릭하거나 마우스 오른쪽 클릭하면 디자이너 보기를 선택하면 디자인 화면이 출력된다.

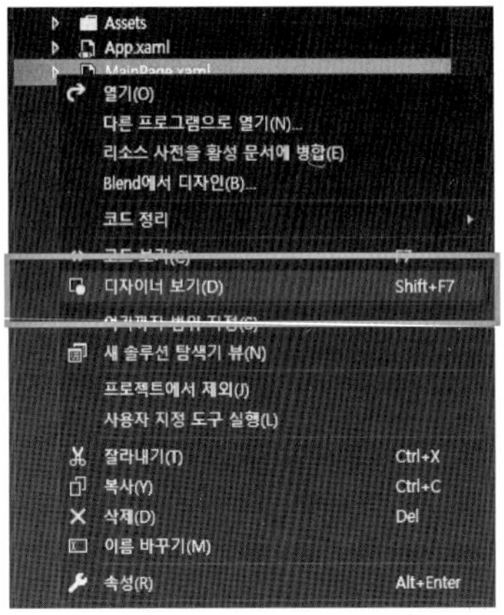

마우스 오른쪽 클릭 시 서브 메뉴가 나타난다.
이때 '**디자이너 보기(D) Shift+F7**' 선택하면 된다

■ 디자인 화면이 나타난 후에는 반드시 IoT 디바이스 정의가 필요하다. 즉, 화면 해상도에 맞추는 과정이다. 지금 진행하고자 하는 화면 디자인의 경우 10인치 IoT Device(1024 x 768)로 선택하자.

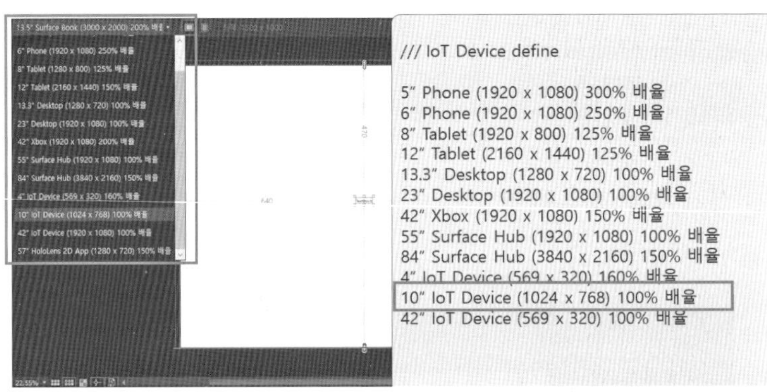

■ 해상도를 정의한 후 화면 디자인에 TextBlock를 선택하여 화면에 마우스로 클릭해서 올려 놓기로 한다. 해당 위치는 중앙에 맞춰 디자인한다.

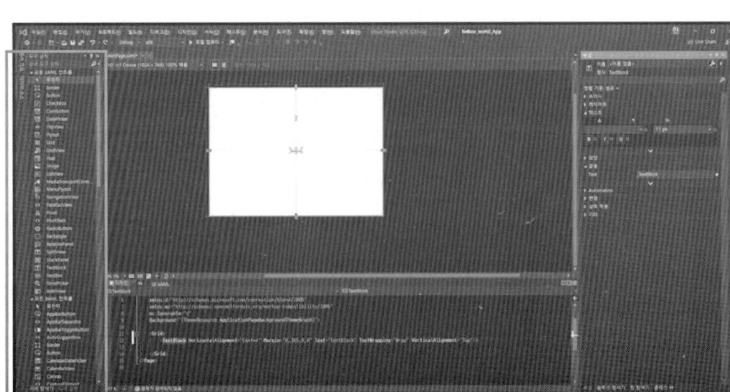

■ 도구상자의 컨트롤들은 공용 XAML 컨트롤과 모든 XAML 컨트롤로 구분이 되어 있다. 즉, 공용 XAML 컨트롤은 기본적인 컨트롤을 묶어 놓았으며, 나머지는 사용할 수 있는 XAML 컨트롤 묶음이다. 공용 XAML 컨트롤 중 기본적으로 사용하는 컨트롤을 기능을 설명한다.

Button	화면상의 Button 기능이다.
CheckBox	화면상의 Check 기능으로 선택/취소 기능으로 활용할 수 있다.
TextBlock	화면상의 명칭을 표현할 경우 사용이 가능하다.
TextBox	화면상의 Text를 입력할 수 있는 기능이다.
Image	화면상의 이미지를 적용할 수 있는 기능이다.

■ 도구상자에서 TextBlock을 화면에 클릭하신 후 화면에 원하는 디자인에 올려 놓으면 된다.

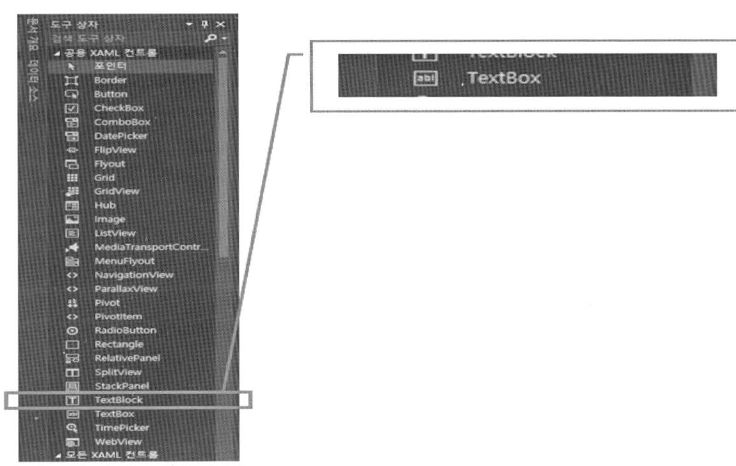

■ 도구상자의 속성에서 해당 컨트롤 정의를 확인할 수 있다.

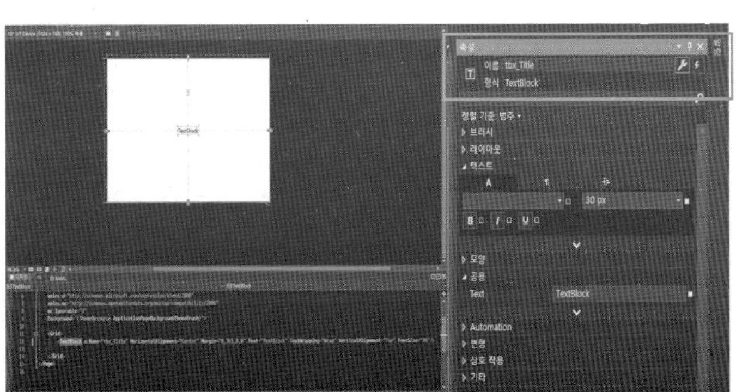

■ 해당 textBlock 속성을 텍스트를 클릭하면 폰트 사이즈를 변경할 수 있다.

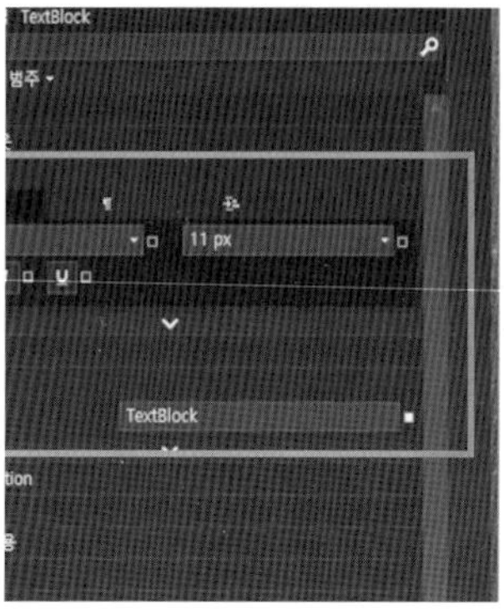

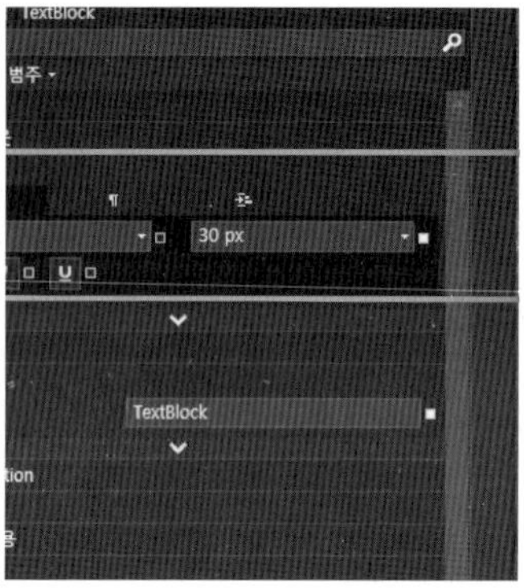

■ 해당 textBlock 속성에서 이름을 'tbx_Title'로 변경한다. 해당 이름을 변경하는 이유는 해당 소스 코드에서 컨트롤을 사용하기 위해서이다.

13.1.3 이벤트 정의

■ 디자인에서 컨트롤을 등록한 후 해당 컨트롤의 이벤트를 처리할 수 있다. 주로 동작하기 위해서 소스 코딩을 하는 과정이다.

정의와 이벤트를 정의하는 항목이다.

컨트롤 속성을 정의할 수 있다.

컨트롤 이벤트를 정의할 수 있다.

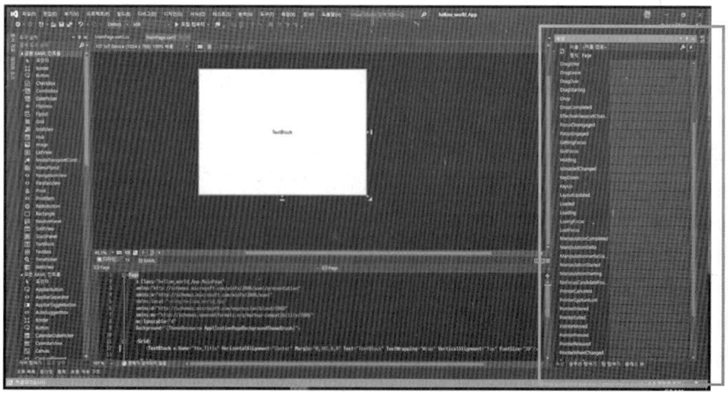

■ 컨트롤 속성에서 이벤트를 선택하면 된다.

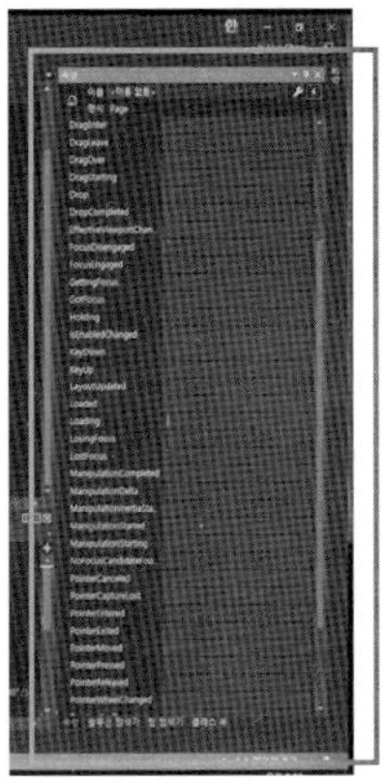

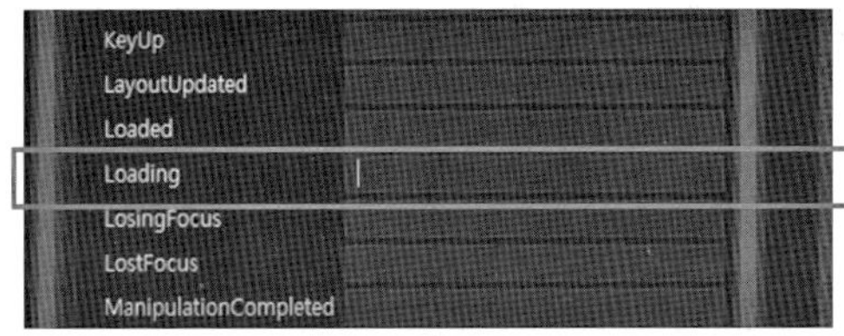

■ 폼을 선택한 후 속성 창에서 이벤트를 클릭한다. 해당 이벤트 리스트에서 'Loading'에서 마우스로 더블클릭하면 소스 페이지가 나타난다.

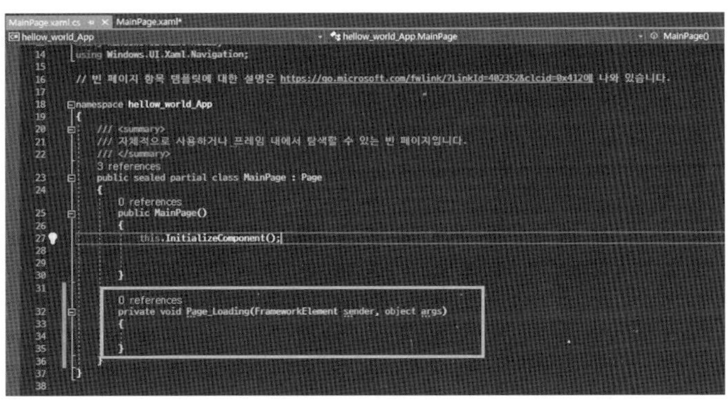

■ 소스 코딩에서 해당 위치에서 커서가 자동으로 이동한다.

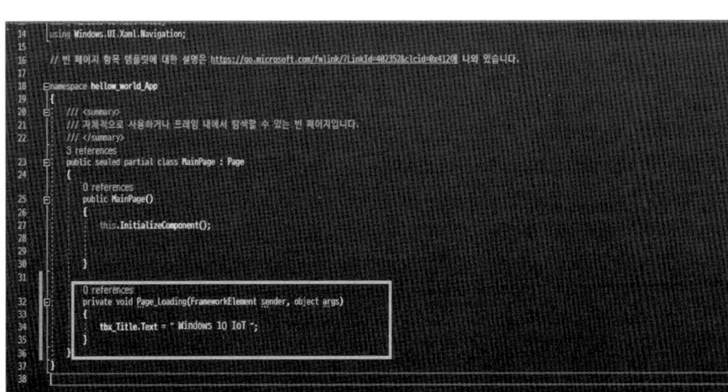

■ 해당 소스 창에서 등록한 컨트롤의 이름에 Text 항목을 정의한다.

■ 메인 프로그램 소스 (MainPage.cs)

```
using System;
using System.Collections.Generic;
using System.IO;
using System.Linq;
using System.Runtime.InteropServices.WindowsRuntime;
using Windows.Foundation;
using Windows.Foundation.Collections;
using Windows.UI.Xaml;
using Windows.UI.Xaml.Controls;
using Windows.UI.Xaml.Controls.Primitives;
using Windows.UI.Xaml.Data;
using Windows.UI.Xaml.Input;
using Windows.UI.Xaml.Media;
using Windows.UI.Xaml.Navigation;

namespace hello_world_app
{
    public sealed partial class MainPage : Page
    {
        public MainPage()
        {
            this.InitializeComponent();
        }

        private void Grid_Loading(FrameworkElement sender, object args)
        {
            tbx_Title.Text = "Windows 10 IoT";
        }
    }
}
```

13.1.4 실행

■ 실행하기 위해서는 메뉴바에 ▶ 로컬 컴퓨터 ▾ 을 클릭하면 실행된다.

■ 실행 결과

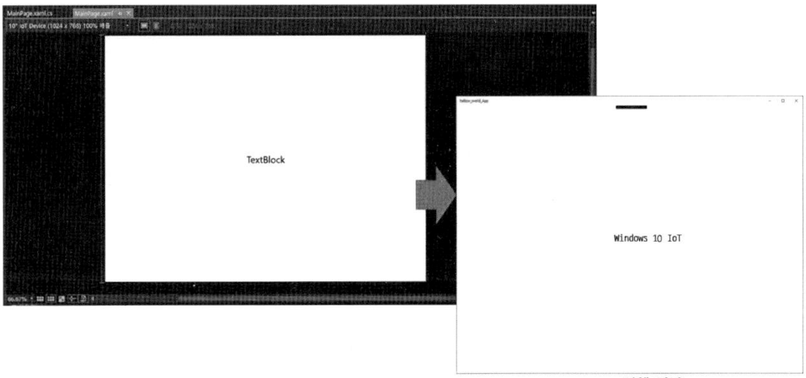

실행 결과

13.2 윈폼-현재 시간 추가

13.2.1 화면 디자인

■ 화면 디자인에서 현재 시간을 추가해서 화면에 정의해 보기로 하자.

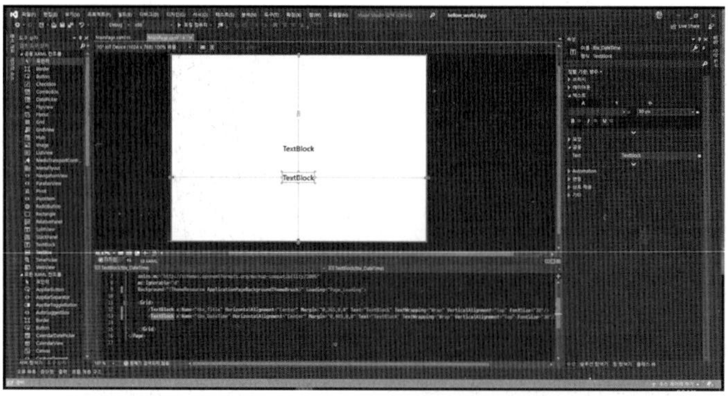

■ 해당 textBlock을 선택한 후 우측의 속성 창에서 변경이 가능하다.

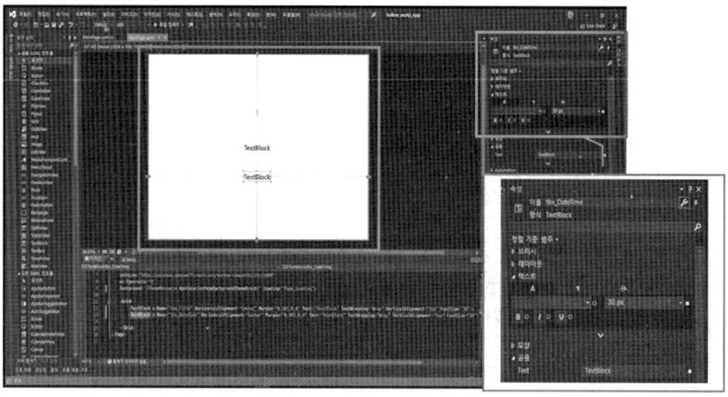

■ 해당 textBlock 속성에서 이름을 'tbx_DateTime'로 변경한다. 해당 이름을 변경하는 이유는 해당 소스 코드에서 컨트롤을 사용하기 위해서이다.

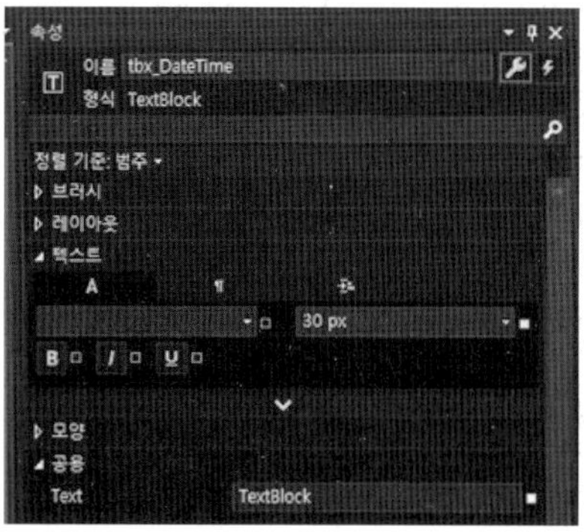

13.2.2 이벤트 정의

- 디자인에서 컨트롤을 등록한 후 해당 컨트롤의 이벤트를 처리할 수 있다. 주로 동작하기 위해서 소스 코딩을 하는 과정이다.

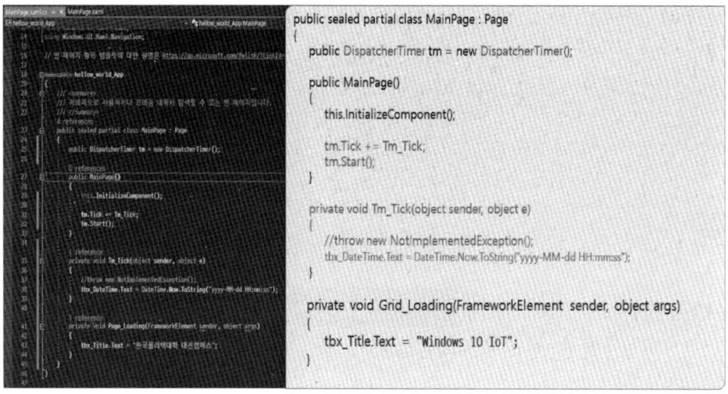

- 메인 프로그램 소스 (MainPage.cs)

```
using System;
using System.Collections.Generic;
using System.IO;
using System.Linq;
using System.Runtime.InteropServices.WindowsRuntime;
using Windows.Foundation;
using Windows.Foundation.Collections;
using Windows.UI.Xaml;
using Windows.UI.Xaml.Controls;
using Windows.UI.Xaml.Controls.Primitives;
using Windows.UI.Xaml.Data;
using Windows.UI.Xaml.Input;
using Windows.UI.Xaml.Media;
using Windows.UI.Xaml.Navigation;

namespace hello_world_app
{
    public sealed partial class MainPage : Page
    {
        public DispatcherTimer tm = new DispatcherTimer();
        public MainPage()
        {
            this.InitializeComponent();
            tm.Tick += Tm_Tick;
            tm.Start();
        }
        private void Tm_Tick(object sender, object e)
```

```
        {
            //throw new NotImplementedException();
            tbx_DateTime.Text = DateTime.Now.ToString("yyyy-MM-dd HH:mm:ss");
        }
        private void Grid_Loading(FrameworkElement sender, object args)
        {
            tbx_Title.Text = "Windows 10 IoT";
        }
    }
}
```

13.2.3 실행

■ 실행하기 위해서는 메뉴바에 ▶ 로컬 컴퓨터 ▾ 을 클릭하면 실행된다.

■ 실행 결과

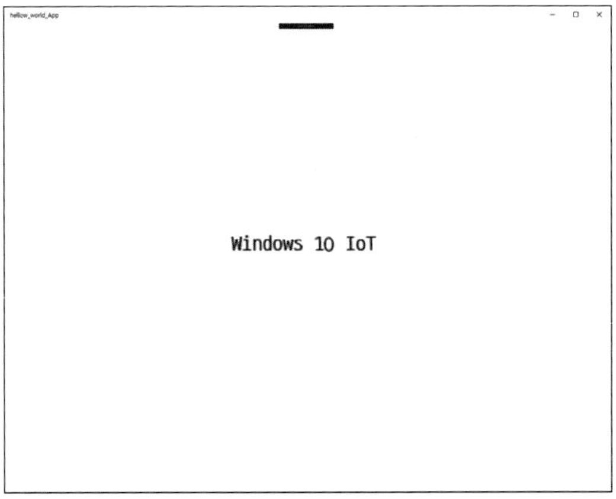

13.3 Windows 10 IoT core 원격 빌드

13.3.1 원격 빌드 적용

■ 실행하여 동작되는 경우는 Windows OS에서 동작되고 있다. 이제 실제 라즈베리파이 Windows 10 IoT 디바이스에서 동작할 수 있도록 원격 빌드 설정을 해야만 동작할 수 있다.

■ 메뉴바에서 '로컬 컴퓨터'를 선택되어진 항목을 '원격 컴퓨터'로 선택한다.

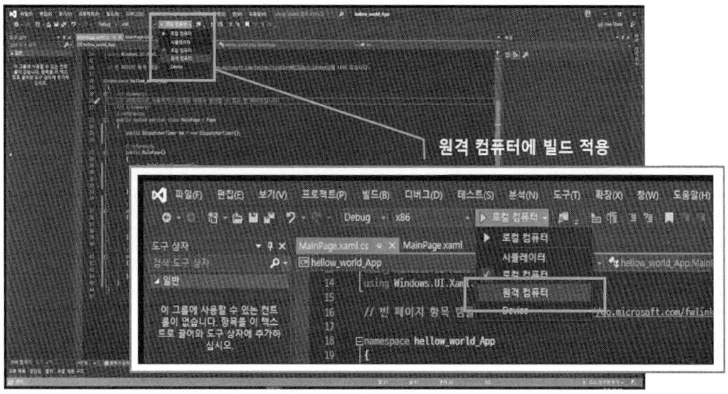

■ 메뉴바에서 '로컬 컴퓨터'를 선택되어진 항목을 '원격 컴퓨터'로 선택한다. 다음 실행하면 다음과 같이 에러가 발생한다.

■ 에러 메시지를 자세히 확인해 보면 '배포 대상 X86 플랫폼을 대상으로 하는 프로젝트를 지원하지 않는다. 지원하는 플랫폼:ARM'이라 나타난다.

■ 해당 라즈베리파이 원격 빌드 환경을 설정해 주어야 한다. 'x86'대상을 'ARM'으로 선택해 준다.

■ 원격 연결하기 위해서는 반드시 동일 네트워크 내에서 연결이 가능하다. 원격 연결을 선택하면 다음과 같이 창이 나타난다.

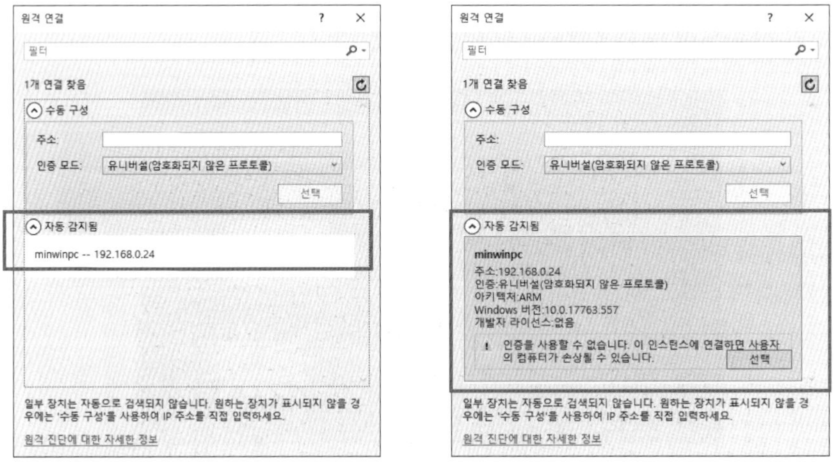

■ 자동 감지됨에서 보면 동일 네트워크 내에 해당 디바이스가 감지된다. 해당 디바이스를 선택하면 된다.

■ 메뉴바에 실행하기 위해 을 클릭하면 실행된다.

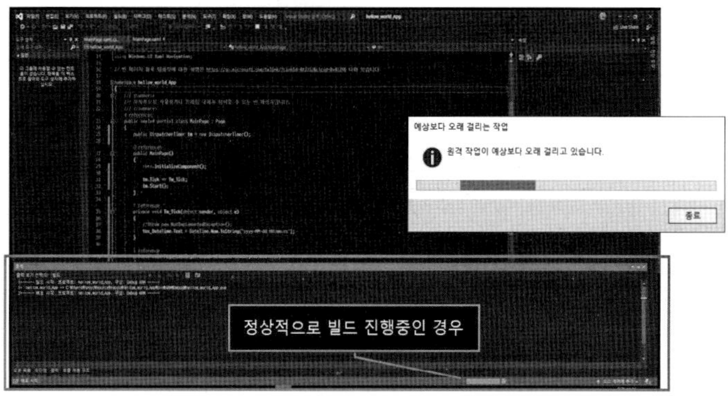

■ 실행 결과

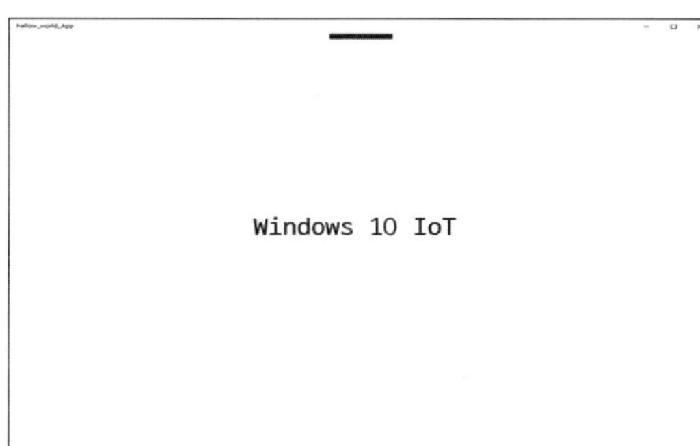

컴퓨터상의 실행 결과 화면

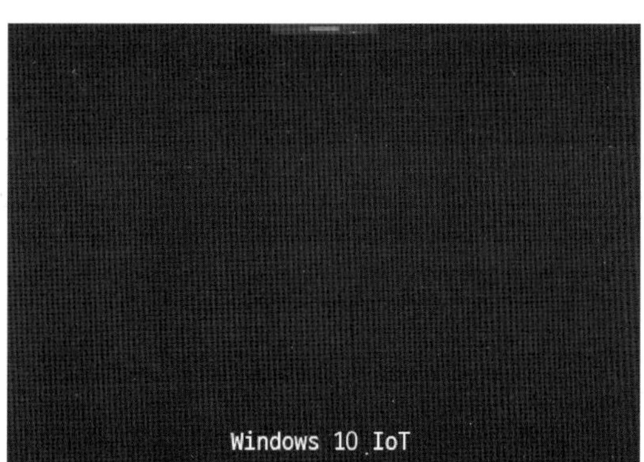

Raspberry Pi 3 디바이스 실행 결과 화면

■ 실행 후 컴퓨터상의 실행 결과와 Windows 10 IoT 디바이스 실행 결과가 다르게 나타난다.

컴퓨터 상의 실행 결과 화면 Raspberry Pi 3 디바이스 실행 결과 화면

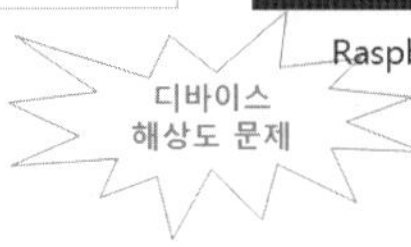

13.3.2 원격 디바이스 해상도 설정

■ 원격 디바이스의 해상도 설정이 개발된 해상도와 맞지 않을 경우 해당한다. Windows 10 IoT Core 대시보드을 실행해서 내 장치에서 등록된 디바이스를 선택한다.

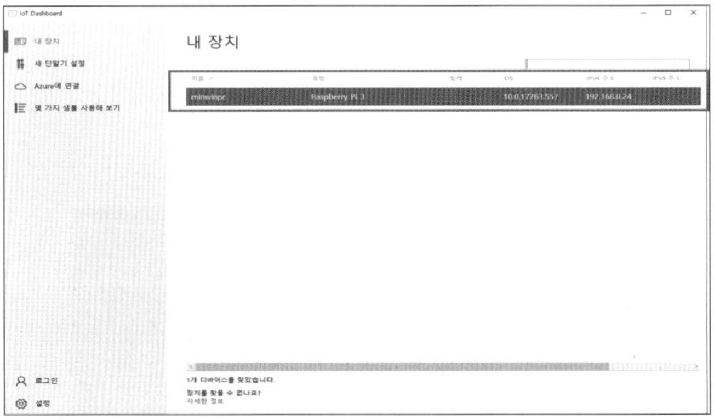

■ 내 장치에서 등록된 디바이스에서 마우스 오른쪽을 클릭한다. 상세 메뉴에서 '장치 포털에서 열기'를 클릭한다.

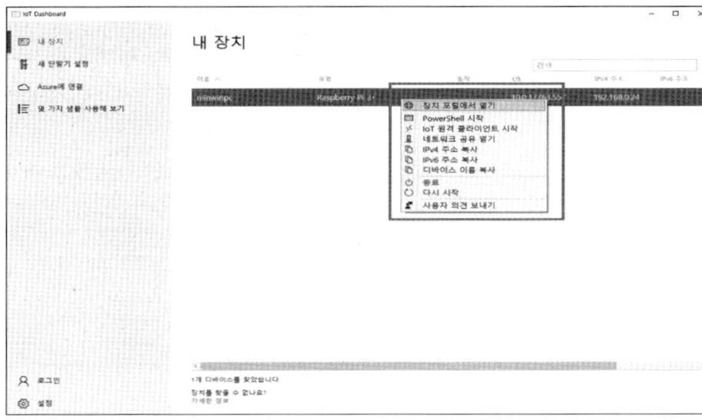

■ 웹브라우저에서 해당 내 장치와 접속한다. 로그인 권한 요청 시에 해당 기존의 등록된 아이디 'administrator'와 비밀번호 'p@ssw0rd'를 입력한 후 정상 로그인된다.

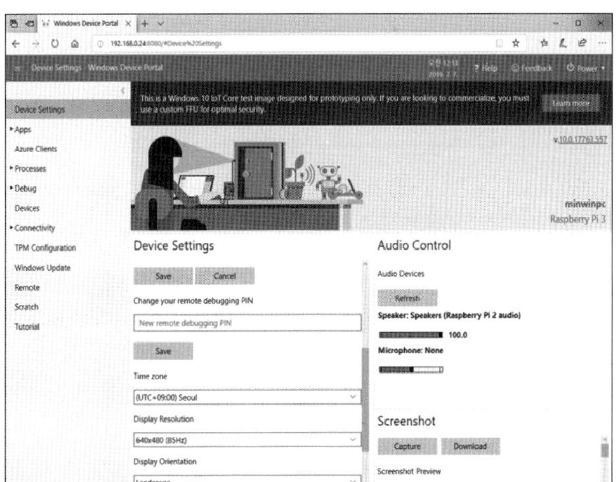

■ 윈도우 디바이스 포털에 접속하면, 중간 하단에 Display Resolution에서 해상도를 선택할 수 있다.

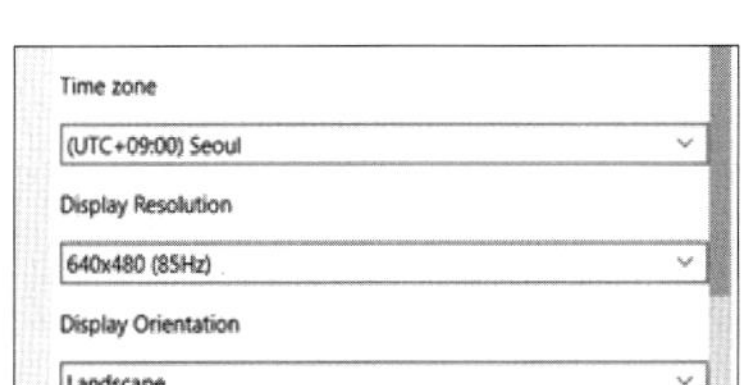

■ Display Resolution에서 해상도를 1024x768(85Hz)를 선택하면 적용된다.

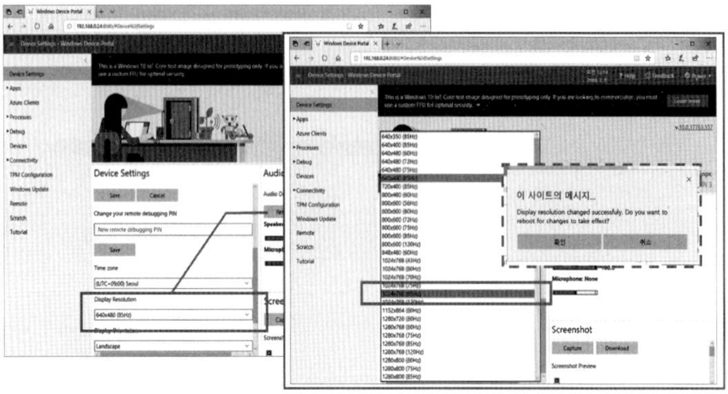

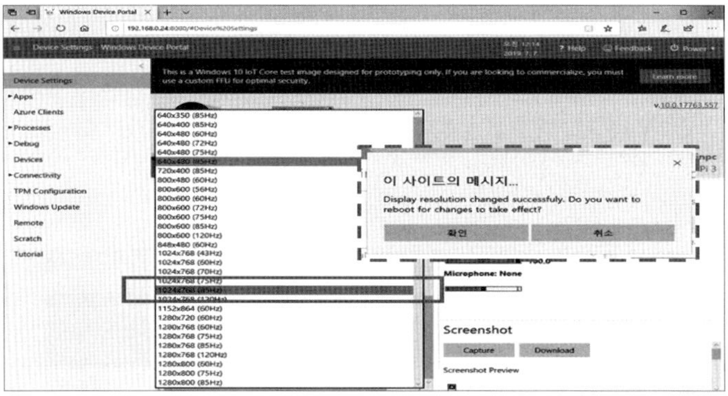

13.3.3 실행

■ 디바이스 해상도와 환경 설정이 정상적으로 된 경우 다음과 같이 실행 결과가 나타난다.

■ 실행 결과

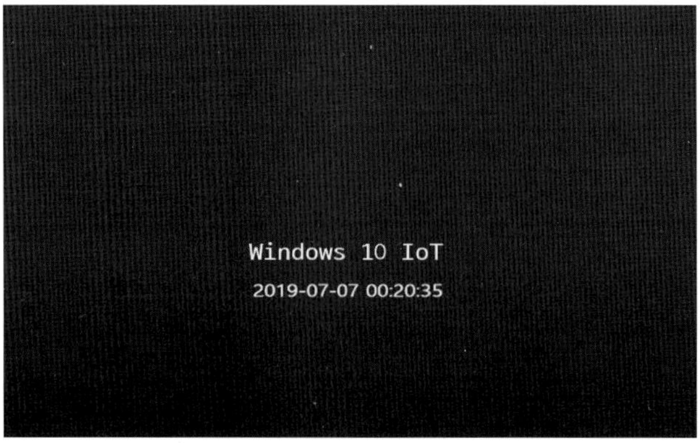

13.4 LED 제어(UWP_Led)

13.4.1 프로젝트 준비물

■ 라즈베리파이의 GPIO 핀을 활용한 LED 제어 방식이다. 윈폼 기반으로 타이머를 통해서 LED를 온/오프 동작한다.

■ 하드웨어 구성

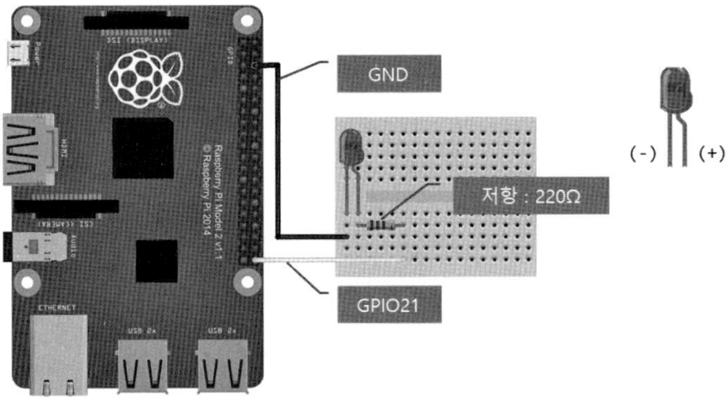

하드웨어 구성의 경우 라즈베리파이에 기본 Windows 10 IoT core OS가 설치한 후 해당 프로젝트를 진행할 수 있다.

■ 핀 구성

라즈베리파이 보드	핀
GPIO21 (40 Pin)	⊕
GND	⊖

13.4.2 프로젝트 생성

■ Visual Studio 2019를 실행하면 다음과 같은 화면이 나온다.

새 프로젝트 만들기를 선택한다.

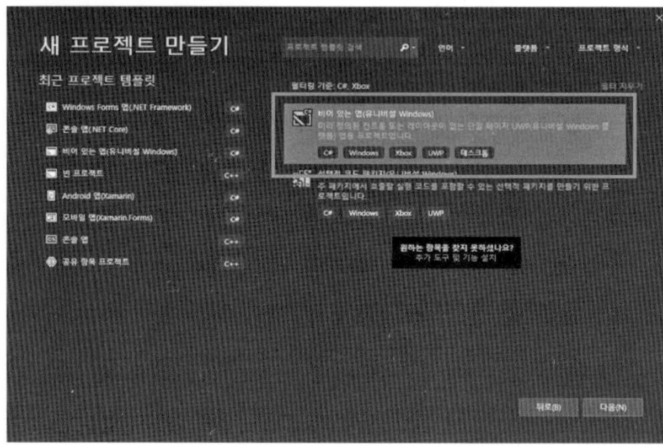

• 프로젝트 이름을 UWP_Led 로 정의한다.

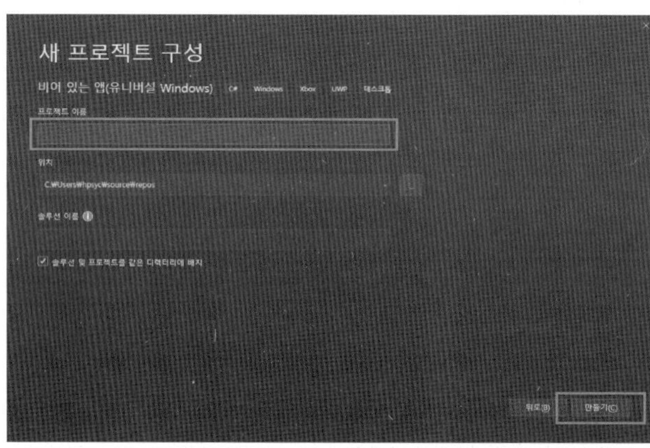

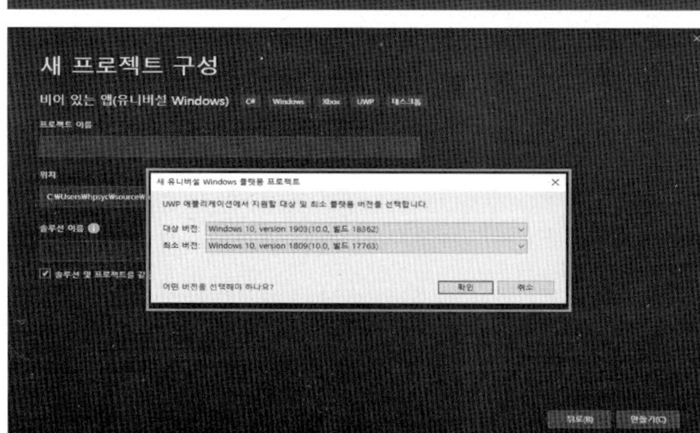

13.4.3 화면 디자인

■ 솔루션 탐색기에서 'MainPage.xaml'를 더블클릭하거나 마우스 오른쪽 클릭하면 디자이너 보기를 선택하면 디자인 화면이 출력된다.

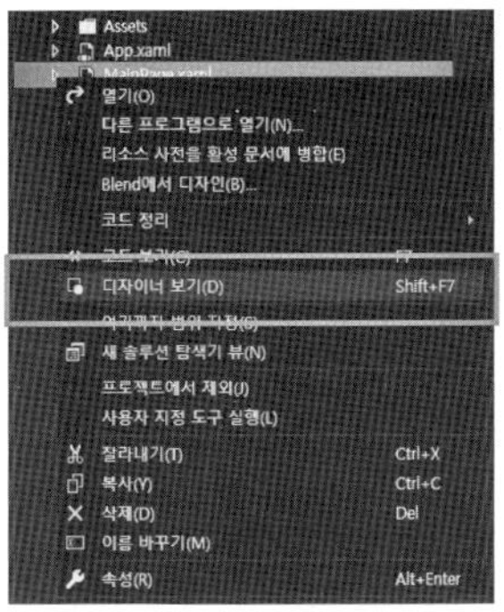

마우스 오른쪽 클릭 시 서브 메뉴가 나타난다.
이때 '디자이너 보기(D) Shift+F7' 선택하면 된다.

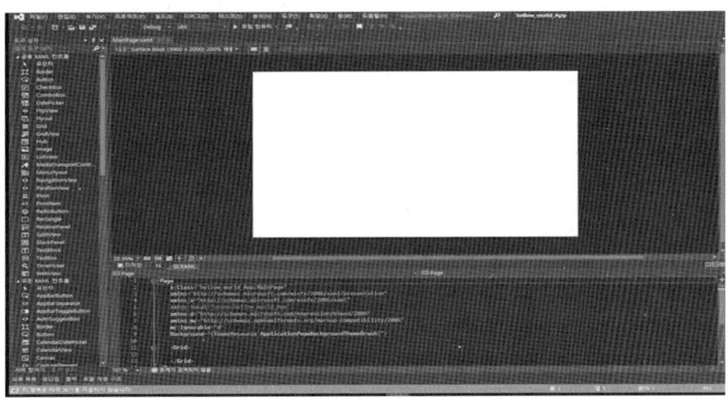

■ 디자인 화면이 나타난 후에는 반드시 IoT 디바이스 정의가 필요하다. 즉, 화면 해상도에 맞추는 과정이다. 지금 진행하고자 하는 화면 디자인의 경우 10인치 IoT Device(1024 x 768)로 선택하자.

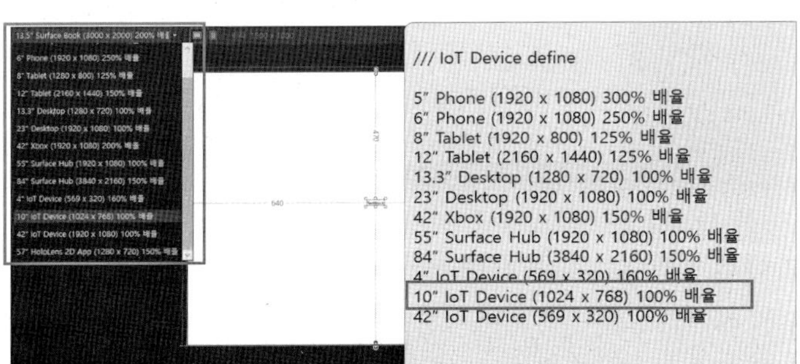

■ 해상도를 정의한 후 화면 디자인에 TextBlock를 선택하여 화면에 마우스로 클릭해서 올려 놓기로 한다. 해당 위치는 중앙에 맞춰 디자인한다.

■ 다음과 같이 화면 디자인을 한다.

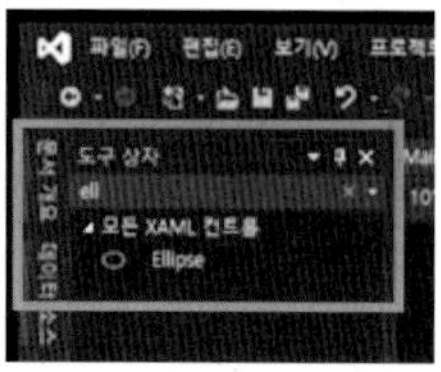

■ 도구상자의 검색창에서 'ellipse'라고 입력하면 해당 컨트롤을 검색해 주며 해당 컨트롤을 클릭한 후 원하는 화면 디자인에 올려놓으면 된다.

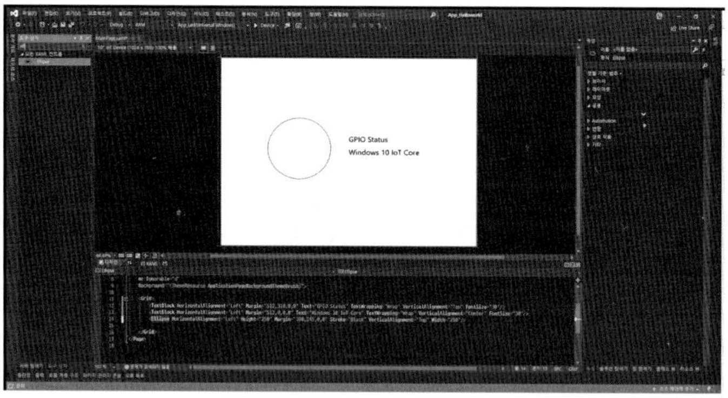

■ 해당 ellipse 속성에서 이름을 'LED'라고 입력한다.

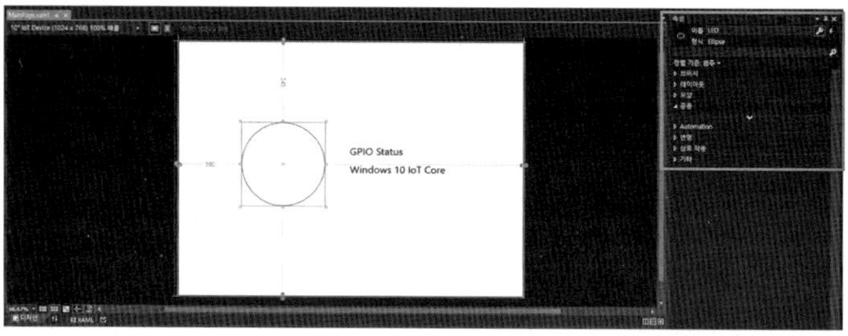

■ 도구상자에서 TextBlock을 화면에 클릭한 후 화면에 원하는 디자인에 올려놓으면 된다.

■ 해당 TextBlock 속성을 텍스트로 클릭하면 폰트 사이즈를 변경할 수 있다.

■ 해당 TextBlock 속성에서 텍스트를 'GPIO Status'라고 입력한다.

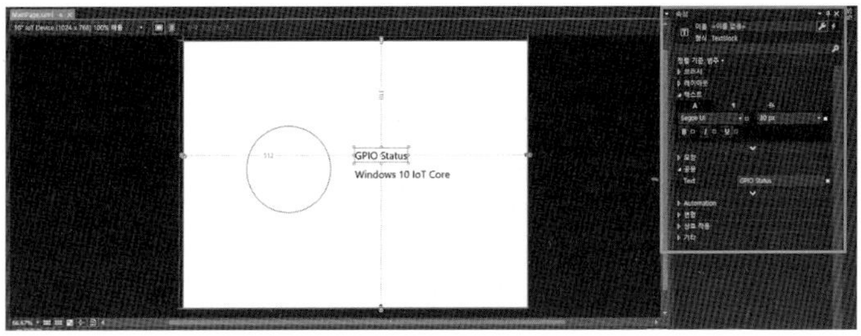

■ 해당 TextBlock 속성에서 텍스트를 'Windows 10 IoT Core'라고 입력한다.

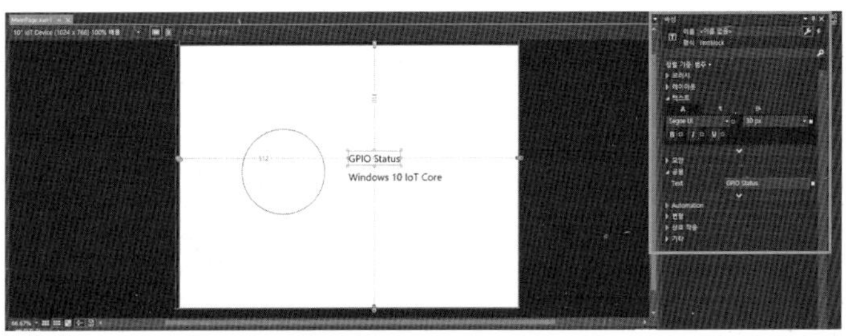

13.4.4 이벤트 정의

■ 해당 페이지를 선택한 후 속성에서 이벤트를 선택하면 된다.

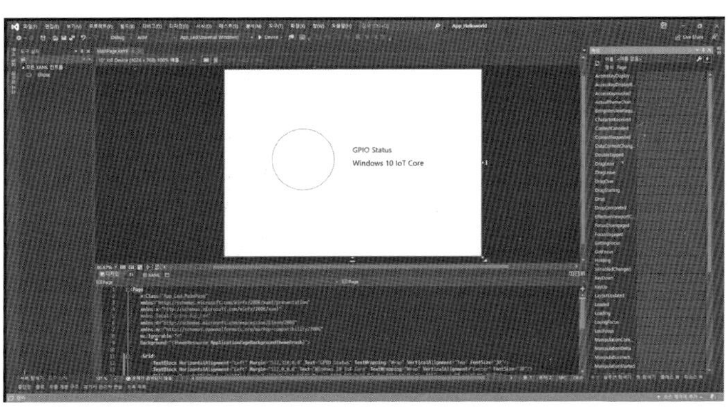

■ 해당 페이지를 선택한 후 속성에서 이벤트를 선택하면 된다. 해당 이벤트 리스트에서 'Loading'에서 마우스로 더블클릭하면 소스 페이지가 나타난다.

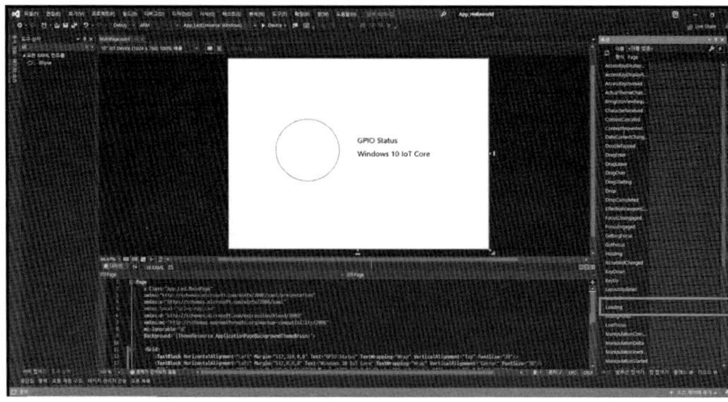

■ 해당 페이지를 선택한 후 속성에서 이벤트를 선택하면 된다. 해당 이벤트 리스트에서 'Loading'에서 마우스로 더블클릭하면 소스 페이지가 나타난다.

■ 소스 코딩에서 해당 위치에 커서가 자동으로 이동한다.

■ 메인 프로그램 소스 (MainPage.cs)

```
using System;
using System.Collections.Generic;
using System.IO;
using System.Linq;
using System.Runtime.InteropServices.WindowsRuntime;
using Windows.Foundation;
using Windows.Foundation.Collections;
using Windows.UI.Xaml;
using Windows.UI.Xaml.Controls;
using Windows.UI.Xaml.Controls.Primitives;
using Windows.UI.Xaml.Data;
using Windows.UI.Xaml.Input;
using Windows.UI.Xaml.Media;
using Windows.UI.Xaml.Navigation;
/// Raspberry Pi3 Device define
```

```
using Windows.Devices.Gpio;
namespace UWP_Led
{
    public sealed partial class MainPage : Page
    {
        enum LedStatus { Red, Blue };
        private LedStatus ledStatus;
        private GpioPin redpin;
        private DispatcherTimer timer;
        private SolidColorBrush redBrush =
            new SolidColorBrush(Windows.UI.Colors.Red);
        private SolidColorBrush whiteBrush =
            new SolidColorBrush(Windows.UI.Colors.White);

        public MainPage()
        {
            this.InitializeComponent();
        }
        private void Page_Loading(FrameworkElement sender, object args)
        {
            var gpio = GpioController.GetDefault();
            if (gpio == null)
            {
                GpioStatus.Text = "GPIO Controller On this device";
                return;
            }

            const int RPI2_RED_LED_PIN = 21;
            redpin = gpio.OpenPin(RPI2_RED_LED_PIN);

            redpin.Write(GpioPinValue.High);
                    redpin.SetDriveMode(GpioPinDriveMode.Output);
                    GpioStatus.Text = string.Format("Led device Pin = {0}",
                                                    redpin.PinNumber);

            ledStatus = LedStatus.Red;

            timer = new DispatcherTimer();
            timer.Interval = TimeSpan.FromMilliseconds(500);
            timer.Tick += Timer_Tick;
            timer.Start();
        }
        private void Timer_Tick(object sender, object e)
        {
            /// ledStatus 상태값에 따른 정의
            switch (ledStatus)
            {
                /// 상태값이 Red일 경우
                case LedStatus.Red:
```

```
                redpin.Write(GpioPinValue.High);
                ledStatus = LedStatus.Blue;
                LED.Fill = redBrush;
                break;
            /// 상태값이 Blue일 경우
            case LedStatus.Blue:
                redpin.Write(GpioPinValue.Low);
                ledStatus = LedStatus.Red;
                LED.Fill = whiteBrush;
                break;
        }
    }
}
}
```

13.4.5 실행

■ 실행하기 위해서는 메뉴바에 Debug ▾ ARM ▾ ▶ 원격 컴퓨터 ▾ 을 클릭하면 실행된다.

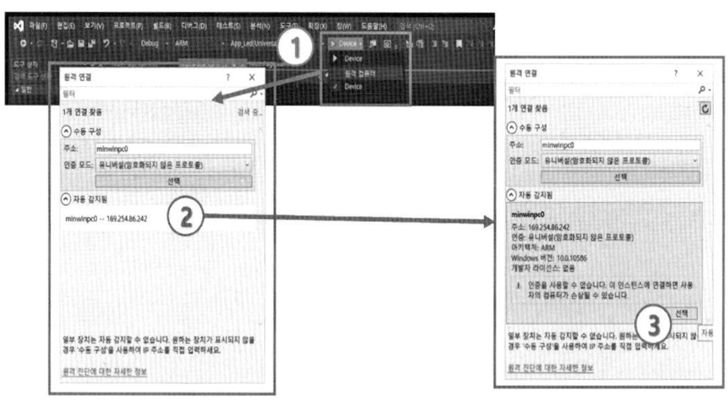

■ 실행 결과

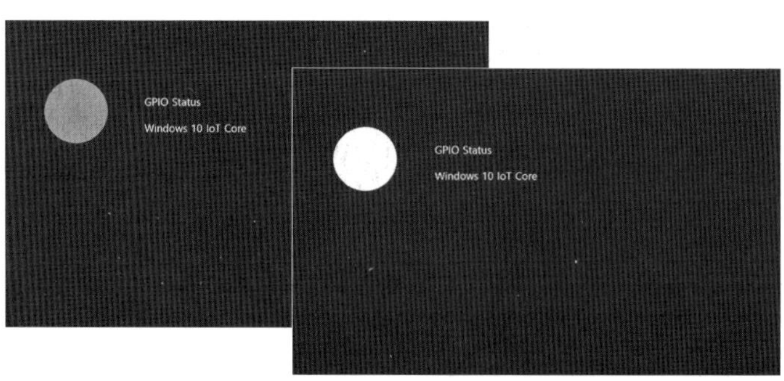

13.5 온/습도 센서 모듈 (UWP_DHT)

13.5.1 프로젝트 준비물

- 라즈베리파이의 GPIO 핀을 활용한 DHT 제어 방식이다. 윈폼 기반으로 타이머를 통해서 DHT 온/습도를 화면에 디스플레이한다.

- 하드웨어 구성

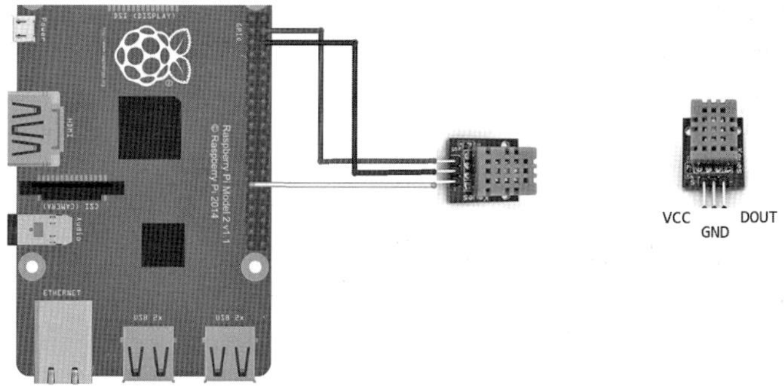

하드웨어 구성의 경우 라즈베리파이에 기본 Windows 10 IoT core OS가 설치한 후 해당 프로젝트를 진행할 수 있다.

■ 핀 구성

라즈베리파이 보드	핀
GPIO 5 (29 Pin)	DOUT
5V	⊕
GND	⊖

13.5.2 프로젝트 생성

■ Visual Studio 2019를 실행하면 다음과 같은 화면이 나온다.

새 프로젝트 만들기를 선택한다.

• 프로젝트 이름을 UWP_DHT 으로 정의한다.

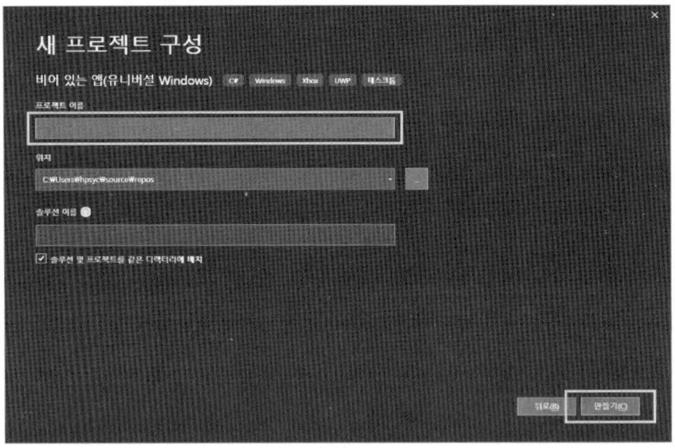

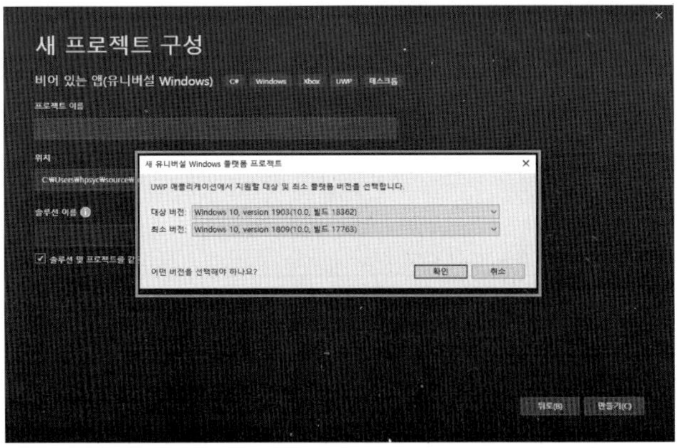

13.5.3 화면 디자인

• 솔루션 탐색기에서 'MainPage.xaml'를 더블클릭하거나 마우스 오른쪽 클릭하면 디자이너 보기를 선택하면 디자인 화면이 출력된다.

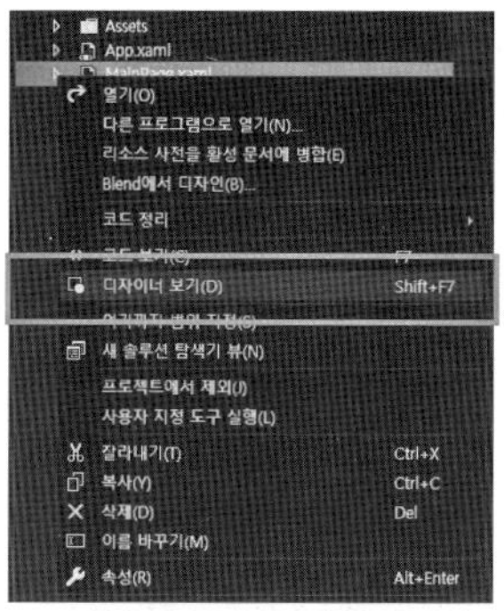

마우스 오른쪽 클릭 시 서브 메뉴가 나타난다.
이때 '디자이너 보기(D) Shift+F7' 선택하면 된다

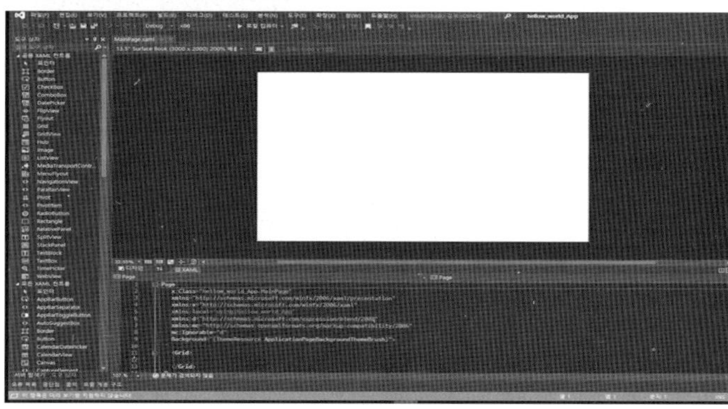

■ 디자인 화면이 나타난 후에는 반드시 IoT 디바이스 정의가 필요하다. 즉, 화면 해상도에 맞추는 과정이다. 지금 진행하고자 하는 화면 디자인의 경우 10인치 IoT Device(1024 x 768)로 선택하자.

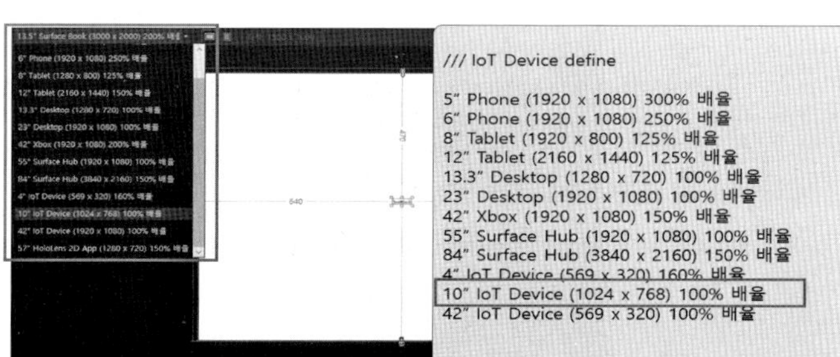

■ 해상도를 정의한 후 화면 디자인에 TextBlock를 선택하여 화면에 마우스로 클릭해서 올려놓기로 한다. 해당 위치는 중앙에 맞춰 디자인한다.

■ 다음과 같이 화면 디자인을 한다.

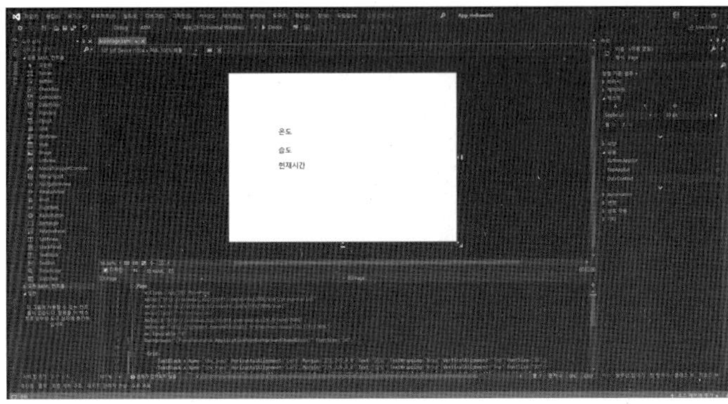

■ 온도 속성창을 설정은 다음과 같이 한다.

■ 습도 속성창을 설정은 다음과 같이 한다.

■ 현재 시간 속성창을 설정은 다음과 같이 한다.

13.5.4 이벤트 정의

■ 솔루션 탐색기에서 해당 프로젝트를 선택한 후 마우스 오른쪽 버튼은 클릭하면 세부 메뉴가 나타난다.

■ 세부 메뉴 하위에서 '추가(D)'를 선택하면 상세 메뉴가 나타난다.

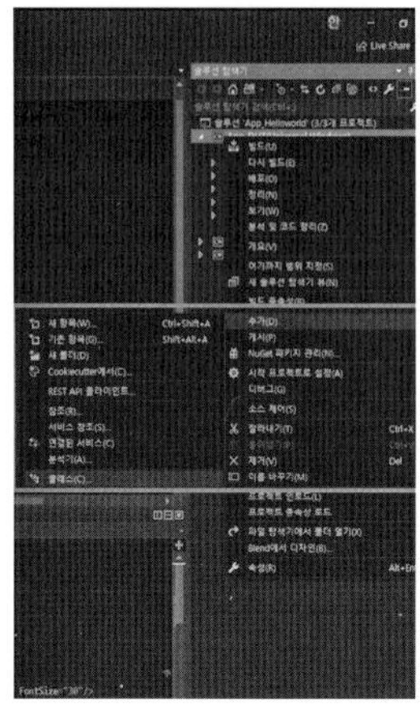

■ 세부 메뉴 하위에서 '추가(D)'를 선택하면 상세 메뉴가 나타난다. 해당 메뉴에서 '클래스(C)'를 클릭한다.

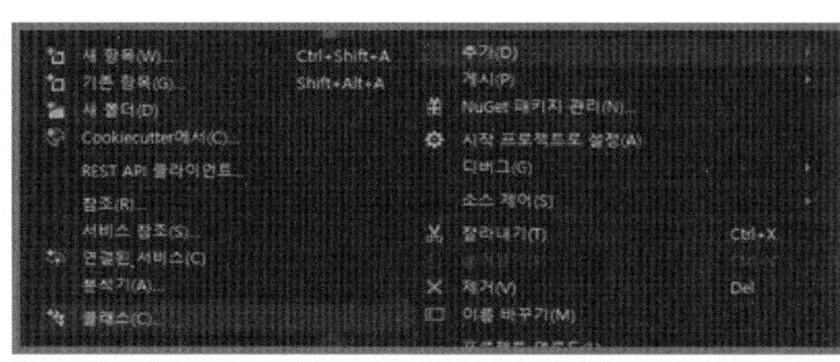

■ 새 항목 추가로 클래스를 생성할 수 있다. DHT11.cs 이름을 입력한다.

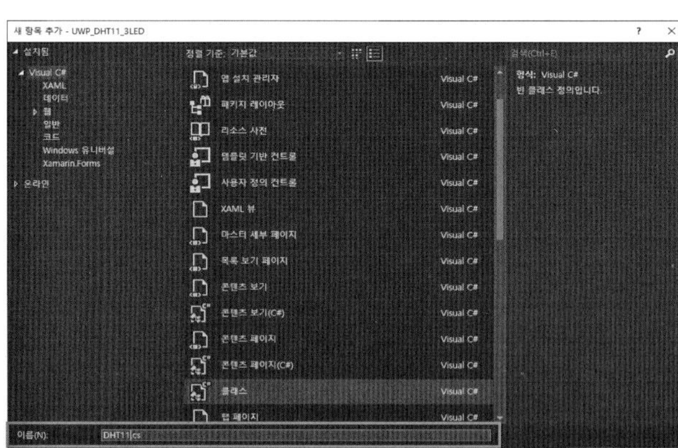

■ DHT11 클래스 라이브러리 파일 (DHT11.cs)

```
using System;
using System.Collections;
using System.Threading.Tasks;
using Windows.Devices.Gpio;
namespace TempHumidReader
{
    public class Dht11Reading
    {
        // bit 사이즈 선언
        private const int BIT_SIZE = 40;
        // bit 배열 구조 선언
        public BitArray bits;

        // DHT11 센서값 읽기
        public Dht11Reading()
        {
            bits = new BitArray(BIT_SIZE);
        }
        public bool IsValid()
        {
            long value = BitArrayToLong();
            long checksum = ((value >> 32) & 0xff) + ((value >> 24) & 0xff)
                + ((value >> 16) & 0xff) + ((value >> 8) & 0xff);

            return (checksum & 0xff) == (value & 0xff);
        }

        // DHT11 습도값 읽기
        public double Humidity()
        {
            long value = BitArrayToLong();
            return ((value >> 32) & 0xff) + ((value >> 24) & 0xff) / 10.0;
        }
        // DHT11 온도값 읽기
        public double Temperature()
        {
            long value = BitArrayToLong();
            return ((value >> 16) & 0xff) + ((value >> 8) & 0xff) / 10.0;
        }
        private long BitArrayToLong()
        {
            long value = 0;
            for (int i = 0; i < bits.Length; i++)
            {
                if (bits[i])
```

```
                value += Convert.ToInt64(Math.Pow(2, i));
            }
            return value;
        }
    }

    // Dht11 센서 클래스 정의
    public class Dht11Sensor
    {
        private const int SAMPLE_HOLD_LOW_MILLIS = 18;
        private GpioPinDriveMode inputDriveMode;
        private GpioPin pin;

        // 핀 번호 초기화
        public int Init(int pinNumber)
        {
            // Gpio 콘트롤러 상태 체크
            var gpio = GpioController.GetDefault();
            if (null == gpio)
            {
                return 1;
            }

            try
            {
                // GPIO 핀 번호 오픈
                pin = gpio.OpenPin(pinNumber);
            }
            catch
            {
                return 2;
            }

            // GPIO 핀 입력 상태값 정의
            inputDriveMode = pin.IsDriveModeSupported(GpioPinDriveMode.
                                                    InputPullUp) ?
                GpioPinDriveMode.InputPullUp : GpioPinDriveMode.Input;
            pin.SetDriveMode(inputDriveMode);

            return 0;
        }
        private int InternalSample(Dht11Reading Reading)
        {
            // This is the threshold used to determine whether a bit is a '0' or a '1'.
            // A '0' has a pulse time of 76 microseconds, while a '1' has a
            // pulse time of 120 microseconds. 110 is chosen as a reasonable threshold.
```

```
long oneThreshold = 110L * System.Diagnostics.Stopwatch.Frequency
                           / 1000000L; // 110microsec

// GPIO 핀 입력 상태 LOW 적용
pin.Write(GpioPinValue.Low);
// GPIO 핀 출력 상태 적용
pin.SetDriveMode(GpioPinDriveMode.Output);
// 18 ms 대기
Task.Delay(18).Wait();
// GPIO 핀 입력모드 정의
pin.SetDriveMode(inputDriveMode);
// GPIO 핀에서 수신
GpioPinValue previousValue = pin.Read();
// 1ms 설정
long initialRisingEdgeTimeoutMillis = 10000L; // 1ms
// 시간 카운터
long endTickCount = DateTime.Now.Ticks + initialRisingEdgeTimeoutMillis;
for (; ; )
{
    if (DateTime.Now.Ticks > endTickCount)
    {
        return 1;
    }
    GpioPinValue value = pin.Read();
    if (value != previousValue)
    {
        // GPIO 핀 HIGH 상태
        if (value == GpioPinValue.High)
        {
            break;
        }
        previousValue = value;
    }
}
long prevTime = 0;
long sampleTimeoutMillis = 100000L; // 10ms
endTickCount = DateTime.Now.Ticks + sampleTimeoutMillis;
System.Diagnostics.Stopwatch sw = new System.Diagnostics.Stopwatch();
sw.Start();

// capture every falling edge until all bits are received or
for (int i = 0; i < Reading.bits.Length + 1;)
{
    if (DateTime.Now.Ticks > endTickCount)
        return 2;
```

```
                GpioPinValue value = pin.Read();
                if ((previousValue == GpioPinValue.High) && (value ==
                     GpioPinValue.Low))
                {
                    long now = sw.ElapsedTicks;
                    if (i != 0)
                    {
                        long difference = now - prevTime;
                        Reading.bits[Reading.bits.Length - i] = difference >
                                                                oneThreshold;
                    }
                    prevTime = now;
                    ++i;
                }
                previousValue = value;
            }
            if (!Reading.IsValid())
            {
                // checksum mismatch
                return 3;
            }
            return 0;
        }
        public int Sample(out Dht11Reading Reading)
        {
           // Dht11 클래스 생성
            Reading = new Dht11Reading();

            int result = 0;
            int retryCount = 0;

            do
            {
                // Dht11 데이터 값 결과 받기
                result = InternalSample(Reading);
            } while (0 != result && (++retryCount < 20));
            return result;
        }
    }
}
```

■ 해당 페이지를 선택한 후 속성에서 이벤트를 선택하면 된다. 해당 이벤트 리스트에서 'Loading'에서 마우스를 더블클릭하면 소스 페이지가 나타난다.

■ 소스 코딩에서 해당 위치에 커서가 자동으로 이동한다.

■ 메인 프로그램 소스 (MainPage.cs)

```
using System;
using System.Collections.Generic;
using System.IO;
using System.Linq;
using System.Runtime.InteropServices.WindowsRuntime;
using Windows.Foundation;
using Windows.Foundation.Collections;
using Windows.UI.Xaml;
using Windows.UI.Xaml.Controls;
using Windows.UI.Xaml.Controls.Primitives;
using Windows.UI.Xaml.Data;
using Windows.UI.Xaml.Input;
using Windows.UI.Xaml.Media;
using Windows.UI.Xaml.Navigation;
namespace UWP_DHT
{
    public sealed partial class MainPage : Page
    {
        // 타이머 클래스 생성자
        private DispatcherTimer tm = new DispatcherTimer();
        // DHT11 온/습도 센서 읽기 생성자
        private TempHumidReader.Dht11Reading dht = new TempHumidReader.
                                                   Dht11Reading();
        // DHT11 온/습도 센서 생성자
        private TempHumidReader.Dht11Sensor dht11 = new TempHumidReader.
                                                    Dht11Sensor();
```

```
        public MainPage()
        {
            this.InitializeComponent();
            // 타이머 생성 및 이벤트 선언
            tm.Tick += Tm_Tick;
            tm.Interval = TimeSpan.FromMilliseconds(1000);
            tm.Start();
            // 온/습도 GPIO 핀 선언
            dht11.Init(4);
        }

        private void Tm_Tick(object sender, object e)
        {

            //throw new NotImplementedException();

            TempHumidReader.Dht11Reading reading;
            int result = dht11.Sample(out reading);

            if (0 != result)
            {
                // error handling
            }
            else
            {
                tbx_Temp.Text = String.Format("온도 : {0:f1 }",
                                                reading.Temperature());
                tbx_Humi.Text = String.Format("습도 : {0:f1 }",
                                                reading.Humidity());
            }
            // 현재 시간 디스플레이
            tbx_DateTime.Text = DateTime.Now.ToString("yyyy-MM-dd HH:mm:ss");
        }

        private void Page_Loaded(object sender, RoutedEventArgs e)
        {
            // 온도 초기화
            tbx_Temp.Text = String.Format("온도 : {0:f1 }", "0");
            // 습도 초기화
            tbx_Humi.Text = String.Format("습도 : {0:f1 }", "0");
            // 현재 시간 초기화
            tbx_DateTime.Text = DateTime.Now.ToString("yyyy-MM-dd HH:mm:ss");
        }
    }
}
```

13.5.5 실행

■ 실행하기 위해서는 메뉴바에 Debug ▾ ARM ▾ ▶ 원격 컴퓨터 ▾ 을 클릭하면 실행된다.

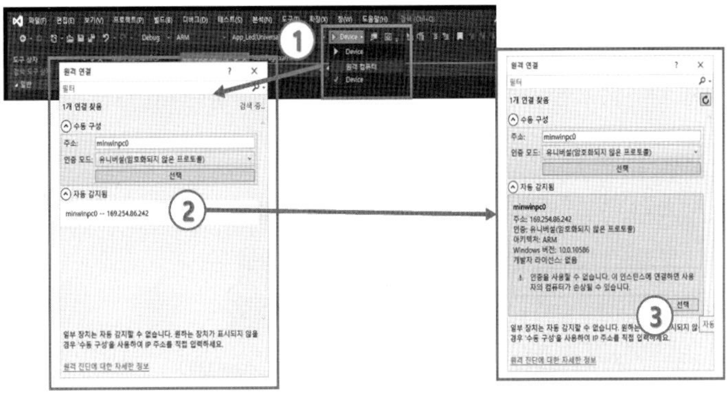

■ 실행 결과

13.6 초음파 센서 제어 (UWP_UltraSonic)

13.6.1 프로젝트 준비물

■ 라즈베리파이의 GPIO 핀을 활용한 초음파 센서 제어방식이다. 윈폼 기반으로 타이머를 통해서 초음파 센서의 인식 거리를 측정한다.

■ 하드웨어 구성

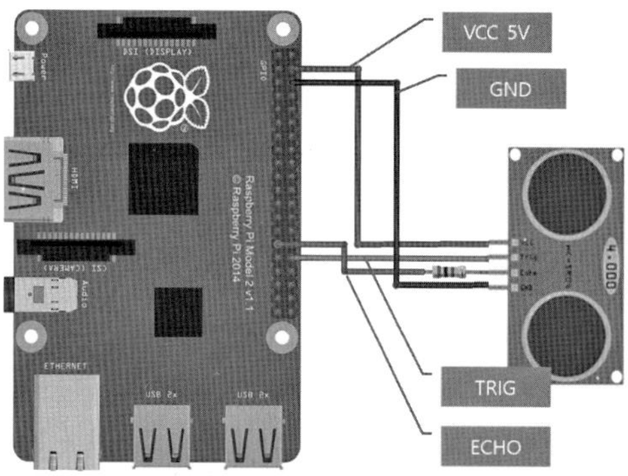

하드웨어 구성의 경우 라즈베리파이에 기본 Windows 10 IoT core OS가 설치한 후 해당 프로젝트를 진행할 수 있다.

■ 핀 구성

라즈베리파이 보드	핀
GPIO 12 (36 Pin)	ECHO
GPIO 5 (29 Pin)	TRIG
5V	⊕
GND	⊖

13.6.2 프로젝트 생성

■ Visual Studio 2019를 실행하면 다음과 같은 화면이 나온다.

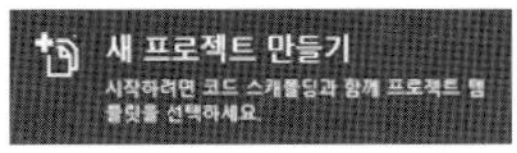

새 프로젝트 만들기를 선택한다.

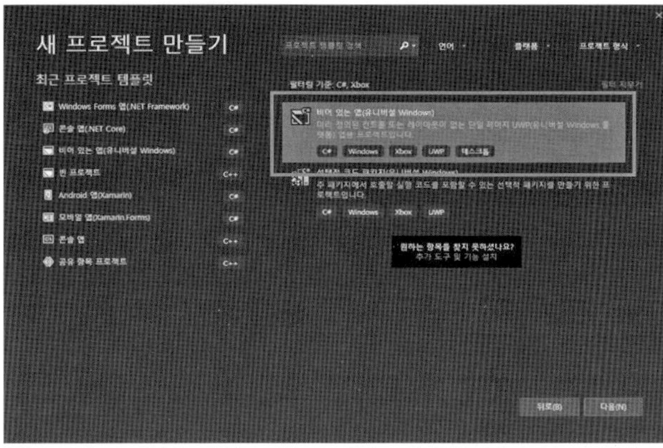

• 프로젝트 이름을 UWP_UltraSonic으로 정의한다.

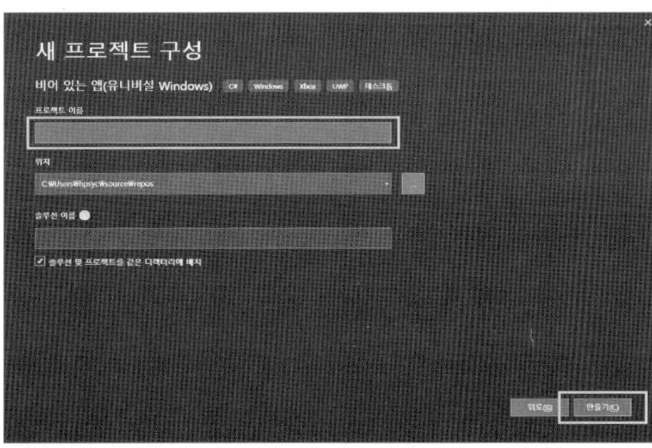

13.6.3 화면 디자인

■ 솔루션 탐색기에서 'MainPage.xaml'를 더블클릭하거나 마우스 오른쪽 클릭하면 디자이너 보기를 선택하면 디자인 화면이 출력된다.

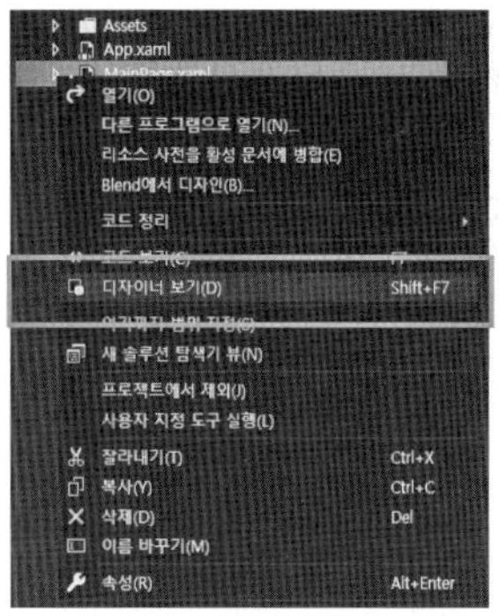

마우스 오른쪽 클릭 시 서브 메뉴가 나타난다.
이때 '디자이너 보기(D) Shift+F7' 선택하면 된다.

■ 디자인 화면이 나타난 후에는 반드시 IoT 디바이스 정의가 필요하다. 즉, 화면 해상도에 맞추는 과정이다. 지금 진행하고자 하는 화면 디자인의 경우 10인치 IoT Device(1024 x 768)로 선택하자.

■ 해상도를 정의한 후 화면 디자인에 TextBlock 컨트롤을 선택하여 화면에 마우스로 클릭해서 올려놓기로 한다.

■ TextBlock 컨트롤을 화면과 같이 디자인한다.

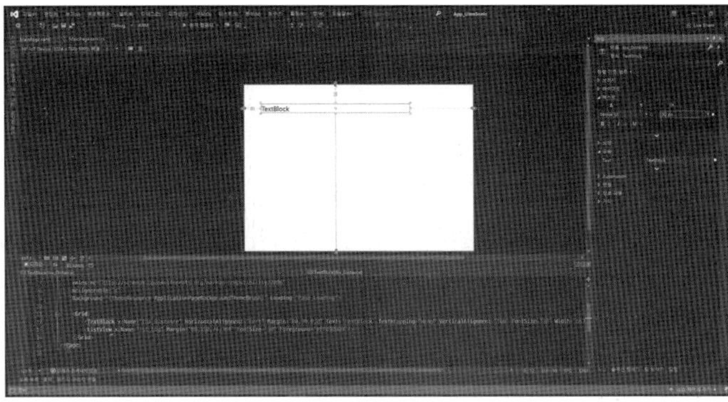

■ TextBlock 컨트롤의 속성에서 텍스트 글자 크기 값을 30 px로 설정한다.

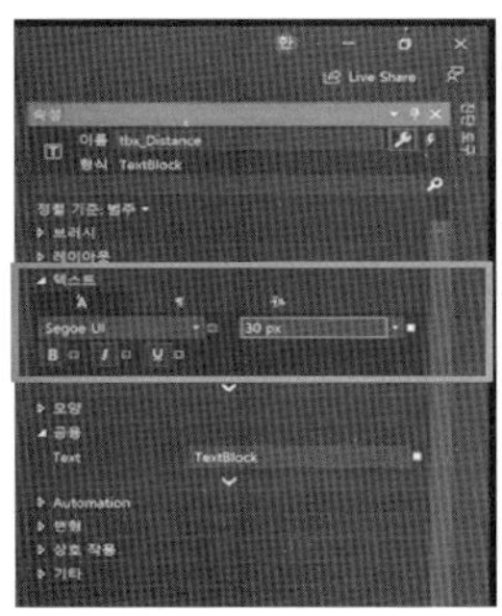

■ TextBlock 컨트롤의 속성에서 이름을 tbx_Distance로 설정한다.

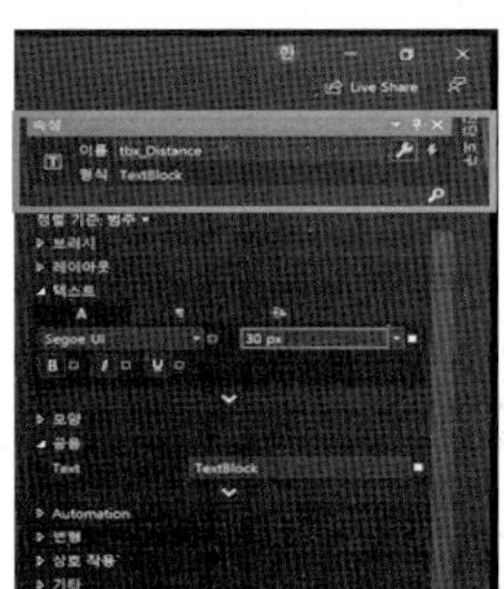

■ ListView 컨트롤의 속성에서 텍스트 글자 크기 값을 30 px로 설정한다.

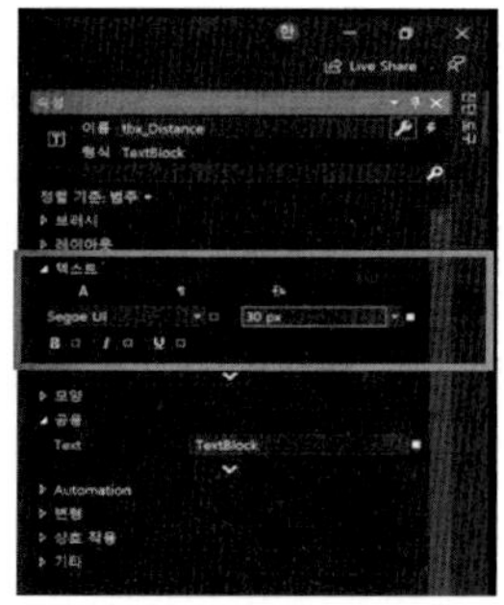

■ ListView 컨트롤의 속성에서 이름을 lst_Log로 설정한다.

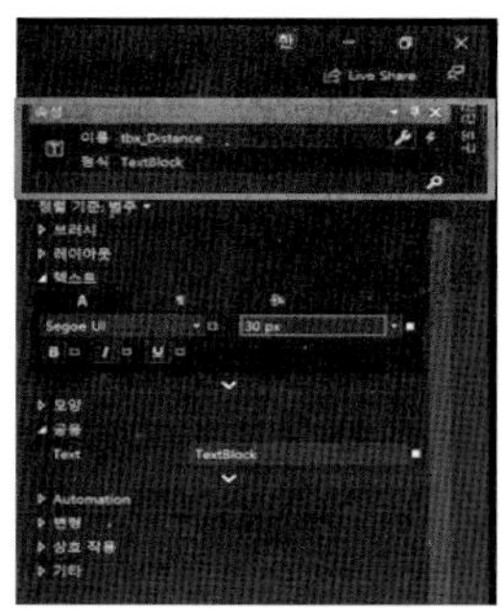

■ 디자인 화면은 다음과 같다.

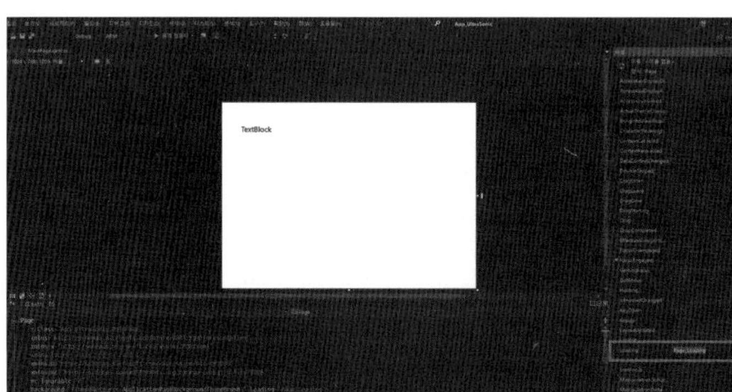

13.6.4 이벤트 정의

- 해당 페이지를 선택한 후 속성에서 이벤트를 선택하면 된다. 해당 이벤트 리스트에서 'Loading'에서 마우스를 더블클릭하면 소스 페이지가 나타난다.

- 소스 코딩에서 해당 위치에 커서가 자동으로 이동한다.

- 메인 프로그램 소스 (MainPage.cs)

```
using System;
using System.Collections.Generic;
using System.ComponentModel;
using System.IO;
using System.Linq;
using System.Runtime.InteropServices.WindowsRuntime;
using System.Threading.Tasks;
using Windows.Foundation;
using Windows.Foundation.Collections;
using Windows.UI.Core;
using Windows.UI.Xaml;
using Windows.UI.Xaml.Controls;
using Windows.UI.Xaml.Controls.Primitives;
using Windows.UI.Xaml.Data;
using Windows.UI.Xaml.Input;
using Windows.UI.Xaml.Media;
using Windows.UI.Xaml.Navigation;
namespace UWP_UltraSonic
{
   public sealed partial class MainPage : Page
   {
       private BackgroundWorker _worker;
       private CoreDispatcher _dispatcher;
       private bool _finish;
       private UltrasonicDistanceSensor ultrasonicDistanceSensor = new
                                 UltrasonicDistanceSensor(12, 5);
       public MainPage()
       {
           this.InitializeComponent();
           Loaded += MainPage_Loaded;
           Unloaded += MainPage_Unloaded;
       }
       private void MainPage_Loaded(object sender, Windows.UI.Xaml.RoutedEventArgs e)
       {
           _dispatcher = CoreWindow.GetForCurrentThread().Dispatcher;
           _worker = new BackgroundWorker();
```

```
            _worker.DoWork += DoWork;
            _worker.RunWorkerAsync();
        }
        private void MainPage_Unloaded(object sender, Windows.UI.Xaml.RoutedEventArgs e)
        {
            _finish = true;
        }
        private async void DoWork(object sender, DoWorkEventArgs e)
        {
            while (!_finish)
            {
                await Task.Delay(50);
                var distance = await ultrasonicDistanceSensor.
                               GetDistanceInCmAsync(1000);
                await WriteText($"Distance: {distance} cm ");
                await WriteLog($"Obstacle found at {distance} cm or less.");
                if (distance > 35)
                {
                    continue;
                }
            }
        }
        private async Task WriteLog(string text)
        {
            await _dispatcher.RunAsync(CoreDispatcherPriority.Normal, () =>
            {
                //lst_Log.Text += $"{text} ¦ ";

                if (lst_Log.Items.Count > 10)
                    lst_Log.Items.Clear();

                lst_Log.Items.Add($"{text}");
                lst_Log.SelectedIndex = lst_Log.Items.Count - 1;
            });
        }
        private async Task WriteText(string text)
        {
            await _dispatcher.RunAsync(CoreDispatcherPriority.Normal, () =>
            {
tbx_Distance.Text = $"{text}";
            });
        }
        private void Page_Loading(FrameworkElement sender, object args)
        {
        }
    }
}
```

■ 솔루션 탐색기에서 해당 프로젝트를 선택한 후 마우스 오른쪽 버튼은 클릭하면 세부 메뉴가 나타난다.

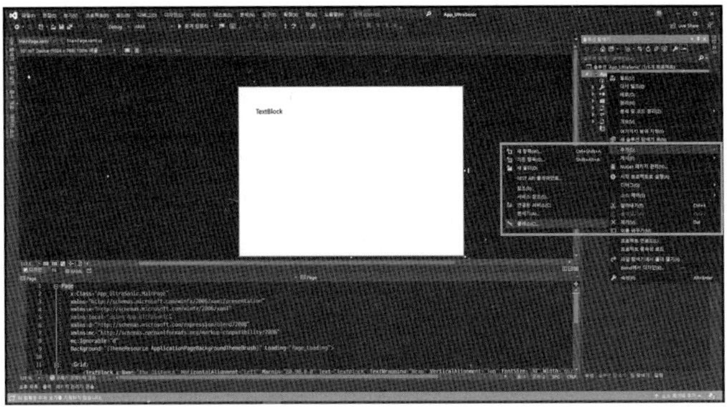

■ 세부 메뉴 하위에서 '추가(D)'를 선택하면 상세 메뉴가 나타난다.

■ 세부 메뉴 하위에서 '추가(D)'를 선택하면 상세 메뉴가 나타난다. 해당 메뉴에서 '클래스(C)'를 클릭한다.

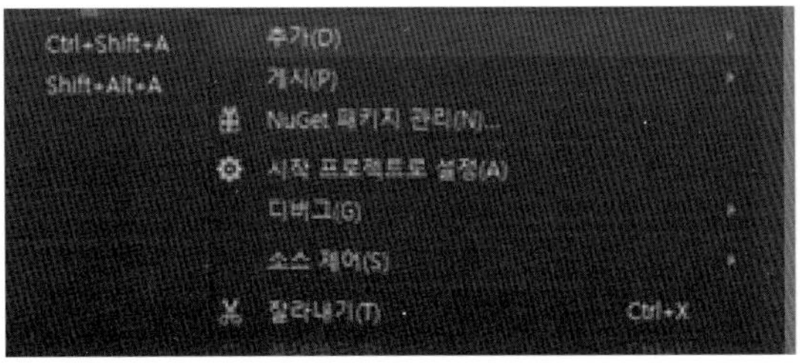

■ 새 항목 추가로 클래스를 생성할 수 있다. HCSR04.cs 이름을 입력한다.

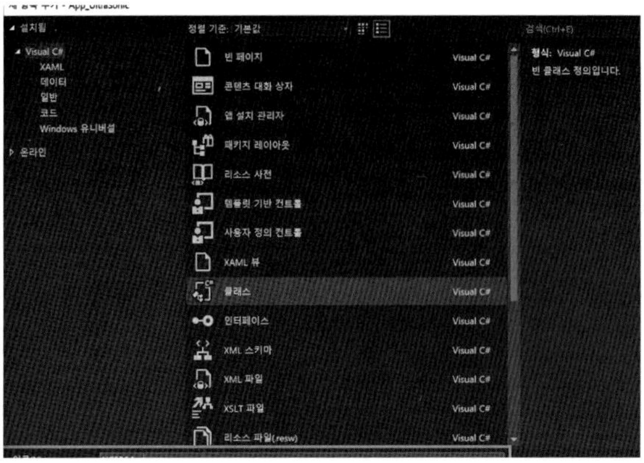

■ HCSR04 클래스 라이브러리 소스 (HCSR04.cs)

```
using System;
using System.Collections.Generic;
using System.Linq;
using System.Text;
using System.Threading.Tasks;
using System.Diagnostics;
using Windows.Devices.Gpio;

namespace UWP_UltraSonic
{
   public class UltrasonicDistanceSensor
   {
       // GPIO 핀 Trig 선언
       private readonly GpioPin _gpioPinTrig;
       // GPIO 핀 Echo 선언
       private readonly GpioPin _gpioPinEcho;
       // Stop Watch  선언
       private readonly Stopwatch _stopwatch;
       // 배 정밀도 소숫점으로 거리 선언
       private double? _distance;
       // 초음파 거리센서 초기화
       public UltrasonicDistanceSensor(int trigGpioPin, int echoGpioPin)
       {
           // Stop Watch 생성
           _stopwatch = new Stopwatch();
           // GPIO 콘트롤러 정의
           var gpio = GpioController.GetDefault();
           // GPIO 핀 Trig 설정
           _gpioPinTrig = gpio.OpenPin(trigGpioPin);
```

```
        // GPIO 핀 Echo 설정
        _gpioPinEcho = gpio.OpenPin(echoGpioPin);
        // GPIO 핀 출력모드 정의
        _gpioPinTrig.SetDriveMode(GpioPinDriveMode.Output);
        // GPIO 핀 출력모드 정의
        _gpioPinEcho.SetDriveMode(GpioPinDriveMode.Input);
        _gpioPinTrig.Write(GpioPinValue.Low);
        // GPIO의 Echo 핀의 값이 변경될 경우의 이벤트 생성
        _gpioPinEcho.ValueChanged += GpioPinEcho_ValueChanged;
    }
    private void GpioPinEcho_ValueChanged(GpioPin sender,
                                GpioPinValueChangedEventArgs args)
    {
        _distance = _stopwatch.ElapsedMilliseconds * 34.3 / 2.0;
    }
    public async Task<double> GetDistanceInCmAsync(int timeoutInMilliseconds)
    {
        _distance = null;
        try
        {
            _stopwatch.Reset();
            // turn on the pulse
            _gpioPinTrig.Write(GpioPinValue.High);
            await Task.Delay(TimeSpan.FromMilliseconds(10));
            _gpioPinTrig.Write(GpioPinValue.Low);

            _stopwatch.Start();
            for (var i = 0; i < timeoutInMilliseconds / 100; i++)
            {
                if (_distance.HasValue)
                    return _distance.Value;
                await Task.Delay(TimeSpan.FromMilliseconds(100));
            }
        }
        finally
        {
            _stopwatch.Stop();
        }
        return double.MaxValue;
    }
  }
}
```

13.6.5 실행

■ 실행하기 위해서는 메뉴바에 Debug ▾ ARM ▾ ▶ 원격 컴퓨터 ▾을 클릭하면 실행된다.

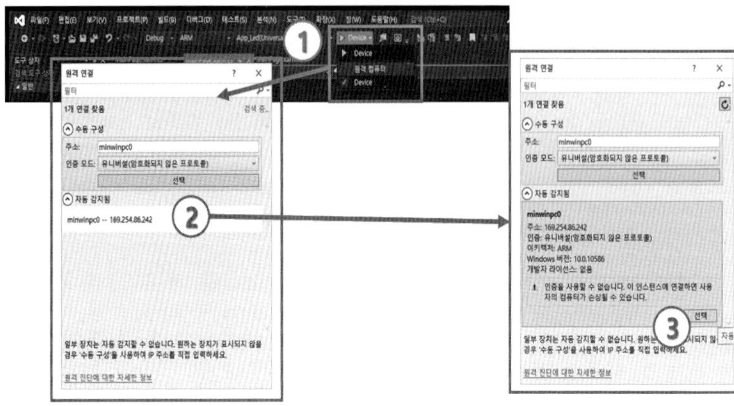

■ 실행 결과

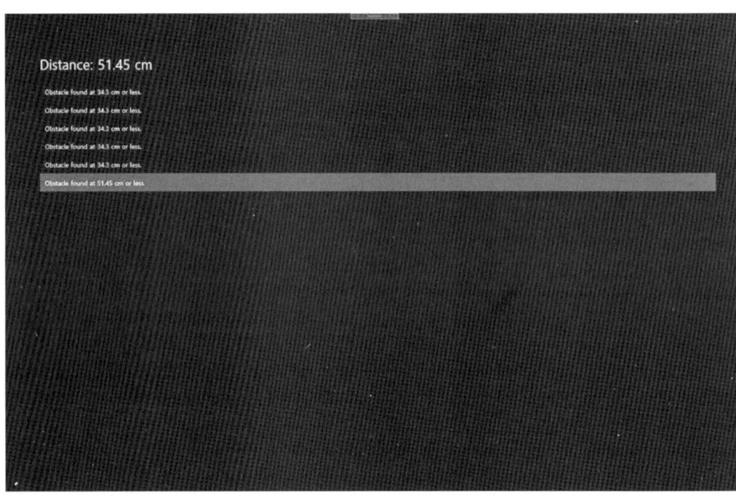

13.7 7Segment [FND_4Digit] 제어 (UWP_FND)

13.7.1 프로젝트 준비물

- 라즈베리파이의 GPIO 핀을 활용한 FND 제어 방식이다. 윈폼에서 해당 숫자의 버튼을 클릭하면 FND 4 Digit에 선택한 숫자가 동시에 4개 출력이 가능하도록 한다.

- 하드웨어 구성

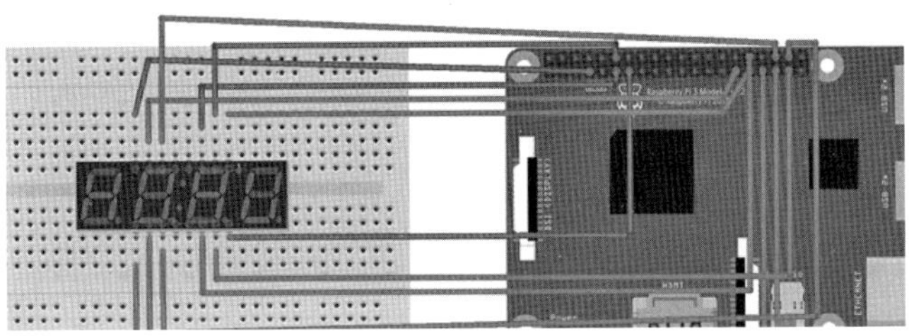

하드웨어 구성의 경우 라즈베리파이에 기본 Windows 10 IoT core OS가 설치한 후 해당 프로젝트를 진행할 수 있다.

- 핀 구성

라즈베리파이 보드	핀
GPIO 4 (7 Pin)	COM1
GPIO 17 (11 Pin)	COM2
GPIO 18 (12 Pin)	COM3
GPIO 27 (13 Pin)	COM4
GPIO 5 (29 Pin)	A
GPIO 6 (31 Pin)	B
GPIO 12 (32 Pin)	C
GPIO 13 (33 Pin)	D
GPIO 19 (35 Pin)	E
GPIO 16 (36 Pin)	F
GPIO 26 (37 Pin)	G
GPIO 20 (38 Pin)	H

13.7.2 프로젝트 생성

■ Visual Studio 2019를 실행하면 다음과 같은 화면이 나온다.

새 프로젝트 만들기를 선택한다.

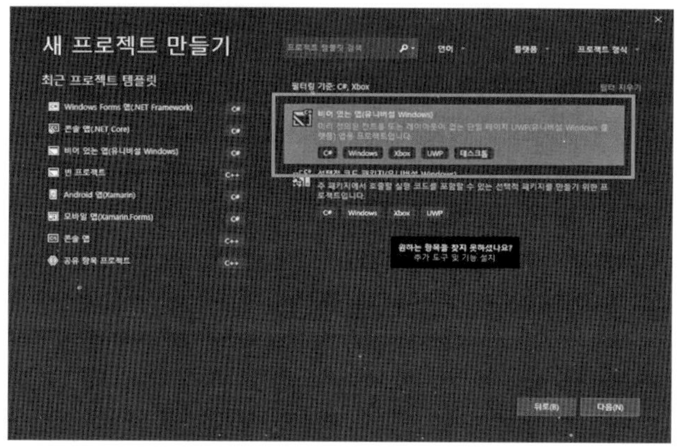

• 프로젝트 이름을 UWP_FND로 정의한다.

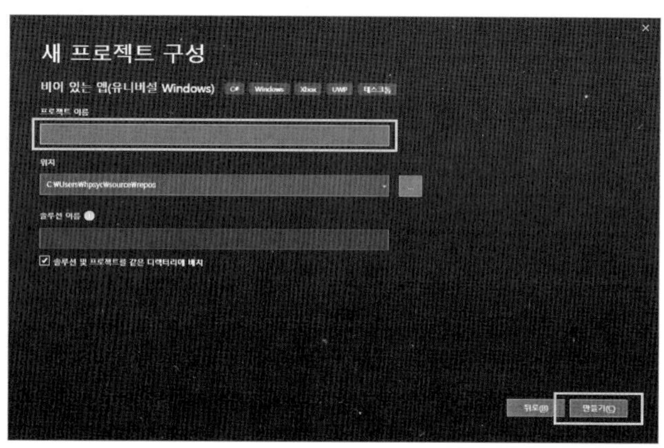

13.7.3 화면 디자인

- 솔루션 탐색기에서 'MainPage.xaml'를 더블클릭하거나 마우스 오른쪽 클릭하면 디자이너 보기를 선택하면 디자인 화면이 출력된다.

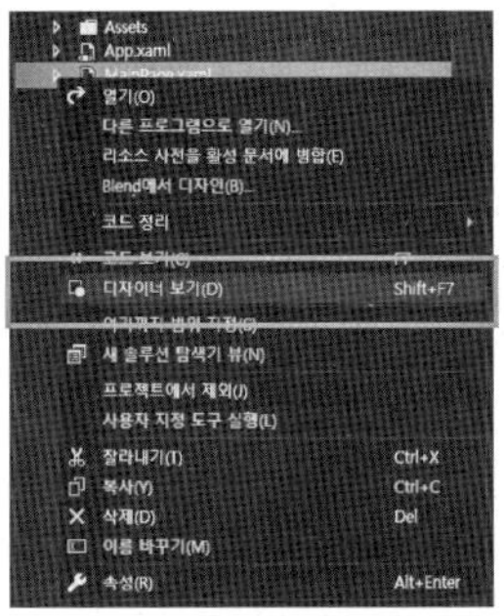

마우스 오른쪽 클릭 시 서브 메뉴가 나타난다.
이때 '디자이너 보기(D) Shift+F7' 선택하면 된다.

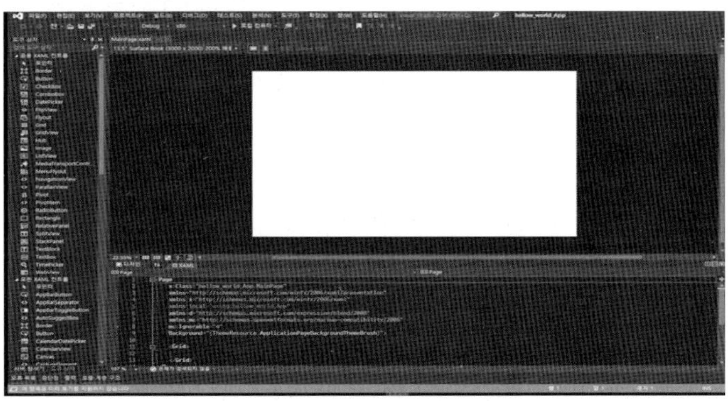

- 디자인 화면이 나타난 후에는 반드시 IoT 디바이스 정의가 필요하다. 즉, 화면 해상도에 맞추는 과정이다. 지금 진행하고자 하는 화면 디자인의 경우 10인치 IoT Device(1024 x 768)로 선택하자.

- 해상도를 정의한 후 화면 디자인에 Button을 선택하여 화면 디자인에 마우스로 클릭해서 올려놓기로 한다. 해당 위치에 맞춰 디자인한다.

■ 다음과 같이 화면 디자인을 한다.

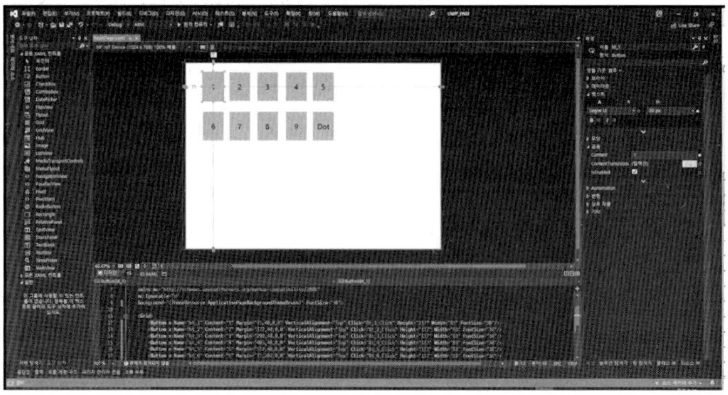

■ 1~ 9개의 버튼과 Dot 버튼을 화면에 디자인을 해 보자.

■ 각 버튼 속성 창에서 버튼의 이름을 btn_1 ~ btn_9로 정의한다.

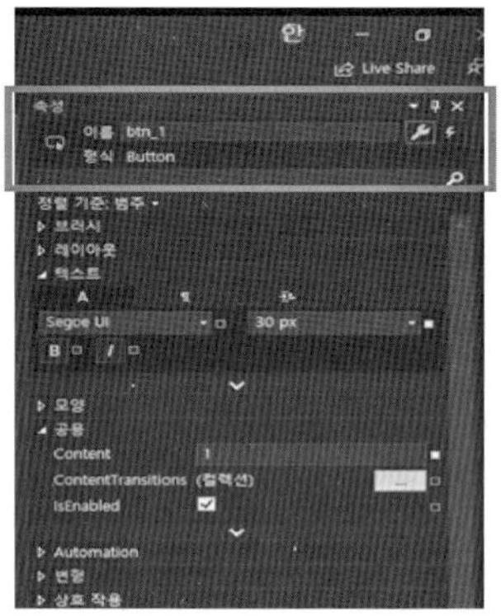

■ 각 버튼 속성 창에서 버튼의 텍스트 사이즈 30 px로 정의한다.

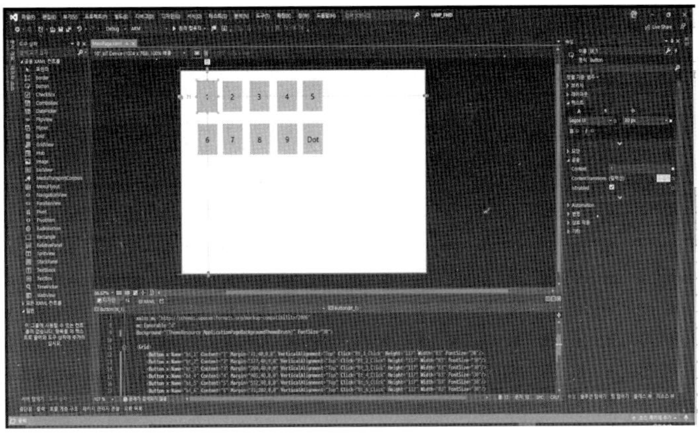

13.7.4 이벤트 정의

- 해당 페이지를 선택한 후 속성에서 이벤트를 선택하면 된다. 버튼 이벤트 리스트에서 'Click'에서 마우스를 더블클릭하면 소스 페이지가 나타난다.

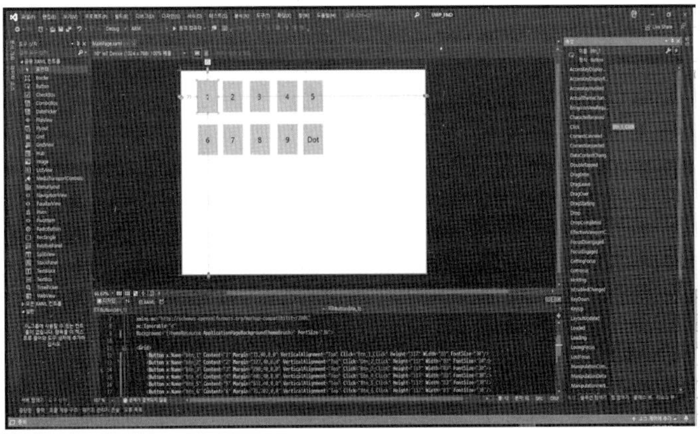

- 다른 버튼 이벤트 리스트에서 'Click'에서 마우스를 더블클릭하면서 이벤트 생성하도록 정의하면 된다.

■ 메인 프로그램 소스 (MainPage.cs)

```
using System;
using System.Collections.Generic;
using System.IO;
using System.Linq;
using System.Runtime.InteropServices.WindowsRuntime;
using Windows.Foundation;
using Windows.Foundation.Collections;
using Windows.UI.Xaml;
using Windows.UI.Xaml.Controls;
using Windows.UI.Xaml.Controls.Primitives;
using Windows.UI.Xaml.Data;
using Windows.UI.Xaml.Input;
using Windows.UI.Xaml.Media;
using Windows.UI.Xaml.Navigation;
using Windows.Devices.Gpio;

namespace UWP_FND
{
    public sealed partial class MainPage : Page
    {
        GpioController gpio = GpioController.GetDefault();
        GpioPin Com1pin;
        GpioPin Com2pin;
        GpioPin Com3pin;
        GpioPin Com4pin;
        GpioPin Apin;
        GpioPin Bpin;
        GpioPin Cpin;
        GpioPin Dpin;
        GpioPin Epin;
        GpioPin Fpin;
        GpioPin Gpin;
        GpioPin Hpin;
        public MainPage()
        {
            this.InitializeComponent();
            InitGpio();
        }
        private void InitGpio()
        {
            int Com1 = 4, Com2 = 17, Com3 = 18, Com4 = 27;
            int A = 5, B = 6, C = 12, D = 13, E = 19, F = 16, G = 26, H = 20;
            Com1pin = gpio.OpenPin(Com1);
            Com2pin = gpio.OpenPin(Com2);
            Com3pin = gpio.OpenPin(Com3);
```

```
        Com4pin = gpio.OpenPin(Com4);
        Apin = gpio.OpenPin(A);
        Bpin = gpio.OpenPin(B);
        Cpin = gpio.OpenPin(C);
        Dpin = gpio.OpenPin(D);
        Epin = gpio.OpenPin(E);
        Fpin = gpio.OpenPin(F);
        Gpin = gpio.OpenPin(G);
        Hpin = gpio.OpenPin(H);
        Com1pin.Write(GpioPinValue.High);
        Com2pin.Write(GpioPinValue.High);
        Com3pin.Write(GpioPinValue.High);
        Com4pin.Write(GpioPinValue.High);
        Apin.Write(GpioPinValue.Low);
        Bpin.Write(GpioPinValue.Low);
        Cpin.Write(GpioPinValue.Low);
        Dpin.Write(GpioPinValue.Low);
        Epin.Write(GpioPinValue.Low);
        Fpin.Write(GpioPinValue.Low);
        Gpin.Write(GpioPinValue.Low);
        Hpin.Write(GpioPinValue.Low);
        Com1pin.SetDriveMode(GpioPinDriveMode.Output);
        Com2pin.SetDriveMode(GpioPinDriveMode.Output);
        Com3pin.SetDriveMode(GpioPinDriveMode.Output);
        Com4pin.SetDriveMode(GpioPinDriveMode.Output);
        Apin.SetDriveMode(GpioPinDriveMode.Output);
        Bpin.SetDriveMode(GpioPinDriveMode.Output);
        Cpin.SetDriveMode(GpioPinDriveMode.Output);
        Dpin.SetDriveMode(GpioPinDriveMode.Output);
        Epin.SetDriveMode(GpioPinDriveMode.Output);
        Fpin.SetDriveMode(GpioPinDriveMode.Output);
        Gpin.SetDriveMode(GpioPinDriveMode.Output);
        Hpin.SetDriveMode(GpioPinDriveMode.Output);
    }
    private void Btn_1_Click(object sender, RoutedEventArgs e)
    {
        Com1pin.Write(GpioPinValue.Low);
        Com2pin.Write(GpioPinValue.Low);
        Com3pin.Write(GpioPinValue.Low);
        Com4pin.Write(GpioPinValue.Low);
        Apin.Write(GpioPinValue.Low);
        Bpin.Write(GpioPinValue.High);
        Cpin.Write(GpioPinValue.High);
        Dpin.Write(GpioPinValue.Low);
        Epin.Write(GpioPinValue.Low);
        Fpin.Write(GpioPinValue.Low);
        Gpin.Write(GpioPinValue.Low);
```

```
        Hpin.Write(GpioPinValue.Low);
    }
    private void Btn_2_Click(object sender, RoutedEventArgs e)
    {
        Com1pin.Write(GpioPinValue.Low);
        Com2pin.Write(GpioPinValue.Low);
        Com3pin.Write(GpioPinValue.Low);
        Com4pin.Write(GpioPinValue.Low);
        Apin.Write(GpioPinValue.High);
        Bpin.Write(GpioPinValue.High);
        Cpin.Write(GpioPinValue.Low);
        Dpin.Write(GpioPinValue.High);
        Epin.Write(GpioPinValue.High);
        Fpin.Write(GpioPinValue.Low);
        Gpin.Write(GpioPinValue.High);
        Hpin.Write(GpioPinValue.Low);
    }
    private void Btn_3_Click(object sender, RoutedEventArgs e)
    {
        Com1pin.Write(GpioPinValue.Low);
        Com2pin.Write(GpioPinValue.Low);
        Com3pin.Write(GpioPinValue.Low);
        Com4pin.Write(GpioPinValue.Low);
        Apin.Write(GpioPinValue.High);
        Bpin.Write(GpioPinValue.High);
        Cpin.Write(GpioPinValue.High);
        Dpin.Write(GpioPinValue.High);
        Epin.Write(GpioPinValue.Low);
        Fpin.Write(GpioPinValue.Low);
        Gpin.Write(GpioPinValue.High);
        Hpin.Write(GpioPinValue.Low);
    }
    private void Btn_4_Click(object sender, RoutedEventArgs e)
    {
        Com1pin.Write(GpioPinValue.Low);
        Com2pin.Write(GpioPinValue.Low);
        Com3pin.Write(GpioPinValue.Low);
        Com4pin.Write(GpioPinValue.Low);
        Apin.Write(GpioPinValue.Low);
        Bpin.Write(GpioPinValue.High);
        Cpin.Write(GpioPinValue.High);
        Dpin.Write(GpioPinValue.Low);
        Epin.Write(GpioPinValue.Low);
        Fpin.Write(GpioPinValue.High);
        Gpin.Write(GpioPinValue.High);
        Hpin.Write(GpioPinValue.Low);
    }
```

```
private void Btn_5_Click(object sender, RoutedEventArgs e)
{
    Com1pin.Write(GpioPinValue.Low);
    Com2pin.Write(GpioPinValue.Low);
    Com3pin.Write(GpioPinValue.Low);
    Com4pin.Write(GpioPinValue.Low);
    Apin.Write(GpioPinValue.High);
    Bpin.Write(GpioPinValue.Low);
    Cpin.Write(GpioPinValue.High);
    Dpin.Write(GpioPinValue.High);
    Epin.Write(GpioPinValue.Low);
    Fpin.Write(GpioPinValue.High);
    Gpin.Write(GpioPinValue.High);
    Hpin.Write(GpioPinValue.Low);
}
private void Btn_6_Click(object sender, RoutedEventArgs e)
{
    Com1pin.Write(GpioPinValue.Low);
    Com2pin.Write(GpioPinValue.Low);
    Com3pin.Write(GpioPinValue.Low);
    Com4pin.Write(GpioPinValue.Low);
    Apin.Write(GpioPinValue.High);
    Bpin.Write(GpioPinValue.Low);
    Cpin.Write(GpioPinValue.High);
    Dpin.Write(GpioPinValue.High);
    Epin.Write(GpioPinValue.High);
    Fpin.Write(GpioPinValue.High);
    Gpin.Write(GpioPinValue.High);
    Hpin.Write(GpioPinValue.Low);
}
private void Btn_7_Click(object sender, RoutedEventArgs e)
{
    Com1pin.Write(GpioPinValue.Low);
    Com2pin.Write(GpioPinValue.Low);
    Com3pin.Write(GpioPinValue.Low);
    Com4pin.Write(GpioPinValue.Low);
    Apin.Write(GpioPinValue.High);
    Bpin.Write(GpioPinValue.High);
    Cpin.Write(GpioPinValue.High);
    Dpin.Write(GpioPinValue.Low);
    Epin.Write(GpioPinValue.Low);
    Fpin.Write(GpioPinValue.High);
    Gpin.Write(GpioPinValue.Low);
    Hpin.Write(GpioPinValue.Low);
}
private void Btn_8_Click(object sender, RoutedEventArgs e)
{
```

```
            Com1pin.Write(GpioPinValue.Low);
            Com2pin.Write(GpioPinValue.Low);
            Com3pin.Write(GpioPinValue.Low);
            Com4pin.Write(GpioPinValue.Low);
            Apin.Write(GpioPinValue.High);
            Bpin.Write(GpioPinValue.High);
            Cpin.Write(GpioPinValue.High);
            Dpin.Write(GpioPinValue.High);
            Epin.Write(GpioPinValue.High);
            Fpin.Write(GpioPinValue.High);
            Gpin.Write(GpioPinValue.High);
            Hpin.Write(GpioPinValue.Low);
        }
        private void Btn_9_Click(object sender, RoutedEventArgs e)
        {
            Com1pin.Write(GpioPinValue.Low);
            Com2pin.Write(GpioPinValue.Low);
            Com3pin.Write(GpioPinValue.Low);
            Com4pin.Write(GpioPinValue.Low);
            Apin.Write(GpioPinValue.High);
            Bpin.Write(GpioPinValue.High);
            Cpin.Write(GpioPinValue.High);
            Dpin.Write(GpioPinValue.High);
            Epin.Write(GpioPinValue.Low);
            Fpin.Write(GpioPinValue.High);
            Gpin.Write(GpioPinValue.High);
            Hpin.Write(GpioPinValue.Low);
        }
        private void Btn_dot_Click(object sender, RoutedEventArgs e)
        {
            Com1pin.Write(GpioPinValue.Low);
            Com2pin.Write(GpioPinValue.Low);
            Com3pin.Write(GpioPinValue.Low);
            Com4pin.Write(GpioPinValue.Low);
            Apin.Write(GpioPinValue.Low);
            Bpin.Write(GpioPinValue.Low);
            Cpin.Write(GpioPinValue.Low);
            Dpin.Write(GpioPinValue.Low);
            Epin.Write(GpioPinValue.Low);
            Fpin.Write(GpioPinValue.Low);
            Gpin.Write(GpioPinValue.Low);
            Hpin.Write(GpioPinValue.High);
        }
    }
}
```

13.7.5 실행

■ 실행하기 위해서는 메뉴바에 Debug ▾ ARM ▾ ▶ 원격 컴퓨터 ▾ 을 클릭하면 실행된다.

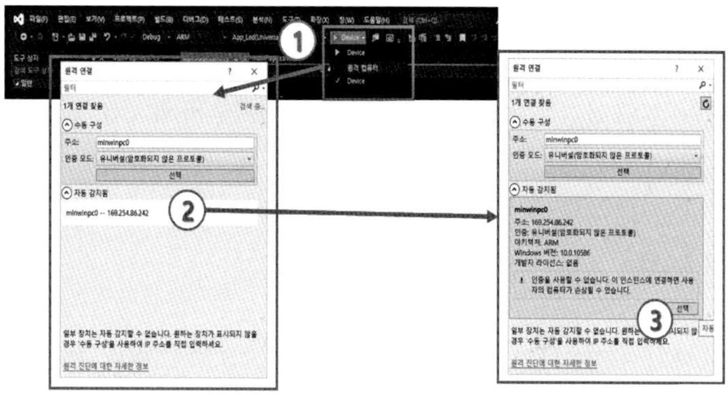

■ 실행 결과

■ 해당 FND에서 해당 숫자의 버튼을 클릭하면 동작한다.

13.8 타이머를 이용한 7Segment [FND_4Digit] 제어 (UWP_FND_TIMER)

13.8.1 프로젝트 준비물

■ 라즈베리파이의 GPIO 핀을 활용한 FND 제어 방식이다. 윈폼에서 시작버튼을 클릭하면 카운터되도록 FND 4 Digit에 숫자가 동시에 4개 출력되며 카운터 기능을 구현한다.

■ 하드웨어 구성

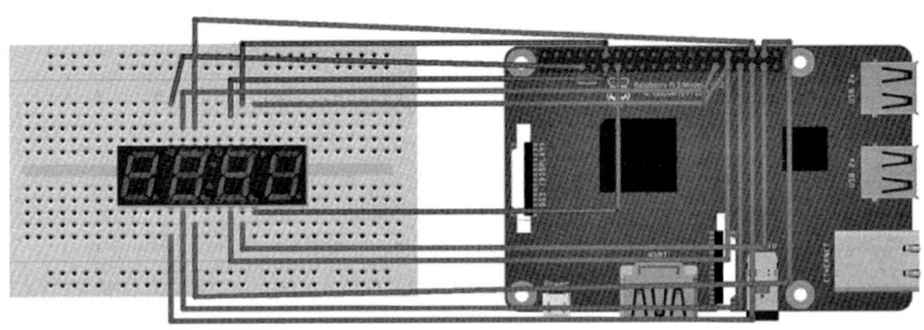

하드웨어 구성의 경우 라즈베리파이에 기본 Windows 10 IoT core OS가 설치한 후 해당 프로젝트를 진행할 수 있다.

■ 핀 구성

라즈베리파이 보드	핀
GPIO 4 (7 Pin)	COM1
GPIO 17 (11 Pin)	COM2
GPIO 18 (12 Pin)	COM3
GPIO 27 (13 Pin)	COM4
GPIO 5 (29 Pin)	A
GPIO 6 (31 Pin)	B
GPIO 12 (32 Pin)	C
GPIO 13 (33 Pin)	D
GPIO 19 (35 Pin)	E
GPIO 16 (36 Pin)	F
GPIO 26 (37 Pin)	G
GPIO 20 (38 Pin)	H

13.8.2 프로젝트 생성

■ Visual Studio 2019를 실행하면 다음과 같은 화면이 나온다.

새 프로젝트 만들기를 선택한다.

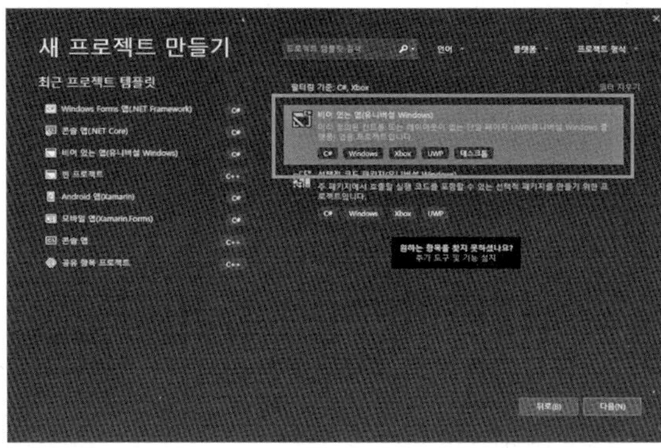

• 프로젝트 이름을 UWP_FND_TIMER 로 정의한다.

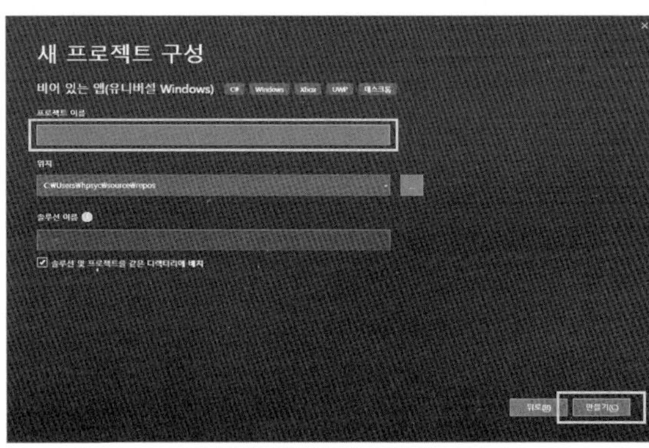

13.8.3 화면 디자인

■ 솔루션 탐색기에서 'MainPage.xaml'를 더블클릭하거나 마우스 오른쪽 클릭하면 디자이너 보기를 선택하면 디자인 화면이 출력된다.

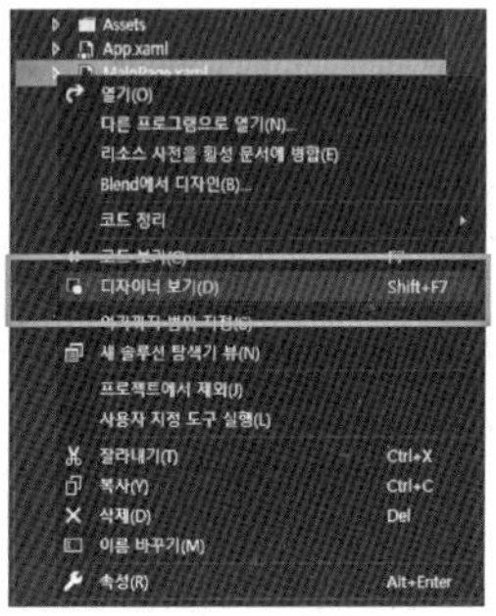

마우스 오른쪽 클릭 시 서브 메뉴가 나타난다.
이때 '**디자이너 보기(D) Shift+F7**' 선택하면 된다.

■ 디자인 화면이 나타난 후에는 반드시 IoT 디바이스 정의가 필요하다. 즉, 화면 해상도에 맞추는 과정이다. 지금 진행하고자 하는 화면 디자인의 경우 10인치 IoT Device(1024 x 768)로 선택하자.

■ 해상도를 정의한 후 화면 디자인에 Button을 선택하여 화면 디자인에 마우스로 클릭해서 올려놓기로 한다. 해당 위치에 맞춰 디자인한다.

■ 다음과 같이 화면 디자인을 한다.

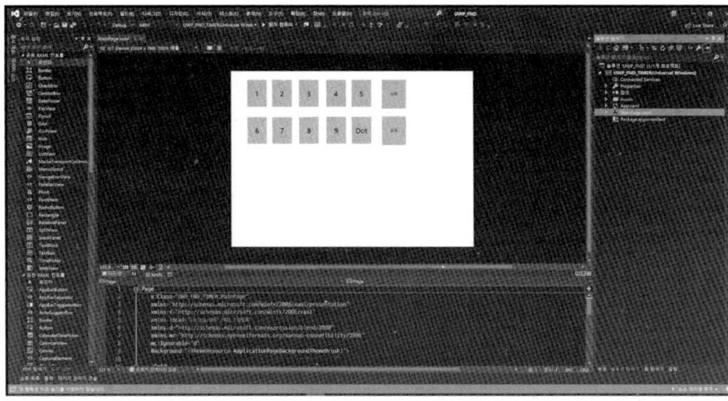

■ 1~9개의 버튼과 Dot 버튼, 시작, 중지 버튼을 화면에 디자인을 해 보자.

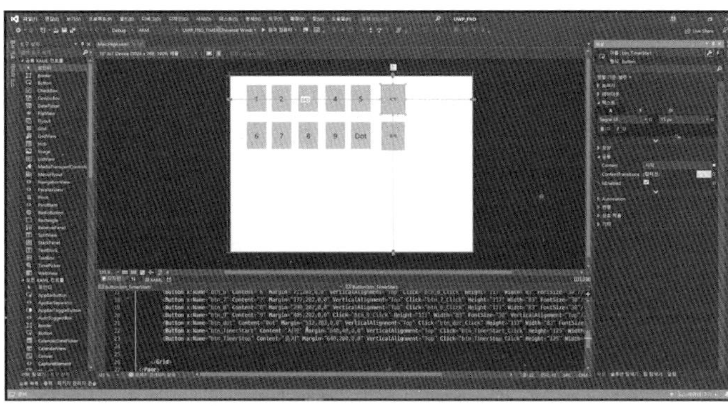

■ 각 버튼 속성 창에서 버튼의 이름을 btn_1 ~ btn_9로 정의한다.

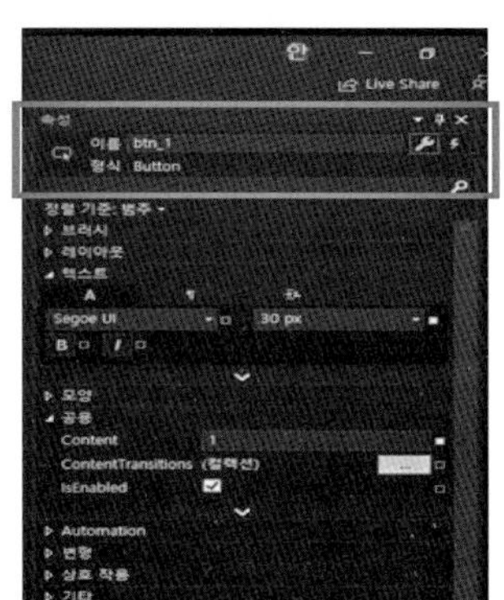

■ 각 버튼 속성 창에서 버튼의 텍스트 사이즈 30 px로 정의한다.

■ 시작 버튼 속성 창에서 버튼의 ①이름을 tbn_TimerStart로 입력한다.

■ 시작 버튼 속성 창을 ②의 텍스트 폰트를 15 px로 정의한다.

■ 중지 버튼 속성 창에서 버튼의 ①이름을 tbn_TimerStop으로 입력한다.

■ 중지 버튼 속성 창을 ②의 텍스트 폰트를 15 px로 정의한다.

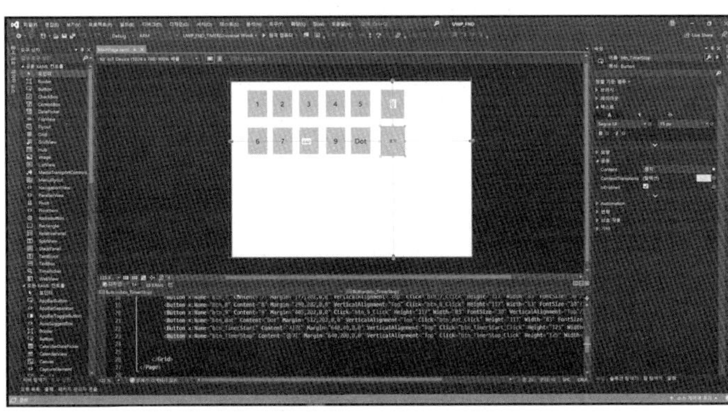

13.8.4 이벤트 정의

■ 해당 페이지를 선택한 후 속성에서 이벤트를 선택하면 된다. 버튼 이벤트 리스트에서 'Click'에서 마우스를 더블클릭하면 소스 페이지가 나타난다.

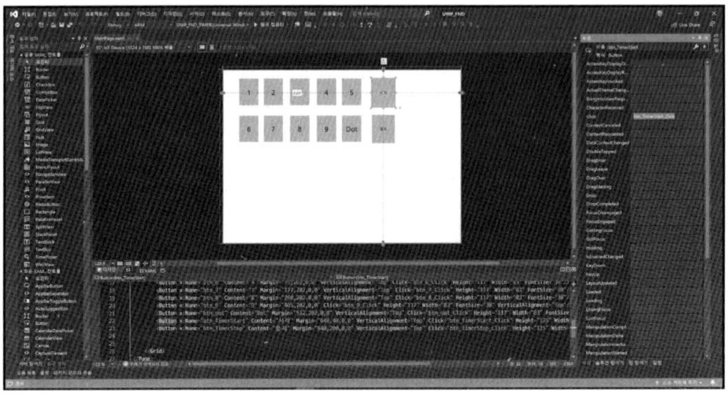

■ 다른 버튼 이벤트 리스트에서 'Click'에서 마우스를 더블클릭하면서 이벤트 생성하도록 정의하면 된다.

■ 메인 프로그램 소스 (MainPage.cs)

```
using System;
using System.Collections.Generic;
using System.IO;
using System.Linq;
using System.Runtime.InteropServices.WindowsRuntime;
using Windows.Devices.Gpio;
using Windows.Foundation;
using Windows.Foundation.Collections;
using Windows.UI.Xaml;
using Windows.UI.Xaml.Controls;
using Windows.UI.Xaml.Controls.Primitives;
using Windows.UI.Xaml.Data;
using Windows.UI.Xaml.Input;
using Windows.UI.Xaml.Media;
using Windows.UI.Xaml.Navigation;
namespace UWP_FND_TIMER
{
    public sealed partial class MainPage : Page
    {
        GpioController gpio = GpioController.GetDefault();
        GpioPin Com1pin;
        GpioPin Com2pin;
```

```
GpioPin Com3pin;
GpioPin Com4pin;
GpioPin Apin;
GpioPin Bpin;
GpioPin Cpin;
GpioPin Dpin;
GpioPin Epin;
GpioPin Fpin;
GpioPin Gpin;
GpioPin Hpin;
private DispatcherTimer tm = new DispatcherTimer();
private int iNo = 0;
public MainPage()
{
    this.InitializeComponent();
    InitGpio();
    SetNumberInit();
    tm.Tick += Tm_Tick;
    tm.Interval = TimeSpan.FromMilliseconds(1000);
}
// 타이머 이벤트 동작
private void Tm_Tick(object sender, object e)
{
    //throw new NotImplementedException();
    iNo++;
    switch(iNo)
    {
        case 1: SetNo1(); break;
        case 2: SetNo2(); break;
        case 3: SetNo3(); break;
        case 4: SetNo4(); break;
        case 5: SetNo5(); break;
        case 6: SetNo6(); break;
        case 7: SetNo7(); break;
        case 8: SetNo8(); break;
        case 9: SetNo9(); iNo = 0; break;
    }
}
// GPIO 초기화
private void InitGpio()
{
    // 변수를 이용하여 GPIO 핀 정보 정의
    int Com1 = 4, Com2 = 17, Com3 = 18, Com4 = 27;
    // 변수를 이용하여 GPIO 핀 정보 정의
    int A = 5, B = 6, C = 12, D = 13, E = 19, F = 16, G = 26, H = 20;
    // GPIO 핀 초기 및 오픈
    Com1pin = gpio.OpenPin(Com1);
    Com2pin = gpio.OpenPin(Com2);
```

```
        Com3pin = gpio.OpenPin(Com3);
        Com4pin = gpio.OpenPin(Com4);
        Apin = gpio.OpenPin(A);
        Bpin = gpio.OpenPin(B);
        Cpin = gpio.OpenPin(C);
        Dpin = gpio.OpenPin(D);
        Epin = gpio.OpenPin(E);
        Fpin = gpio.OpenPin(F);
        Gpin = gpio.OpenPin(G);
        Hpin = gpio.OpenPin(H);
        // GPIO 핀 출력 초기화
        Com1pin.Write(GpioPinValue.High);
        Com2pin.Write(GpioPinValue.High);
        Com3pin.Write(GpioPinValue.High);
        Com4pin.Write(GpioPinValue.High);
        Apin.Write(GpioPinValue.Low);
        Bpin.Write(GpioPinValue.Low);
        Cpin.Write(GpioPinValue.Low);
        Dpin.Write(GpioPinValue.Low);
        Epin.Write(GpioPinValue.Low);
        Fpin.Write(GpioPinValue.Low);
        Gpin.Write(GpioPinValue.Low);
        Hpin.Write(GpioPinValue.Low);
        // GPIO 핀 출력 모드
        Com1pin.SetDriveMode(GpioPinDriveMode.Output);
        Com2pin.SetDriveMode(GpioPinDriveMode.Output);
        Com3pin.SetDriveMode(GpioPinDriveMode.Output);
        Com4pin.SetDriveMode(GpioPinDriveMode.Output);
        Apin.SetDriveMode(GpioPinDriveMode.Output);
        Bpin.SetDriveMode(GpioPinDriveMode.Output);
        Cpin.SetDriveMode(GpioPinDriveMode.Output);
        Dpin.SetDriveMode(GpioPinDriveMode.Output);
        Epin.SetDriveMode(GpioPinDriveMode.Output);
        Fpin.SetDriveMode(GpioPinDriveMode.Output);
        Gpin.SetDriveMode(GpioPinDriveMode.Output);
        Hpin.SetDriveMode(GpioPinDriveMode.Output);
    }
    // GPIO 핀 출력 초기화 선언
    private void SetNumberInit()
    {
        Com1pin.Write(GpioPinValue.Low);
        Com2pin.Write(GpioPinValue.Low);
        Com3pin.Write(GpioPinValue.Low);
        Com4pin.Write(GpioPinValue.Low);
    }
    // iValue 인자값에 따라 해당 함수 호출
    private void SetNo(int iValue)
    {
```

```
    switch(iValue)
    {
        case 1: SetNo1(); break;
        case 2: SetNo2(); break;
        case 3: SetNo3(); break;
        case 4: SetNo4(); break;
        case 5: SetNo5(); break;
        case 6: SetNo6(); break;
        case 7: SetNo7(); break;
        case 8: SetNo8(); break;
        case 9: SetNo9(); break;
        case -1: SetNoDot(); break;
    }
}
#region 숫자정의
private void SetNo1()
{
    Apin.Write(GpioPinValue.Low);
    Bpin.Write(GpioPinValue.High);
    Cpin.Write(GpioPinValue.High);
    Dpin.Write(GpioPinValue.Low);
    Epin.Write(GpioPinValue.Low);
    Fpin.Write(GpioPinValue.Low);
    Gpin.Write(GpioPinValue.Low);
    Hpin.Write(GpioPinValue.Low);
}
private void SetNo2()
{
    Apin.Write(GpioPinValue.High);
    Bpin.Write(GpioPinValue.High);
    Cpin.Write(GpioPinValue.Low);
    Dpin.Write(GpioPinValue.High);
    Epin.Write(GpioPinValue.High);
    Fpin.Write(GpioPinValue.Low);
    Gpin.Write(GpioPinValue.High);
    Hpin.Write(GpioPinValue.Low);
}
private void SetNo3()
{
    Apin.Write(GpioPinValue.High);
    Bpin.Write(GpioPinValue.High);
    Cpin.Write(GpioPinValue.High);
    Dpin.Write(GpioPinValue.High);
    Epin.Write(GpioPinValue.Low);
    Fpin.Write(GpioPinValue.Low);
    Gpin.Write(GpioPinValue.High);
    Hpin.Write(GpioPinValue.Low);
```

```
}
private void SetNo4()
{
    Apin.Write(GpioPinValue.Low);
    Bpin.Write(GpioPinValue.High);
    Cpin.Write(GpioPinValue.High);
    Dpin.Write(GpioPinValue.Low);
    Epin.Write(GpioPinValue.Low);
    Fpin.Write(GpioPinValue.High);
    Gpin.Write(GpioPinValue.High);
    Hpin.Write(GpioPinValue.Low);
}
private void SetNo5()
{
    Apin.Write(GpioPinValue.High);
    Bpin.Write(GpioPinValue.Low);
    Cpin.Write(GpioPinValue.High);
    Dpin.Write(GpioPinValue.High);
    Epin.Write(GpioPinValue.Low);
    Fpin.Write(GpioPinValue.High);
    Gpin.Write(GpioPinValue.High);
    Hpin.Write(GpioPinValue.Low);
}
private void SetNo6()
{
    Apin.Write(GpioPinValue.High);
    Bpin.Write(GpioPinValue.Low);
    Cpin.Write(GpioPinValue.High);
    Dpin.Write(GpioPinValue.High);
    Epin.Write(GpioPinValue.High);
    Fpin.Write(GpioPinValue.High);
    Gpin.Write(GpioPinValue.High);
    Hpin.Write(GpioPinValue.Low);
}
private void SetNo7()
{
    Apin.Write(GpioPinValue.High);
    Bpin.Write(GpioPinValue.High);
    Cpin.Write(GpioPinValue.High);
    Dpin.Write(GpioPinValue.Low);
    Epin.Write(GpioPinValue.Low);
    Fpin.Write(GpioPinValue.High);
    Gpin.Write(GpioPinValue.Low);
    Hpin.Write(GpioPinValue.Low);
}
private void SetNo8()
{
```

```
        Apin.Write(GpioPinValue.High);
        Bpin.Write(GpioPinValue.High);
        Cpin.Write(GpioPinValue.High);
        Dpin.Write(GpioPinValue.High);
        Epin.Write(GpioPinValue.High);
        Fpin.Write(GpioPinValue.High);
        Gpin.Write(GpioPinValue.High);
        Hpin.Write(GpioPinValue.Low);
    }
    private void SetNo9()
    {
        Apin.Write(GpioPinValue.High);
        Bpin.Write(GpioPinValue.High);
        Cpin.Write(GpioPinValue.High);
        Dpin.Write(GpioPinValue.High);
        Epin.Write(GpioPinValue.Low);
        Fpin.Write(GpioPinValue.High);
        Gpin.Write(GpioPinValue.High);
        Hpin.Write(GpioPinValue.Low);
    }
    private void SetNoDot()
    {
        Apin.Write(GpioPinValue.Low);
        Bpin.Write(GpioPinValue.Low);
        Cpin.Write(GpioPinValue.Low);
        Dpin.Write(GpioPinValue.Low);
        Epin.Write(GpioPinValue.Low);
        Fpin.Write(GpioPinValue.Low);
        Gpin.Write(GpioPinValue.Low);
        Hpin.Write(GpioPinValue.High);
    }
    #endregion
    private void btn_1_Click(object sender, RoutedEventArgs e)
    {
        iNo = 1;
        SetNo(iNo);
    }
    private void btn_2_Click(object sender, RoutedEventArgs e)
    {
        iNo = 2;
        SetNo(iNo);
    }
    private void btn_3_Click(object sender, RoutedEventArgs e)
    {
        iNo = 3;
        SetNo(iNo);
    }
    private void btn_4_Click(object sender, RoutedEventArgs e)
```

```
        {
            iNo = 4;
            SetNo(iNo);
        }
        private void btn_5_Click(object sender, RoutedEventArgs e)
        {
            iNo = 5;
            SetNo(iNo);
        }
        private void btn_6_Click(object sender, RoutedEventArgs e)
        {
            iNo = 6;
            SetNo(iNo);
        }
        private void btn_7_Click(object sender, RoutedEventArgs e)
        {
            iNo = 7;
            SetNo(iNo);
        }
        private void btn_8_Click(object sender, RoutedEventArgs e)
        {
            iNo = 8;
            SetNo(iNo);
        }
        private void btn_9_Click(object sender, RoutedEventArgs e)
        {
            iNo = 9;
            SetNo(iNo);
        }
        private void btn_dot_Click(object sender, RoutedEventArgs e)
        {
            iNo = -1;
            SetNo(iNo);
        }
        // 타이머 시작 이벤트
        private void btn_TimerStart_Click(object sender, RoutedEventArgs e)
        {
            tm.Start();
        }
        // 타이머 중지 이벤트
        private void btn_TimerStop_Click(object sender, RoutedEventArgs e)
        {
            tm.Stop();
        }
    }
}
```

13.8.5 실행

■ 실행하기 위해서는 메뉴바에 

을 클릭하면 실행 된다.

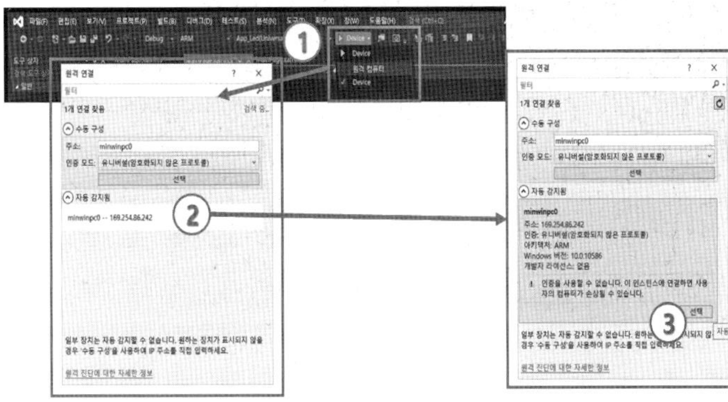

■ 실행 결과

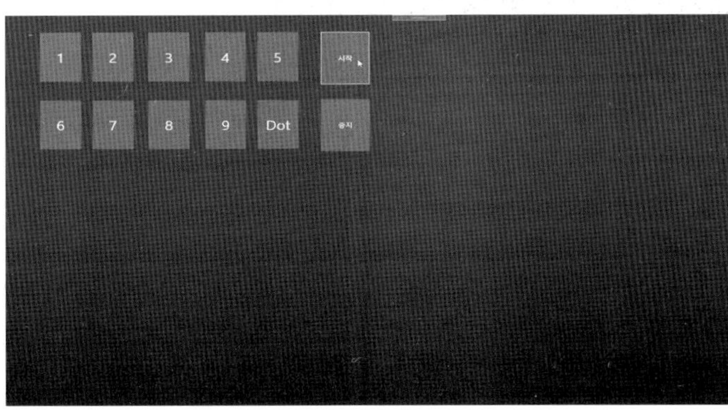

• 해당 FND에서 시작을 클릭하면 1부터 9까지 자동으로 카운터가 동작한다.

13.9 온/습도에 따른 RGB LED 제어 (UWP_DHT11_3LED)

13.9.1 프로젝트 준비물

- 라즈베리파이의 GPIO 핀을 활용한 온/습도 센서의 값에 따른 RGB LED를 제어하는 방식이다.

- 하드웨어 구성

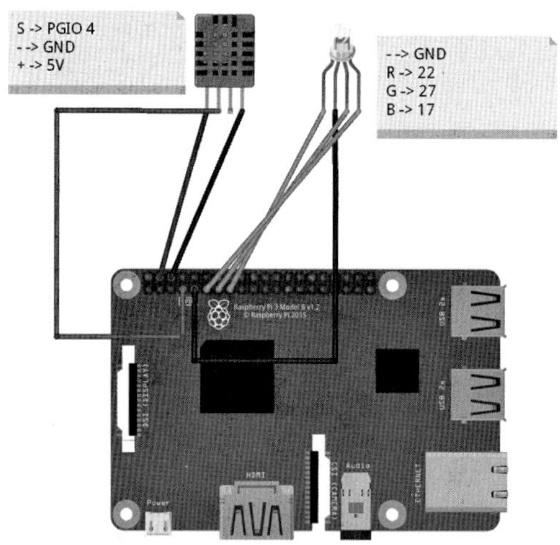

하드웨어 구성의 경우 라즈베리파이에 기본 Windows 10 IoT core OS가 설치한 후 해당 프로젝트를 진행할 수 있다.

- 핀 구성

라즈베리파이 보드	핀
GPIO 22 (15 Pin)	R
GPIO 27 (13 Pin)	G
GPIO 17 (11 Pin)	B
GPIO 4 (7 Pin)	S
5V (4 Pin)	⊕
GND (9 Pin)	⊖

13.9.2 프로젝트 생성

■ Visual Studio 2019를 실행하면 다음과 같은 화면이 나온다.

새 프로젝트 만들기를 선택한다.

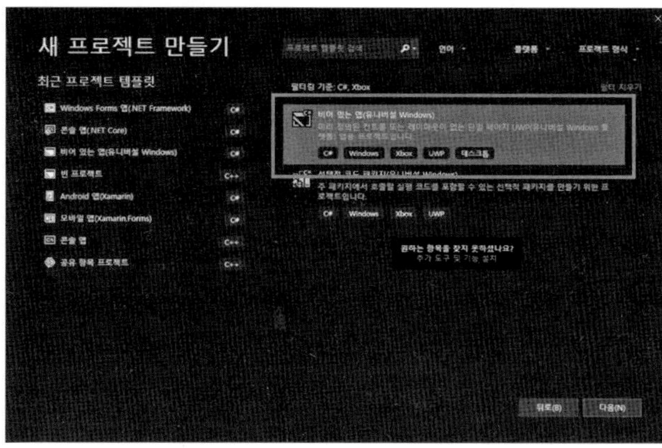

• 프로젝트 이름을 UWP_DHT11_3LED으로 정의한다.

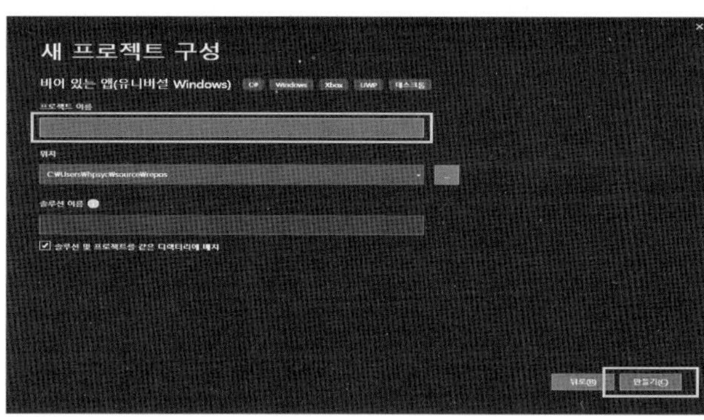

13.9.3 화면 디자인

■ 솔루션 탐색기에서 'MainPage.xaml'를 더블클릭하거나 마우스 오른쪽 클릭하면 디자이너 보기를 선택하면 디자인 화면이 출력된다.

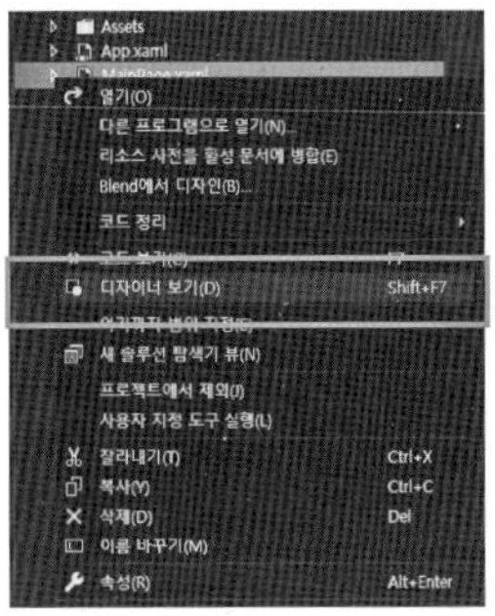

마우스 오른쪽 클릭 시 서브 메뉴가 나타난다.
이때 '**디자이너 보기(D) Shift+F7**' 선택하면 된다.

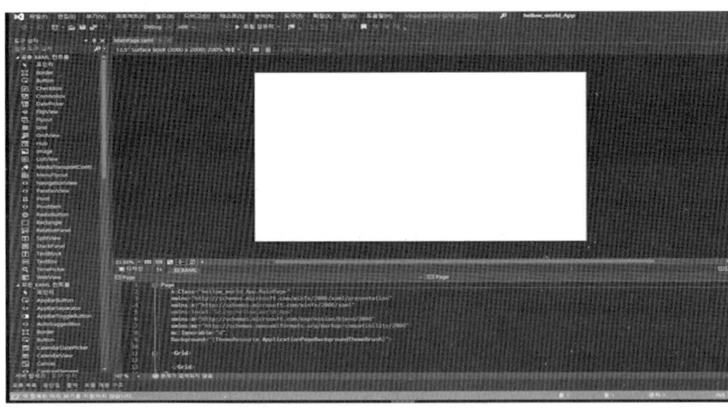

■ 디자인 화면이 나타난 후에는 반드시 IoT 디바이스 정의가 필요하다. 즉, 화면 해상도에 맞추는 과정이다. 지금 진행하고자 하는 화면 디자인의 경우 10인치 IoT Device(1024 x 768)로 선택하자.

■ 해상도를 정의한 후 화면 디자인에 TextBlock를 선택하여 화면 디자인에 마우스로 클릭해서 올려놓기로 한다. 해당 위치는 중앙에 맞춰 디자인한다.

■ 다음과 같이 화면 디자인을 한다.

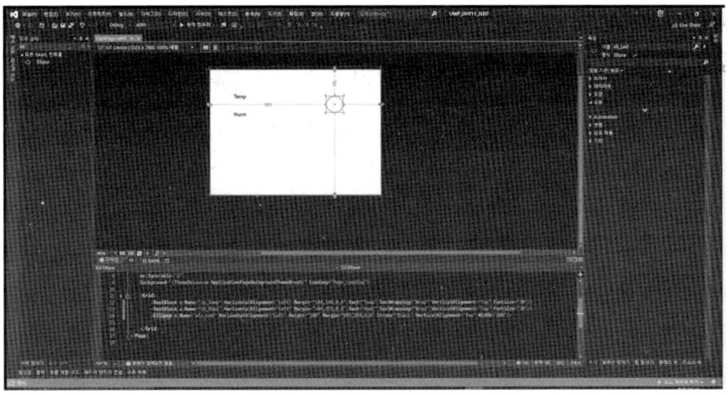

■ 온도 속성 창을 설정은 다음과 같이 한다.

■ 온도 속성 창을 ① 이름을 tbx_Temp로 정의한다.

■ 온도 속성 창을 ②의 텍스트 폰트를 30 px로 정의한다.

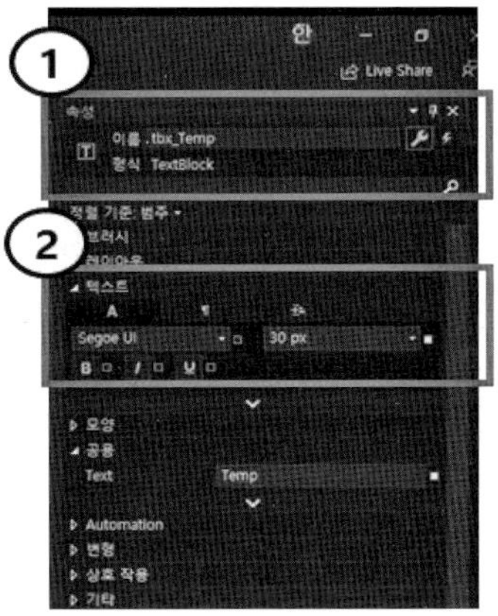

■ 습도 속성 창을 설정은 다음과 같이 한다.

■ 온도 속성 창을 ① 이름을 tbx_Humi로 정의한다.

■ 온도 속성 창을 ②의 텍스트 폰트를 30 px로 정의한다.

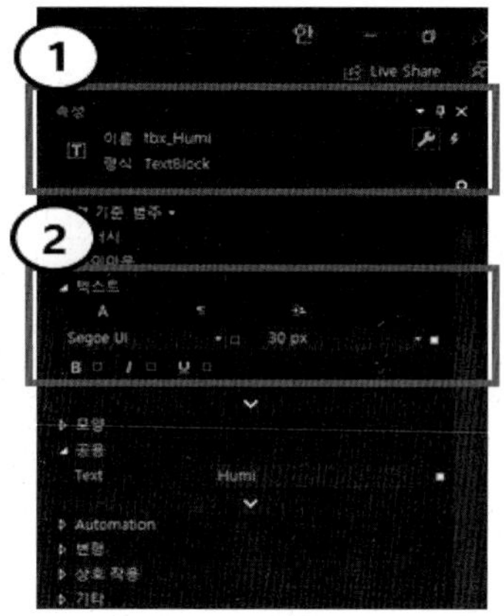

- LED 표현하고자 하는 속성 창을 설정은 다음과 같이 한다.
- Ellipe 속성 창을 ① 이름을 els_Led 로 정의한다.

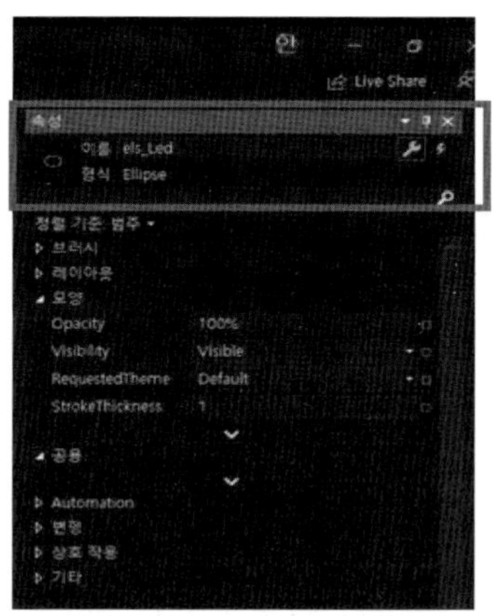

- 최종 디자인 한 화면은 다음과 같다.

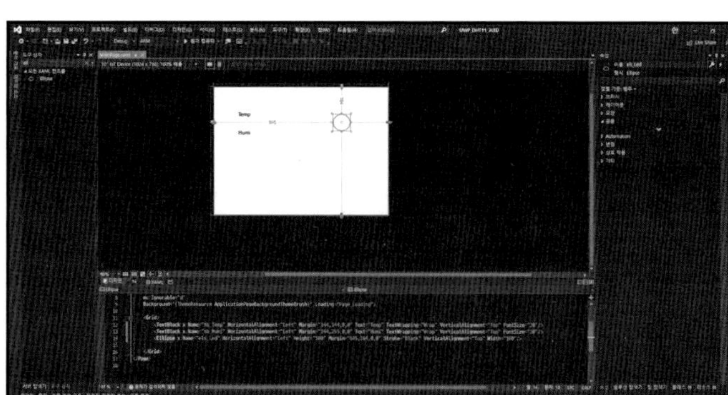

13.9.4 이벤트 정의

- 솔루션 탐색기에서 해당 프로젝트를 선택한 후 마우스 오른쪽 버튼은 클릭하면 세부 메뉴가 나타난다.

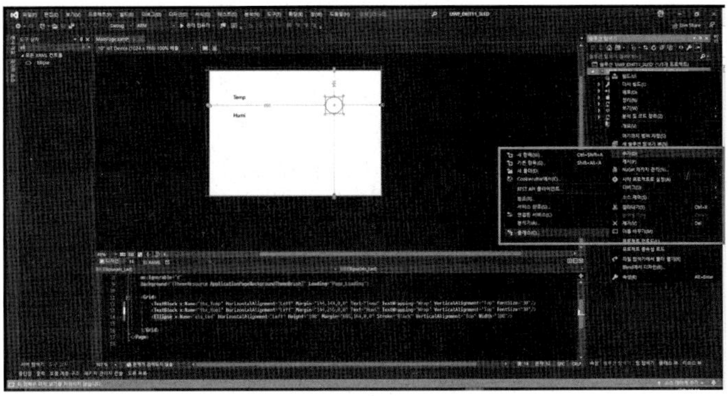

- 세부 메뉴 하위에서 '추가(D)'를 선택하면 상세 메뉴가 나타난다.

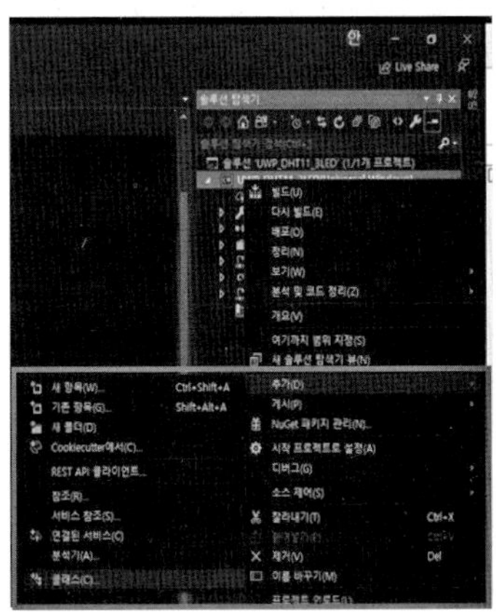

- 세부 메뉴 하위에서 '추가(D)'를 선택하면 상세 메뉴가 나타난다. 해당 메뉴에서 '클래스(C)'를 클릭한다.

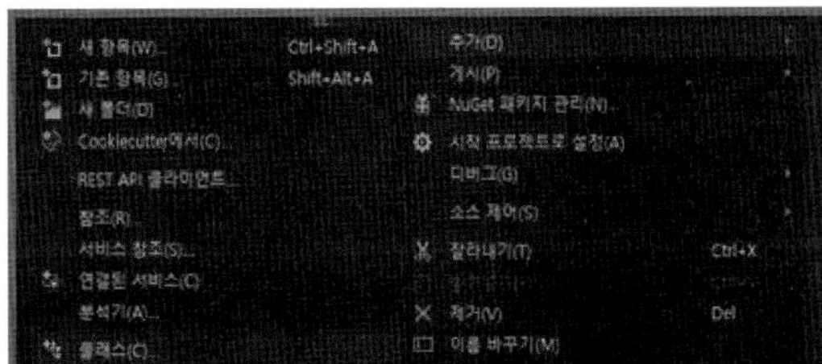

■ 새 항목 추가로 클래스를 생성할 수 있다. DHT11.cs 이름을 입력한다.

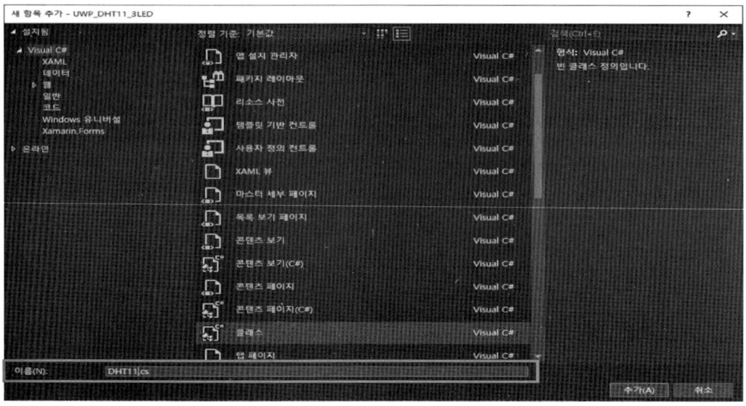

■ DHT11 클래스 라이브러리 파일 (DHT11.cs)

```
using System;
using System.Collections;
using System.Threading.Tasks;
using Windows.Devices.Gpio;
namespace TempHumidReader
{
    public class Dht11Reading
    {
        // bit 사이즈 선언
        private const int BIT_SIZE = 40;
        // bit 배열 구조 선언
        public BitArray bits;
        // DHT11 센서값 읽기
        public Dht11Reading()
        {
            bits = new BitArray(BIT_SIZE);
        }
        public bool IsValid()
        {
            long value = BitArrayToLong();
            long checksum = ((value >> 32) & 0xff) + ((value >> 24) & 0xff)
                + ((value >> 16) & 0xff) + ((value >> 8) & 0xff);
            return (checksum & 0xff) == (value & 0xff);
        }
        // DHT11 습도값 읽기
        public double Humidity()
        {
```

```
        long value = BitArrayToLong();
        return ((value >> 32) & 0xff) + ((value >> 24) & 0xff) / 10.0;
    }
    // DHT11 온도값 읽기
    public double Temperature()
    {
        long value = BitArrayToLong();
        return ((value >> 16) & 0xff) + ((value >> 8) & 0xff) / 10.0;
    }
    private long BitArrayToLong()
    {
        long value = 0;
        for (int i = 0; i < bits.Length; i++)
        {
            if (bits[i])
                value += Convert.ToInt64(Math.Pow(2, i));
        }
        return value;
    }
}
// Dht11 센서 클래스 정의
public class Dht11Sensor
{
    private const int SAMPLE_HOLD_LOW_MILLIS = 18;
    private GpioPinDriveMode inputDriveMode;
    private GpioPin pin;

    // 핀 번호 초기화
    public int Init(int pinNumber)
    {
        // Gpio 콘트롤러 상태 체크
        var gpio = GpioController.GetDefault();
        if (null == gpio)
        {
            return 1;
        }
        try
        {
            // GPIO 핀 번호 오픈
            pin = gpio.OpenPin(pinNumber);
        }
        catch
        {
            return 2;
        }
        // GPIO 핀 입력 상태값 정의
        inputDriveMode = pin.IsDriveModeSupported
```

```
                            (GpioPinDriveMode.InputPullUp) ?
                    GpioPinDriveMode.InputPullUp : GpioPinDriveMode.Input;
        pin.SetDriveMode(inputDriveMode);

        return 0;
    }
  private int InternalSample(Dht11Reading Reading)
    {
        // This is the threshold used to determine whether a bit is a '0' or a '1'.
        // A '0' has a pulse time of 76 microseconds, while a '1' has a
        // pulse time of 120 microseconds. 110 is chosen as a reasonable threshold.
        long oneThreshold = 110L * System.Diagnostics.Stopwatch.Frequency
                              / 1000000L; // 110microsec
        // GPIO 핀 입력 상태 LOW 적용
        pin.Write(GpioPinValue.Low);
        // GPIO 핀 출력 상태 적용
        pin.SetDriveMode(GpioPinDriveMode.Output);
        // 18 ms 대기
        Task.Delay(18).Wait();
        // GPIO 핀 입력모드 정의
        pin.SetDriveMode(inputDriveMode);
        // GPIO 핀에서 수신
        GpioPinValue previousValue = pin.Read();
        // 1ms 설정
        long initialRisingEdgeTimeoutMillis = 10000L; // 1ms
        // 시간 카운터
        long endTickCount = DateTime.Now.Ticks +
                              initialRisingEdgeTimeoutMillis;
        for (; ; )
        {
            if (DateTime.Now.Ticks > endTickCount)
            {
                return 1;
            }
            GpioPinValue value = pin.Read();
            if (value != previousValue)
            {
                // GPIO 핀 HIGH 상태
                if (value == GpioPinValue.High)
                {
                    break;
                }
                previousValue = value;
            }
        }
        long prevTime = 0;
        long sampleTimeoutMillis = 100000L; // 10ms
        endTickCount = DateTime.Now.Ticks + sampleTimeoutMillis;
```

```
            System.Diagnostics.Stopwatch sw =
                                            new System.Diagnostics.Stopwatch();
            sw.Start();
            // capture every falling edge until all bits are received or
            for (int i = 0; i < Reading.bits.Length + 1;)
            {
                if (DateTime.Now.Ticks > endTickCount)
                    return 2;
                GpioPinValue value = pin.Read();
                if ((previousValue == GpioPinValue.High) && (value ==
                                            GpioPinValue.Low))
                {
                    long now = sw.ElapsedTicks;
                    if (i != 0)
                    {
                        long difference = now - prevTime;
                        Reading.bits[Reading.bits.Length - i] = difference >
                                                                oneThreshold;
                    }
                    prevTime = now;
                    ++i;
                }
                previousValue = value;
            }
            if (!Reading.IsValid())
            {
                // checksum mismatch
                return 3;
            }
            return 0;
        }
        public int Sample(out Dht11Reading Reading)
        {
            // Dht11 클래스 생성
            Reading = new Dht11Reading();

            int result = 0;
            int retryCount = 0;

            do
            {
                // Dht11 데이터 값 결과 받기
                result = InternalSample(Reading);
            } while (0 != result && (++retryCount < 20));
            return result;
        }
    }
}
```

■ 해당 페이지를 선택한 후 속성에서 이벤트를 선택하면 된다. 해당 이벤트 리스트에서 'Loading'에서 마우스를 더블클릭하면 소스 페이지가 나타난다.

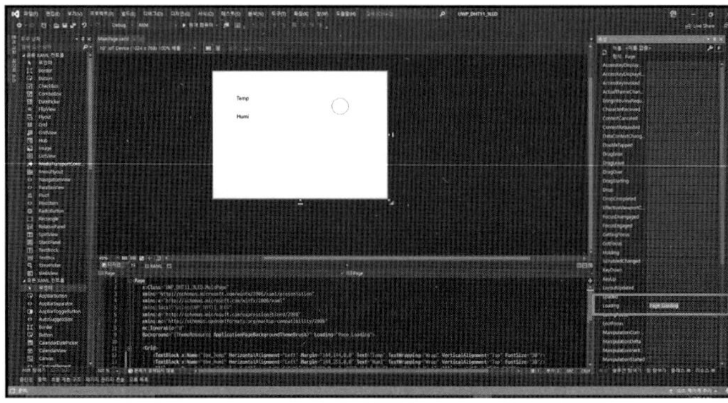

■ 소스 코딩에서 해당 위치에 커서가 자동으로 이동한다.

■ 메인 프로그램 소스 (MainPage.cs)

```
using System;
using System.Collections.Generic;
using System.IO;
using System.Linq;
using System.Runtime.InteropServices.WindowsRuntime;
using Windows.Foundation;
using Windows.Foundation.Collections;
using Windows.UI.Xaml;
using Windows.UI.Xaml.Controls;
using Windows.UI.Xaml.Controls.Primitives;
using Windows.UI.Xaml.Data;
using Windows.UI.Xaml.Input;
using Windows.UI.Xaml.Media;
using Windows.UI.Xaml.Navigation;
using Windows.Devices.Gpio;
namespace UWP_DHT11_3LED
{
    public sealed partial class MainPage : Page
    {
        // Timer 클래스 생성
        private DispatcherTimer tm = new DispatcherTimer();
        // DHT11 클래스 생성
        private UWP_DHT11_3LED.Dht11Sensor dht11 = new UWP_DHT11_3LED.Dht11Sensor();
        // 온도, 습도 변수 정의
        int iTemp, iHumi;
        // GPIO Red 핀 정의
```

```
GpioPin Rpin = GpioController.GetDefault().OpenPin(22);
// GPIO Green 핀 정의
GpioPin Gpin = GpioController.GetDefault().OpenPin(27);
// GPIO Blue 핀 정의
GpioPin Bpin = GpioController.GetDefault().OpenPin(17);
public MainPage()
{
    this.InitializeComponent();
    // RGB 출력 모드 정의
    Rpin.SetDriveMode(GpioPinDriveMode.Output);
    Gpin.SetDriveMode(GpioPinDriveMode.Output);
    Bpin.SetDriveMode(GpioPinDriveMode.Output);
    // GPIO 출력 LOW 선언
    Rpin.Write(GpioPinValue.Low);
    Gpin.Write(GpioPinValue.Low);
    Bpin.Write(GpioPinValue.Low);
    // Timer 클래스 생성 및 이벤트 생성
    tm.Tick += Tm_Tick;
    tm.Interval = TimeSpan.FromMilliseconds(1000);
    tm.Start();
    // DHT11 초기화 및 GPIO 핀 정의
    dht11.Init(4);
}
// Timer 이벤트
private void Tm_Tick(object sender, object e)
{
    // DHT11 클래스 재생성
    UWP_DHT11_3LED.Dht11Reading reading;
    int result = dht11.GetDateReading(out reading);
    if (0 != result)
    {
        tbx_Temp.Text = "Err";
        tbx_Humi.Text = "Err";
    }
    else
    {
        iTemp = (int)reading.Temperature();
        iHumi = (int)reading.Humidity();

        tbx_Temp.Text = String.Format("온도 : {0:f1 }", iTemp);
        tbx_Humi.Text = String.Format("습도 : {0:f1 }", iHumi);
        LEDControl(iTemp, iHumi);
    }
}
// Loading 이벤트
private void Page_Loading(FrameworkElement sender, object args)
{
```

```
            //
        }
        // 온도, 습도 값에 따른 RGB 색상 제어
        private void LEDControl(int T, int H)
        {
            // LED 색상 White 정의
            els_Led.Fill = new SolidColorBrush(Windows.UI.Colors.White);
            if (T <= 23)
            {
                Rpin.Write(GpioPinValue.Low);
                Gpin.Write(GpioPinValue.Low);
                Bpin.Write(GpioPinValue.High);
                // LED 색상 Blue 정의
                els_Led.Fill = new SolidColorBrush(Windows.UI.Colors.Blue);
            }
            else if(T >= 28)
            {
                Rpin.Write(GpioPinValue.High);
                Gpin.Write(GpioPinValue.Low);
                Bpin.Write(GpioPinValue.Low);
                // LED 색상 Red 정의
                els_Led.Fill = new SolidColorBrush(Windows.UI.Colors.Red);
            }
            else if(H >= 60)
            {
                Rpin.Write(GpioPinValue.Low);
                Gpin.Write(GpioPinValue.High);
                Bpin.Write(GpioPinValue.Low);
                // LED 색상 Green 정의
                els_Led.Fill = new SolidColorBrush(Windows.UI.Colors.Green);
            }
            else
            {
                Rpin.Write(GpioPinValue.Low);
                Gpin.Write(GpioPinValue.Low);
                Bpin.Write(GpioPinValue.Low);
                // LED 색상 White 정의
                els_Led.Fill = new SolidColorBrush(Windows.UI.Colors.White);
            }
        }
    }
}
```

13.9.5 실행

■ 실행하기 위해서는 메뉴바에 

을 클릭하면 실행된다.

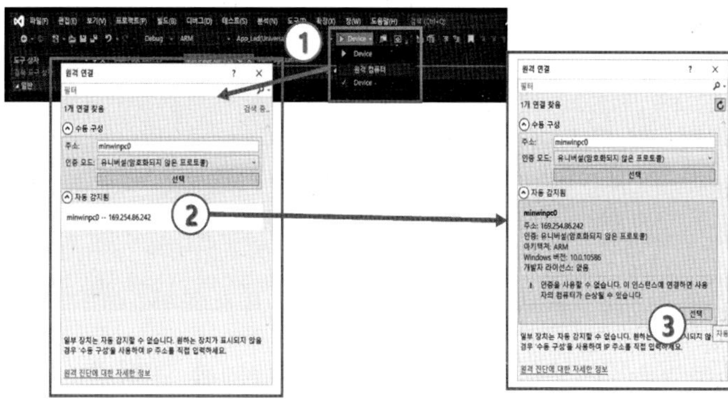

■ 실행 결과

• 현재 온도가 27도일 경우 LED 조명을 White로 설정

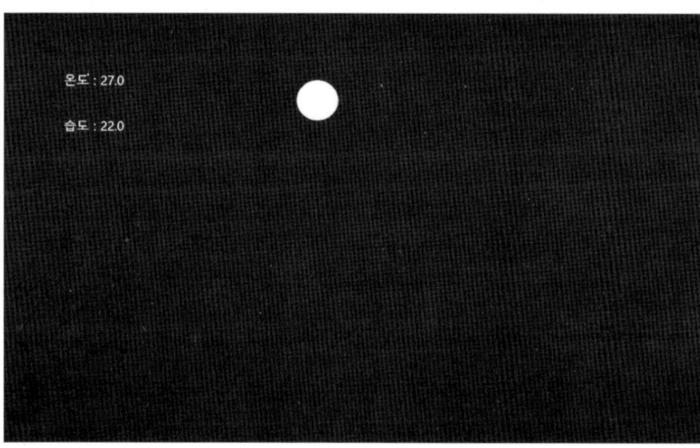

• 현재 온도가 28도일 경우 LED 조명을 Red로 설정

• 온도값에 따라 LED 조명이 변경되는 사항을 확인할 수 있다.

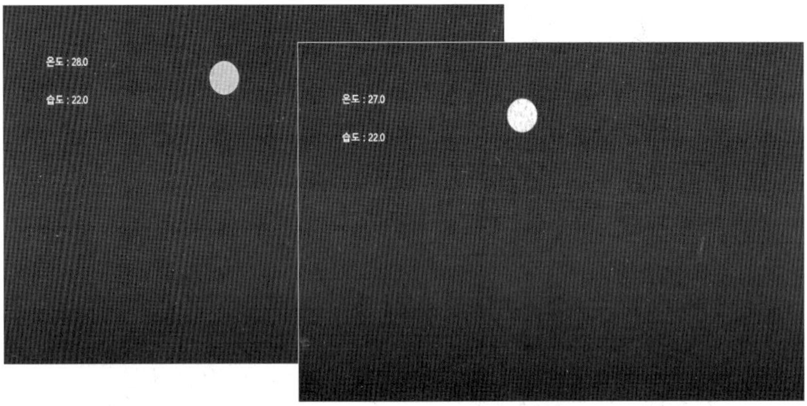

13.10 온/습도 시리얼 통신 제어(UWP_UartSerial)

13.10.1 프로젝트 준비물

- ATMEGA128 보드와 라즈베리파이의 시리얼 통신하기 위해서 다음과 같이 연결한다.
- ATMEGA128 보드에 온/습도 센서를 연결한 후 시리얼 포트를 통해서 라즈베리파이 시리얼 통신을 통하여 해당 온도값을 화면에 디스플레이하는 방식이다.
- 8장의 8.4.8 디지털 온/습도 센서 모듈 프로젝트에서 사용한 함수를 참고하여 수행한다.
- 하드웨어 구성

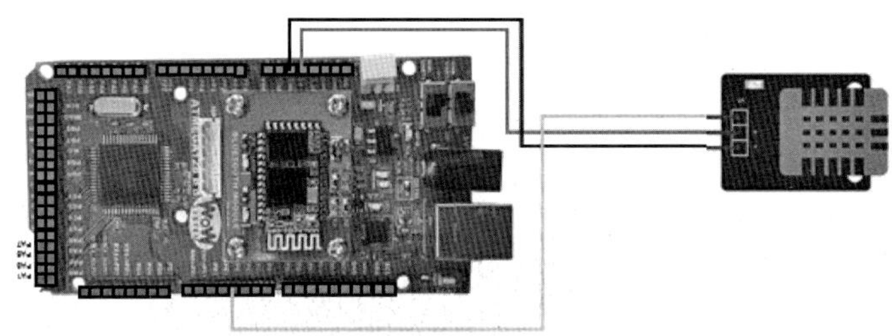

하드웨어 구성의 경우 라즈베리파이에 기본 Windows 10 IoT core OS가 설치한 후 해당 프로젝트를 진행할 수 있다.

- 핀 구성

ATMEGA128 보드	디지털 온습도 센서
GND	⊖
5V	⊕
PE4	S

라즈베리파이 보드	ATMEGA128 보드
GND (6 Pin)	⊖
URAT TX (8 Pin)	ATMEGA128 PD2(RX1)
URAT RX (10 Pin)	ATMEGA128 PD3(TX1)

13.10.2 프로젝트 생성 (ATMEGA128)

■ 프로그램 구성(프로젝트 이름 : DHT1_Sensor)

- 시리얼 통신을 초기화하고 온습도 센서와 연결된 핀 정보 입력, 온도 및 습도의 데이터를 읽어 오고 저장한 다음 문자열를 저장한 배열에 의해 문자를 출력하도록 하는 실행 함수인 main.c
- UART 통신을 위한 소스 파일은 포트 설정 관련 레지스터 및 데이터를 효율적으로 쓰기 위한 알고리즘을 구현하는 등의 사용자 라이브러리 파일인 "UART.c"
- 통신 보레이트를 정의하고 송수신 버퍼의 크기 설정, 시리얼 통신 및 버튼의 초기화 함수 등의 사용자 헤더 파일인 "UART.h "
- 온습도 센서값을 읽어 오고 저장하는 등의 set_pin 함수, 부동 소수점 변수를 이용한 온도 및 습도 데이터 출력 등의 사용자 라이브러리 파일인 "dht11.c"
- "dht11.c" 파일 내의 함수를 실행 함수와 연동되도록 하는 파일인 "dht11.h"

■ 실행 파일(main.c)

```
#define F_CPU 16000000UL
#include <avr/io.h>
#include <avr/interrupt.h>
#include <util/delay.h>
#include <math.h>
#include <stdio.h>
#include <string.h>
#include "UART.h"
#include "dht11.h"

char str[128];
int main(void)
{
    Serial_begin(9600);
    dht11_set_pin(&DDRE, &PINE, &PORTE, 4);
    while (1)
    {
        float Temp, Humi;
        dht11_read();
        Temp = dht11_get_temperature();
        Humi = dht11_get_humidity();
```

```
        //sprintf(str, "001,%d,%d", (int)Temp, (int)Humi);
        sprintf(str, "001,%d,%d", 24, 28);
        Serial_println(str);
    }
}
```

■ 사용자 라리브러리 파일~("dht11.c")

```
#define F_CPU 16000000UL
#include <avr/io.h>
#include <avr/interrupt.h>
#include <util/delay.h>
#include "dht11.h"

volatile uint8_t *dht11_ddr;
volatile uint8_t *dht11_pin;
volatile uint8_t *dht11_port;
int dht11_pin_num = 0;

float _temperature;
float _humidity;
int DHT_ERR=0;

char _dht_data_array[6];

#define DHT11_SET_INPUT       (*dht11_ddr &= ~(1<<dht11_pin_num))
#define DHT11_SET_OUTPUT      (*dht11_ddr |= (1<<dht11_pin_num))

#define DHT11_SET_PIN         (*dht11_port |= (1<<dht11_pin_num))
#define DHT11_CLEAR_PIN       (*dht11_port &= ~(1<<dht11_pin_num))
void dht11_set_pin(volatile uint8_t *_ddr, volatile uint8_t *_pin, volatile
uint8_t *_port, int _num)
{
      dht11_ddr = _ddr;
      dht11_pin = _pin;
      dht11_port = _port;
      dht11_pin_num = _num;

      DHT11_SET_OUTPUT;
}
int dht11_read_pin()
{
      if(*dht11_pin & (1<<dht11_pin_num)) return 1;
      else return 0;
}
uint8_t _read_dht_data()
{
      uint8_t _dht_i=0;
```

```
    uint8_t _dht_result=0;

    for(_dht_i=0; _dht_i<8; _dht_i++)
    {
        while(dht11_read_pin() == 0);
        _delay_us(30);
        if(dht11_read_pin() == 1)
        _dht_result |= (1 << (7 - _dht_i));
        while(dht11_read_pin() == 1);
    }
    return _dht_result;
}
void dht11_read()
{
    uint8_t dht_in;
    uint8_t i;
    DHT11_SET_OUTPUT;
    DHT11_CLEAR_PIN;
    _delay_ms(20);

    DHT11_SET_PIN;
    _delay_us(40);
    DHT11_SET_INPUT;
    //_delay_us(40);
    dht_in = dht11_read_pin();

    if (dht_in){
        DHT_ERR = 1;
        return;
    }
    _delay_us(80);
    dht_in = dht11_read_pin();

    if (!dht_in){
        DHT_ERR = 2;
        return;
    }
    _delay_us(80);
    for (i = 0; i<5; i++)
    _dht_data_array[i] = _read_dht_data();
    DHT11_SET_OUTPUT;
    DHT11_SET_PIN;
    unsigned char dht_check_sum =
    _dht_data_array[0] + _dht_data_array[1] + _dht_data_array[2] + _dht_data_array[3];
    if (_dht_data_array[4] != dht_check_sum)
    {
```

```
                DHT_ERR = 3;
        }
        _humidity = (float)_dht_data_array[0] + ((float)_dht_data_array[1]/100.0);
        _temperature = (float)_dht_data_array[2] + ((float)_dht_data_array[3]/100.0);
}

float dht11_get_humidity()
{
        return _humidity;
}

float dht11_get_temperature()
{
        return _temperature;
}
```

■ 사용자 헤더 파일 (“dht11.h”)

```
#ifndef DHT11_H_
#define DHT11_H_

void dht11_set_pin(volatile uint8_t *_ddr, volatile uint8_t *_pin, volatile
uint8_t *_port, int _num);
void dht11_read();
float dht11_get_humidity();
float dht11_get_temperature();

#endif /* DHT11_H_ */
```

■ 사용자 라이브러리 파일 “UART.c”, “UART.h” 파일을 프로젝트 폴더에 추가한다.

■ 사용자 라이브러리 파일인 “dht11.c”와 “dht11.h” 파일을 프로젝트 폴더에 추가한다.

■ 빌드 결과 확인

- 에러 메시지가 나올 경우 소스를 수정해 본다.
- 잘못된 소스 부분을 수정하고 다시 빌드 해본다.

■ 프로그램 다운로드 및 실행

- 프로젝트용 타킷 보드에 프로그램 다운로드 및 실행 방법을 다음 사항을 참고하여 수행한다.

• 실시간으로 측정된 온도/습도 데이터를 통신프로그램 창에서 확인한다.

13.10.3 프로젝트 생성 (Windows 10 IoT core)

■ Visual Studio 2019를 실행하면 다음과 같은 화면이 나온다.

새 프로젝트 만들기를 선택한다.

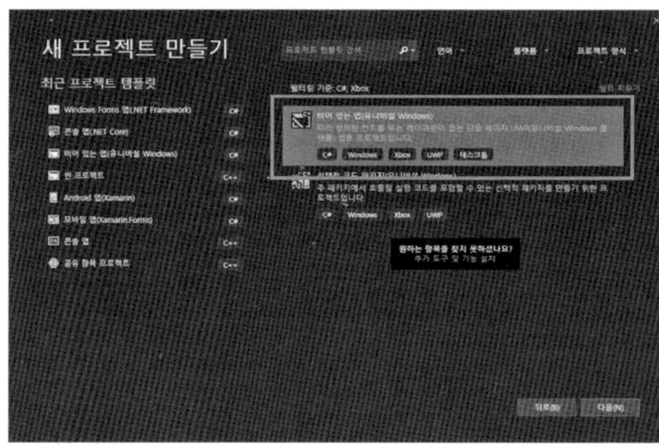

• 프로젝트 이름을 UWP_UartSerial으로 정의한다.

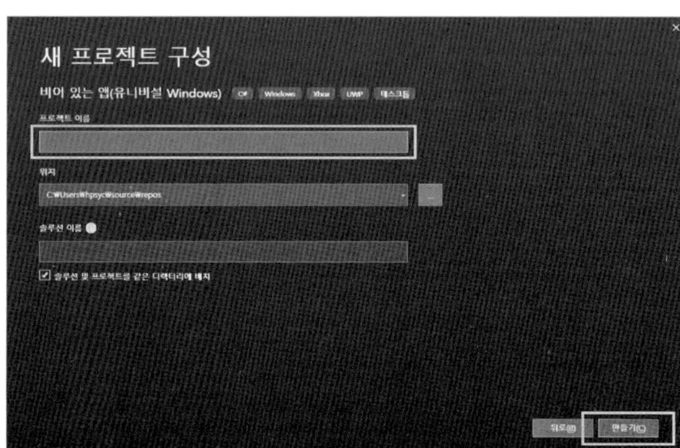

13.10.3 화면 디자인

■ 솔루션 탐색기에서 'MainPage.xaml'를 더블클릭하거나 마우스 오른쪽 클릭하면 디자이너 보기를 선택하면 디자인 화면이 출력된다.

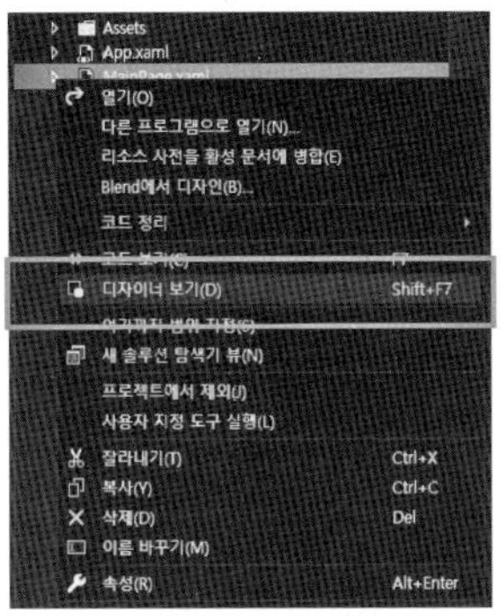

마우스 오른쪽 클릭 시 서브 메뉴가 나타난다.
이때 '디자이너 보기(D) Shift+F7' 선택하면 된다.

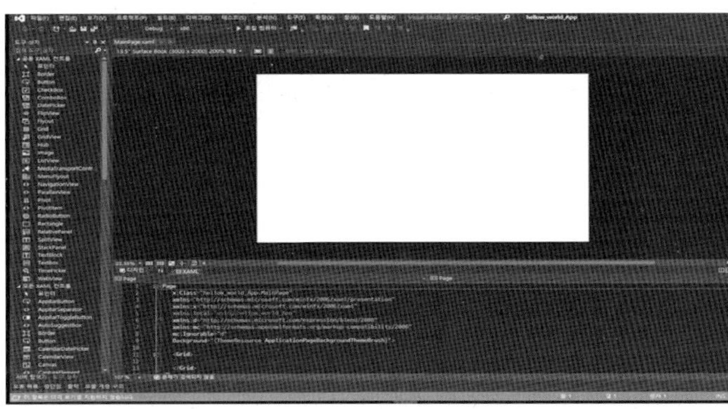

■ 디자인 화면이 나타난 후에는 반드시 IoT 디바이스 정의가 필요하다. 즉, 화면 해상도에 맞추는 과정이다. 지금 진행하고자 하는 화면 디자인의 경우 10인치 IoT Device(1024 x 768)로 선택하자.

■ 해상도를 정의한 후 화면 디자인에 TextBlock를 선택하여 화면 디자인에 마우스로 클릭해서 올려놓기로 한다. 해당 위치는 중앙에 맞춰 디자인한다.

■ 다음과 같이 화면 디자인을 한다.

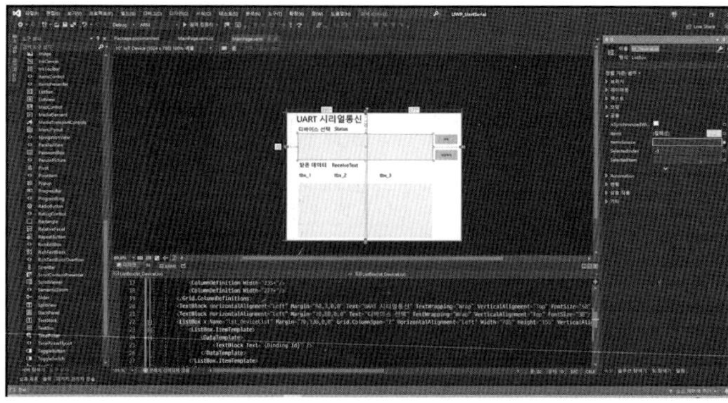

■ 도구상자에서 ① TextBlock를 선택한 후 다음과 같이 한다.

■ TextBlock 속성 창을 ②의 텍스트 폰트를 15 px로 정의한다.

■ TextBlock 속성 창을 ③ 공용 텍스트를 'UART 시리얼통신'으로 정의한다.

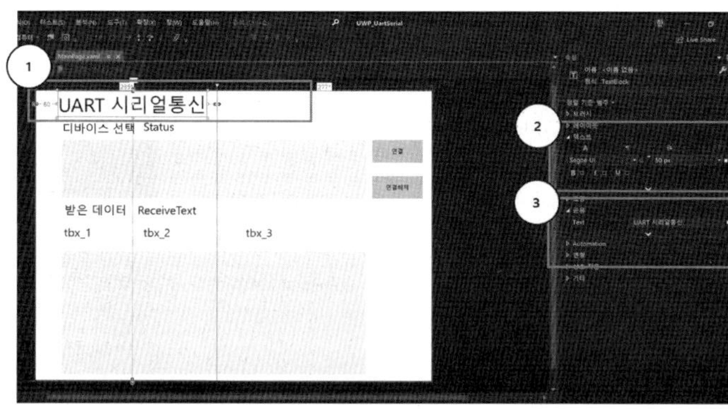

■ 도구상자에서 ① TextBlock를 선택한 후 다음과 같이 한다.

■ TextBlock 속성 창을 ②의 텍스트 폰트를 15 px로 정의한다.

■ TextBlock 속성 창을 ③ 공용 텍스트를 '디바이스 선택'으로 정의한다.

- 도구상자에서 ① TextBlock를 선택한 후 다음과 같이 한다.
- TextBlock 속성 창을 ② 이름을 tbx_Status 로 정의한다.
- TextBlock 속성 창을 ③의 텍스트 폰트를 15 px로 정의한다.
- TextBlock 속성 창을 ④ 공용 텍스트를 'Status'으로 정의한다.

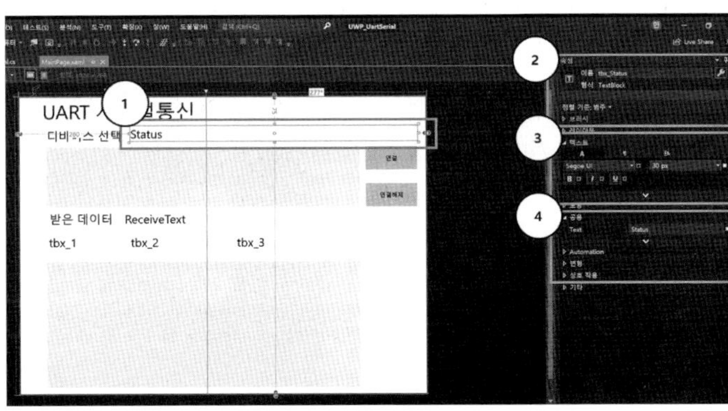

- 도구상자에서 ① ListBox를 선택한 후 다음과 같이 한다. 시리얼통신 포트 리스트 항목을 나타나게 한다.
- ListBox 속성 창을 ② 이름을 lst_DeviceList 로 정의한다.
- ListBox 속성 창을 ③의 텍스트 폰트를 15 px로 정의한다.

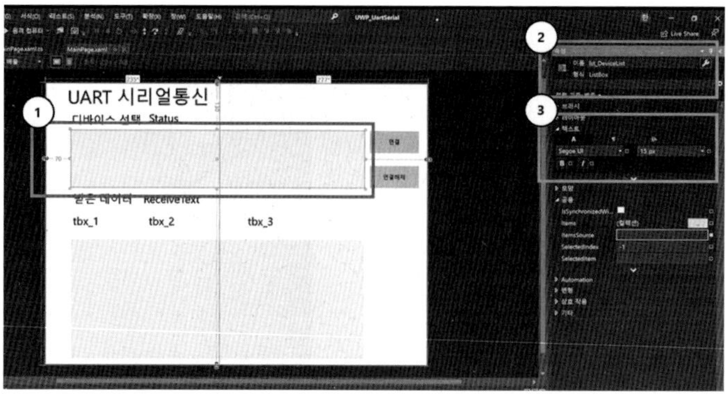

- 도구상자에서 ① Button을 선택한 후 다음과 같이 한다.
- Button 속성 창을 ② 이름을 btn_Connect 로 정의한다.
- Button 속성 창을 ③의 텍스트 폰트를 15 px로 정의한다.
- Button 속성 창을 ④ 공용 텍스트를 '연결'으로 정의한다.

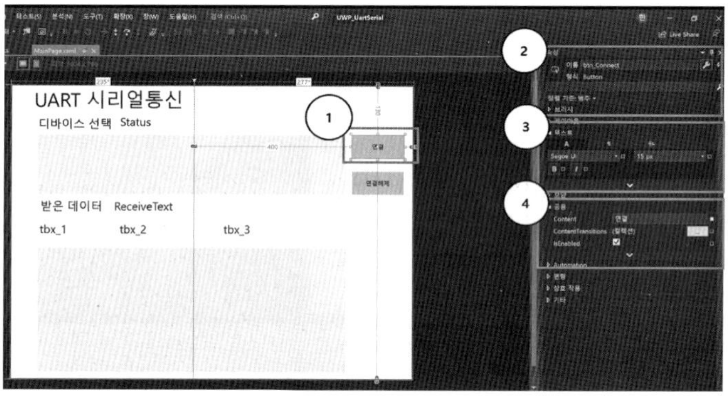

- 도구상자에서 ① Button을 선택한 후 속성에서 이벤트를 선택하면 된다. 버튼 이벤트 리스트에서 'Click'에서 마우스를 더블클릭하면 소스 페이지가 나타난다.

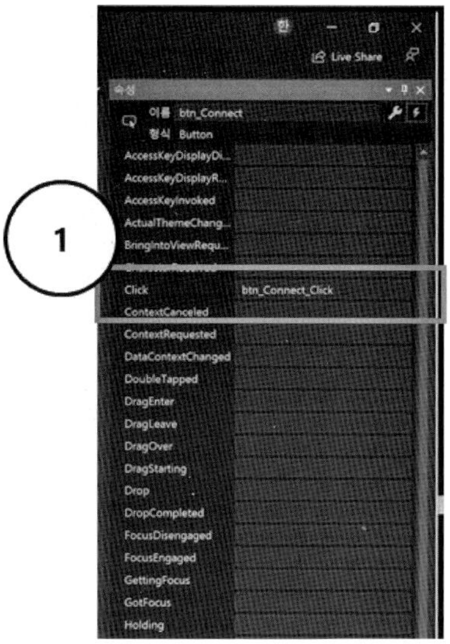

■ 도구상자에서 ① Button을 선택한 후 다음과 같이 한다.

■ Button 속성 창을 ② 이름을 btn_Disconnect 로 정의한다.

■ Button 속성 창을 ③의 텍스트 폰트를 15 px로 정의한다.

■ Button 속성 창을 ④ 공용 텍스트를 '연결 해제'로 정의한다.

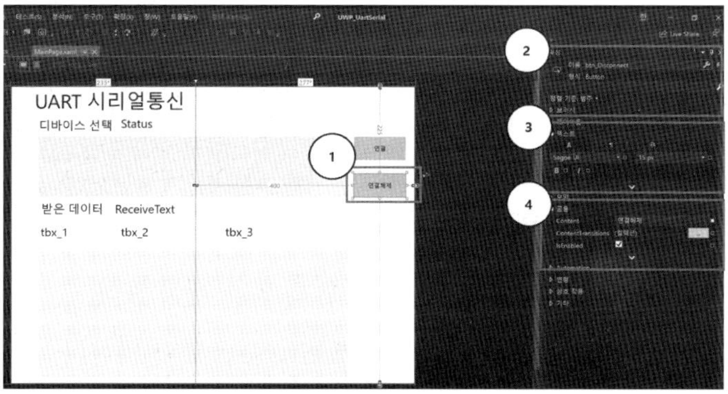

■ 도구상자에서 ① Button을 선택한 후 속성에서 이벤트를 선택하면 된다. 버튼 이벤트 리스트에서 'Click'에서 마우스를 더블클릭하면 소스 페이지가 나타난다.

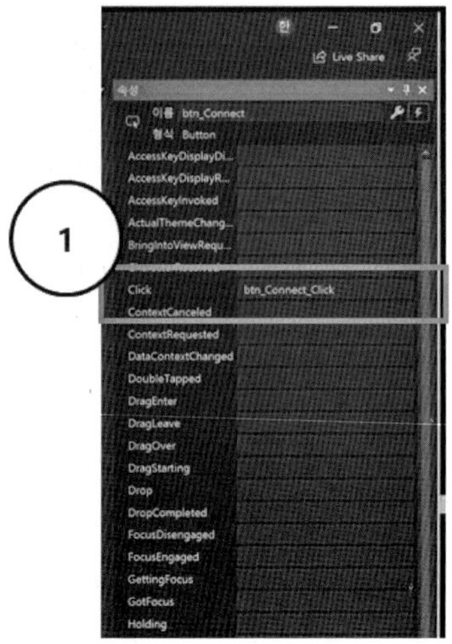

- 도구상자에서 ① TextBlock를 선택한 후 다음과 같이 한다.
- TextBlock 속성 창을 ②의 텍스트 폰트를 15 px로 정의한다.
- TextBlock 속성 창을 ③ 공용 텍스트를 '디바이스 선택'으로 정의한다.

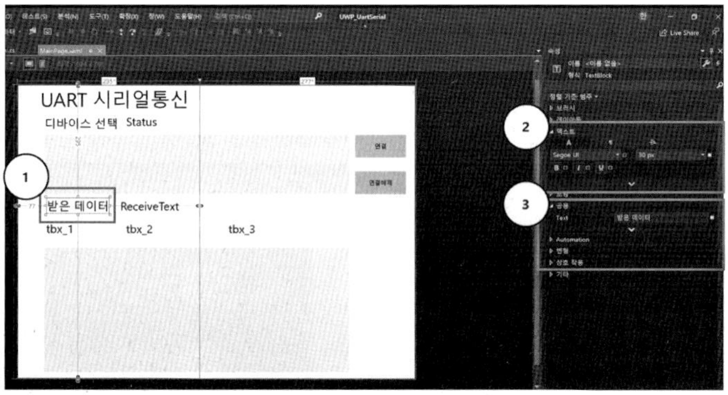

- 도구상자에서 ① TextBlock를 선택한 후 다음과 같이 한다.
- TextBlock 속성 창을 ② 이름을 tbx_ReceiveText 로 정의한다.
- TextBlock 속성 창을 ③의 텍스트 폰트를 15 px로 정의한다.
- TextBlock 속성 창을 ④ 공용 텍스트를 'ReceiveText'로 정의한다.

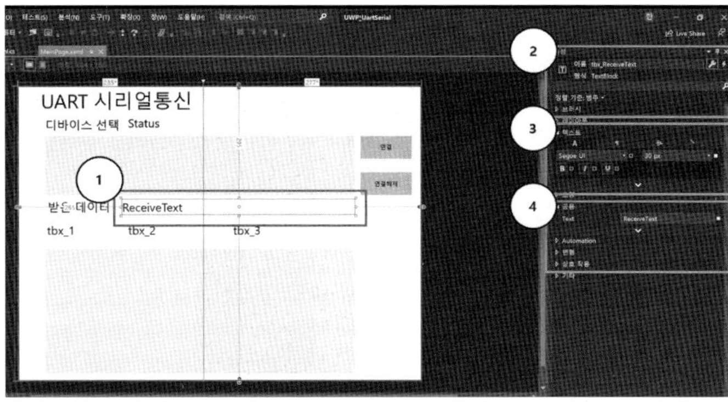

- 도구상자에서 ① TextBlock를 선택한 후 다음과 같이 한다. TextBlock 3개를 디자인한다.
- TextBlock 속성 창을 ② 이름을 tbx_1 로 정의한다.
- TextBlock 속성 창을 ③의 텍스트 폰트를 30 px로 정의한다.
- TextBlock 속성 창을 ④ 공용 텍스트를 'tbx_1'으로 정의한다.

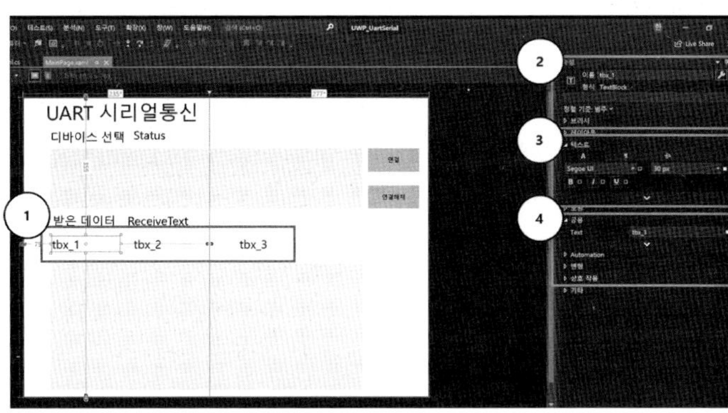

- 도구상자에서 ① ListBox를 선택한 후 다음과 같이 한다. 시리얼 통신을 통하여 수신된 데이터를 리스트로 나타나게 한다.
- ListBox 속성 창을 ② 이름을 lst_Log 로 정의한다.
- ListBox 속성 창을 ③의 텍스트 폰트를 15 px로 정의한다.

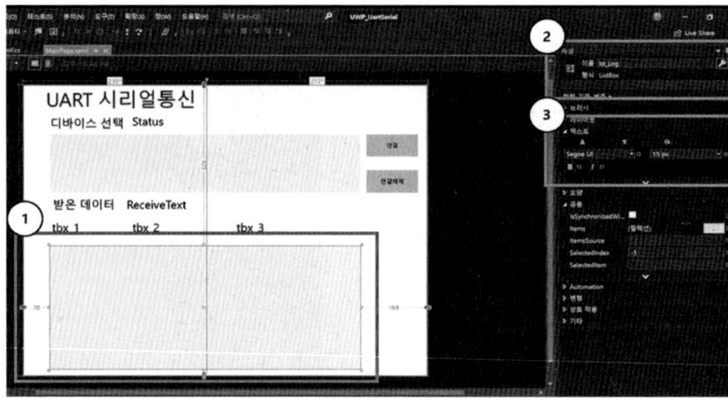

■ LED 표현하고자 하는 속성 창을 설정은 다음과 같이 한다.

■ Ellipe 속성 창을 ① 이름을 els_Led 로 정의한다.

■ 최종 디자인한 화면은 다음과 같다.

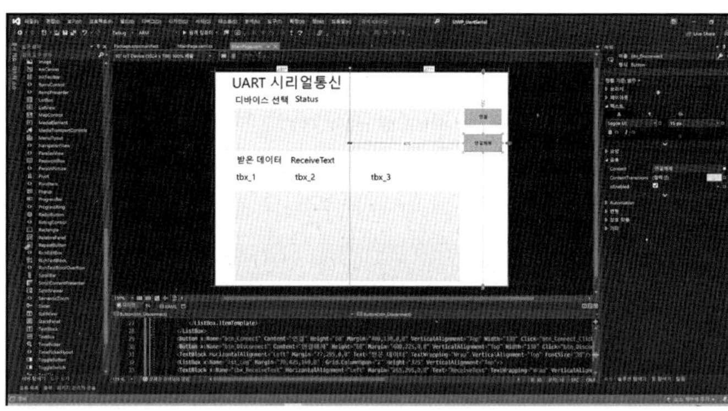

13.10.4 이벤트 정의

■ 솔루션 탐색기에서 Package.appxmanifest를 선택한 후 마우스 오른쪽을 클릭 하면 된다.

■ 서브 메뉴상에서 '코드 보기(C) F7'을 선택한다.

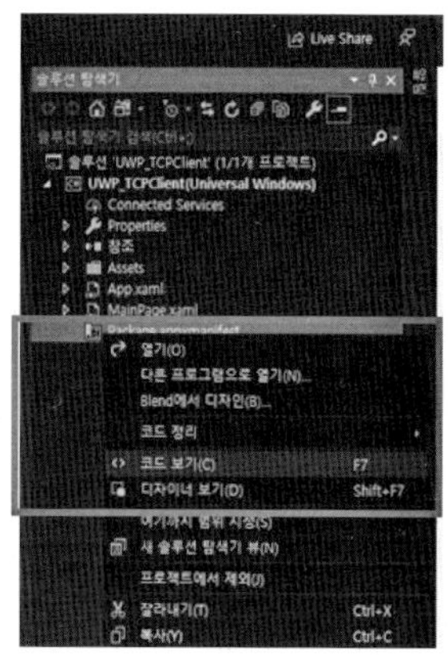

■ Package.appxmanifest 소스 창에서 권한 설정을 변경한다.

■ Package.appxmanifest 소스 창 하단의 SerialPort 권한을 설정한다.

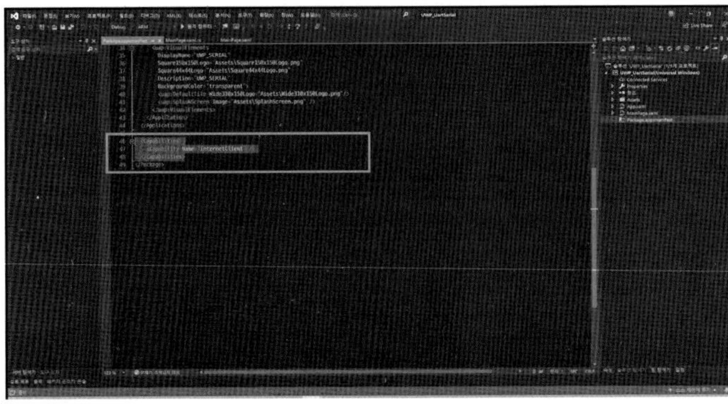

■ 패키지 권한 변경 전 소스 (Package.appxmanifest)

```
<?xml version="1.0" encoding="utf-8"?>

<Package
  xmlns="http://schemas.microsoft.com/appx/manifest/foundation/windows10"
  xmlns:mp="http://schemas.microsoft.com/appx/2014/phone/manifest"
  xmlns:uap="http://schemas.microsoft.com/appx/manifest/uap/windows10"
  IgnorableNamespaces="uap mp">

...
...
...

  <Applications>
    <Application Id="App"
      Executable="$targetnametoken$.exe"
      EntryPoint="UWP_UartSerial.App">
      <uap:VisualElements
        DisplayName="UWP_UartSerial"
        Square150x150Logo="Assets\Square150x150Logo.png"
        Square44x44Logo="Assets\Square44x44Logo.png"
        Description="UWP_UartSerial"
        BackgroundColor="transparent">
        <uap:DefaultTile Wide310x150Logo="Assets\Wide310x150Logo.png"/>
        <uap:SplashScreen Image="Assets\SplashScreen.png" />
      </uap:VisualElements>
    </Application>
  </Applications>

  <Capabilities>
    <Capability Name="internetclient" />
```

```
  </Capabilities>
</Package>
```

■ 패키지 권한 변경 소스 (Package.appxmanifest)

```
<?xml version="1.0" encoding="utf-8"?>

<Package
 xmlns="http://schemas.microsoft.com/appx/manifest/foundation/windows10"
 xmlns:mp="http://schemas.microsoft.com/appx/2014/phone/manifest"
 xmlns:uap="http://schemas.microsoft.com/appx/manifest/uap/windows10"
 IgnorableNamespaces="uap mp">

 <Identity
   Name="0177253f-d460-412a-a24b-c532a75ca405"
   Publisher="CN=hpsyc"
   Version="1.0.0.0" />

 <mp:PhoneIdentity PhoneProductId="0177253f-d460-412a-a24b-c532a75ca405"
PhonePublisherId="00000000-0000-0000-0000-000000000000"/>

 <Properties>
   <DisplayName>UWP_UartSerial</DisplayName>
   <PublisherDisplayName>hpsyc</PublisherDisplayName>
   <Logo>Assets\StoreLogo.png</Logo>
 </Properties>

 <Dependencies>
   <TargetDeviceFamily Name="Windows.Universal" MinVersion="10.0.0.0"
MaxVersionTested="10.0.0.0" />
 </Dependencies>

 <Resources>
   <Resource Language="x-generate"/>
 </Resources>

 <Applications>
   <Application Id="App"
     Executable="$targetnametoken$.exe"
     EntryPoint="UWP_UartSerial.App">
     <uap:VisualElements
       DisplayName="UWP_UartSerial"
       Square150x150Logo="Assets\Square150x150Logo.png"
       Square44x44Logo="Assets\Square44x44Logo.png"
       Description="UWP_UartSerial"
       BackgroundColor="transparent">
       <uap:DefaultTile Wide310x150Logo="Assets\Wide310x150Logo.png"/>
```

```
      <uap:SplashScreen Image="Assets\SplashScreen.png" />
    </uap:VisualElements>
  </Application>
</Applications>

<Capabilities>
  <DeviceCapability Name="serialcommunication">
    <Device Id="any">
      <Function Type="name:serialPort" />
    </Device>
  </DeviceCapability>
</Capabilities>
</Package>
```

■ 해당 페이지를 선택한 후 속성에서 이벤트를 선택하면 된다. 해당 이벤트 리스트에서 'Loading'에서 마우스를 더블클릭하면 소스 페이지가 나타난다.

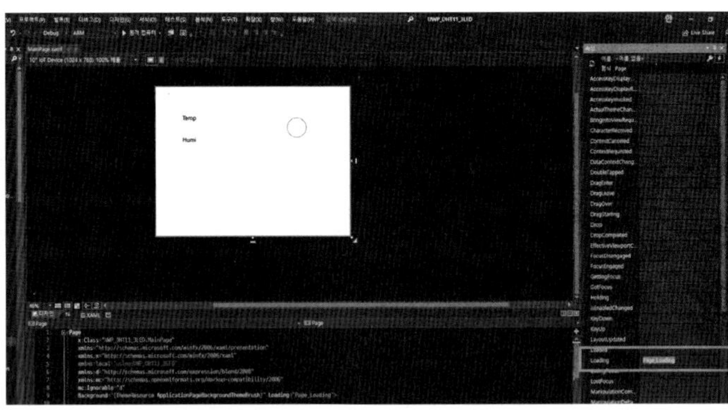

■ 소스 코딩에서 해당 위치에 커서가 자동으로 이동한다.

■ 메인 프로그램 소스 (MainPage.cs)

```
using System;
using System.Collections.Generic;
using System.Collections.ObjectModel;
using System.Diagnostics;
using System.IO;
using System.Linq;
using System.Runtime.InteropServices.WindowsRuntime;
using System.Threading;
using System.Threading.Tasks;
using Windows.Devices.Enumeration;
using Windows.Devices.SerialCommunication;
using Windows.Foundation;
using Windows.Foundation.Collections;
using Windows.Storage.Streams;
using Windows.UI.Xaml;
using Windows.UI.Xaml.Controls;
using Windows.UI.Xaml.Controls.Primitives;
using Windows.UI.Xaml.Data;
using Windows.UI.Xaml.Input;
using Windows.UI.Xaml.Media;
using Windows.UI.Xaml.Navigation;
namespace UWP_UartSerial
{
    public sealed partial class MainPage : Page
    {
        private SerialDevice serialPort = null;
        DataWriter dataWriterObject = null;
        DataReader dataReaderObject = null;
        private ObservableCollection<DeviceInformation> listOfDevices;
        private CancellationTokenSource ReadCancellationTokenSource;
        public MainPage()
        {
            this.InitializeComponent();
            btn_Connect.IsEnabled = false;
            listOfDevices = new ObservableCollection<DeviceInformation>();
            ListAvailablePorts();
        }
        /// <summary>
        /// ListAvailablePorts
        /// - 시리얼 디바이스 사용.GetDeviceSelect를 사용하여 시리얼장치 열거
        /// - DeviceIds가 표시되도록 listBox 소스에 DeviceInformation을 연결
        /// </summary>
        private async void ListAvailablePorts()
        {
            try
            {
                string aqs = SerialDevice.GetDeviceSelector();
```

```
            var dis = await DeviceInformation.FindAllAsync(aqs);

            tbx_Status.Text = "연결할 디바이스를 선택하십시오";
            for (int i = 0; i < dis.Count; i++)
            {
                listOfDevices.Add(dis[i]);
            }
            DeviceDataSource.Source = listOfDevices;
            btn_Connect.IsEnabled = true;
            lst_DeviceList.SelectedIndex = -1;
        }
        catch (Exception ex)
        {
            tbx_Status.Text = ex.Message;
        }
    }

    /// <summary>
    /// comPortInput_Click: '연결'버튼을 클릭 시 수행
    /// - 선택한 디바이스 인덱스를 불러오고 Id를 사용하여 SerialDevice 개체를 생성한다
    /// - 시리얼 포트의 기본 설정을 구성한다
    /// - ReadCancellationTokenSource 토큰을 생성한다
    /// - 시리얼 포트 입력에서 수신을 시작한다
    /// </summary>
    /// <param name="sender"></param>
    /// <param name="e"></param>
    private async void btn_Connect_Click(object sender, RoutedEventArgs e)
    {
        var selection = lst_DeviceList.SelectedItems;
        if (selection.Count <= 0)
        {
            tbx_Status.Text = "연결할 디바이스를 선택하십시오";
            return;
        }
        DeviceInformation entry = (DeviceInformation)selection[0];
        try
        {
            serialPort = await SerialDevice.FromIdAsync(entry.Id);
            if (serialPort == null) return;
            // '연결' 버튼을 비활성화 한다
            btn_Connect.IsEnabled = false;
            // 시리얼 설정을 구성한다
            serialPort.WriteTimeout = TimeSpan.FromMilliseconds(1000);
            serialPort.ReadTimeout = TimeSpan.FromMilliseconds(1000);
            serialPort.BaudRate = 9600;
            serialPort.Parity = SerialParity.None;
            serialPort.StopBits = SerialStopBitCount.One;
            serialPort.DataBits = 8;
```

```
        serialPort.Handshake = SerialHandshake.None;
        // 구성 설정을 표시한다
        tbx_Status.Text += serialPort.BaudRate + "-";
        tbx_Status.Text += serialPort.DataBits + "-";
        tbx_Status.Text += serialPort.Parity.ToString() + "-";
        tbx_Status.Text += serialPort.StopBits;
        lst_Log.Items.Clear();
        // TextChanged 콜백을 호출하도록 RcvdText 필드를 설정한다
        // 콜백에서 데이터를 대기하기 위해 비동기 읽기 작업을 시작한다
        tbx_ReceiveText.Text = "데이터 대기 중...";
        // 디바이스를 닫을 때 I/O 작업을 닫을 수 있는 취소 토큰을
           생성한다
        ReadCancellationTokenSource = new CancellationTokenSource();
        Listen();
    }
    catch (Exception ex)
    {
        tbx_Status.Text = ex.Message;
        btn_Connect.IsEnabled = true;
    }
}

/// <summary>
/// - DataReader 객체를 생성한다
/// - SerialDevice InputStream에서 읽을 비동기 작업을 생성한다
/// </summary>
/// <param name="sender"></param>
/// <param name="e"></param>
private async void Listen()
{
    try
    {
        if (serialPort != null)
        {
            dataReaderObject = new DataReader(serialPort.InputStream);
            // 시리얼 입력을 계속 읽는다
            while (true)
            {
                await ReadAsync(ReadCancellationTokenSource.Token);
            }
        }
    }
    catch (TaskCanceledException tce)
    {
        tbx_Status.Text = "읽기 작업이 취소되었습니다, 디바이스를 닫고 청소합니다";
        CloseDevice();
    }
    catch (Exception ex)
```

```
        {
            tbx_Status.Text = ex.Message;
        }
        finally
        {

            // 청소가 완료되면 실행한다
            if (dataReaderObject != null)
            {
                dataReaderObject.DetachStream();
                dataReaderObject = null;
            }
        }
    }

    /// <summary>
    /// ReadAsync: 시리얼 디바이스 입력스트림에서 대기하고 데이터를
        비동기식으로 읽는 작업
    /// </summary>
    /// <param name="cancellationToken"></param>
    /// <returns></returns>
    private async Task ReadAsync(CancellationToken cancellationToken)
    {
        Task<UInt32> loadAsyncTask;
        uint ReadBufferLength = 1024;

        // 작업취소가 요청되면 이에 따른다
        cancellationToken.ThrowIfCancellationRequested();

        // 하나 이상의 바이트를 사용할 수 있을 때 비동기 읽기 작업을
           완료하도록 InputStreamOptions를 설정한다
        dataReaderObject.InputStreamOptions = InputStreamOptions.Partial;

        using (var childCancellationTokenSource = CancellationTokenSource.
               CreateLinkedTokenSource(cancellationToken))
        {
            // serialPort.InputStream에서 데이터를 대기하는 작업 객체를
               생성한다
            loadAsyncTask = dataReaderObject.LoadAsync(ReadBufferLength).
                            AsTask(childCancellationTokenSource.Token);
            // 작업 실행 및 대기
            UInt32 bytesRead = await loadAsyncTask;
            if (bytesRead > 0)
            {
                string szReceiveData = dataReaderObject.ReadString(bytesRead);
                Debug.WriteLine(szReceiveData);
                String[] szValue = szReceiveData.Split(new[] { " \n" },
```

```
                                StringSplitOptions.None);
                Debug.WriteLine("Value Length : " + szValue.Length);
                if (szValue.Length > 0)
                {
                    for (int i = 0; i < szValue.Length; i++)
                    {
                        if (szValue[i].Length == 9)
                        {
                            tbx_ReceiveText.Text = szValue[i];
                            String[] arr_tb = tbx_ReceiveText.Text.Split(',');
                            if (arr_tb.Length == 3)
                            {
                                tbx_1.Text = arr_tb[0];
                                tbx_2.Text = arr_tb[1];
                                tbx_3.Text = arr_tb[2];
                            }
                            tbx_Status.Text = "성공적으로 바이트를 읽었습니다!";

                            String szData = String.Format(" {0 }: {1 }",
DateTime.Now.ToString("HH:mm:ss"), tbx_ReceiveText.Text);
                            lst_Log.Items.Add(szData);

                            lst_Log.SelectedIndex = lst_Log.Items.Count - 1;
                        }
                    }
                }
            }
        }
    }
    /// <summary>
    /// CancelReadTask:
    /// - 읽기 작업을 취소하는 ReadCancellationTokenSource를 사용
    /// </summary>
    private void CancelReadTask()
    {
        if (ReadCancellationTokenSource != null)
        {
            if (!ReadCancellationTokenSource.IsCancellationRequested)
            {
                ReadCancellationTokenSource.Cancel();
            }
        }
    }
    /// <summary>
    /// CloseDevice:
    /// - SerialDevice 객체 제거
    /// - 열거된 장치 Id 목록을 청소
    /// </summary>
```

```
        private void CloseDevice()
        {
            if (serialPort != null)
            {
                serialPort.Dispose();
            }
            serialPort = null;
            btn_Connect.IsEnabled = true;
            tbx_ReceiveText.Text = "";
            listOfDevices.Clear();
        }
        /// <summary>
        /// closeDevice_Click: '연결 해제 및 목록 새로고침'을 클릭 시 수행할 작업
        /// - 모든 읽기 작업을 취소한다
        /// - SerialDevice 객체를 닫고 청소한다
        /// - 연결된 디바이스를 열거한다
        /// </summary>
        /// <param name="sender"></param>
        /// <param name="e"></param>
        private void btn_Disconnect_Click(object sender, RoutedEventArgs e)
        {
            try
            {
                tbx_Status.Text = "";
                CancelReadTask();
                CloseDevice();
                ListAvailablePorts();
            }
            catch (Exception ex)
            {
                tbx_Status.Text = ex.Message;
            }
        }
    }
}
```

13.10.5 실행

■ 실행하기 위해서는 메뉴바에 

을 클릭하면 실행 된다.

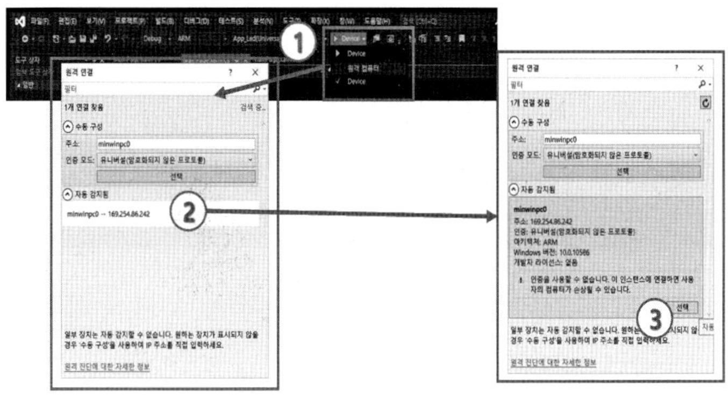

■ 실행 결과

• 디바이스 선택 사항에서 연결된 시리얼 리스트를 확인할 수 있다.

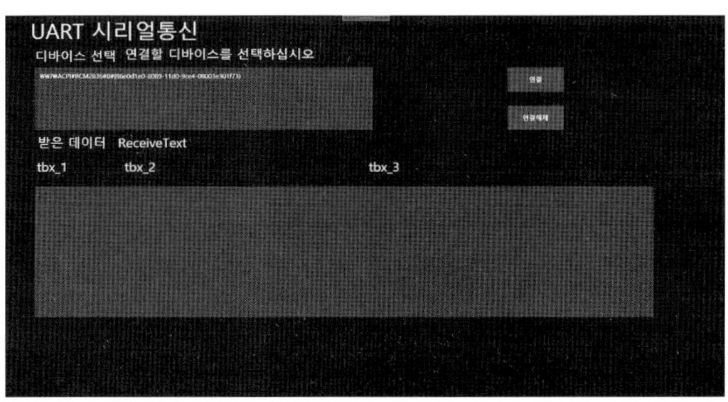

• 디바이스 선택 사항에서 시리얼 리스트를 선택할 수 있다.

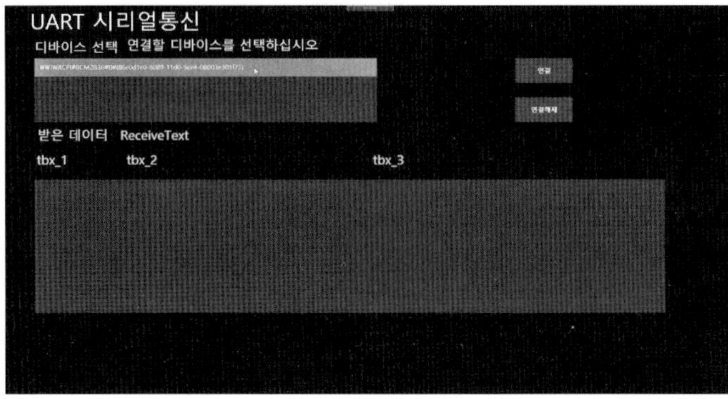

• 선택한 시리얼 리스트를 연결하면 시리얼 통신으로 통하여 데이터 수신된 값들을 확인할 수 있다.

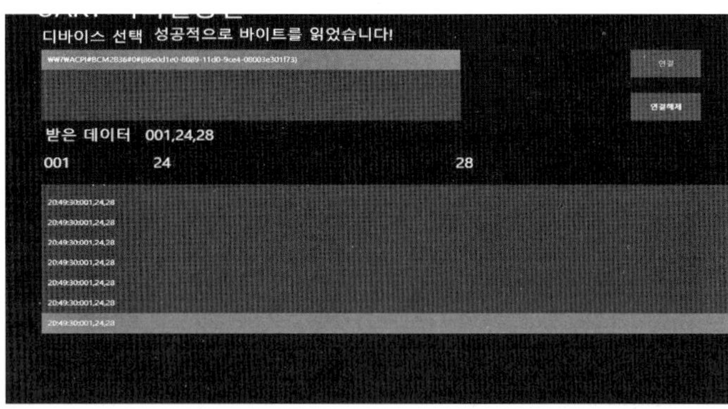

13.11 WIFI 통신 제어(UWP_TCPClient)

13.11.1 프로젝트 준비물

- ATMEGA128 보드와 라즈베리파이의 TCP 통신하기 위해서 다음과 같이 연결한다.

- ATMEGA128 보드에 RGB LED 센서를 연결한 후 WIFI를 통해서 라즈베리파이 TCP/IP 통신을 통하여 해당 LED 색상을 제어할 수 있다.
- 하드웨어 구성

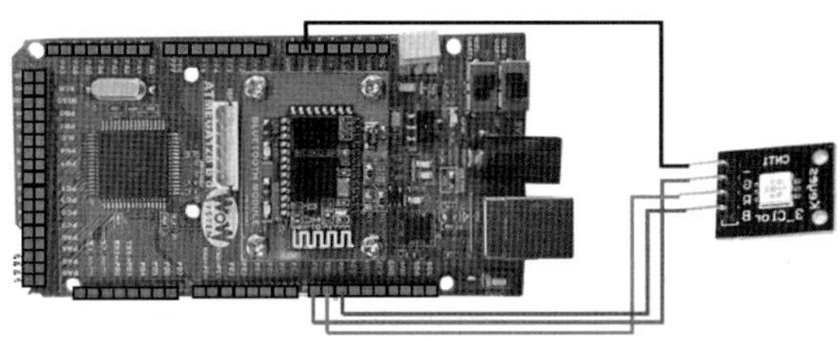

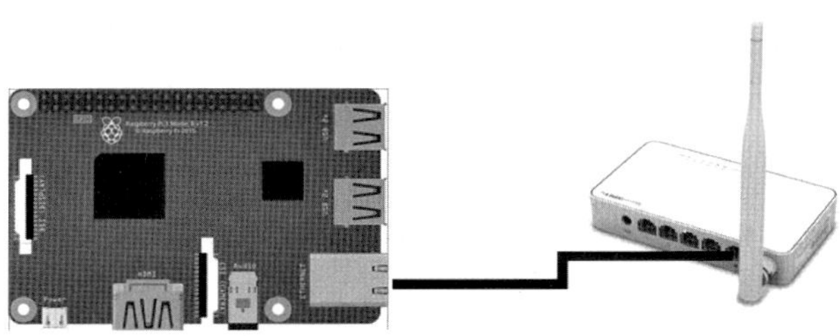

하드웨어 구성의 경우 라즈베리파이에 기본 Windows 10 IoT core OS가 설치한 후 해당 프로젝트를 진행할 수 있다.

- 핀 구성

ATMEGA128 보드	RGB LED 센서
PB5	R
PB6	G
PB7	B
GND	⊖

13.11.2 프로젝트 생성(ATMEGA128)

■ 프로그램 구성(프로젝트 이름 : RGBLED_TCP)

- 시리얼 통신을 초기화하고 TCP 데이터를 읽어 오고 저장한 다음 문자열를 선언된 값을 비교하여 실행 함수인 main.c
- UART 통신을 위한 소스 파일은 포트 설정 관련 레지스터 및 데이터를 효율적으로 쓰기 위한 알고리즘을 구현하는 등의 사용자 라이브러리 파일인 "UART.c"
- 통신 보레이트를 정의하고 송수신 버퍼의 크기 설정, 시리얼 통신 및 버튼의 초기화 함수 등의 사용자 헤더 파일인 "UART.h "
- WIFI 상에서 수신된 값을 읽어 오고 해당 코드에 따라 RGB LED를 제어하는 라이브러리 파일인 "WIFI.c"
- "WIFI.c" 파일 내의 함수를 실행 함수와 연동되도록 하는 파일인 "WIFI.h"
- 실행 파일(main.c)

```
#include <avr/io.h>
#include <avr/interrupt.h>
#include <util/delay.h>
#include <string.h>
#include <stdio.h>
#include "UART.h"
#include "WiFi.h"

void Mode0();  // OFF
void Mode1();  // Red
void Mode2();  // Green
void Mode3();  // Blue
int Status = 0;  // LED 모드
char ip_address[WL_IP_MAX_LENGTH] = {0,};
int main(void)
{
	// 시리얼 통신 모드 적용
	Serial_begin(9600);
	// WIFI 초기화
	initWiFi();
	// WIFI 모드 설정
	setWiFiMode(MODE_STATION);
	Serial_println("Request Connect to AP");
	// 무선인터넷 SSD ID와 접속 비밀번호
	connectAP("UWPWIFI", "p@ssw0rd");
```

```
Serial_println("Connect to AP Success");
readIP();
do{
        getIP(ip_address);
        processWiFi();
}while(ip_address[0] == 0);
  Serial_println("Read IP Success");
Serial_println("Request Open Server");

openServer(1337);
Serial_println("Open Server Success");
_delay_ms(500);

Serial_print("Server IP : ");
Serial_println(ip_address);
_delay_ms(500);

DDRB = 0xff;
PORTB = 0x00;
TCCR1A = 0xa9;
TCCR1B = 0x0b;
TCCR1C = 0x00;
OCR1A = 0x00;
OCR1B = 0x00;
OCR1C = 0x00;
while (1)
{
        char data = 0;
        if( (wifi_available(0)) && (connectedClient() > 0) )
        {
                data = wifi_read(0);
                Serial_write(data);

                // 수신된 값에 따라 상태 값을 적용
                switch(data)
                {
                        case '0':
                                Status = 0;
                                break;
                        case '1':
                                Status = 1;
                                break;
                        case '2':
                                Status = 2;
                                break;
```

```
                case '3':
                        Status = 3;
                        break;
                default:
                        break;
        }
}
if(Serial_available())
{
        // 수신된 값에 따라 상태 값을 적용
        switch(Serial_read())
        {
                case '0':
                        Status = 0;
                        break;
                case '1':
                        Status = 1;
                        break;
                case '2':
                        Status = 2;
                        break;
                case '3':
                        Status = 3;
                        break;
                default:
                        break;
        }
}
// 수신된 값에 따라 LED 모드 적용
switch(Status)
{
        case 0:
                Mode0();
                break;
        case 1:
                Mode1();
                break;
        case 2:
                Mode2();
                break;
        case 3:
                Mode3();
                break;
        default:
                break;
```

```
            }

            processWiFi();
    }
}

// 색상 OFF 모드
void Mode0()
{
        OCR1A = 0x00;
        OCR1B = 0x00;
        OCR1C = 0x00;
}

// 색상 Red 모드
void Mode1()
{
        OCR1A = 250;
        OCR1B = 0x00;
        OCR1C = 0x00;
}

// 색상 Green 모드
void Mode2()
{
        OCR1A = 0x00;
        OCR1B = 250;
        OCR1C = 0x00;
}

// 색상 Blue 모드
void Mode3()
{
        OCR1A = 0x00;
        OCR1B = 0x00;
        OCR1C = 250;
}
```

• 사용자 라리브러리 파일~("WIFI.c")

```
#include <util/delay.h>
#include <stdio.h>
#include <string.h>
#include "WiFi.h"
#include "UART.h"
wifiState_t gWiFiState;
char _bssid[16];
char _ssid[WL_SSID_MAX_LENGTH];
char _localIP[WL_IP_MAX_LENGTH];
char temp_cmd_buff[16];
char temp_data_buff[100];
char gATBuff[32];
const char crnl[3] = {'\r', '\n', 0};
const char cequal[2] = {'=', 0};
unsigned int receivedDataLength = 0;
client_data_t gClient_data[MAX_CONNECTABLE_CLIENT]; //MAX Client connection is 4
unsigned char gNumberOfConnectedClient = 0;
unsigned char gTargetClient = 0;
unsigned char AsciiToHex(unsigned char d)
{
    if( ('a' <= d) && (d <= 'f') )
    {
        return ((d - 'a') + 10);
    }
    if( ('A' <= d) && (d <= 'F') )
    {
        return ((d - 'A') + 10);
    }
    if( ('0' <= d) && (d <= '9') )
    {
        return ((d - '0'));
    }
    return 0;
}

void WiFi()
{
      gWiFiState.updated = 0;
      gWiFiState.ap_connection = -1;
      gWiFiState.server_connection = -1;
      gWiFiState.server_open = -1;
      gWiFiState.ap_open = -1;

      for(int i=0; i<MAX_CONNECTABLE_CLIENT; i++)
```

```
	{
		gClient_data[i]._rx_buffer_head = 0;
		gClient_data[i]._rx_buffer_tail = 0;
	}
}

/*FFFFFFFFFFFFFFFFFFFFFFFFFFFFFFFFFFFFFFFFFFFFFFFFF
*	함 수 명 : [ init ]
*	기    능 : [ WiFi 모듈을 초기화 한다. ]
*	파라미터 : [  ]
*	리 턴 값 : [  ]
FFFFFFFFFFFFFFFFFFFFFFFFFFFFFFFFFFFFFFFFFFFFFFFFF*/
void initWiFi()
{
	Serial1_begin(115200);
	WiFi();
	readCMDOnPGM(temp_cmd_buff, at_commands[AT_RST]);
	writeATCmd(temp_cmd_buff);

	_delay_ms(500);
	flush();

	do{
		readCMDOnPGM(temp_cmd_buff, at_commands[AT_ATE]);
		readCMDOnPGM(temp_data_buff, at_commands[AT_ATE_NOECHO]);
		writeATCmd_withData(temp_cmd_buff, temp_data_buff, 0);
	}while(waitATResponse(AT_STATE_OK) < 0);
}

/*FFFFFFFFFFFFFFFFFFFFFFFFFFFFFFFFFFFFFFFFFFFFFFFFF
*	함 수 명 : [ setWiFiMode ]
*	기    능 : [ WiFi의 동작 모드를 설정한다. ]
*	파라미터 : [ mode - WiFi의 동작 모드를 입력한다. 입력 할 수 있는 동작
		   모드는 아래 두 가지와 같다.
?	fs.wifi.MODE_STATION : 외부 AP에 접속하며, Client가 되거나 Server를
				생성할 수 있다.
?	fs.wifi.MODE_AP_STATAION : WiFi 모듈 자체에서 AP를 생성할 수 있으며,
				Client가 되거나 Server를 생성할 수 있다.]
*	리 턴 값 : [  ]
FFFFFFFFFFFFFFFFFFFFFFFFFFFFFFFFFFFFFFFFFFFFFFFFF*/
void setWiFiMode(uint8_t mode)
{
	do
	{
		readCMDOnPGM(temp_cmd_buff, at_commands[AT_CWMODE]);
		switch(mode)
		{
```

```
                    case MODE_STATION:
                    readCMDOnPGM(temp_data_buff, at_commands[AT_CWMODE_STATION]);
                    writeATCmd_withData(temp_cmd_buff, temp_data_buff, 1);
                    break;
                    case MODE_AP:
                    readCMDOnPGM(temp_data_buff, at_commands[AT_CWMODE_SOFTAP]);
                    writeATCmd_withData(temp_cmd_buff, temp_data_buff, 1);
                    break;
                    case MODE_AP_STATION:
                    readCMDOnPGM(temp_data_buff, at_commands[AT_CWMODE_
                                                 SOFTAP_STATION]);
                    writeATCmd_withData(temp_cmd_buff, temp_data_buff, 1);
                    break;
            }
    }while(waitATResponse(AT_STATE_OK) < 0);
}

/*FFFFFFFFFFFFFFFFFFFFFFFFFFFFFFFFFFFFFFFFFFFFFF
*     함 수 명 : [ connectAP ]
*     기    능 : [ WiFi의 Mode가 MODE_STATION인 상태에서 동작되며, 비밀번호
                 없이 공개된 AP에 접속한다. ]
*     파라미터 : [ ssid - 접속할 AP의 SSID를 입력한다. ]
*     리 턴 값 : [ Reserved ]
*     참고예제 : [  ]
FFFFFFFFFFFFFFFFFFFFFFFFFFFFFFFFFFFFFFFFFFFFFF*/
int connectAP_NoPW(char* ssid)
{
     return connectAP((char*)ssid, (char*)"");
}

/*FFFFFFFFFFFFFFFFFFFFFFFFFFFFFFFFFFFFFFFFFFFFFF
*     함 수 명 : [ connectAP ]
*     기    능 : [ WiFi의 Mode가 MODE_STATION인 상태에서 동작되며, 비밀번호가
                 설정된 비공개 AP에 접속한다. ]
*     파라미터 : [ ssid - 접속할 AP의 SSID를 입력한다.password - 접속할 AP의
                 비밀번호를 입력한다. ]
*     리 턴 값 : [ Reserved ]
FFFFFFFFFFFFFFFFFFFFFFFFFFFFFFFFFFFFFFFFFFFFFF*/
int connectAP(char* ssid, char* password)
{
    if( (strlen(ssid) > WL_SSID_MAX_LENGTH) )
    {
            #ifdef _EN_DEBUG_MSG
            Serial_println("Please enter a ssid of 32 or less characters.");
            #endif
    }
    if( (strlen(password) < 8) )
```

```
    {
        #ifdef _EN_DEBUG_MSG
        Serial_println("Please enter a password of 8 or more
                    characters.");
        #endif
    }
    _delay_ms(100);
    flush();
    do
    {
        readCMDOnPGM(temp_cmd_buff, at_commands[AT_CWJAP]);
        readCMDOnPGM(gATBuff, at_commands[AT_CWJAP_DATA]);
        sprintf(temp_data_buff, gATBuff, ssid, password);
        writeATCmd_withData(temp_cmd_buff, temp_data_buff, 1);
    }while(waitATResponse(AT_STATE_OK) == -1);
    return 0;
}

/*FFFFFFFFFFFFFFFFFFFFFFFFFFFFFFFFFFFFFFFFFFFFFFF
*    함 수 명 : [ createAP ]
*    기    능 : [ WiFi의 Mode가 MODE_AP_STATION인 상태에서 동작되며, 공개
               AP를 생성한다. ]
*    파라미터 : [ ssid - 생성할 AP의 SSID를 입력한다.
channel - 접속할 AP의 채널을 입력한다. (보통 5를 작성) ]
*    리 턴 값 : [ Reserved ]
*    참고예제 : [  ]
FFFFFFFFFFFFFFFFFFFFFFFFFFFFFFFFFFFFFFFFFFFFFFF*/
int createAP_NoPW(char* ssid, int channel)
{
  return createAP((char*)ssid,(char*)"",(int)channel,SECURE_TYPE_OPEN);
}

/*FFFFFFFFFFFFFFFFFFFFFFFFFFFFFFFFFFFFFFFFFFFFFFF
*    함 수 명 : [ createAP ]
*    기    능 : [ WiFi의 Mode가 MODE_AP_STATION인 상태에서 동작되며, 비공개
               AP를 생성한다. ]
*    파라미터 : [ ssid - 생성할 AP의 SSID를 입력한다. ]
*    파라미터 : [ password - 생성할 AP의 비밀번호를 입력한다.
channel - 접속할 AP의 채널을 입력한다. (보통 5를 작성)
secure_type - 비밀번호의 보안 종류를 입력한다.
?    SECURE_TYPE_WPA
?    SECURE_TYPE_WPA2
?    SECURE_TYPE_WPA_WPA2    ]
*    리 턴 값 : [ Reserved ]
FFFFFFFFFFFFFFFFFFFFFFFFFFFFFFFFFFFFFFFFFFFFFFF*/
int createAP(char* ssid, char* password, int channel, uint8_t secure_type)
{
```

```
        readCMDOnPGM(temp_cmd_buff, at_commands[AT_CWSAP]);
        readCMDOnPGM(gATBuff, at_commands[AT_CWSAP_DATA]);
        sprintf(temp_data_buff, gATBuff,ssid, password, channel, 
(int)secure_type);
        writeATCmd_withData(temp_cmd_buff, temp_data_buff, 1);
        waitATResponse(AT_STATE_OK);
        gWiFiState.ap_open = 1;
        return 1;
}

int setAPIP(char* ip)
{
        return 0;
}

int setAPIP_Gateway_Netmask(char* ip, char* gateway, char* netmask)
{
        return 0;
}

int searchAPList() //length 리턴
{
        return 0;
}

int setConnectivity(int multipleConnection)
{
        readCMDOnPGM(temp_cmd_buff, at_commands[AT_CIPMUX]);
        sprintf(temp_data_buff, "%d",(int)(multipleConnection == 0)? 0:1);
        writeATCmd_withData(temp_cmd_buff, temp_data_buff, 1);
        waitATResponse(AT_STATE_OK);
        return 0;
}

/*FFFFFFFFFFFFFFFFFFFFFFFFFFFFFFFFFFFFFFFFFFFFFFFF
*       함 수 명 : [ readIP ]
*       기    능 : [ WiFi에 IP를 요청하는 명령을 전송한다. ]
*       파라미터 : [  ]
*       리 턴 값 : [ Reserved ]
FFFFFFFFFFFFFFFFFFFFFFFFFFFFFFFFFFFFFFFFFFFFFFFF*/
int readIP()
{
        readCMDOnPGM(temp_cmd_buff, at_commands[AT_CIFSR]);
        writeATCmd(temp_cmd_buff);
        memset(_localIP, 0, WL_IP_MAX_LENGTH);
        return 0;
}
```

```
/*FFFFFFFFFFFFFFFFFFFFFFFFFFFFFFFFFFFFFFFFFFFFFFF
*      함 수 명 : [ getIP ]
*      기    능 : [ WiFi에서 읽어진 IP를 리턴한다. ]
*      파라미터 : [  ]
*      리 턴 값 : [ 읽어진 IP ]
FFFFFFFFFFFFFFFFFFFFFFFFFFFFFFFFFFFFFFFFFFFFFFF*/
void getIP(char* arr)
{
       strcpy(arr, _localIP);
}

/*FFFFFFFFFFFFFFFFFFFFFFFFFFFFFFFFFFFFFFFFFFFFFFF
*      함 수 명 : [ connectServer]
*      기    능 : [ 서버에 접속한다.]
*      파라미터 : [ ip - 서버의 IP를 입력한다.
port - 서버의 Port를 입력한다.
type - 접속 타입을 입력한다. (기본 TCP로 설정되어 있으므로, 입력을 안 하여도
                                 된다.) ]
*      리 턴 값 : [ Reserved ]
FFFFFFFFFFFFFFFFFFFFFFFFFFFFFFFFFFFFFFFFFFFFFFF*/
int connectServer(char* ip, long int port, int type)
{
  do {
       setConnectivity(0); //set single connection
       readCMDOnPGM(temp_cmd_buff, at_commands[AT_CIPSTART]);
       readCMDOnPGM(gATBuff, at_commands[AT_CIPSTART_DATA]);
       sprintf(temp_data_buff, gATBuff, (char*)((type == SOCKET_TYPE_TCP)?
"TCP":"UDP"), ip, port);
       writeATCmd_withData(temp_cmd_buff, temp_data_buff, 1);
       _delay_ms(100);
  }while(waitATResponse(AT_STATE_OK) < 0);
  return 0;
}

/*FFFFFFFFFFFFFFFFFFFFFFFFFFFFFFFFFFFFFFFFFFFFFFF
*      함 수 명 : [ openServer ]
*      기    능 : [ 서버를 연다. ]
*      파라미터 : [ port - 서버의 Port를 입력한다. ]
*      리 턴 값 : [ Reserved ]
FFFFFFFFFFFFFFFFFFFFFFFFFFFFFFFFFFFFFFFFFFFFFFF*/
int openServer(long int port)
{
       setConnectivity(1); //set multiple connection
       do{
              readCMDOnPGM(temp_cmd_buff, at_commands[AT_CIPSERVER]);
              readCMDOnPGM(gATBuff, at_commands[AT_CIPSERVER_DATA]);
```

```
            sprintf(temp_data_buff, gATBuff, 1, port);
            writeATCmd_withData(temp_cmd_buff, temp_data_buff, 1);
    }while(waitATResponse(AT_STATE_OK) < 0);
    gWiFiState.server_open = 1;
    return 0;
}

/*FFFFFFFFFFFFFFFFFFFFFFFFFFFFFFFFFFFFFFFFFFFFFFFF
*    함 수 명 : [ connectedClient ]
*    기    능 : [ 서버가 열려있을 때 연결된 클라이언트의 개수를 리턴한다. ]
*    파라미터 : [  ]
*    리 턴 값 : [ 접속된 클라이언트의 개수 ]
FFFFFFFFFFFFFFFFFFFFFFFFFFFFFFFFFFFFFFFFFFFFFFFF*/
int connectedClient()
{
    return gNumberOfConnectedClient;
}

char stateAvailable()
{
    return (char)gWiFiState.updated;
}

wifiState_t getState()
{
    gWiFiState.updated = 0;
    return gWiFiState;
}

/*FFFFFFFFFFFFFFFFFFFFFFFFFFFFFFFFFFFFFFFFFFFFFFFF
*    함 수 명 : [ wifi_available ]
*    기    능 : [ 인자 값으로 받은 클라이언트의 받은 데이터가 있는지
                 확인한다. ]
*    파라미터 : [ clientNumber - 클라이언트의 번호를 입력한다. (0~3) ]
*    리 턴 값 : [ 데이터의 길이 ]
FFFFFFFFFFFFFFFFFFFFFFFFFFFFFFFFFFFFFFFFFFFFFFFF*/
unsigned int wifi_available(unsigned char clientNumber)
{
    return ((unsigned int)(WIFI_RX_DATA_SIZE
+ gClient_data[clientNumber]._rx_buffer_head -
gClient_data[clientNumber]._rx_buffer_tail)) % WIFI_RX_DATA_SIZE;
}
/*FFFFFFFFFFFFFFFFFFFFFFFFFFFFFFFFFFFFFFFFFFFFFFFF
*    함 수 명 : [ wifi_read ]
*    기    능 : [ 인자 값으로 받은 클라이언트의 데이터 1Byte를 받는다. ]
*    파라미터 : [ clientNumber - 클라이언트의 번호를 입력한다. (0~3) ]
*    리 턴 값 : [ 데이터 1Byte ]
```

```
FFFFFFFFFFFFFFFFFFFFFFFFFFFFFFFFFFFFFFFFFFFFF*/
unsigned char wifi_read(unsigned char clientNumber)
{
	// if the head isn't ahead of the tail, we don't have any characters
	if (gClient_data[clientNumber]._rx_buffer_head ==
gClient_data[clientNumber]._rx_buffer_tail)
	{
		return -1;
	}
	else
	{
		unsigned char c =
gClient_data[clientNumber].data[gClient_data[clientNumber]._rx_buffer_tail];
		gClient_data[clientNumber]._rx_buffer_tail =
(rx_buffer_index_t)(gClient_data[clientNumber]._rx_buffer_tail + 1) %
WIFI_RX_DATA_SIZE;
		return c;
	}
}

void waitFlush()
{
	unsigned long int emergencyOut = 0;
	while(Serial1_available() == 0)
	{
		if(emergencyOut++ > 0xFFFF)
			break;
	}
	flush();
}

void flush()
{
	while(Serial1_available() > 0)
	{
		Serial1_read();
	}
}

/*FFFFFFFFFFFFFFFFFFFFFFFFFFFFFFFFFFFFFFFFFFFFF
*	함 수 명 : [ setTargetClient ]
*	기    능 : [ 서버를 연 상태일 때 데이터를 전송할 목표 클라이언트를
	           설정한다. 따로 설정하지 않으면 기본 0으로 설정된다. ]
*	파라미터 : [ targetNumber - 클라이언트의 번호를 입력한다. (0~3) ]
*	리 턴 값 : [ 데이터 1Byte ]
*	참고예제 : [  ]
FFFFFFFFFFFFFFFFFFFFFFFFFFFFFFFFFFFFFFFFFFFFF*/
```

```
void setTargetClient(unsigned char targetNumber)
{
	gTargetClient = targetNumber;
}

/*FFFFFFFFFFFFFFFFFFFFFFFFFFFFFFFFFFFFFFFFFFFFF
*	함 수 명 : [ print ]
*	기    능 : [ 클라이언트 또는 서버에게 데이터를 전송한다. ]
*	파라미터 : [ data - 전송할 문자열을 입력한다. ]
*	리 턴 값 : [  ]
FFFFFFFFFFFFFFFFFFFFFFFFFFFFFFFFFFFFFFFFFFFFF*/
void wifi_print(char* data)
{
	wifi_print_length(data, (unsigned int)strlen(data));
}
void wifi_print_length(char* data, unsigned int length)
{
	if(gWiFiState.server_open == 1)
	{
		do{
			readCMDOnPGM(temp_cmd_buff, at_commands[AT_CIPSEND]);
			readCMDOnPGM(gATBuff, at_commands[AT_CIPSEND_SERVER]);
			sprintf(temp_data_buff, gATBuff, (unsigned 
int)gTargetClient, (unsigned int)length);
			writeATCmd_withData(temp_cmd_buff, temp_data_buff, 1);
		}while((waitATResponse(AT_STATE_OK) < 0) && 
(gWiFiState.server_connection == 1));
		serialPrint_length(data, length);
	}
	else if(gWiFiState.server_connection == 1)
	{
		do{
			readCMDOnPGM(temp_cmd_buff, at_commands[AT_CIPSEND]);
			sprintf(temp_data_buff, "%d", (unsigned int)length);
			writeATCmd_withData(temp_cmd_buff, temp_data_buff, 1);
		}while((waitATResponse(AT_STATE_OK) < 0) && 
(gWiFiState.server_connection == 1));
		serialPrint_length(data, length);
	}
}

/*FFFFFFFFFFFFFFFFFFFFFFFFFFFFFFFFFFFFFFFFFFFFF
*	함 수 명 : [ println ]
*	기    능 : [ 클라이언트 또는 서버에게 데이터를 전송하고, 끝에 New
	           Linefeed를 추가 전송한다. ]
*	파라미터 : [ data - 전송할 문자열을 입력한다. ]
*	리 턴 값 : [  ]
```

```
*      참고예제 : [  ]
FFFFFFFFFFFFFFFFFFFFFFFFFFFFFFFFFFFFFFFFFFFFF*/
void wifi_println(char* data)
{
       wifi_println_length(data, (unsigned int)strlen(data));
}

void wifi_println_length(char* data, unsigned int length)
{
       data[length] = '\n';
       wifi_print_length(data, length+1);
}

/*FFFFFFFFFFFFFFFFFFFFFFFFFFFFFFFFFFFFFFFFFFFFF
*      함 수 명 : [ processWiFi ]
*      기    능 : [ WiFi에서 수신된 명령 또는 상태 값을 받아오고, 처리한다. ]
*      파라미터 : [  ]
*      리 턴 값 : [ Reserved ]
*      참고예제 : [  ]
FFFFFFFFFFFFFFFFFFFFFFFFFFFFFFFFFFFFFFFFFFFFF*/
int processWiFi()
{
       static char szRxDataBuffer[RECEIVE_BUFFER_LENGTH];
       static unsigned char Buffcnt = 0;
       static unsigned char clientNumber = 0;
       static unsigned int _rxPacketCount = 0;
       static char receivedIPD = 0;
       static char receivedIPDLength = 0;
       static unsigned int receivedIPDDataCount = 0;
       char* pszStart;
       char* pszEnd;
       uint8_t digit = 1;
       int _at_state=STATE_IDLE;
       // Serial_print("-----------------");
       // Serial_println(inputSsid);
       while(Serial1_available() > 0)
       {
               szRxDataBuffer[Buffcnt] = Serial1_read();

               #ifdef _EN_DEBUG_MSG //debug
               /*
               Serial_print("[");
               Serial_print(Buffcnt);
               Serial_print("] ");
               */
               /*
               if(szRxDataBuffer[Buffcnt]<48)
               {
```

```
                Serial_print("0x");
                Serial_print(szRxDataBuffer[Buffcnt]);
        }
        else
        */
        Serial_write(szRxDataBuffer[Buffcnt]);
        //Serial_print(" ");
        #endif
        if((Buffcnt == 1) && (szRxDataBuffer[Buffcnt] == '\n') &&
                        (receivedIPDLength == 0))
        {
                if(Buffcnt < (RECEIVE_BUFFER_LENGTH - 1)) {
                        Buffcnt++;
                }
            continue;
        }
        if(receivedIPDLength == 1)
        {
                /*
                 * 만약 WiFi에서 도착한 데이터가 저장가능한 최대 한계를
                   넘어섰을 때
                 * 데이터를 받긴 받지만 저장은 안하고 흘린다.
                 */
                if(_rxPacketCount >= WIFI_RX_DATA_SIZE)
                {
                        receivedIPDDataCount++;
                        if(_rxPacketCount == receivedIPDDataCount)
                        {
                                Buffcnt = 0;
memset(szRxDataBuffer,0,RECEIVE_BUFFER_LENGTH);
                                receivedIPDDataCount = receivedIPDLength
= receivedIPD = 0;
                        }
                }
                else
                {
                        if(gWiFiState.server_open == 1)
                        {
                                inputDataClient(clientNumber,
szRxDataBuffer[Buffcnt]);
                        }
                        else if(gWiFiState.server_connection == 1)
                        {
                                inputDataClient(0,
szRxDataBuffer[Buffcnt]);
                        }
```

```
                        receivedIPDDataCount++;
                        if(Buffcnt > (RECEIVE_BUFFER_LENGTH - 1))
                        {
                                memset
(szRxDataBuffer,0,RECEIVE_BUFFER_LENGTH);
                                Buffcnt=0;
                                receivedIPDLength = 0;
                                receivedIPD = 0;
                                receivedIPDDataCount = 0;
                        }
                        else if(_rxPacketCount == receivedIPDDataCount)
                        {
                                Buffcnt = 0;
                                memset
(szRxDataBuffer,0,RECEIVE_BUFFER_LENGTH);
                                receivedIPDDataCount = receivedIPDLength
= receivedIPD = 0;

                                // = _rxPacketCount; //tw
                        }
                }
        }
        else if(szRxDataBuffer[Buffcnt] == '\n'){
                if(szRxDataBuffer[0] == '\r')
                {
                        #ifdef _EN_DEBUG_MSG
                        Serial_print("AT Response : ");
                        Serial_println(szRxDataBuffer);
                        #endif //#ifdef _EN_DEBUG_MSG
                        if(strncmp(szRxDataBuffer + 2, "SEND OK", 7) == 0)
                        {
                                _at_state = AT_STATE_SEND_OK;
                        }
                        else if(strncmp(szRxDataBuffer + 2, "OK",2) == 0)
                        {
                                _at_state = AT_STATE_OK;
                        }
                        else if(strncmp(szRxDataBuffer + 2, "ERROR",5) == 0)
                        {
                                _at_state = AT_STATE_ERROR;
                        }
                else if(strncmp(szRxDataBuffer + 2, "busy p...",9) == 0)
                {
                                _at_state = AT_STATE_BUSY;
                                #ifdef _EN_DEBUG_MSG
                                Serial_println("WiFi Module is busy..
```

```
                                        Send command again");
                        #endif //#ifdef _EN_DEBUG_MSG
            }
            else
            {
            }
            Buffcnt = 0;
                    return _at_state;
            }
            else if( (szRxDataBuffer[Buffcnt-1] == '\r') &&
                     (Buffcnt > 0) )//Message from esp
            {
                    #ifdef _EN_DEBUG_MSG
                    Serial_print("message:");
                    Serial_println(szRxDataBuffer);
            #else
            _delay_ms(2);
                    #endif //#ifdef _EN_DEBUG_MSG
                    if(strncmp(szRxDataBuffer, "WIFI DISCONNECT",15)== 0)
                    {
                            #ifdef _EN_DEBUG_MSG
                            Serial_println("Message : WIFI
                                            Disconnect"); //debug
                            #endif //#ifdef _EN_DEBUG_MSG
                            _at_state = STATE_DISCONNECTED_AP;
                            updateState(STATE_DISCONNECTED_AP);

                    }
                    else if(strncmp(szRxDataBuffer, "WIFI
                                    CONNECTED",14) == 0)
                    {
                            #ifdef _EN_DEBUG_MSG
                            Serial_println("Message : WIFI
                                            Connected"); //debug
                            #endif //#ifdef _EN_DEBUG_MSG
                            _at_state = STATE_CONNECTED_AP;
                            updateState(STATE_CONNECTED_AP);
                    }
                    else if(strncmp(szRxDataBuffer, "CONNECT", 7) == 0)
                    {
                            #ifdef _EN_DEBUG_MSG
                            Serial_println("Message : Server
                                          Connected"); //debug
                            #endif //#ifdef _EN_DEBUG_MSG
                            _at_state = STATE_CONNECTED_SERVER;
                            updateState(STATE_CONNECTED_SERVER);
                    }
```

```
else if(strncmp(szRxDataBuffer, "CLOSED", 6) == 0)
{
        #ifdef _EN_DEBUG_MSG
        Serial_println("Message : Server
                        CLOSED"); //debug
        #endif //#ifdef _EN_DEBUG_MSG
        _at_state = STATE_DISCONNECTED_SERVER;
        updateState(STATE_DISCONNECTED_SERVER);
}
else if(strncmp(szRxDataBuffer+2, "CONNECT", 7)
        == 0) //Server mode
{
        clientNumber = AsciiToHex((unsigned
                        char)*szRxDataBuffer);
        gClient_data[clientNumber].connected = 1;
        gNumberOfConnectedClient++;
        #ifdef _EN_DEBUG_MSG
        Serial_println("Message : Client
                        Connected"); //debug
        #endif //#ifdef _EN_DEBUG_MSG
}
else if(strncmp(szRxDataBuffer+2, "CLOSED", 6)
        == 0) //Server mode
{
        clientNumber = AsciiToHex((unsigned
                        char)*szRxDataBuffer);
        gClient_data[clientNumber].connected = 0;
        gNumberOfConnectedClient--;
        #ifdef _EN_DEBUG_MSG
        Serial_println("Message : Client
                        Closed"); //debug
        #endif //#ifdef _EN_DEBUG_MSG
}
else if(strncmp(szRxDataBuffer, "+CWJAP:",7) == 0)
{
        /*
        >AT+CWJAP?
        <+CWJAP:"WOWEDU222","f4:<f2:6d:bf:69
                :e1",1,-65\r\n
        */
        pszStart = szRxDataBuffer + 8; //" 제외
        pszEnd = strchr(pszStart, ','); //" 제외
        memcpy(_ssid, pszStart, (int)(pszEnd - 1
              - pszStart));

        pszStart = pszEnd + 2; //" 제외
        pszEnd = strchr(pszStart, ','); //" 제외
```

```
        memcpy(_bssid, pszStart, (int)(pszEnd -
              1 - pszStart));
        _at_state = AT_STATE_OK;
}
else if(strncmp(szRxDataBuffer,
        "+CIFSR:STAIP,",13) == 0)
{
        /*
        >AT+CIFSR
        <+CIFSR:STAIP,"192.168.20.4"\r\n
        <+CIFSR:STAMAC,"5c:cf:7f:d1:bf:7e"\r\n
        */
        pszStart = szRxDataBuffer + 14; //" 제외
        pszEnd = strchr(pszStart, '\"'); //" 제외
        if(gWiFiState.ap_connection == 1)
         {
        memset(_localIP, 0, WL_IP_MAX_LENGTH);
        memcpy(_localIP, pszStart, (int)(pszEnd
              - pszStart));
        #ifdef _EN_DEBUG_MSG
        Serial_print("IP Address : ");
        Serial_println(_localIP);
        #endif
         }
        _at_state = AT_STATE_OK;
}
else if(strncmp(szRxDataBuffer,
        "+CIFSR:APIP,",12) == 0)
{
/*
>AT+CIFSR
<+CIFSR:STAIP,"192.168.20.4"\r\n
<+CIFSR:STAMAC,"5c:cf:7f:d1:bf:7e"\r\n
*/
pszStart = szRxDataBuffer + 13; //" 제외
pszEnd = strchr(pszStart, '\"'); //" 제외
if(gWiFiState.ap_open == 1)
{
memset(_localIP, 0, WL_IP_MAX_LENGTH);
memcpy(_localIP, pszStart, (int)(pszEnd -
        pszStart));
#ifdef _EN_DEBUG_MSG
Serial_print("IP Address : ");
Serial_println(_localIP);
#endif
}
}
```

```
                memset(szRxDataBuffer,0,RECEIVE_BUFFER_LENGTH);
                Buffcnt=0;
                return _at_state;
        }
}
else if((szRxDataBuffer[0] == '\r') && (szRxDataBuffer[1] ==
                                        '\n') &&
                                (strncmp(szRxDataBuffer
                                 + 2, "+IPD",4) == 0) &&
                                 (receivedIPDLength == 0) )
{
        if(receivedIPD == 0)
                receivedIPD = 1;
        else if((receivedIPD == 1)&&(receivedIPDLength ==
                                 0)&&(szRxDataBuffer[Buffcnt] ==
                                 ':'))
        {
                if((gWiFiState.server_connection == 1))
                {
                        receivedIPDLength = 1;
                        szRxDataBuffer[Buffcnt + 1]=0;
                        pszStart = strchr(szRxDataBuffer+2, ',') + 1;
                        _rxPacketCount = 0;
                        while( ('0' <= *pszStart) && (*pszStart
                               <= '9') )
                        {
                                _rxPacketCount *= digit;
                                _rxPacketCount += ((uint32_t)
                                 ((*pszStart)-48));
                                pszStart++;
                                if(digit == 1)digit=10;
                        }
                        if(_rxPacketCount >= WIFI_RX_DATA_SIZE)
                        {
                                #ifdef _EN_DEBUG_MSG
                                Serial_println("Too many data");
                                #endif
                        }
                }

                /*
                 * 서버를 열었을 때 "+IPD,클라이언트 번호,
                                      데이터 길이:데이터"
                 * 위와 같은 형식으로 출력되기 때문에
                   클라이언트 모드와 달리 ','를 한번 더 받아야
                   된다.
                 */
```

```
                else if((gWiFiState.server_open == 1))
                {
                        receivedIPDLength = 1;
                        szRxDataBuffer[Buffcnt + 1]=0;
                        pszStart = strchr(szRxDataBuffer+2, ',') + 1;
                        clientNumber = 0;
                        digit = 1;
                        while( ('0' <= *pszStart) && (*pszStart
                                                        <= '9') )
                        {
                                clientNumber *= digit;
                                clientNumber += ((uint32_t)
                                ((*pszStart)-48));
                                pszStart++;
                                if(digit == 1)digit=10;
                        }

                        pszStart = strchr(pszStart, ',') + 1;
                        _rxPacketCount = 0;
                        digit = 1;
                        while( ('0' <= *pszStart) && (*pszStart
                                                        <= '9') )
                        {
                                _rxPacketCount *= digit;
                                _rxPacketCount += ((uint32_t)
                                ((*pszStart)-48));
                                pszStart++;
                                if(digit == 1)digit=10;
                        }


}
                        if(_rxPacketCount >= WIFI_RX_DATA_SIZE)
                        {
                                #ifdef _EN_DEBUG_MSG
                                Serial_println("Too many data");
                                #endif
                        }
                }
        }
        Buffcnt++;
}

else if(Buffcnt < (RECEIVE_BUFFER_LENGTH - 1))
{
        Buffcnt++;
}
```

```
            else{
                    memset(szRxDataBuffer,0,RECEIVE_BUFFER_LENGTH);
                    Buffcnt=0;
                    receivedIPDLength = 0;
                    receivedIPD = 0;
                    receivedIPDDataCount = 0;
            }
    }

    return -1;
}

void inputDataClient(unsigned char clientNumber, unsigned char _data)
{
    rx_buffer_index_t i = (unsigned
                            int)(gClient_data[clientNumber]._rx_buffer_head
                            + 1) % WIFI_RX_DATA_SIZE;

    if (i != gClient_data[clientNumber]._rx_buffer_tail) {
            gClient_data[clientNumber].data[
gClient_data[clientNumber]._rx_buffer_head ] = (unsigned char)_data;
            gClient_data[clientNumber]._rx_buffer_head = i;
    }
}
unsigned int readCMDOnPGM(char* saveArray, const unsigned char* PROGMEM data)
{
    char* p = (char*)data;
    unsigned char idx = 0;

    while ( (saveArray[idx++] = (char)pgm_read_byte_near(p++)) != 0 );
    saveArray[idx] = 0;

    return idx;
}

void updateState(uint16_t state)
{
    gWiFiState.updated = 1;
    switch(state)
    {
            case STATE_CONNECTED_AP:
            gWiFiState.ap_connection = 1;
            break;
            case STATE_DISCONNECTED_AP:
            gWiFiState.ap_connection = -1;
            break;
            case STATE_CONNECTED_SERVER:
```

```
            gWiFiState.server_connection = 1;
            break;
            case STATE_DISCONNECTED_SERVER:
            gWiFiState.server_connection = -1;
            break;
        }
  gWiFiState.sequence = state;
}

void serialPrint(const char* data)
{
        serialPrint_length(data, strlen(data));
}

void serialPrint_length(const char* data, unsigned int length)
{
        int i;
        for(i = 0; i<length; i++)
        {
                Serial1_write(data[i]);
                #ifdef _EN_DEBUG_MSG
                Serial_write(data[i]);
                #endif
        }
}

void writeATCmd(const char* at_cmd)
{
        serialPrint(at_cmd);
        serialPrint(crnl);
}

void writeATCmd_withData(const char* at_cmd, char* data, char useEqual)
{
        #ifdef _EN_DEBUG_MSG
        //Serial_println(String(at_cmd) + String((useEqual == 1?"=":"")) +
String(data) + String(crnl));
        #endif
        serialPrint(at_cmd);
        if(useEqual == 1)
                serialPrint(cequal);
        serialPrint(data);
        serialPrint(crnl);
}

int waitATResponse(int at_res)
{
```

```
        unsigned long int timeCount = 0;
        int receiveAT = 0xFFF;
        do
        {
                receiveAT = processWiFi();
                if( (timeCount++ > 10000) )
                {
                        //Serial_println("Time out!!");
                        return -1;
                }
                if(receiveAT == AT_STATE_BUSY)
                {
                        //Serial_println("busy!!");
                        return -2;
                }
                _delay_ms(1);
        }while((receiveAT != at_res));
        return receiveAT;
}
```

• 사용자 헤더 파일 ("WIFI.h")

```
#ifndef _WIFI_H__
#define _WIFI_H__

#include "WiFi_AT.h"

#ifndef WiFiSerialBaudRate
#define WiFiSerialBaudRate 115200
#endif

//#define _EN_DEBUG_MSG

#define CIPMODE_0

#ifndef CIPMODE_0
#define CIPMODE_1
#endif

// Maximum size of a IP
#define WL_IP_MAX_LENGTH        16
// Maximum size of a SSID
#define WL_SSID_MAX_LENGTH      32
// Length of passphrase. Valid lengths are 8-63.
#define WL_WPA_KEY_MAX_LENGTH   63
// Size of a MAC-address or BSSID
```

```
#define WL_MAC_ADDR_LENGTH      18
// Size of a MAC-address or BSSID
#define WL_IPV4_LENGTH          4
//Maximum number of request
#define WL_MAX_RETRY_COUNT      3
// 5 secs of delay to have the connection established
#define WL_DELAY_START_CONNECTION   10000

#define WL_AP_CHANNEL           5

#ifndef MAX_CONNECTABLE_CLIENT
#define MAX_CONNECTABLE_CLIENT  4
#endif

#define SEND_BUFFER_LENGTH          64
#define RECEIVE_BUFFER_LENGTH       128 //WiFi에서 도착한 AT커맨드를 포함한 
모든 데이터를 저장하는 버퍼 길이
#define WIFI_RX_DATA_SIZE           32 //WiFi를 통하여 받은 사용자 데이터 
최대 길이 (Cleint 구조체에 들어감)

#if  (WIFI_RX_DATA_SIZE>256)
typedef uint16_t rx_buffer_index_t;
#else
typedef uint8_t rx_buffer_index_t;
#endif

typedef struct {
  char updated;
  char ap_connection;
  char server_connection;
  char server_open;
  char ap_open;
  char ip_read;
  char sequence;
}wifiState_t;

typedef struct{
  unsigned char connected; //클라이언트가 접속되었는지 0 or 1
  unsigned char lockReceiveNewData; //데이터를 받으면 1로 셋되며, 데이터를 
새로 받으려면 0으로 클리어 해야된다.
  unsigned int available; //클라이언트가 전송한 데이터의 길이
  unsigned char* data[WIFI_RX_DATA_SIZE];
  unsigned int _rx_buffer_head, _rx_buffer_tail;
}client_data_t;


void WiFi();
```

```
void initWiFi();
void setWiFiMode(uint8_t mode);
int connectAP_NoPW(char* ssid);
int connectAP(char* ssid, char* password);
int createAP_NoPW(char* ssid, int channel);
int createAP(char* ssid, char* password, int channel, uint8_t secure_type);
int setAPIP(char* ip);
int setAPIP_Gateway_Netmask(char* ip, char* gateway, char* netmask);
int searchAPList(); //length 리턴

int setConnectivity(int multipleConnection);// 0 : Single Connection, 1 :
Multiple Connection

int readIP();
void getIP(char* arr);
int connectServer(char* ip, long int port, int type);
int openServer(long int port);
int connectedClient();

char stateAvailable();
char getSequence();
wifiState_t getState();

unsigned int wifi_available(unsigned char clientNumber);
unsigned char wifi_read(unsigned char clientNumber);
void waitFlush();
void flush();
void setTargetClient(unsigned char targetNumber);
void wifi_print(char* data);
void wifi_print_length(char* data, unsigned int length);
void wifi_println(char* data);
void wifi_println_length(char* data, unsigned int length);

int processWiFi();

unsigned char AsciiToHex(unsigned char d);

enum WIFI_MODE{
  MODE_STATION,
  MODE_AP,
  MODE_AP_STATION
};

enum State {
    STATE_CONNECTED_AP = 0,
    STATE_DISCONNECTED_AP,
    STATE_CONNECTED_SERVER,
```

```
    STATE_DISCONNECTED_SERVER,
    STATE_IDLE,
    AT_STATE_OK,
    AT_STATE_ERROR,
    AT_STATE_SEND_OK,
    AT_STATE_FAIL,
    AT_STATE_BUSY
};

enum SecureType {
  SECURE_TYPE_OPEN,
  SECURE_TYPE_WPA,
  SECURE_TYPE_WPA2,
  SECURE_TYPE_WPA_WPA2
};

enum SocketType{
  SOCKET_TYPE_TCP,
  SOCKET_TYPE_UDP
};

void inputDataClient(unsigned char clientNumber, unsigned char _data);
unsigned int readCMDOnPGM(char* saveArray, const unsigned char* PROGMEM
data);
void updateState(uint16_t state); //enum의 State 값을 받아서 gWiFiState
구조체에 저장
void serialPrint(const char* data);
void serialPrint_length(const char* data, unsigned int length);
void writeATCmd(const char* at_cmd);
void writeATCmd_withData(const char* at_cmd, char* data, char useEqual);
int waitATResponse(int at_res);
#endif
```

■ 사용자 라이브러리 파일 “UART.c”, “UART.h” 파일을 프로젝트 폴더에 추가한다.

■ 사용자 라이브러리 파일인 “WIFI.c”와 “WIFI.h” 파일을 프로젝트 폴더에 추가한다.

■ 빌드 결과 확인

- 에러 메시지가 나올 경우 소스를 수정해 본다.
- 잘못된 소스 부분을 수정하고 다시 빌드 해본다.

■ 프로그램 다운로드 및 실행

- 프로젝트용 타킷 보드에 프로그램 다운로드 및 실행 방법을 다음 사항을 참고하여 수행한다.
- 시리얼 프로그램으로 접속 상태와 IP를 확인한다.

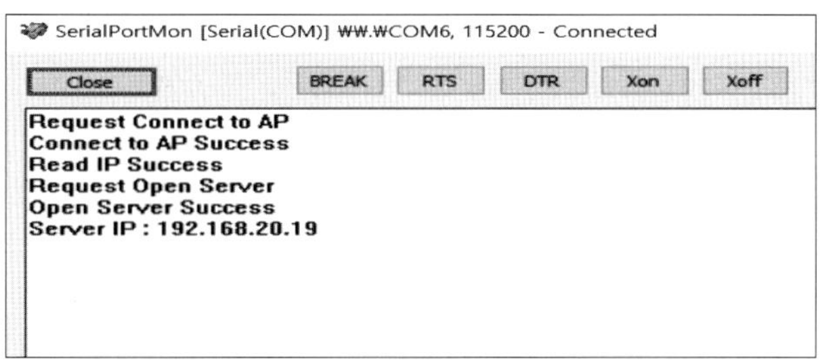

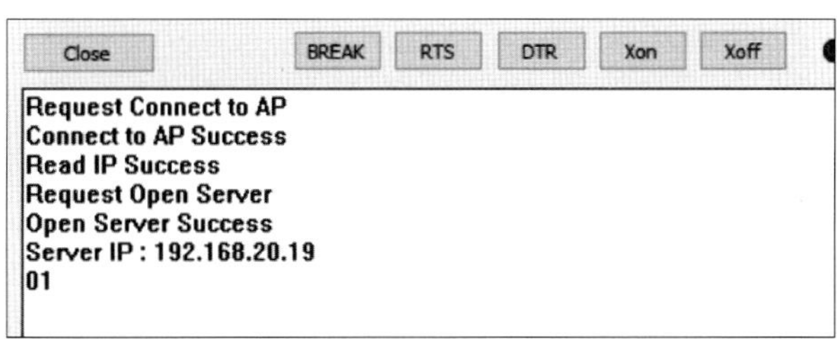

- 데이터 0 또는 1을 보내면, 시리얼 프로그램에 표시가 되며, PA0핀이 제어된다.

13.11.3 프로젝트 생성(Windows 10 IoT core)

- Visual Studio 2019를 실행하면 다음과 같은 화면이 나온다.

새 프로젝트 만들기를 선택한다.

- 프로젝트 이름을 UWP_TCPClient 로 정의한다.

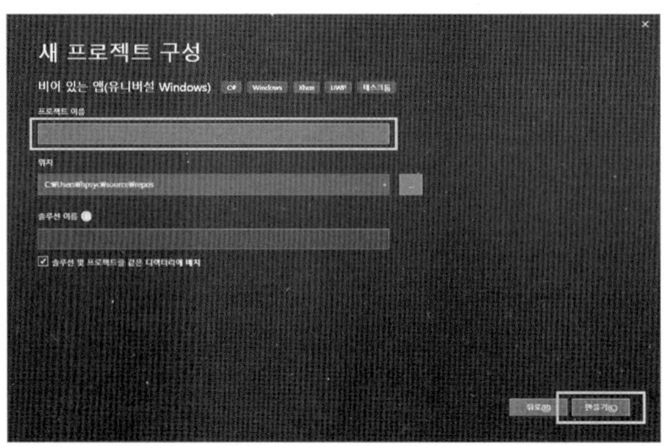

13.11.4 화면 디자인

■ 솔루션 탐색기에서 'MainPage.xaml'를 더블클릭하거나 마우스 오른쪽 클릭하면 디자이너 보기를 선택하면 디자인 화면이 출력된다.

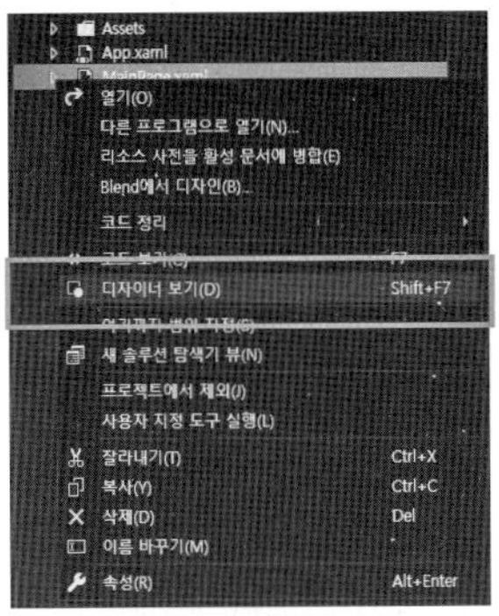

마우스 오른쪽 클릭 시 서브 메뉴가 나타난다.
이때 '디자이너 보기(D) Shift+F7' 선택하면 된다.

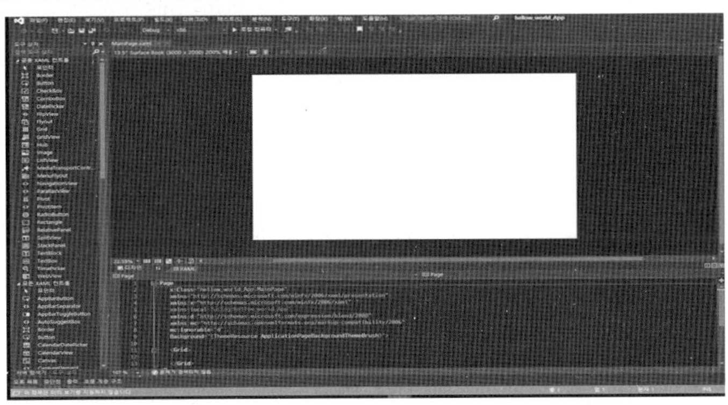

■ 디자인 화면이 나타난 후에는 반드시 IoT 디바이스 정의가 필요하다. 즉, 화면 해상도에 맞추는 과정이다. 지금 진행하고자 하는 화면 디자인의 경우 10인치 IoT Device(1024 x 768)로 선택하자.

■ 해상도를 정의한 후 화면 디자인에 TextBlock를 선택하여 화면 디자인에 마우스로 클릭해서 올려놓기로 한다. 해당 위치는 중앙에 맞춰 디자인한다.

■ 다음과 같이 화면 디자인을 한다.

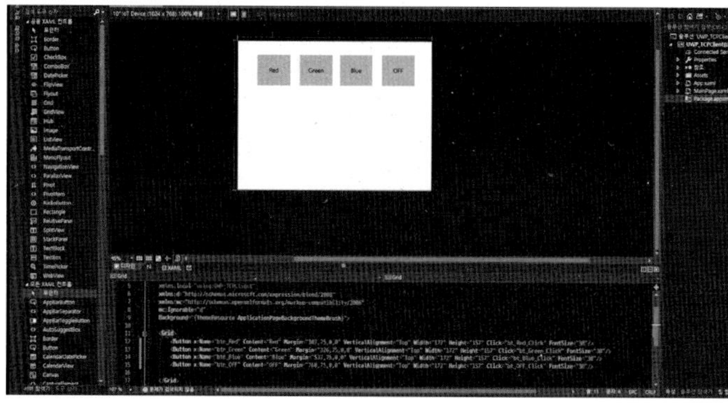

■ Red Button 속성 창을 설정은 다음과 같이 한다.

■ Red Button 속성 창을 ② 이름을 tbx_Red로 정의한다.

■ Red Button 속성 창을 ③의 텍스트 폰트를 30 px로 정의한다.

■ Red Button 속성 창을 ④의 텍스트를 Red 로 정의한다.

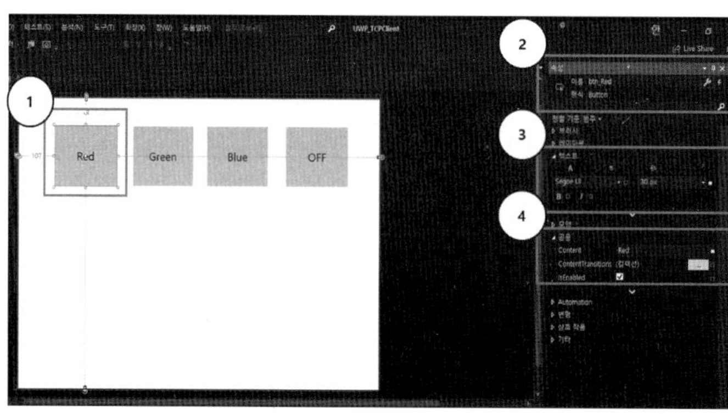

■ Green Button 속성 창을 설정은 다음과 같이 한다.

■ Green Button 속성 창을 ② 이름을 tbx_Green로 정의한다.

■ Green Button 속성 창을 ③의 텍스트 폰트를 30 px로 정의한다.

■ Green Button 속성 창을 ④의 텍스트를 Green 으로 정의한다.

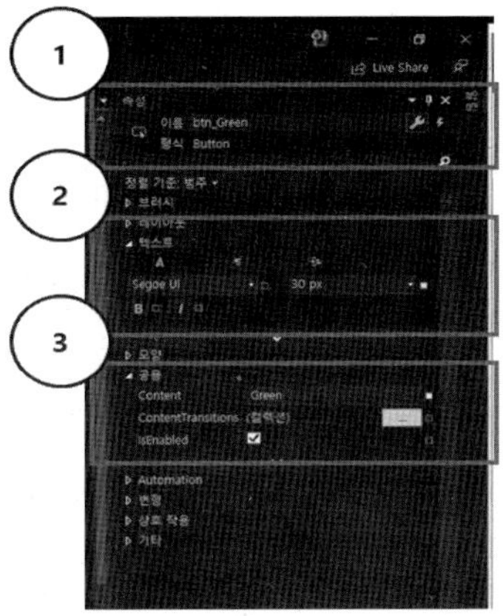

- Blue Button 속성 창을 설정은 다음과 같이 한다.
- Blue Button 속성 창을 ②이름을 tbx_Blue로 정의한다.
- Blue Button 속성 창을 ③의 텍스트 폰트를 30 px로 정의한다.
- Blue Button 속성 창을 ④의 텍스트를 Blue 로 정의한다.

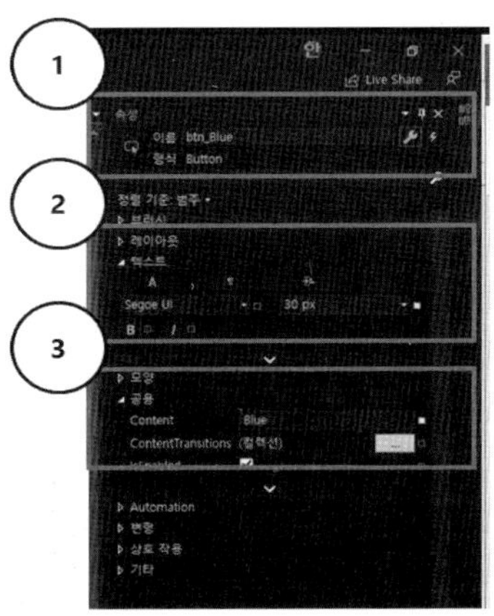

- OFF Button 속성 창을 설정은 다음과 같이 한다.
- OFF Button 속성 창을 ② 이름을 tbx_Off 로 정의한다.
- OFF Button 속성 창을 ③의 텍스트 폰트를 30 px로 정의한다.
- OFF Button 속성 창을 ④의 텍스트를 OFF 로 정의한다.

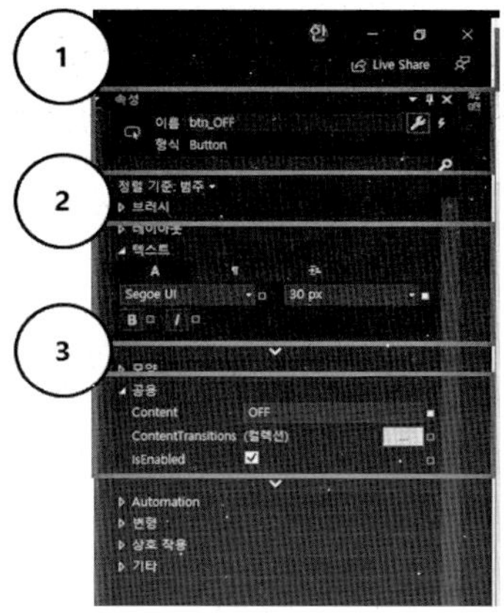

■ 최종 디자인한 화면은 다음과 같다.

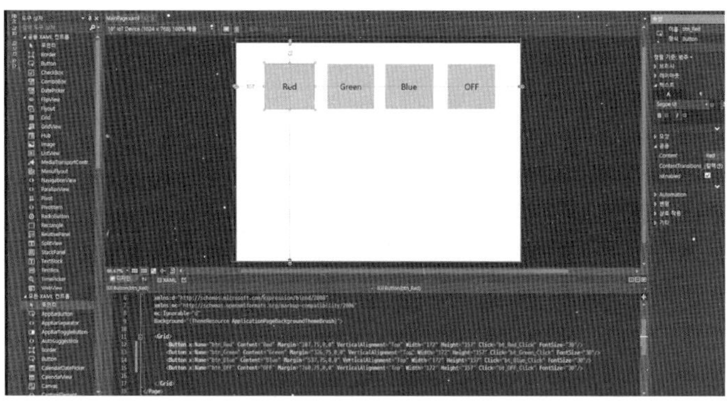

■ 솔루션 탐색기에서 Package.appxmanifest를 선택한 후 마우스 오른쪽을 클릭 하면 된다.

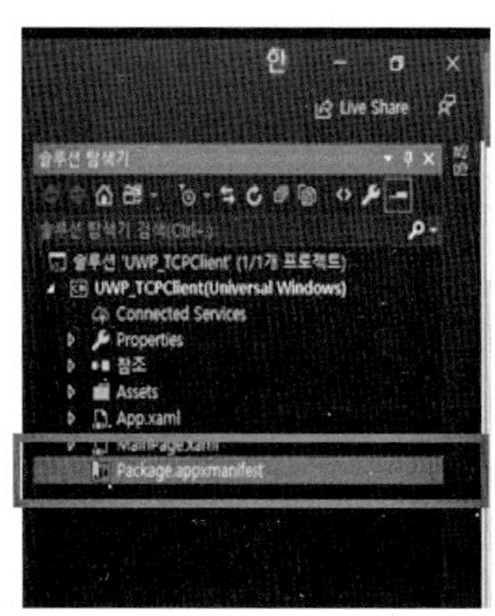

■ 서브 메뉴상에서 '코드 보기(C) F7'을 선택한다.

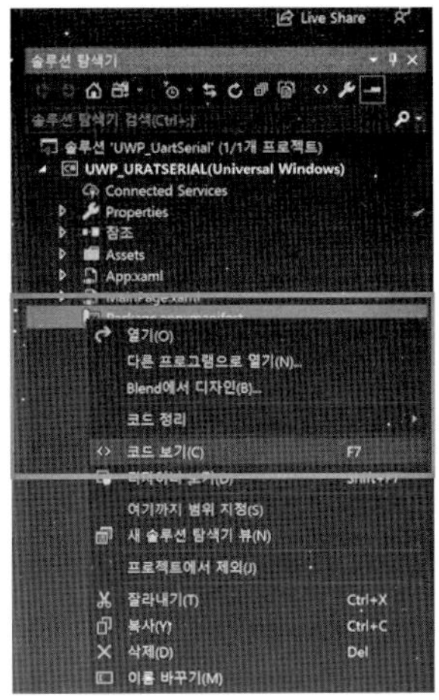

■ Package.appxmanifest 소스 창에서 권한 설정을 변경한다.

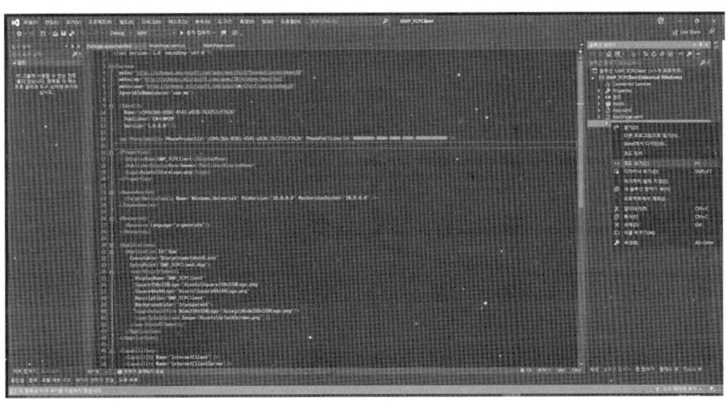

■ Package.appxmanifest 소스 창 하단의 SerialPort 권한을 설정한다.

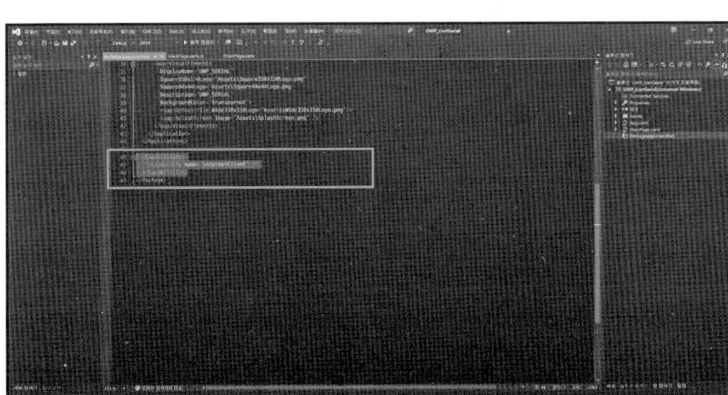

■ 패키지 권한 변경 전 소스(Package.appxmanifest)

```
<?xml version="1.0" encoding="utf-8"?>

<Package
 xmlns="http://schemas.microsoft.com/appx/manifest/foundation/windows10"
 xmlns:mp="http://schemas.microsoft.com/appx/2014/phone/manifest"
 xmlns:uap="http://schemas.microsoft.com/appx/manifest/uap/windows10"
 IgnorableNamespaces="uap mp">

...
...
...

 <Applications>
   <Application Id="App"
     Executable="$targetnametoken$.exe"
     EntryPoint="UWP_UartSerial.App">
     <uap:VisualElements
       DisplayName="UWP_UartSerial"
       Square150x150Logo="Assets\Square150x150Logo.png"
       Square44x44Logo="Assets\Square44x44Logo.png"
       Description="UWP_UartSerial"
       BackgroundColor="transparent">
       <uap:DefaultTile Wide310x150Logo="Assets\Wide310x150Logo.png"/>
       <uap:SplashScreen Image="Assets\SplashScreen.png" />
     </uap:VisualElements>
   </Application>
 </Applications>

 <Capabilities>
   <Capability Name="internetclient" />
 </Capabilities>
</Package>
```

■ 패키지 권한 변경 소스 (Package.appxmanifest)

```
<?xml version="1.0" encoding="utf-8"?>

<Package
 xmlns="http://schemas.microsoft.com/appx/manifest/foundation/windows10"
 xmlns:mp="http://schemas.microsoft.com/appx/2014/phone/manifest"
 xmlns:uap="http://schemas.microsoft.com/appx/manifest/uap/windows10"
 IgnorableNamespaces="uap mp">

 <Identity
   Name="0177253f-d460-412a-a24b-c532a75ca405"
```

```
    Publisher="CN=hpsyc"
    Version="1.0.0.0" />

  <mp:PhoneIdentity PhoneProductId="0177253f-d460-412a-a24b-c532a75ca405"
PhonePublisherId="00000000-0000-0000-0000-000000000000"/>

  <Properties>
    <DisplayName>UWP_UartSerial</DisplayName>
    <PublisherDisplayName>hpsyc</PublisherDisplayName>
    <Logo>Assets\StoreLogo.png</Logo>
  </Properties>

  <Dependencies>
    <TargetDeviceFamily Name="Windows.Universal" MinVersion="10.0.0.0"
MaxVersionTested="10.0.0.0" />
  </Dependencies>

  <Resources>
    <Resource Language="x-generate"/>
  </Resources>

  <Applications>
    <Application Id="App"
      Executable="$targetnametoken$.exe"
      EntryPoint="UWP_UartSerial.App">
      <uap:VisualElements
        DisplayName="UWP_UartSerial"
        Square150x150Logo="Assets\Square150x150Logo.png"
        Square44x44Logo="Assets\Square44x44Logo.png"
        Description="UWP_UartSerial"
        BackgroundColor="transparent">
        <uap:DefaultTile Wide310x150Logo="Assets\Wide310x150Logo.png"/>
        <uap:SplashScreen Image="Assets\SplashScreen.png" />
      </uap:VisualElements>
    </Application>
  </Applications>

   <Capabilities>
     <Capability Name="internetClient" />
     <Capability Name="internetClientServer"/>
     <Capability Name="privateNetworkClientServer"/>
   </Capabilities>
</Package>
```

13.11.5 이벤트 정의

- 해당 Red 버튼을 선택한 후 속성에서 이벤트를 선택하면 된다. 해당 이벤트 리스트에서 'bt_Red_Click'에서 마우스를 더블클릭하면 소스 페이지가 나타난다.

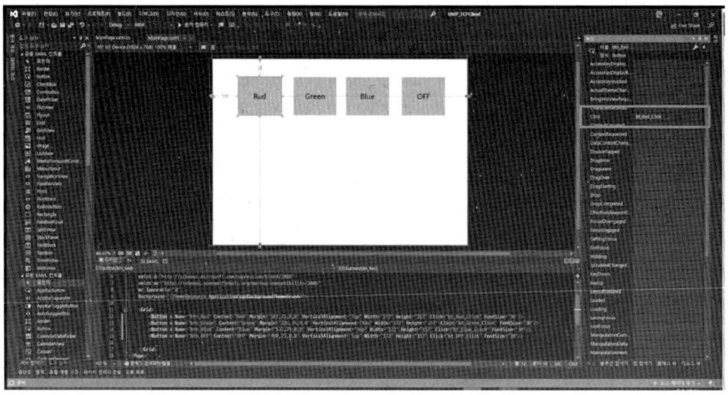

- 소스 코딩에서 해당 위치에 커서가 자동으로 이동한다.
- 메인 프로그램 소스 (MainPage.cs)

```
using System;
using System.Collections.Generic;
using System.IO;
using System.Linq;
using System.Runtime.InteropServices.WindowsRuntime;
using Windows.Foundation;
using Windows.Foundation.Collections;
using Windows.Networking;
using Windows.Networking.Sockets;
using Windows.UI.Xaml;
using Windows.UI.Xaml.Controls;
using Windows.UI.Xaml.Controls.Primitives;
using Windows.UI.Xaml.Data;
using Windows.UI.Xaml.Input;
using Windows.UI.Xaml.Media;
using Windows.UI.Xaml.Navigation;

namespace UWP_TCPClient
{
    public sealed partial class MainPage : Page
    {
        // 통신 포트 정의
        static String PortNumber = "1337";
        // Atmega128 WIFI 연결된 IP를 입력한다.
```

```
static String ServerIP = "192.168.43.95";  //TCP 서버 IP

public MainPage()
{
    this.InitializeComponent();
}

private async void bt_Red_Click(object sender, RoutedEventArgs e)
{
    try
    {
        using (var streamSocket = new StreamSocket())
        {
            // Atmega128 WIFI 연결 정의
            var hostName = new HostName(ServerIP);
            // TCP/IP 연결
            await streamSocket.ConnectAsync(hostName, MainPage.
                                            PortNumber);

            string request = "1";

            using (Stream outputStream = streamSocket.OutputStream.
                                        AsStreamForWrite())
            {
                using (var streamWriter = new StreamWriter(outputStream))
                {
                    await streamWriter.WriteLineAsync(request);
                    await streamWriter.FlushAsync();
                }
            }
        }
    }
    catch(Exception ex_Red)
    {
        //
    }
}

private async void bt_Green_Click(object sender, RoutedEventArgs e)
{
    try
    {
        using (var streamSocket = new StreamSocket())
        {
            // Atmega128 WIFI 연결 정의
            var hostName = new HostName(ServerIP);
            // TCP/IP 연결
```

```
                await streamSocket.ConnectAsync(hostName, MainPage.
                                                    PortNumber);

                string request = "2";

                using (Stream outputStream = streamSocket.OutputStream.
                                                AsStreamForWrite())
                {
                    using (var streamWriter = new StreamWriter(outputStream))
                    {
                        await streamWriter.WriteLineAsync(request);
                        await streamWriter.FlushAsync();
                    }
                }
            }
        }
        catch (Exception ex_Green)
        {
            //
        }
    }

    private async void bt_Blue_Click(object sender, RoutedEventArgs e)
    {
        try
        {
            using (var streamSocket = new StreamSocket())
            {
                // Atmega128 WIFI 연결 정의
                var hostName = new HostName(ServerIP);
                // TCP/IP 연결
                await streamSocket.ConnectAsync(hostName, MainPage.PortNumber);

                string request = "3";

                using (Stream outputStream = streamSocket.OutputStream.
                                                AsStreamForWrite())
                {
                    using (var streamWriter = new StreamWriter(outputStream))
                    {
                        await streamWriter.WriteLineAsync(request);
                        await streamWriter.FlushAsync();
                    }
                }
            }
        }
        catch (Exception ex_Blue)
```

```
        {
            //
        }
    }
    private async void bt_OFF_Click(object sender, RoutedEventArgs e)
    {
        try
        {
            using (var streamSocket = new StreamSocket())
            {
                // Atmega128 WIFI 연결 정의
                var hostName = new HostName(ServerIP);
                // TCP/IP 연결
                await streamSocket.ConnectAsync(hostName, MainPage.PortNumber);

                string request = "0";

                using (Stream outputStream = streamSocket.OutputStream.
                                             AsStreamForWrite())
                {
                    using (var streamWriter = new StreamWriter(outputStream))
                    {
                        await streamWriter.WriteLineAsync(request);
                        await streamWriter.FlushAsync();
                    }
                }
            }
        }
        catch (Exception ex_OFF)
        {
            //
        }
    }
  }
}
```

13.11.6 실행

■ 실행하기 위해서는 메뉴바에 Debug ▾ ARM ▾ ▶ 원격 컴퓨터 ▾ 을 클릭하면 실행 된다.

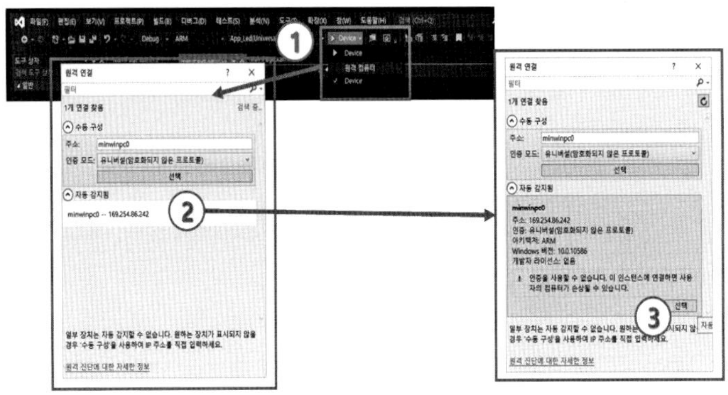

• 실행 결과

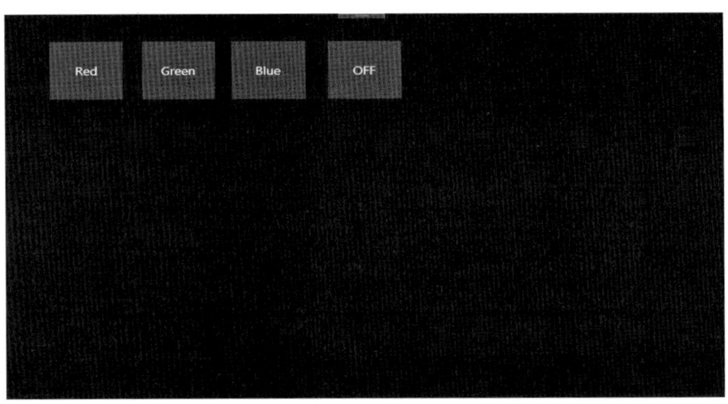

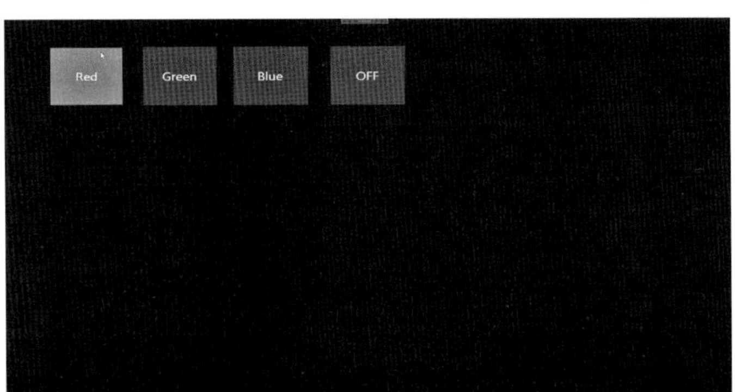

IoT 기반의 임베디드시스템

AVR ATmega128+라즈베리파이3

2020년 3월 2일 1판 1쇄 인 쇄
2020년 3월 5일 1판 1쇄 발 행

지 은 이 : 고수복 · 한익섭 · 황선기 · 고일한
펴 낸 이 : 박정태

펴 낸 곳 : **광 문 각**

10881
경기도 파주시 파주출판문화도시 광인사길 161
광문각 B/D 4층
등 록 : 1991. 5. 31 제12-484호
전 화(代) : 031) 955-8787
팩 스 : 031) 955-3730
E - mail : kwangmk7@hanmail.net
홈페이지 : www.kwangmoonkag.co.kr

ISBN : 978-89-7093-985-8 93560

값 : 26,000원

한국과학기술출판협회회원
KSPA